図解大事典《ずかいだいじてん》

日本《にほん》の歴史人物《れきしじんぶつ》

新星出版社

注《ちゅう》）
●人物《じんぶつ》の生没年《せいぼつねん》は原則《げんそく》『日本史《にほんし》Ⓑ用語集《ようごしゅう》』（山川出版社《やまかわしゅっぱんしゃ》）および『国史大辞典《こくしだいじてん》』（吉川弘文館《よしかわこうぶんかん》）を参照《さんしょう》しています。
●人物《じんぶつ》の享年《きょうねん》は、原則《げんそく》として数《かぞ》え年《どし》で表記《ひょうき》しています。ただし、「年齢計算《ねんれいけいさん》ニ関《かん》スル法律《ほうりつ》」が施行《しこう》された1902年《ねん》以降《いこう》に亡《な》くなった人物《じんぶつ》の享年《きょうねん》は、満年齢《まんねんれい》で表記《ひょうき》しています。

第《だい》1章《しょう》 神話時代《しんわじだい》

神々《かみがみ》の系《けい》図《ず》

創世神話《そうせいしんわ》と初代天皇《しょだいてんのう》はどう繋《つな》がっていった？

アマテラス

日本《にほん》の始《はじ》まりを語《かた》る神話《しんわ》

日本《にほん》は世界有数《せかいゆうすう》の歴史《れきし》の長《なが》さを誇《ほこ》る国《くに》だ。その根底《こんてい》を支《ささ》えるのは、皇室《こうしつ》に繋《つな》がる神代《かみよ》の物語《ものがたり》だ。初《はじ》め、混《こん》とんとした原始《げんし》の宇宙《うちゅう》で天地《てんち》が分《わ》かれ、三柱《みはしら》の神《かみ》が出現《しゅつげん》した。この世《よ》の中心《ちゅうしん》にある高天原《たかまがはら》を治《おさ》める**アメノミナカヌシ**が現《あらわ》れ、次《つぎ》に万物《ばんぶつ》をつくり出《だ》す**タカミムスヒ**、最後《さいご》が**カミムスヒ**で、これを「造《ぞう》化三神《かのさんしん》」という。次《つぎ》に葦《あし》の芽《め》が成長《せいちょう》するかのように出現《しゅつげん》したのが**ウマシアアシカビヒコジ**と**アメノトコタチ**の二柱《ふたはしら》で、この五柱《いつはしら》はほかの神《かみ》とは一段違《いちだんちが》う「別《こと》天神《あまつかみ》」とよび天地創造神《てんちそうぞうしん》として区別《くべつ》する。

その後《ご》、具体的《ぐたいてき》に世界《せかい》（日本《にほん》）をつくってゆく神《かみ》は「神代七代《かみのよななよ》」とよばれ、**クニノトコタチ**と**トヨクモノ**の独神《ひとりがみ》と5組《くみ》の夫婦神《ふうふしん》の時代《じだい》となる。このなかの1組《くみ》が日本《にほん》の国土《こくど》を地上《ちじょう》に生《う》み出《だ》した**イザナギ**、**イザナミ**の夫婦神《ふうふしん》だ。二《ふた》柱《はしら》は国土《こくど》やさまざまな自然現象《しぜんげんしょう》などをつかさどる複数《ふくすう》の神《かみ》を生《う》み出《だ》し、やがて西日本《にしにほん》を平定《へいてい》して初代天皇《しょだいてんのう》となる**カムヤマトイワレビコ**（神武天皇《じんむてんのう》）に繋《つな》がっていく。

こうした国《くに》づくりの神話《しんわ》は、6世紀《せいき》ごろに体系《たいけい》づくりが始《はじ》まり、7〜8世《せい》紀《き》に形《かたち》になったと思《おも》われ、日本最古《にほんさいこ》の歴史書《れきししょ》とされる『古事記《こじき》』、『日本書紀《にほんしょき》』にそれぞれの解釈《かいしゃく》でまとめられている。

とくに神代部分《かみよぶぶん》はさまざまな伝承《でんしょう》を集《あつ》め、天皇《てんのう》を頂点《ちょうてん》とする支配《しはい》の正当性《せいとうせい》を裏《うら》づけることを目的《もくてき》にしている。また国津神《くにつかみ》（地上《ちじょう》の神々《かみがみ》）から天津神《あまつかみ》（高《たか》天原《まがはら》の神々《かみがみ》）への「国譲《くにゆず》り」や、**ホオリ**（山幸彦《やまさちひこ》）と**ホデリ**（海幸彦《うみさちひこ》）の伝《でん》承《しょう》などは、日本《にほん》が土着《どちゃく》の人々《ひとびと》の時代《じだい》から、渡来人《とらいじん》が流入《りゅうにゅう》して変化《へんか》した経緯《けいい》を示《しめ》すのではないかというのが、現在《げんざい》の歴史学《れきしがく》のおおよその見方《みかた》だ。

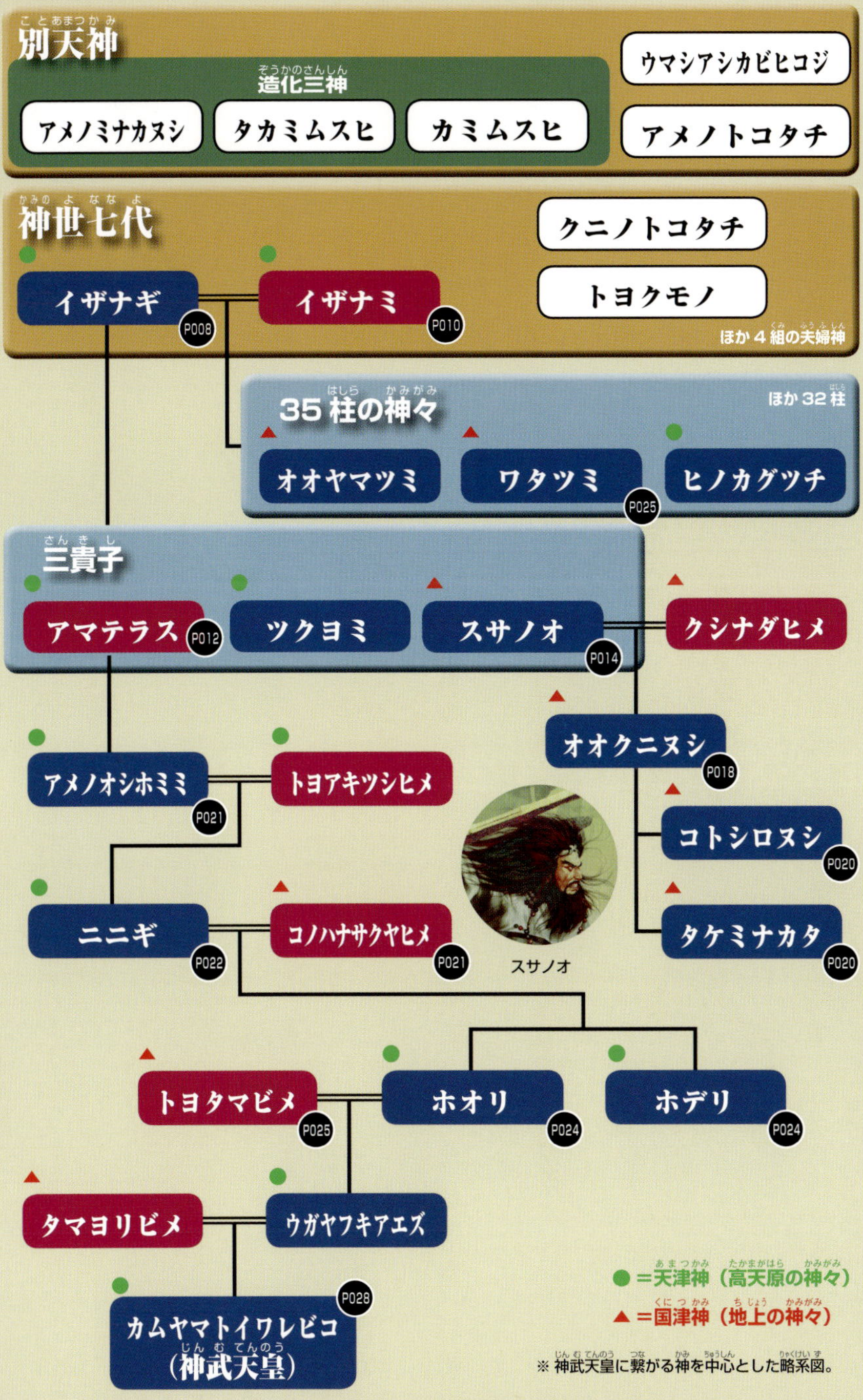

別天神《ことあまつかみ》
造化三神《ぞうかのさんしん》
アメノミナカヌシ
タカミムスヒ
カミムスヒ
ウマシアシカビヒコジ
アメノトコタチ
神世七代《かみのよななよ》
クニノトコタチ
トヨクモノ
イザナギ P008
イザナミ P010
ほか4組《くみ》の夫婦神《ふうふしん》
35柱《はしら》の神々《かみがみ》
ほか32柱《はしら》
オオヤマツミ
ワタツミ P025
ヒノカグツチ
三貴子《さんきし》
アマテラス P012
ツクヨミ
スサノオ P014
クシナダヒメ
オオクニヌシ P018
コトシロヌシ P020
タケミナカタ P020
アメノオシホミミ P021
トヨアキツシヒメ
ニニギ P022
コノハナサクヤヒメ P021
スサノオ
トヨタマビメ P025
ホオリ P024
ホデリ P024
タマヨリビメ
ウガヤフキアエズ
カムヤマトイワレビコ (神武天皇《じんむてんのう》) P028
●＝天津神《あまつかみ》（高天原《たかまがはら》の神々《かみがみ》）
▲＝国津神《くにつかみ》（地上《ちじょう》の神々《かみがみ》）
※神武天皇《じんむてんのう》に繋《つな》がる神《かみ》を中心《ちゅうしん》とした略系図《りゃくけいず》。

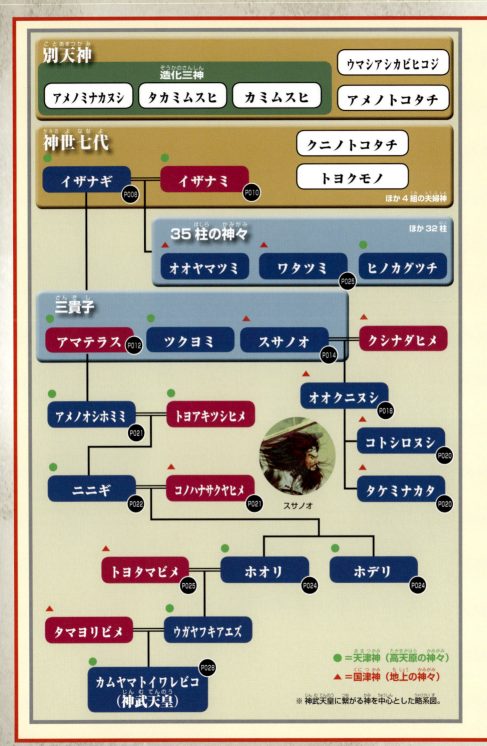

File. 001

神

イザナギ

おもしろエピソード

◎妻《つま》のイザナミにベタボレで死《し》んだ後《あと》もこだわり続《つづ》ける
◎そのくせ、腐敗《ふはい》したイザナミの姿《すがた》を見《み》て逃《に》げ出《だ》す

生年《せいねん》 ー

没年《ぼつねん》 ー

享年《きょうねん》 ー

ここがポイント！

日本《にほん》の国土《こくど》をつくったといわれる重要《じゅうよう》な神様《かみさま》

妻《つま》とともに日本《にほん》をつくり、現世《げんせ》と黄泉《よみ》の国《くに》を仕切《しき》る

愛妻《あいさい》との国《くに》づくりが裏目《うらめ》に出《で》た悲劇《ひげき》

日本神話《にほんしんわ》で、世界《せかい》ができたときに現《あらわ》れた神世七代《かみのよななよ》の一柱《ひとばしら》であり、「国《くに》生《う》み」をした夫婦《ふうふ》の男性神《だんせいしん》。

まだ世《よ》には大地《だいち》がなく、イザナギは妻《つま》のイザナミとともに「天《あめ》の沼矛《ぬぼこ》」を海《うみ》に差《さ》してかき回《まわ》し、その穂《ほ》先《さき》から滴《した》った塩《しお》が固《かた》まって日本列島《にほんれっとう》ができたとされる。また、夫婦《ふうふ》で「天《あめ》の御柱《みはしら》」と「八尋殿《やひろどの》」を建設《けんせつ》し、柱《はしら》を互いに逆回《ぎゃくまわ》りして、淡路島《あわじしま》・四国《しこく》・九州《きゅうしゅう》・隠岐《おき》・壱岐《いき》・対馬《つしま》・佐渡《さど》・本州《ほんしゅう》の「大八洲《おおやしま》・大八島《おおやしま》」を生《う》んだともされている。

火《ひ》の神《かみ》「ヒノカグツチ」を生《う》んだため焼《や》け死《し》んだ妻《つま》のイザナミを黄泉《よみ》の国《くに》まで追《お》ったイザナギは、イザナミから黄泉《よみ》の国《くに》の食事《しょくじ》を済《す》ませたため現世《げんせ》にもどれないと告《つ》げられ、けっして覗《のぞ》いてはならぬと禁《きん》じられた岩屋《いわや》を覗《のぞ》き、イザナミの醜《みにく》く腐敗《ふはい》した本当《ほんとう》の姿《すがた》を見《み》てしまう。

その場《ば》から逃《に》げ出《だ》したイザナギは鬼女《きじょ》たちに追《お》われるが、現世《げんせ》と黄泉《よみ》の国《くに》の境界《きょうかい》である「黄泉比良坂《よもつひらさか》」で巨大《きょだい》な岩《いわ》を動《うご》かして、黄泉《よみ》からの道《みち》をふさぎイザナミと離別《りべつ》、現世《げんせ》の神《かみ》としての役目《やくめ》を全《まっと》うする。

ゆかりの地《ち》

淡路島《あわじしま》

●イザナミとの「国生《くにう》み」で最初《さいしょ》につくったとされる。

File. 002

神

イザナミ

おもしろエピソード

◎火《ひ》の神《かみ》を生《う》んだために、その炎《ほのお》で焼《や》け死《し》ぬ

◎腐敗《ふはい》した醜《みにく》い姿《すがた》を夫《おっと》に見《み》られ大激怒《だいげきど》、祟《たた》り神《がみ》となる！

生年《せいねん》	–
没年《ぼつねん》	–
享年《きょうねん》	–

ここがポイント！

この世《よ》の森羅万象《しんらばんしょう》を生《う》み出《だ》した地母神《ちぼしん》

愛《あい》されすぎたために、女心《おんなごころ》を傷《きず》つけられた恨《うら》みは深《ふか》い

この世《よ》のすべては彼女《かのじょ》から生《う》まれた

「国生《くにう》み」の夫婦《ふうふ》の女性神《じょせいしん》。夫《おっと》イザナギとともに、まだどろどろとした海《うみ》の中《なか》に「天《あめ》の沼矛《ぬぼこ》」を差《さ》し込《こ》み「大八洲《おおやしま》・大八島《おおやしま》」、つまり日本列島《にほんれっとう》を創生《そうせい》した。

イザナミはこの世《よ》のさまざまな現象《げんしょう》をつかさどる八百万《やおよろず》の神《かみ》の母《はは》で、日本《にほん》の「地母神《ちぼしん》」でもあるが、火《ひ》の神《かみ》「ヒノカグツチ」を生《う》んだために火傷《やけど》を負《お》い死《し》んでしまう。

夫《おっと》のイザナギとの夫婦愛《ふうふあい》は強《つよ》く、イザナギは死者《ししゃ》の国《くに》である黄泉《よみ》までやってくるが、彼女《かのじょ》に生前《せいぜん》の美《うつく》しさはもはやなく、醜《みにく》く腐敗《ふはい》したむくろとなっていた実《じつ》の姿《すがた》を見《み》られてしまう。あまりのことに思《おも》わず逃《に》げ出《だ》すイザナギに、イザナミの悲《かな》しみは怒《いか》りに変《か》わり、鬼女《きじょ》とともにイザナギを追跡《ついせき》するが、すんでのところでイザナギに黄泉《よみ》の出口《でぐち》をふさがれてしまう。

激怒《げきど》したイザナミが「お前《まえ》の国《くに》の民《たみ》を一日《いちにち》に千人殺《せんにんころ》してやる」と叫《さけ》ぶと、イザナギから「それなら、一日《いちにち》に千五百人《せんごひゃくにん》の子《こ》どもをつくってみせる」と言《い》い返《かえ》されたことが、民《たみ》が増《ふ》えていった理由《りゆう》とされる。

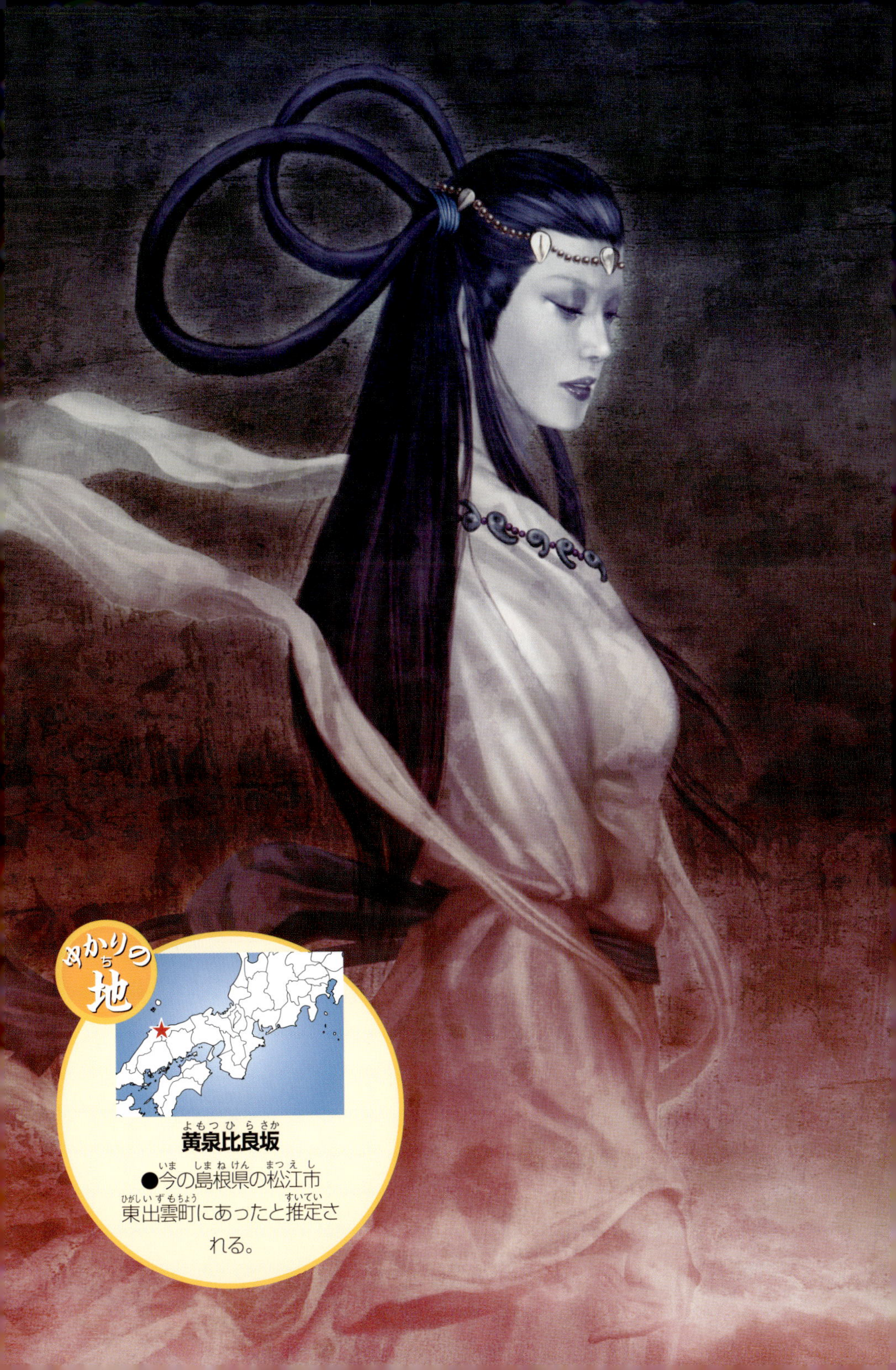

ゆかりの地《ち》

黄泉比良坂《よもつひらさか》

●今《いま》の島根県《しまねけん》の松江市《まつえし》東出雲町《ひがしいずもちょう》にあったと推定《すいてい》される。

File. 003

神

アマテラス

おもしろエピソード

◎弟《おとうと》スサノオの訪問《ほうもん》を侵略《しんりゃく》と早合点《はやがてん》して武装《ぶそう》し待《ま》ち受《う》ける
◎弟《おとうと》の暴走《ぼうそう》に腹《はら》を立《た》てて洞窟《どうくつ》に引《ひ》きこもり

生年《せいねん》 ー
没年《ぼつねん》 ー
享年《きょうねん》 ー

ここがポイント！

日本《にほん》の最高女神《さいこうじょしん》。アマテラスは太陽《たいよう》そのもの

不出来《ふでき》な弟《おとうと》のヤンチャに振《ふ》り回《まわ》される気苦労《きぐろう》な姉《あね》

天《てん》で地上《ちじょう》を照《て》らし続《つづ》けていればよかったはずが……

黄泉《よみ》からもどったイザナギがけがれを洗《あら》い流《なが》したとき、左目《ひだりめ》から生《う》まれたアマテラスは、世界《せかい》を照《て》らす太陽《たいよう》の女神《めがみ》で、イザナギから天界《てんかい》「高天原《たかまがはら》」を治《おさ》める役《やく》を与《あた》えられる。イザナギの鼻《はな》から生《う》まれた乱暴《らんぼう》な弟《おとうと》スサノオが、母《はは》会《あ》いたさに黄泉《よみ》へ行《い》くと姉《あね》に告《つ》げるため高天原《たかまがはら》を訪《おとず》れると、アマテラスは武装《ぶそう》して対峙《たいじ》。弟《おとうと》に侵略《しんりゃく》の意思《いし》はなかったが、アマテラスが心配《しんぱい》したとおりスサノオは高天原《たかまがはら》を荒《あ》らし始《はじ》める。

怒《おこ》ったアマテラスは「天岩屋《あめのいわや》」という洞窟《どうくつ》に隠《かく》れて入《い》り口《ぐち》をふさいだため、世界《せかい》は闇《やみ》におおわれてしまった。困《こま》った神々《かみがみ》は天岩屋《あめのいわや》の前《まえ》で宴会《えんかい》をして、アマテラスがようすを見《み》ようと、わずかに岩戸《いわと》を開《あ》けた隙《すき》に外《そと》へ出《だ》すことに成功《せいこう》。世界《せかい》に再《ふたた》び太陽《たいよう》がもどった。スサノオには絶縁《ぜつえん》を言《い》い渡《わた》し高天原《たかまがはら》を追放《ついほう》している。また、『日本書紀《にほんしょき》』では、弟《おとうと》の月《つき》の神《かみ》に殺《ころ》されてしまった食物《しょくもつ》の神《かみ》ウケモチのむくろから生《しょう》じたさまざまな穀物《こくもつ》のもとを使《つか》い、地上《ちじょう》の人々《ひとびと》に農耕《のうこう》などを教《おし》えた。アマテラスのご神体《しんたい》は鏡《かがみ》とされる。

ゆかりの地《ち》

伊勢神宮《いせじんぐう》

●アマテラスを天皇《てんのう》の祖先《そせん》神《しん》として祀《まつ》る、日本最大《にほんさいだい》規模《きぼ》の神宮《じんぐう》。

File. 004

神

スサノオ

おもしろエピソード

◎高天原《たかまがはら》で大暴《おおあば》れ。汚物《おぶつ》や馬《うま》の死骸《しがい》を投《な》げ散《ち》らかす

◎八《や》つ頭《がしら》の大蛇《だいじゃ》ヤマタノオロチを酔《よ》わせ見事退治《みごとたいじ》

生年《せいねん》 ー

没年《ぼつねん》 ー

享年《きょうねん》 ー

ここがポイント！

日本《にほん》を最初《さいしょ》に治《おさ》めた オオクニヌシの父親《ちちおや》 または数代前《すうだいまえ》の父《ちち》

乱暴者《らんぼうもの》だが情《じょう》に篤《あつ》い、日本神話《にほんしんわ》のモンスターハンター

天《てん》の厄介者《やっかいもの》が地上《ちじょう》に降《お》りて オロチ退治《たいじ》でヒーローに

イザナギが洗《あら》った鼻《はな》から生《う》まれた「三貴子《さんきし》」の末《すえ》っ子《こ》で、幼《おさな》いときは死《し》んだ母《はは》イザナミに会《あ》いたいと泣《な》きわめく駄々《だだ》っ子《こ》だった。成長《せいちょう》しても乱暴放題《らんぼうほうだい》の厄介者《やっかいもの》で、「高天原《たかまがはら》」でも大暴《おおあば》れし、姉《あね》のアマテラスに地上界《ちじょうかい》へ追放《ついほう》されてしまう。

出雲《いずも》の国《くに》（今《いま》の島根県《しまねけん》）に降《お》りたスサノオは、頭《あたま》と尾《お》が八《やっ》つある巨大《きょだい》な蛇《へび》の怪物《かいぶつ》ヤマタノオロチが、毎年《まいとし》若《わか》い娘《むすめ》を生贄《いけにえ》に出《だ》さないと大《おお》暴《あば》れして人々《ひとびと》を苦《くる》しめていると知《し》る。これから生贄《いけにえ》にされるのが美《うつく》しいクシナダヒメだと聞《き》き、ヤマタノオロチ退治《たいじ》を決意《けつい》。八《やっ》つの大《おお》樽《だる》に満《み》たした酒《さけ》で泥酔《でいすい》させて首《くび》を切《き》り落《お》とし、見事《みごと》に倒《たお》す。そのとき、切《き》り裂《さ》いた尾《お》から取《と》り出《だ》した一振《ひとふ》りの剣《けん》をアマテラスに献上《けんじょう》するが、これが「三種《さんしゅ》の神器《じんぎ》」のひとつ「草《くさ》薙《なぎ》の剣《つるぎ》」だ。クシナダヒメと結婚《けっこん》したスサノオは、出雲《いずも》の王《おう》、日本国土《にほんこくど》の神《かみ》となって、母《はは》に会《あ》うため黄泉《よみ》の「根《ね》の国《くに》」を旅《たび》し、その地《ち》の君主《くんしゅ》にもなる。このスサノオ伝説《でんせつ》は、製鉄技術《せいてつぎじゅつ》が古代出雲《こだいいずも》にあったことを示《しめ》すともいわれる。

ゆかりの地《ち》

出雲《いずも》・鳥髪《とりかみ》

●『古事記《こじき》』で、ヤマタノオロチ退治《たいじ》をした土地《とち》とされている。

File. 005

タヂカラオ

真《ま》っ暗闇《くらやみ》になった世界《せかい》に陽光《ようこう》を取《と》りもどした

神

生年《せいねん》 —
没年《ぼつねん》 —
享年《きょうねん》 —

「天手力男《アメノタヂカラオ》」ともいう神《かみ》で「天界《てんかい》でいちばん手《て》の力《ちから》が強《つよ》い男《おとこ》」を表《あらわ》す。この力《ちから》で、アマテラスが外《そと》のようすを見《み》ようと天岩戸《あめのいわと》を少《すこ》しだけ開《あ》けた隙間《すきま》に手《て》を入《い》れて重《おも》い岩戸《いわと》を開《あ》け、アマテラスを引《ひ》き出《だ》した。そのとき、投《な》げ捨《す》てた扉《とびら》の片方《かたほう》は宮崎県《みやざきけん》の高千穂《たかちほ》、もう片方《かたほう》は長野県《ながのけん》の戸隠《とがくし》に飛《と》んで、それが戸隠山《とがくしやま》になったといわれる。あるいはニニギに付《つ》いて地上《ちじょう》に降《お》り住《す》み着《つ》いた地《ち》が戸隠《とがくし》だともされている。

File. 006

オモイカネ

アマテラスを岩屋《いわや》から出《だ》す秘策《ひさく》を考《かんが》えた知恵《ちえ》の神《かみ》

神

生年《せいねん》 —
没年《ぼつねん》 —
享年《きょうねん》 —

日本神話《にほんしんわ》で、知恵《ちえ》の神《かみ》、常世《とこよ》（死者《ししゃ》が行《い》く世界《せかい》）の神《かみ》ともされる。スサノオの暴行《ぼうこう》に怒《おこ》ってアマテラスが天岩屋《あめのいわや》に隠《かく》れたとき、その前《まえ》で宴会《えんかい》を開《ひら》こうと提案《ていあん》したのがオモイカネだ。ニニギが地上界《ちじょうかい》に降《お》りる際《さい》には補佐役《ほさやく》を言《い》いつかり、三種《さんしゅ》の神器《じんぎ》のひとつ「八咫鏡《やたのかがみ》」をアマテラスとする祭事《さいじ》の代表《だいひょう》も務《つと》めたとされている。また、永遠《えいえん》の世界《せかい》である常世《とこよ》から、長寿《ちょうじゅ》や幸福《こうふく》をもたらす神《かみ》ともいう。

File. 007

アメノワカヒコ

オオクニヌシの娘《むすめ》に惚《ほ》れ天罰《てんばつ》で死《し》んだ美男子《びなんし》

神

生年《せいねん》 —
没年《ぼつねん》 —
享年《きょうねん》 —

美男子《びなんし》とされるアメノワカヒコは、地上《ちじょう》に遣《つか》わされた神《かみ》がもどらないので代《か》わりに地上《ちじょう》に降《お》りたが、オオクニヌシの娘《むすめ》と結婚《けっこん》し高天原《たかまがはら》にもどらず、理由《りゆう》を尋《たず》ねにきた使《つか》いの雉《きじ》を射抜《いぬ》いた。が、その矢《や》は高天原《たかまがはら》にまで届《とど》き、これを手《て》にしたタカミムスヒがアメノワカヒコの邪心《じゃしん》を確《たし》かめようと矢《や》を地上《ちじょう》に投《な》げ下《くだ》すと、地上界《ちじょうかい》を得《え》ようと目論《もくろ》むアメノワカヒコの胸《むね》に命中《めいちゅう》、目論見《もくろみ》は失敗《しっぱい》する。

File. 008

アメノウズメ

神々《かみがみ》を魅了《みりょう》した踊《おど》り子《こ》の元祖《がんそ》

神

生年《せいねん》	─
没年《ぼつねん》	─
享年《きょうねん》	─

天岩屋《あめのいわや》の前《まえ》で、衣服《いふく》をはだけながら足《あし》を踏《ふ》み鳴《な》らす派手《はで》なダンスを見《み》せて神々《かみがみ》を盛《も》り上《あ》げ、アマテラスの興味《きょうみ》を引《ひ》いて岩屋《いわや》から引《ひ》き出《だ》すチャンスをつくった女神《めがみ》。ニニギが降臨《こうりん》する際《さい》にも、道《みち》をふさぐ謎《なぞ》の男《おとこ》に胸《むね》元《もと》をさらし、その名《な》がサルタヒコであることを聞《き》き出《だ》したとされる。その後《ご》、サルタヒコの妻《つま》となったとも、仕《つか》えたともいわれている。舞踊《ぶよう》や芸能《げいのう》、歌舞伎《かぶき》などの神《かみ》でもある。

File. 009

オオゲツヒメ

誤解《ごかい》から惨殺《ざんさつ》されるも地上《ちじょう》に五穀《ごこく》をもたらした

神

生年《せいねん》	─
没年《ぼつねん》	─
享年《きょうねん》	─

『古事記《こじき》』で、高天原《たかまがはら》を追放《ついほう》され空《くう》腹《ふく》だったスサノオをたくさんのご馳《ち》走《そう》で迎《むか》えた女神《めがみ》。だが、その気前《きまえ》の良《よ》さを不審《ふしん》に感《かん》じたスサノオが覗《のぞ》くと、食料《しょくりょう》は彼女《かのじょ》の鼻《はな》や口《くち》、尻《しり》などから出《で》ていた。汚物《おぶつ》を食《く》わせたと怒《おこ》るスサノオに切《き》り殺《ころ》されたオオゲツヒメの頭《あたま》からは蚕《かいこ》、目《め》からは稲《いね》、耳《みみ》からは粟《あわ》、鼻《はな》からは小豆《あずき》、陰部《いんぶ》からは麦《むぎ》、尻《しり》からは大《だい》豆《ず》が生《う》まれた。『日本書紀《にほんしょき》』にもウケモチという似《に》た神《かみ》がいる。

File. 010

タケミカヅチ

力比《ちからくら》べに勝《か》って日本《にほん》を譲《ゆず》り受《う》けた

神

生年《せいねん》	─
没年《ぼつねん》	─
享年《きょうねん》	─

イザナギが切《き》り殺《ころ》した火《ひ》の神《かみ》ヒノカグツチの血《ち》から生《う》まれた、雷《かみなり》と剣《けん》の神《かみ》。アマテラスの名《な》のもと日本《にほん》の地《ち》を手《て》に入《い》れるために降臨《こうりん》した。出雲《いずも》の王《おう》オオクニヌシの息子《むすこ》タケミナカタと力比《ちからくら》べをして勝利《しょうり》し、オオクニヌシから日本《にほん》を譲《ゆず》りうけたことから相撲《すもう》の元祖《がんそ》ともされる。また、熊野《くまの》の地《ち》で力尽《ちからつ》きかけていた神武天《じんむてん》皇《のう》を助《たす》けたのは、タケミナカタから贈《おく》られた彼《かれ》の剣《けん》「布都御魂《ふつのみたま》」だといわれる。

File. 011

神

オオクニヌシ

おもしろエピソード

◎出雲《いずも》の浜《はま》で、赤裸《あかはだか》にされたウサギを助《たす》ける

◎試練《しれん》に耐《た》えて愛《あい》するスセリヒメと駆《か》け落《お》ち

生年《せいねん》 ー

没年《ぼつねん》 ー

享年《きょうねん》 ー

ここがポイント！

出雲《いずも》の地《ち》に国《くに》をつくり地上界《ちじょうかい》を治《おさ》めた

スサノオの難題《なんだい》を乗《の》り越《こ》え、愛《あい》する人《ひと》とついに結《むす》ばれる!!

愛《あい》にあふれ心優《こころやさ》しい日本男児《にほんだんじ》の元祖《がんそ》

「大国主命《おおくにぬしのみこと》」「大穴牟遅神《おおなむちのかみ》」などともよばれる日本神話《にほんしんわ》を代表《だいひょう》するオオクニヌシは、スサノオの息子《むすこ》、もしくは子孫《しそん》とされる。多《おお》くの兄《あに》をもつ末《すえ》っ子《こ》だが、乱暴《らんぼう》で粗野《そや》な兄《あに》たちと違《ちが》い、穏《おだ》やかな優《やさ》しい性格《せいかく》で、兄弟間《きょうだいかん》の後継者争《こうけいしゃあらそ》いから逃《のが》れるため、黄泉《よみ》の国《くに》のスサノオのもとに身《み》を寄《よ》せる。そこで出会《であ》ったスサノオの娘《むすめ》スセリヒメと恋《こい》に落《お》ちたために、スサノオからさまざまな試練《しれん》を与《あた》えられることとなった。

それでもオオクニヌシは諦《あきら》めることなく耐《た》え、ついに人々《ひとびと》を癒《いや》す太《た》刀《ち》と弓矢《ゆみや》の神器《じんぎ》を持《も》ってスセリヒメと駆《か》け落《お》ちし、黄泉《よみ》の出口《でぐち》まで追《お》ってきたスサノオから逃《に》げのびる。この神器《じんぎ》と生来《せいらい》の優《やさ》しさをもって尊敬《そんけい》を受《う》けたオオクニヌシは、スセリヒメを正式《せいしき》に妻《つま》とし、人々《ひとびと》を治《おさ》める王《おう》となった。

しかし、自分《じぶん》の子《こ》どもたちに地《ち》上《じょう》を治《おさ》めさせたいアマテラスのもとからタケミカヅチが降臨《こうりん》し、立派《りっぱ》な宮殿《きゅうでん》と引《ひ》き換《か》えに国譲《くにゆず》りに合意《ごうい》する。この宮殿《きゅうでん》がのちの出雲大社《いずもたいしゃ》である。

ゆかりの地《ち》

鳥取県東部《とっとりけんとうぶ》

●今《いま》の白兎海岸《はくとかいがん》が因幡《いなば》の白《しろ》兎《うさぎ》を助《たす》けた場所《ばしょ》ではないかとされている。

File. 012

タケミナカタ

日本《にほん》の未来《みらい》を決《き》めた
タケミナカタの敗北《はいぼく》

生《せい》年《ねん》 —
没《ぼつ》年《ねん》 —
享《きょう》年《ねん》 —

神

オオクニヌシの息子《むすこ》。「千引《ちびき》の石《いわ》」(千人引《せんにんび》きの大岩《おおいわ》)も軽々《かるがる》と手先《てさき》でささげる力自慢《ちからじまん》。高天原《たかまがはら》から遣《つか》わされたタケミカヅチと父《ちち》の治《おさ》める出雲《いずも》を賭《か》けて戦《たたか》うが、タケミカヅチの氷柱《ひょうちゅう》や剣《けん》に変《か》わる手《て》に意表《いひょう》をつかれたタケミナカタは敗北《はいぼく》。敗走《はいそう》して諏《す》訪湖《わこ》に逃《に》げたが、タケミカヅチと和《わ》解《かい》。ここに留《とど》まって今後《こんご》の国《くに》づくりに協力《きょうりょく》することを約束《やくそく》した。この二人《ふたり》の戦《たたか》いが相撲《すもう》の元祖《がんそ》ともされている。

File. 013

コトシロヌシ

釣《つ》り好《ず》きで争《あらそ》いを嫌《きら》う
平和主義《へいわしゅぎ》の恵比寿《えびす》さま

生《せい》年《ねん》 —
没《ぼつ》年《ねん》 —
享《きょう》年《ねん》 —

神

父《ちち》オオクニヌシ譲《ゆず》りの穏《おだ》やかで争《あらそ》いを好《この》まぬ性格《せいかく》で、父《ちち》からの信頼《しんらい》も厚《あつ》かったコトシロヌシ。タケミカヅチから言《い》い渡《わた》された国譲《くにゆず》りの判断《はんだん》を父《ちち》に任《まか》され、抵抗《ていこう》せずこれを承諾《しょうだく》した。もとは出雲《いずも》ではなく、土着《どちゃく》の「言《げん》を知《し》る」神《かみ》、神託《しんたく》を聴《き》く者《もの》であったともいわれる。釣《つ》り好《ず》きで、国譲《くにゆず》りに同《どう》意《い》したときにも釣《つ》りをしており、その姿《すがた》は今《いま》も、釣《つ》り竿《ざお》と鯛《たい》を持《も》った恵《え》比寿《びす》の図像《ずぞう》として知《し》られている。

File. 014

サルタヒコ

高天原《たかまがはら》の神《かみ》を迎《むか》えに現《あらわ》れ
葦原中国《あしはらのなかつくに》まで道案内《みちあんない》

生《せい》年《ねん》 —
没《ぼつ》年《ねん》 —
享《きょう》年《ねん》 —

神

ニニギが高天原《たかまがはら》から地上《ちじょう》に降《お》りるとき、天《てん》と地《ち》の間《あいだ》にある分《わ》かれ道《みち》をふさぐように立《た》っていたのがサルタヒコだ。長《なが》い鼻《はな》で天狗《てんぐ》のような風貌《ふうぼう》の彼《かれ》は、ニニギたちを葦原中《あしはらのなかつ》国《くに》(大和国《やまとのくに》)まで先導《せんどう》して喜《よろこ》ばせる。ニニギに同行《どうこう》したアメノウズメは、今後《こんご》サルタヒコに仕《つか》えるよう命《めい》じられ、彼《かれ》の妻《つま》となる。故郷《こきょう》は伊勢《いせ》の国《くに》(三重県《みえけん》)だが、伊勢《いせ》の海《うみ》で漁《りょう》の最中《さいちゅう》、貝《かい》に手《て》を挟《はさ》まれ溺《でき》死《し》したとされる。

File. 015

アメノオシホミミ

ちょっと恐《こわ》がり？　なアマテラスの息子《むすこ》

生年《せいねん》　–
没年《ぼつねん》　–
享年《きょうねん》　–

神

スサノオがアマテラスに敵意《てきい》がないと示《しめ》すために行《おこな》った誓約《せいやく》で、アマテラスの髪飾《かみかざ》りから生《う》まれた男神《おとこかみ》。葦原中国《あしはらのなかつくに》の平定《へいてい》をアマテラスから言《い》い渡《わた》されるが、「天《あめ》の浮橋《うきはし》」から下《げ》界《かい》を覗《のぞ》いたアメノオシホミミは、葦《あし》原中国《はらのなかつくに》は混乱《こんらん》していて自分《じぶん》の手《て》には負《お》えないと辞退《じたい》。そのためタケミカヅチが派遣《はけん》されて国譲《くにゆず》りが成《な》り、再《さい》度降臨《どこうりん》を命じられるが、次《つぎ》も息《むす》子《こ》のニニギを行《い》かせ、自分《じぶん》は天《てん》界《かい》に残《のこ》る。

File. 016

コノハナサクヤヒメ

もっとも美《うつく》しい女神《めがみ》、ニニギに浮気《うわき》を疑《うたが》われる

生年《せいねん》　–
没年《ぼつねん》　–
享年《きょうねん》　–

神

イザナギとイザナミの息子《むすこ》オオヤマツミの娘《むすめ》。降臨《こうりん》したアマテラスの孫《まご》ニニギが彼女《かのじょ》の美《うつく》しさに一目《ひとめ》惚《ぼ》れして結婚《けっこん》した。ところが身《み》ごもった子《こ》どもを自分《じぶん》の子《こ》なのかと疑《うたが》うニニギに対《たい》し、コノハナサクヤヒメは天《てん》の神《かみ》の子《こ》なら何《なに》があろうと無事《ぶじ》に生《う》まれるはずと産屋《うぶや》に火《ひ》をつけ、その中《なか》でホデリ(海幸彦《うみさちひこ》)、ホスセリ、ホオリ(山《やま》幸彦《さちひこ》)の三柱《みはしら》を出産《しゅっさん》してみせる。富《ふ》士《じ》の浅間大社《せんげんたいしゃ》は彼女《かのじょ》を奉《たてまつ》る神社《じんじゃ》。

File. 017

イワナガヒメ

人《ひと》の寿命《じゅみょう》は彼女《かのじょ》で決《き》まった？　醜女《しこめ》を嫌《きら》った代償《だいしょう》は……

生年《せいねん》　–
没年《ぼつねん》　–
享年《きょうねん》　–

神

美《うつく》しいコノハナサクヤヒメの姉《あね》でありながら、なぜか醜《みにく》かったイワナガヒメは、妹《いもうと》とともに妻《つま》にと、父《ちち》オオヤマツミからニニギのもとに送《おく》られる。だが、ニニギは醜《みにく》い彼女《かのじょ》を嫌《きら》い、イワナガヒメは実家《じっか》に帰《かえ》されてしまった。じつは彼女《かのじょ》の子孫《しそん》には岩《いわ》のような永遠性《えいえんせい》が約束《やくそく》されており、これを拒否《きょひ》したがために、ニニギと子孫《しそん》、つまり人《にん》間《げん》の寿命《じゅみょう》は今《いま》のように短《みじか》いものになったのだといわれている。

File. 018

神

ニニギ

おもしろエピソード

◎嫁《よめ》にしたのは一目惚《ひとめぼ》れした美《うつく》しい姫神《ひめがみ》
◎面食《めんく》いだったがために自《みずか》らの寿命《じゅみょう》を縮《ちぢ》める

生年《せいねん》 –

没年《ぼつねん》 –

享年《きょうねん》 –

ここがポイント！

「天孫降臨《てんそんこうりん》」とはニニギが地上《ちじょう》に降《お》りたことをさす言葉《ことば》

高天原《たかまがはら》生《う》まれの神《かみ》が、ついに日本民族《にほんみんぞく》の祖《そ》になる

面食《めんく》い王子《おうじ》は疑《うたが》い深《ぶか》い わがまま男《おとこ》？

アマテラスの髪飾《かみかざ》りから生《う》まれたアメノオシホミミの息子《むすこ》として、高天原《たかまがはら》で生《う》まれたニニギ。アマテラスから受《う》け取《と》った支配者《しはいしゃ》の印《しるし》である「八咫鏡《やたのかがみ》」と「天《あめ》の叢雲《むらくも》の剣《つるぎ》」（のちの草薙《くさなぎ》の剣《つるぎ》）、「八尺瓊《やさかに》の勾玉《まがたま》」を携《たずさ》え、天界《てんかい》の雲《くも》を分《わ》けながら高《たか》千穂《ちほ》の地《ち》（今《いま》の宮崎県《みやざきけん》）に降《お》り立《た》ち、オオクニヌシから手《て》に入《い》れた日本《にほん》の統治者《とうちしゃ》になった。これを「天孫《てんそん》降臨《こうりん》」という。

その後《ご》、海岸《かいがん》で出会《であ》った美《うつく》しいコノハナサクヤヒメを妻《つま》に娶《めと》り、二《ふた》人《り》の間《あいだ》に生《う》まれたのが天皇《てんのう》の祖先《そせん》とされる、ホデリ（海幸彦《うみさちひこ》）とホスセリ、ホオリ（山幸彦《やまさちひこ》）だ。このとき、ともに妻《つま》として差《さ》し出《だ》された姉《あね》のイワナガヒメを醜《みにく》いからと追《お》い返《かえ》したため、得《え》られたはずの不老不死《ふろうふし》を失《うしな》い、子孫《しそん》たちも寿《じゅ》命《みょう》が限《かぎ》られることとなった。また、身《み》ごもった妻《つま》の子《こ》が自分《じぶん》の子《こ》なのかとも疑《うたが》い、コノハナサクヤヒメは、その疑《うたが》いを晴《は》らすため燃《も》える産屋《うぶや》で出産《しゅっさん》した。こうしてみると、ニニギはアマテラスの孫《まご》のわりに人《じん》格高潔《かくこうけつ》とは言《い》えないようだ。

ゆかりの地《ち》

高千穂《たかちほ》

●宮崎県《みやざきけん》。天孫降臨《てんそんこうりん》の場所《ばしょ》とされる。霧島連山《きりしまれんざん》の高千《たかち》穂峰《ほのみね》という説《せつ》も。

File. 019

ホオリ

神話《しんわ》では海神《かいじん》を制《せい》した山神《やまがみ》が天皇《てんのう》の祖《そ》に

生年 –
没年 –
享年 –

神

ここがポイント！
天皇家《てんのうけ》の祖先《そせん》とされる

「山幸彦《やまさちひこ》」ともいう、日本神話《にほんしんわ》でも重要《じゅうよう》な位置《いち》の神《かみ》。天孫《てんそん》ニニギの子。ホデリ（海幸彦《うみさちひこ》）の弟《おとうと》で狩猟《しゅりょう》を生《なり》業《わい》としていたが、兄《あに》に借《か》りた釣《つ》り針《ばり》を失《な》くしてしまう。兄《あに》はそれを許《ゆる》さず、困《こま》ったホオリは針《はり》を探《さが》して海神《かいじん》の宮《みや》を訪《おとず》れ、海神《かいじん》の娘《むすめ》トヨタマビメと結婚《けっこん》。トヨタマビメの助《たす》けで鯛《たい》の喉《のど》から見《み》つけた針《はり》に術《じゅつ》をかけて返《かえ》すと、兄《あに》は不《ふ》幸《こう》に見舞《みま》われる。稲《いな》作技術《さくぎじゅつ》を人々《ひとびと》に教《おし》え尊敬《そんけい》を得《え》、負《ま》けを認《みと》めた兄《あに》には服従《ふくじゅう》を誓《ちか》わせた。この夫婦《ふうふ》の子孫《しそん》が天皇《てんのう》に繋《つな》がるとされる。

File. 020

ホデリ

釣《つ》り針《ばり》をめぐる兄弟《きょうだい》ゲンカが日本《にほん》の支配権《しはいけん》を決《き》めた!?

生年 –
没年 –
享年 –

神

ここがポイント！
海《うみ》の権力《けんりょく》を弟《おとうと》に譲《ゆず》る

「海幸彦《うみさちひこ》」としても知《し》られる神《かみ》。漁《りょう》に使《つか》う釣《つ》り針《ばり》を弟《おとうと》ホオリの狩猟用《しゅりょうよう》の弓矢《ゆみや》と交換《こうかん》して狩《か》りをした際《さい》、弟《おとうと》に霊力《れいりょく》のある釣《つ》り針《ばり》を失《な》くされてしまう。怒《おこ》ったホデリは、弟《おとうと》が詫《わ》びに自分《じぶん》の剣《けん》で作《つく》った釣《つ》り針《ばり》も拒《きょ》否《ひ》。弟《おとうと》はもとの釣《つ》り針《ばり》を見《み》つけ海神《かいじん》のもとからもどるが、返《かえ》された釣《つ》り針《ばり》にかかった呪《のろ》いで海《うみ》の権力《けんりょく》を失《うしな》い、子孫《しそん》まで弟《おとうと》に服従《ふくじゅう》を誓《ちか》うことになった。これは日本《にほん》の支配権《しはいけん》が九《きゅう》州《しゅう》の隼人《はやと》から大陸《たいりく》渡来《とらい》の民族《みんぞく》に移《うつ》ったことを意味《いみ》するともいわれる。

File. 021

ワタツミ

アマテラスの兄弟《きょうだい》なのにとっても地味《じみ》な海《うみ》の神《かみ》

生年《せいねん》	—
没年《ぼつねん》	—
享年《きょうねん》	—

神

ここがポイント！
島国《しまぐに》らしく天皇《てんのう》の母方《ははかた》の祖《そ》は海神《かいじん》

オオワタツミともよび、日本神話《にほんしんわ》で、国生《くにう》みの夫婦神《ふうふしん》イザナギ、イザナミの間《あいだ》に生《う》まれた海《うみ》の神《かみ》。アマテラスの兄弟《きょうだい》でもあり、スサノオに海《うみ》を治《おさ》めるよう命《めい》じたともされる。ホオリ（山幸彦《やまさちひこ》）と結婚《けっこん》したトヨタマビメの父《ちち》で、海《うみ》の彼方《かなた》の宮《みや》に住《す》む。ワタツミのワタは日本《にほん》の古語《こご》で海《うみ》のこととされるが、朝鮮語《ちょうせんご》の「パダ」（海《うみ》）からきたとの説《せつ》もある。ツは「～の」を意味《いみ》し「ミ」は心霊《しんれい》、御霊《みたま》などをさす。現在《げんざい》では転《てん》じて海《うみ》で亡《な》くなった人《ひと》の魂《たましい》をさすことも。

File. 022

トヨタマビメ

「見《み》るな」の戒《いまし》めの祖《そ》？美《うつく》しい妻《つま》でいたかったが……

生年《せいねん》	—
没年《ぼつねん》	—
享年《きょうねん》	—

神

ここがポイント！
初代天皇《しょだいてんのう》神武《じんむ》の祖母《そぼ》で海神《かいじん》の娘《むすめ》

海神《かいじん》の娘《むすめ》で神武天皇《じんむてんのう》の祖母《そぼ》にあたる女神《めがみ》。兄《あに》の釣《つ》り針《ばり》を探《さが》して海《うみ》の宮《みや》まで来《き》たホオリと出会《であ》い結婚《けっこん》、身《み》ごもり地上《ちじょう》に上《あ》がって、夫《おっと》に覗《のぞ》くことを禁《きん》じて出産《しゅっさん》に臨《のぞ》む。しかし夫《おっと》が盗《ぬす》み見《み》るとその姿《すがた》は巨大《きょだい》なワニもしくは龍《りゅう》だったという。見《み》られたことを恥《は》じた彼女《かのじょ》は産《う》み落《お》とした息子《むすこ》を妹《いもうと》のタマヨリビメに託《たく》して海《うみ》に帰《かえ》ってしまう。成長《せいちょう》した息子《むすこ》のウガヤフキアエズは、育《そだ》ての親《おや》のタマヨリビメと結婚《けっこん》、その4男《なん》がのちの神武天皇《じんむてんのう》だといわれる。

天《てん》皇《のう》の系《けい》図《ず》

世界《せかい》で最《もっと》も古《ふる》くまで辿《たど》れる家系《かけい》は日本《にほん》の天皇家《てんのうけ》

天皇《てんのう》は神《かみ》の子孫《しそん》？ 歴史《れきし》が刻《きざ》まれた系譜《けいふ》

各時代《かくじだい》それぞれの在位中《ざいいちゅう》の天皇《てんのう》を「今上天皇《きんじょうてんのう》」とよぶが、平成《へいせい》の今上天皇《きんじょうてんのう》はなんと第《だい》125代目《だいめ》となる。初代天皇《しょだいてんのう》の即《そく》位《い》から計算《けいさん》すると、皇室《こうしつ》にはなんと2600年《ねん》以上の歴史《れきし》があることになる。

初代天皇《しょだいてんのう》は古墳時代《こふんじだい》よりさらに古《ふる》い時代《じだい》の神武天皇《じんむてんのう》であり、歴史研究《れきしけんきゅう》ではその実在《じつざい》が疑問視《ぎもんし》されているものの、奈良《なら》時代《じだい》に編纂《へんさん》された『古事記《こじき》』『日本書紀《にほんしょき》』に初代天皇《しょだいてんのう》として記《しる》されている。神武天皇《じんむてんのう》は名《な》をカムヤマトイワレビコといい、天上世界《てんじょうせかい》の「高天原《たかまがはら》」から降臨《こうりん》した神《かみ》（ニニギ）の子孫《しそん》とい

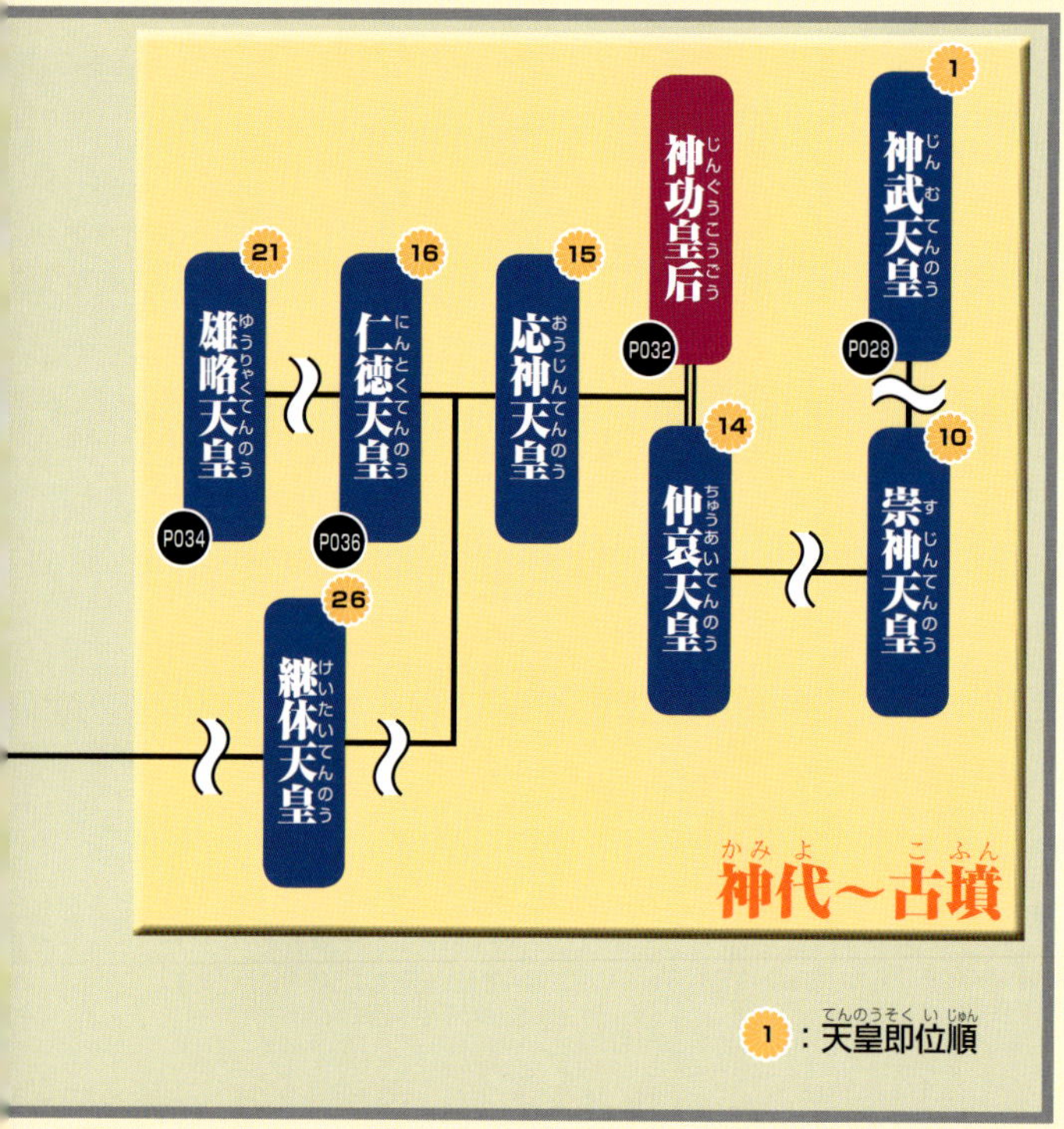

神武天皇《じんむてんのう》

うことになっており、少《すく》なくとも、神武天皇《じんむてんのう》が登場《とうじょう》するころには、ある程度《ていど》の勢力《せいりょく》をもった権力者《けんりょくしゃ》が誕生《たんじょう》していたと考《かんが》えられる。

皇位《こうい》の継承《けいしょう》を追《お》ってゆくと、かならずしも前天皇《ぜんてんのう》の直系《ちょっけい》の子《こ》に引《ひ》き継《つ》がれ続けているわけではなく、継体天皇《けいたいてんのう》のように数世代重《すうせだいかさ》ねた後《あと》の遠縁《とおえん》から即位《そくい》した例《れい》もある。また室町時代《むろまちじだい》には二《ふた》つの皇統《こうとう》ができた。とはいえ、古墳時代《こふんじだい》の3世紀後半《せいきこうはん》あたりから、その系譜《けいふ》が書物《しょもつ》に記載《きさい》されて辿《たど》れるというのは驚《おどろ》くべきことだろう。その記述《きじゅつ》から後世《こうせい》の私《わたし》たちは、熾烈《しれつ》な皇位継承争《こういけいしょうあらそ》いや、国《くに》そのものの支配権《しはいけん》の移動《いどう》という歴史《れきし》の流《なが》れをも考察《こうさつ》できる。それはつまり、日本《にほん》がどのような歴史《れきし》を歩《あゆ》み、そのなかで皇室《こうしつ》の役目《やくめ》と立《た》ち位置《いち》がどう変《か》わっていったかの証拠《しょうこ》でもある。

たったひとつの系図《けいず》を見《み》るだけで、紀元前《きげんぜん》から21世紀《せいき》の現《げん》在《ざい》まで、独立国家《どくりつこっか》として途切《とぎ》れず歴史《れきし》を刻《きざ》んでいる日本《にほん》が、国際的《こくさいてき》にみればたいへんまれな存在《そんざい》であることがわかるのだ。それが「日本人《にほんじん》の誇《ほこ》り」にも繋《つな》がっていることを、否定《ひてい》することはできないだろう。

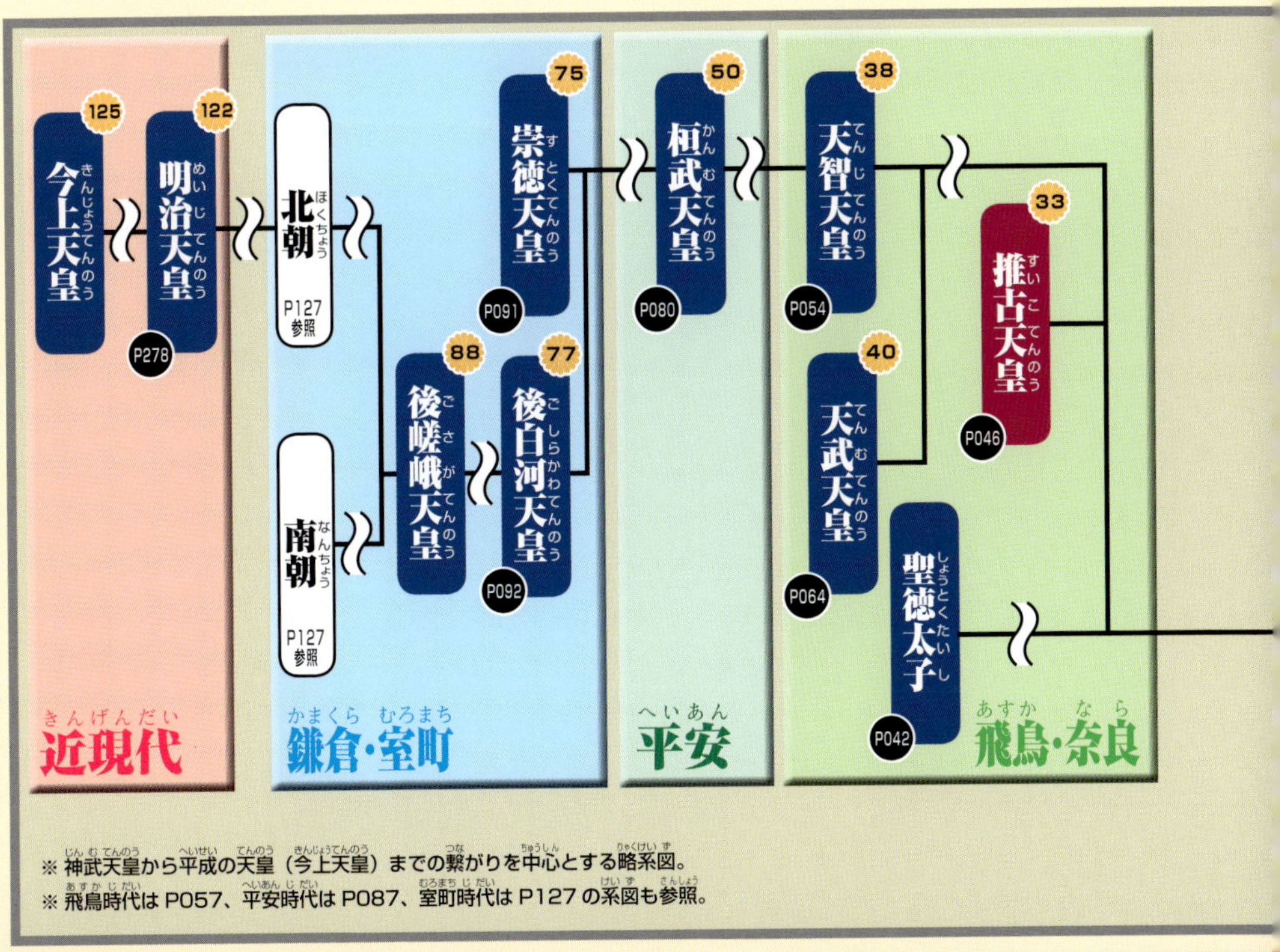

※ 神武天皇《じんむてんのう》から平成《へいせい》の天皇《てんのう》（今上天皇《きんじょうてんのう》）までの繋《つな》がりを中心《ちゅうしん》とする略系図《りゃくけいず》。
※ 飛鳥時代《あすかじだい》は P057、平安時代《へいあんじだい》は P087、室町時代《むろまちじだい》は P127 の系図《けいず》も参照《さんしょう》。

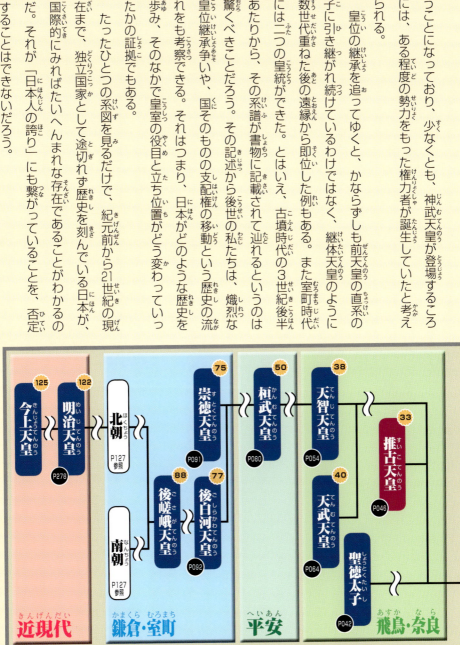

File. 023

天

神武天皇【じんむてんのう】

おもしろエピソード

◎苦労《くろう》のすえ、神《かみ》の啓示《けいじ》を受《う》けて勝利《しょうり》し天皇《てんのう》に

◎戦《たたか》いを助《たす》けた金《きん》の鵄《とび》は「金鵄勲章《きんしくんしょう》」の由来《ゆらい》に

生年《せいねん》 紀元前《きげんぜん》712年《ねん》？

※中国《ちゅうごく》では春秋時代初期《しゅんじゅうじだいしょき》

没年《ぼつねん》 紀元前《きげんぜん》590年《ねん》？

※バビロン捕囚《ほしゅう》（紀元前《きげんぜん》586年《ねん》）

享年《きょうねん》 127歳《さい》？

ここがポイント！

現天皇家《げんてんのうけ》の初代《しょだい》といわれるが実在《じつざい》の人物《じんぶつ》かは謎《なぞ》

日向《ひゅうが》から東《ひがし》を目《め》ざして出兵《しゅっぺい》、倭国《わこく》を倒《たお》して初代天皇《しょだいてんのう》に

実在《じつざい》か伝説《でんせつ》か、神《かみ》がかりの初代天皇《しょだいてんのう》

ニニギの曽孫《ひまご》にあたる。ウガヤフキアエズの4男《なん》で、兄《あに》たちとともに、日向《ひゅうが》の国《くに》から東《ひがし》にある豊《ゆた》かな大和《やまと》の地《ち》を目《め》ざして出兵《しゅっぺい》するが、奈良《なら》の手前《てまえ》でナガスネヒコの抵抗《ていこう》を受《う》けて苦戦《くせん》、兄《あに》イツセを失《うしな》う。さらに暴風雨《ぼうふうう》で痛手《いたで》を受《う》けると、残《のこ》る二人《ふたり》の兄《あに》も海神《かいじん》の怒《いか》りを鎮《しず》めようと入水《じゅすい》した。神武《じんむ》は、日《ひ》の出《で》＝アマテラスの方向《ほうこう》に進軍《しんぐん》するのはよくないと悟《さと》り、大《おお》きく迂回《うかい》。また将来《しょうらい》を危惧《きぐ》したアマテラスは、タケミカヅチの霊剣《れいけん》「布都御魂《ふつのみたま》」を授《さず》けた。道はたいへん険しかったが、三本《さんぼん》足《あし》のヤタガラスの導《みちび》きで吉野《よしの》に到達《とうたつ》し、ナガスネヒコの妹《いもうと》の夫《おっと》である神《かみ》、ニギハヤヒの協力《きょうりょく》を得《え》てナガスネヒコに勝利《しょうり》した。橿原《かしはら》を都《みやこ》に定《さだ》めた神武《じんむ》は、紀元前《きげんぜん》660年《ねん》に52歳《さい》で橿原宮《かしはらのみや》において初代天皇《しょだいてんのう》に即位《そくい》、その後《ご》70年間《ねんかん》も治《おさ》めたという。神武《じんむ》という名《な》は奈良時代《ならじだい》につけられた名《な》で、本名《ほんみょう》はカムヤマトイワレビコ、もしくはハツクニシラススメラミコトとされる。その伝承《でんしょう》はかなり創作的《そうさくてき》で、実在《じつざい》した人物《じんぶつ》だったのかは今《いま》も明《あき》らかではない。

ゆかりの地《ち》

橿原宮《かしはらのみや》

●東征《とうせい》を成功《せいこう》させて造《つく》った都《みやこ》。今《いま》の橿原神宮《かしはらじんぐう》の場所《ばしょ》と伝《つた》えられている。

File. 024

神

ヤマトタケル

おもしろエピソード

◎少女《しょうじょ》に化《ば》けて熊襲《くまそ》の拠点《きょてん》に潜入《せんにゅう》、敵《てき》を打《う》ち倒《たお》す

◎勝《か》ち慣《な》れて油断《ゆだん》、大切《たいせつ》な草薙《くさなぎ》の剣《つるぎ》を置《お》き忘《わす》れ

生年《せいねん》 ー

没年《ぼつねん》 ー

享年《きょうねん》 ー

ここがポイント！

父《ちち》の命《めい》を受《う》けて日本《にほん》のほぼ半分《はんぶん》を平定《へいてい》した伝説《でんせつ》の英雄《えいゆう》

日本《にほん》神話《しんわ》一《いち》の英雄《えいゆう》は、案外《あんがい》ナイーブで人間味《にんげんみ》豊《ゆた》かだった

強《つよ》すぎて父《ちち》に疎《うと》まれた悲劇《ひげき》のヒーロー

第《だい》12代《だい》景行天皇《けいこうてんのう》の息子《むすこ》だったヤマトタケルことオウス。日本神話《にほんしんわ》のなかでも英雄《えいゆう》として有名《ゆうめい》だが、『古事記《こじき》』や『日本書紀《にほんしょき》』に記《しる》される姿《すがた》は、現代《げんだい》のヒーロー像《ぞう》とはかなり違《ちが》う。10代《だい》の半《なか》ばで父《ちち》の言《い》いつけを拡大《かくだい》解釈《かいしゃく》して兄《あに》を踏《ふ》み殺《ころ》し、恐《おそ》れた父《ちち》から九州《きゅうしゅう》と出雲《いずも》の平定《へいてい》を命《めい》ぜられ、遠《とお》ざけられるのだ。幸《さいわ》い、叔母《おば》の倭姫命《やまとひめのみこと》から、熊襲《くまそ》討伐《とうばつ》の際《さい》の変装《へんそう》で役立《やくだ》つ女性用《じょせいよう》の衣装《いしょう》を授《さず》かることで、目的《もくてき》を成就《じょうじゅ》する。

だが続《つづ》けて東《ひがし》の征伐《せいばつ》を命《めい》じられてしまう。走水《はしりみず》の海《うみ》（現在《げんざい》の浦賀水《うらがすい》道《どう》）で嵐《あらし》に遭《あ》い、船《ふね》を救《すく》うために妻《つま》のオトタチバナヒメが自《みずか》らを生贄《いけにえ》に捧《ささ》げるなど、安寧《あんねい》な道《みち》のりではなかった。最後《さいご》には、倭姫命《やまとひめのみこと》から賜《たまわ》った草薙《くさなぎ》の剣《つるぎ》を忘《わす》れたまま伊吹《いぶき》山《やま》の神《かみ》を倒《たお》しに向《む》かう先《さき》で、白《しろ》イノシシ姿《すがた》の神《かみ》に気《き》づかず無視《むし》。神《かみ》の怒《いか》りから雹《ひょう》に打《う》たれ病《やまい》を患《わずら》い、故郷《こきょう》への帰路《きろ》、能煩野《のぼの》（三重県亀山市《みえけんかめやまし》）で失意《しつい》のまま死亡《しぼう》した。

その魂《たましい》は白鳥《はくちょう》の姿《すがた》となって飛《と》び立《た》ち、草薙《くさなぎ》の剣《つるぎ》は熱田神宮《あつたじんぐう》に祭《まつ》られたという。

ゆかりの地《ち》

能煩野《のぼの》

●ヤマトタケルの死没地《しぼつち》とされる。古墳《こふん》もあるが本物《ほんもの》の墓《はか》かは不明《ふめい》。

File. 025

政

【じんぐうこうごう】
神功皇后

おもしろエピソード

◎亡《な》き夫《おっと》の遺志《いし》を継《つ》いで新羅《しらぎ》を攻《せ》めて勝利《しょうり》
◎懐妊中《かいにんちゅう》に出兵《しゅっぺい》、腹部《ふくぶ》を冷《ひ》やすなどで出産《しゅっさん》を遅《おく》らせた

生年《せいねん》	不詳《ふしょう》
没年《ぼつねん》	269年《ねん》？ ※中国《ちゅうごく》では三国時代《さんごくじだい》の末期《まっき》ころ
享年《きょうねん》	不詳《ふしょう》

ここがポイント！

子《こ》どもを身《み》ごもったまま出兵《しゅっぺい》。熊襲《くまそ》と新羅《しらぎ》に勝利《しょうり》する。

古代《こだい》も母《はは》は強《つよ》し！妊娠《にんしん》しながら戦場《せんじょう》に立《た》った！

卑弥呼《ひみこ》と混同《こんどう》されかかった天皇《てんのう》の妻《つま》

第《だい》14代《だい》仲哀《ちゅうあい》天皇《てんのう》の皇后《こうごう》で、名《な》はオキナガタラシヒメ、もしくはオオタラシヒメ。仲哀《ちゅうあい》天皇《てんのう》が熊襲《くまそ》討伐《とうばつ》の最中《さいちゅう》、筑紫《つくし》（今《いま》の福岡市《ふくおかし》）の香椎宮《かしいのみや》で急死《きゅうし》し、その後《あと》を継《つ》いで熊襲《くまそ》討伐《とうばつ》の先頭《せんとう》に立《た》ちこれを成《な》し遂《と》げると、海《うみ》を渡《わた》り新羅《しらぎ》にも出陣《しゅつじん》し勝利《しょうり》を得《え》て、高句麗《こうくり》、百済《くだら》とも有利《ゆうり》な外交《がいこう》を結《むす》んで凱旋《がいせん》した。この出兵《しゅっぺい》の折《おり》、彼女《かのじょ》は妊娠《にんしん》していたが、「鎮懐石《ちんかいせき》」などとよばれる石《いし》を腹《はら》にあてて冷《ひ》やし、出産日《しゅっさんび》を遅《おく》らせ、帰国《きこく》後《ご》にめでたく筑紫《つくし》の地《ち》でのちの応神天皇《おうじんてんのう》を出産《しゅっさん》するという、気《き》骨《こつ》あふれた女性《じょせい》だった。

その後《ご》、応神天皇《おうじんてんのう》の異母兄《いぼけい》たちの反乱《はんらん》も平定《へいてい》し、69年間《ねんかん》の長《なが》きにわたり天皇《てんのう》、もしくは摂政《せっしょう》として国《くに》を治《おさ》めた。江戸時代《えどじだい》には、卑弥呼《ひみこ》は神功皇后《じんぐうこうごう》であるといわれていたが、卑弥呼《ひみこ》とは生《い》きた時代《じだい》が合《あ》わず、現代《げんだい》では二人《ふたり》は同一人物《どういつじんぶつ》ではないとされる。息子《むすこ》の応神天皇《おうじんてんのう》は、のちに武運《ぶうん》の神《かみ》「八幡神《はちまんしん》」と同一視《どういつし》され、神功皇后《じんぐうこうごう》はその母神《ぼしん》として源 頼家《みなもとのよりいえ》から篤《あつ》く崇拝《すうはい》され「聖母《しょうも》」ともよばれた。

ゆかりの地《ち》

香椎宮《かしいぐう》

●福岡県福岡市《ふくおかけんふくおかし》。神功皇后《じんぐうこうごう》が、仲哀天皇《ちゅうあいてんのう》の廟《びょう》として建《た》てさせたとされる神社《じんじゃ》。

File. 026

天

【ゆうりゃくてんのう】雄略天皇

おもしろエピソード

◎乱暴《らんぼう》な方法《ほうほう》で自分《じぶん》の権力《けんりょく》と朝廷《ちょうてい》の強化《きょうか》を図《はか》る
◎自分《じぶん》になびかなかった姫《ひめ》とその夫《おっと》を磔《はりつけ》に

骨肉《こつにく》の王権争《おうけんあらそ》いを勝《か》ち抜《ぬ》いた荒《あら》ぶる天皇《てんのう》が頼《たよ》るのは……

煮《に》え切《き》らぬ奴《やつ》は家臣《かしん》でも叩《たた》き切《き》る！

允恭天皇《いんぎょうてんのう》の第《だい》5皇子《おうじ》で第《だい》21代天皇《だいてんのう》。名《な》はオオハツセワカタケル。允恭天皇《いんぎょうてんのう》からの皇位継承《こういけいしょう》は血《ち》で血《ち》を洗《あら》うすさまじいもので、皇位《こうい》を手《て》にした雄略《ゆうりゃく》は、反乱《はんらん》を起《お》こす氏族《しぞく》を鎮圧《ちんあつ》、その王権《おうけん》を強化《きょうか》した。その後《ご》、478年《ねん》に宋《そう》に使者《ししゃ》を出《だ》し、安東大将軍《あんとうだいしょうぐん》の称号《しょうごう》を得《え》る。宋時代《そうじだい》の文献《ぶんけん》に登場《とうじょう》する「倭《わ》の五王《ごおう》」のうち「武《ぶ》」は彼《かれ》との説《せつ》がある。

人《ひと》に相談《そうだん》することが苦手《にがて》な雄略《ゆうりゃく》は他人《たにん》を誤解《ごかい》することが多《おお》く、気《き》も荒《あら》く短気《たんき》な性格《せいかく》だったようだ。百済《くだら》から来日《らいにち》した姫《ひめ》が天皇《てんのう》の意《い》に反《はん》し別《べつ》の男性《だんせい》と結婚《けっこん》したときには、夫婦《ふうふ》ともに磔《はりつけ》、火刑《かけい》にしてしまった。吉野《よしの》に狩《か》りに行《い》ったおりには、獲物《えもの》の調理《ちょうり》を、料理人《りょうりにん》と自分《じぶん》とどちらがしたほうが愉快《ゆかい》かと問《と》われ返答《へんとう》に困《こま》る家臣《かしん》に激昂《げきこう》。連《つ》れていた御者《ぎょしゃ》を切《き》り殺《ころ》して宮殿《きゅうでん》に帰《かえ》ってしまった。

こうしたとき、彼《かれ》をなだめられるのは母親《ははおや》だけだったという話《はなし》もあり、苛烈《かれつ》に権力《けんりょく》をふるう天皇《てんのう》である一方《いっぽう》で、母《はは》への依存度《いそんど》が高《たか》く精神的《せいしんてき》に未発達《みはったつ》な面《めん》もあったのかもしれない。

生年《せいねん》	不《ふ》詳《しょう》
没年《ぼつねん》	479年《ねん》？ ※中国《ちゅうごく》では宋《そう》（南朝《なんちょう》）が滅亡《めつぼう》、斉《せい》が建国《けんこく》
享年《きょうねん》	不《ふ》詳《しょう》

ここがポイント！

ヤマト王権《おうけん》を強化《きょうか》
外交《がいこう》もぬかりなし

ゆかりの地《ち》

泊瀬朝倉宮《はつせあさくらのみや》

●雄略天皇《ゆうりゃくてんのう》の時代《じだい》の都《みやこ》。奈《な》良《ら》県桜井市《けんさくらいし》にあったと推定《すいてい》される。

File. 027

仁徳天皇【にんとくてんのう】

本当《ほんとう》か嘘《うそ》か？　民《たみ》のため貧乏《びんぼう》をよしとした天皇《てんのう》

生年《せいねん》	不《ふ》詳《しょう》
没年《ぼつねん》	不《ふ》詳《しょう》
享年《きょうねん》	不《ふ》詳《しょう》

天

面積世界一《めんせきせかいいち》の墓《はか》の主《あるじ》とされる仁徳天皇《にんとくてんのう》は、飢饉《ききん》に際《さい》し自《みずか》らの着物《きもの》や宮殿《きゅうでん》が古《ふる》びても税徴収《ぜいちょうしゅう》を行《おこな》わなかった民思《たみおも》いの名君《めいくん》という伝説《でんせつ》がある。実際《じっさい》には、河内平野《かわちへいや》の開発《かいはつ》に力《ちから》を注《そそ》いだといわれ、大阪《おおさか》の難波《なにわ》に水路《すいろ》を通《とお》すなど直轄地《ちょっかつち》の拡大《かくだい》に尽力《じんりょく》した。その一方《いっぽう》で女好《おんなず》きで知《し》られ、女性《じょせい》を巡《めぐ》って異母兄弟《いぼきょうだい》で争《あらそ》い、結果的《けっかてき》に相手《あいて》の男女《だんじょ》を殺《ころ》してしまったり、皇后《こうごう》に浮気《うわき》を怒《おこ》られたりもしている。

File. 028

反正天皇【はんぜいてんのう】

名前《なまえ》の由来《ゆらい》になるほど美《うつく》しい歯並《はなら》びの男《おとこ》？

生年《せいねん》	不《ふ》詳《しょう》
没年《ぼつねん》	不《ふ》詳《しょう》
享年《きょうねん》	不《ふ》詳《しょう》

天

「瑞歯別命《ミズハワケノミコト》」という名《な》をもつ反正天皇《はんぜいてんのう》は、仁徳天皇《にんとくてんのう》の第《だい》3皇子《おうじ》で、淡路島《あわじしま》に生《う》まれたといわれる。その名《な》のとおり大変歯並《たいへんはなら》びがよく、また背《せ》が高《たか》くスタイル抜群《ばつぐん》で整《ととの》った顔立《かおだ》ちだったという。父《ちち》、仁徳天皇《にんとくてんのう》の死去《しきょ》に際《さい》して、兄《あに》の住吉仲皇子《すみのえのなかつみこ》が起《お》こした反乱《はんらん》を、太子《たいし》だった兄《あに》の履中天皇《りちゅうてんのう》の命《めい》で鎮《しず》めた。中国《ちゅうごく》の『宋書《そうしょ》』倭国《わこく》伝《でん》に記《しる》される、外交関係《がいこうかんけい》を結《むす》んだ「倭《わ》の五王《ごおう》」のひとりとされている。

File. 029

クマソタケル

自分《じぶん》を討《う》った相手《あいて》に「タケル」の名《な》を贈《おく》った

生年《せいねん》	不《ふ》詳《しょう》
没年《ぼつねん》	不《ふ》詳《しょう》
享年《きょうねん》	不《ふ》詳《しょう》

神

ヤマトタケルがまだオウスという名《な》の少年《しょうねん》だったころの神話《しんわ》に登場《とうじょう》する、熊襲《くまそ》の長《おさ》の兄弟《きょうだい》のひとり。熊襲《くまそ》討伐《とうばつ》に来《き》たオウスの女装《じょそう》にクマソタケルはすっかりだまされ、宴席《えんせき》で酌《しゃく》をさせようとして不意打《ふいう》ちされる。正体《しょうたい》を明《あ》かしたヤマトタケルに討《う》たれるおり、その強《つよ》さに観念《かんねん》したクマソタケルは自分《じぶん》の名《な》をオウスに差《さ》し出《だ》し、その後《ご》オウスはヤマトタケルと名《な》のるようになったという。

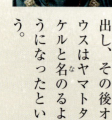

File. 030

【りちゅうてんのう】履中天皇

荒事《あらごと》は弟《おとうと》に任《まか》せ、官僚《かんりょう》制度《せいど》のさきがけづくり

生年《せいねん》	不詳《ふしょう》
没年《ぼつねん》	不詳《ふしょう》
享年《きょうねん》	不詳《ふしょう》

天

仁徳天皇《にんとくてんのう》の第《だい》1皇子《おうじ》で第《だい》17代天皇《だいてんのう》。父《ちち》の死後《しご》に皇位争《こういあらそ》いを勃発《ぼっぱつ》させた弟《おとうと》の討伐《とうばつ》をミズハワケ（のちの反正天皇《はんぜいてんのう》）に命《めい》じ、自《みずか》らは逃亡《とうぼう》して身《み》の安全《あんぜん》を図《はか》ったうえで即位《そくい》した。

在位中《ざいいちゅう》には、のちに朝廷《ちょうてい》に深《ふか》くかかわる物部氏《もののべし》や蘇我氏《そがし》を国政《こくせい》に参画《さんかく》させ、現在《げんざい》の書記官《しょきかん》にあたる「国史《ふみひと》」を諸国《しょこく》に設置《せっち》したり、朝廷《ちょうてい》の資産《しさん》などを管理《かんり》する「蔵職《くらのつかさ》」「蔵部《くらひとべ》」などの、今《いま》でいう官僚《かんりょう》も設《もう》けた。

File. 031

【あんこうてんのう】安康天皇

誤解《ごかい》が恨《うら》みを生《う》み悲劇《ひげき》に見舞《みま》われた天皇《てんのう》

生年《せいねん》	不詳《ふしょう》
没年《ぼつねん》	不詳《ふしょう》
享年《きょうねん》	不詳《ふしょう》

天

允恭天皇《いんぎょうてんのう》の皇子《おうじ》。兄《あに》がスキャンダルから皇太子《こうたいし》の座《ざ》を失《うしな》い、第《だい》20代天皇《だいてんのう》として即位《そくい》した。自《みずか》らは仁徳天皇《にんとくてんのう》の血筋《ちすじ》である叔父《おじ》の大草香皇子《おおくさかのみこ》の妹《いもうと》姫《ひめ》を娶《めと》ろうとするが、求婚《きゅうこん》に応《おう》じるしるしである押木珠縵《おしきのたまかづら》を使者《ししゃ》が横領《おうりょう》し、断《ことわ》られたと偽《にせ》の報告《ほうこく》をしたために誤解《ごかい》し、大草香皇子《おおくさかのみこ》を殺《ころ》し、その妻《つま》を皇后《こうごう》とした。しかし大草香皇子《おおくさかのみこ》のまだ7歳《さい》の息子《むすこ》による仇討《あだう》ちに遭《あ》って、安康《あんこう》自身《じしん》も命《いのち》を落《お》とした。

File. 032

イズモタケル

ヤマトタケルにだまし討《う》ちで殺《ころ》された出雲《いずも》の長《おさ》

生年《せいねん》	不詳《ふしょう》
没年《ぼつねん》	不詳《ふしょう》
享年《きょうねん》	不詳《ふしょう》

神

イズモタケルは『古事記《こじき》』にのみ登場《とうじょう》する。出雲《いずも》を治《おさ》める人物《じんぶつ》で、熊襲討伐帰《くまそとうばつがえ》りのヤマトタケルと友人《ゆうじん》となった。しかしこれはヤマトタケルの罠《わな》で、刀《かたな》が木《き》で作《つく》った偽物《にせもの》とすり替《か》えられたのを知《し》らず、手合《てあ》わせの申《もう》し出《で》を受《う》け斬《き》り殺《ころ》される。すべてはヤマトタケルの出雲討伐《いずもとうばつ》の計略《けいりゃく》だった。この話《はなし》は出雲地方《いずもちほう》に古《ふる》くから伝《つた》わり、大和《やまと》朝廷《ちょうてい》とのかかわりのなかで『古事記《こじき》』に取《と》り込《こ》まれたのだろう。

File. 033

政

卑弥呼【ひみこ】

おもしろエピソード

◎中国《ちゅうごく》の権威《けんい》を利用《りよう》し邪馬台国《やまたいこく》を栄《さか》えさせる
◎人前《ひとまえ》に姿《すがた》を見《み》せず会《あ》えるのは一人《ひとり》の男性《だんせい》のみ

生年《せいねん》	不詳《ふしょう》
没年《ぼつねん》	不詳《ふしょう》
享年《きょうねん》	不詳《ふしょう》

神秘性《しんぴせい》で邪馬台国《やまたいこく》を統治《とうち》した女王《じょおう》

巫女《みこ》がつくったのは平和《へいわ》な邪馬台国《やまたいこく》

日本《にほん》の歴史《れきし》に名《な》を残《のこ》す女性《じょせい》の筆《ひっ》頭《とう》といえる卑弥呼《ひみこ》。だが、『古事記《こじき》』や『日本書紀《にほんしょき》』にその名《な》はなく、古《こ》代中国《だいちゅうごく》の歴史書《れきししょ》にのみ記《しる》されている。

卑弥呼《ひみこ》は、日本列島《にほんれっとう》の長《なが》い争《あらそ》いを収《おさ》め、今《いま》も所在《しょざい》が論争《ろんそう》となる邪馬台《やまたい》国《こく》を鬼道《きどう》（占《うらな》い）で平和《へいわ》に治《おさ》めた女王《じょおう》とされる。神秘性《しんぴせい》を保《たも》つためか生涯独身《しょうがいどくしん》で、千人《せんにん》もの侍女《じじょ》をもちながらも、ただ一人《ひとり》の男性《だんせい》にのみ身《み》の回《まわ》りの世話《せわ》を許《ゆる》し、国政《こくせい》は弟《おとうと》が補佐《ほさ》したという。当時《とうじ》の大国《たいこく》、中国《ちゅうごく》の魏《ぎ》に使者《ししゃ》を送《おく》り、倭《わ》（日本《にほん》）の王《おう》と認《みと》められた印《しるし》の金印《きんいん》と銅鏡《どうきょう》を得《え》て、ライバル国《こく》だった狗奴国《くなこく》ほかの諸国《しょこく》に自国《じこく》の正当性《せいとうせい》と権威《けんい》を示《しめ》した。

ここがポイント！

魏《ぎ》から「親魏倭王《しんぎわおう》」の称号《しょうごう》と金印《きんいん》、銅鏡《どうきょう》100枚《まい》を受《う》ける

邪馬台国《やまたいこく》

巫女《みこ》が治《おさ》めた平和《へいわ》で豊《ゆた》かな奇跡《きせき》の国《くに》

邪馬台国《やまたいこく》はどこにあった？ 古代日本最大《こだいにほんさいだい》の謎《なぞ》

2～3世紀《せいき》ころに存在《そんざい》？

いまだに場所《ばしょ》の論争《ろんそう》が続《つづ》く邪馬台国《やまたいこく》。その国名《こくめい》を初《はじ》めて世《よ》に知《し》らせたのが、古代中国《こだいちゅうごく》の歴史書《れきししょ》『魏志《ぎし》』倭人伝《わじんでん》の「日本《にほん》には30の国《くに》があり、そのなかに卑《ひ》弥呼《みこ》という女《おんな》が治《おさ》める邪馬台国《やまたいこく》がある」という記載《きさい》だ。そこには、多《おお》くの銅鏡《どうきょう》と「あなたは日本《にほん》の王様《おうさま》です」という意味《いみ》の言葉《ことば》（親魏倭王《しんぎわおう》）が彫《ほ》られた金《きん》印《いん》を贈《おく》ったとも書《か》かれている。邪馬台《やまたい》国《こく》の使者《ししゃ》が海《うみ》を渡《わた》って魏《ぎ》を往復《おうふく》したのは本当《ほんとう》なのだろう。ただ『魏志《ぎし》』倭人《わじん》伝《でん》のとおりに邪馬台国《やまたいこく》へのルートを辿《たど》ると海《うみ》に出《で》てしまうというのが、場所《ばしょ》が確定《かくてい》しない原因《げんいん》にもなっている。大《おお》きくは大陸《たいりく》に近《ちか》い九州説《きゅうしゅうせつ》と、古墳《こふん》などの状況《じょうきょう》から近畿説《きんきせつ》の二説《にせつ》に分《わ》かれ、さらに九州《きゅうしゅう》から東《ひがし》へ移《うつ》ったと考《かんが》える人《ひと》もいる。巫女《みこ》が治《おさ》め、外交《がいこう》に力《ちから》を注《そそ》げるほど豊《ゆた》かで安定《あんてい》した国《くに》が古代《こだい》にあった……。そのロマンは人々《ひとびと》の想像力《そうぞうりょく》を刺《し》激《げき》してやまない。

▲邪馬台国復元《やまたいこくふくげん》イメージCG

『古事記《こじき》』と『日本書紀《にほんしょき》』

日本史《にほんし》の大本《おおもと》とされてきた『古事記《こじき》』と『日本書紀《にほんしょき》』

『古事記《こじき》』と『日本書紀《にほんしょき》』はどこがどう違《ちが》うのか?

どちらも日本最古級《にほんさいこきゅう》の歴史書《れきししょ》で成立《せいりつ》もほんの数年差《すうねんさ》だ。『日本書紀《にほんしょき》』は、天武天皇《てんむてんのう》の第《だい》3皇子《おうじ》、舎人親王《とねりしんのう》が中心《ちゅうしん》に編纂《へんさん》し太安万侶《おおのやすまろ》も参加《さんか》。1、2巻《かん》は神代《かみよ》、3～30巻《かん》は神武天皇《じんむてんのう》から持統天皇《じとうてんのう》までを月日《つきひ》の順《じゅん》を追《お》って記《しる》す。一方《いっぽう》『古事記《こじき》』は天皇《てんのう》の神性《しんせい》に主眼《しゅがん》を置《お》きつつ、天地《てんち》の始《はじ》まりから神代《かみよ》、推古天皇《すいこてんのう》までを分野《ぶんや》ごとに分《わ》けた読《よ》み物形式《ものけいしき》。

天武天皇《てんむてんのう》の舎人《とねり》で、記憶力《きおくりょく》に優《すぐ》れていたという**稗田阿礼**《ひえだのあれ》が、事変《じへん》などで失《うしな》われた皇室《こうしつ》の記録《きろく》の代《か》わりに編纂《へんさん》を命《めい》じられた国内向《こくないむ》けの史書《ししょ》。しかし天武《てんむ》が崩御《ほうぎょ》し作業《さぎょう》は頓挫《とんざ》。3代後《だいご》の元明天皇《げんめいてんのう》が遺志《いし》を継《つ》ぎ、稗田阿礼《ひえだのあれ》の語《かた》りを**太安**《おおのやす》**万侶**《まろ》が筆録《ひつろく》したという。史実性《しじつせい》は『日本書紀《にほんしょき》』が勝《まさ》るが、いずれも裏《うら》づけ不《ふ》能《のう》な神話伝説《しんわでんせつ》を含《ふく》む。なお『日本書紀《にほんしょき》』には中国王朝《ちゅうごくおうちょう》の歴史書《れきししょ》にならい、日本《にほん》も公式《こうしき》の歴史《れきし》をもった一人前《いちにんまえ》の国《くに》だと外国《がいこく》にアピールする役割《やくわり》もあった。

『古事記《こじき》』 712年成立《ねんせいりつ》

『日本書紀《にほんしょき》』 720年成立《ねんせいりつ》

File. 034

稗田阿礼

【ひえだのあれ】

File. 035

太安万侶

【おおのやすまろ】

ポイント

じつは同時期《どうじき》に作《つく》られた、日本国《にほんこく》の正統性《せいとうせい》をアピールする歴史書《れきししょ》

第《だい》2章《しょう》 飛鳥《あすか》・奈良時代《ならじだい》

●この章《しょう》で扱《あつか》う時代《じだい》

飛鳥《あすか》 → 奈良《なら》 → 平安《へいあん》 → 鎌倉《かまくら》 → 南北朝《なんぼくちょう》 → 室町《むろまち》

戦国《せんごく》 → 安土桃山《あづちももやま》 → 江戸《えど》 → 明治《めいじ》 → 大正《たいしょう》 → 昭和《しょうわ》

File. 036

政

【しょうとくたいし】
聖徳太子

おもしろエピソード
◎同時《どうじ》に複数《ふくすう》の人《ひと》の話《はなし》を聞《き》き、的確《てきかく》に答《こた》えた!?
◎聖徳太子《しょうとくたいし》の名《な》は死後《しご》１００年《ねん》も後《あと》につけられた

臆《おく》さず大国《たいこく》と対等《たいとう》に渡《わた》り合《あ》い、神道《しんとう》と仏教《ぶっきょう》を共存《きょうぞん》させる

内政《ないせい》と外交《がいこう》に長《た》けた有能《ゆうのう》すぎる摂政《せっしょう》

本来《ほんらい》の名《な》は厩戸皇子《うまやとのみこ》もしくは厩《うまや》戸王《とおう》。第《だい》31代用明天皇《だいようめいてんのう》の第《だい》2皇子《おうじ》で、父方《ちちかた》の祖母《そぼ》と母方《ははかた》の祖母《そぼ》は強《つよ》い権力《けんりょく》をもっていた蘇我稲目《そがのいなめ》の娘《むすめ》であるため、蘇我氏《そがし》との関係《かんけい》が深《ふか》い。

幼《おさな》いころからたいへん頭《あたま》がよく、天《てん》皇家初《のうけはつ》の女帝《じょてい》である推古天皇《すいこてんのう》が即《そく》位《い》すると、摂政《せっしょう》として大叔父《おおおじ》である蘇我馬子《そがのうまこ》とともに政治《せいじ》を補佐《ほさ》した。神道《しんとう》の家系《かけい》でありながら仏教《ぶっきょう》を尊《とうと》んだ太子《たいし》は、飛鳥京《あすかきょう》を中心《ちゅうしん》にして多《おお》くの寺《てら》を建立《こんりゅう》し、神仏両立《しんぶつりょうりつ》を推奨《すいしょう》。政治家《せいじか》としては、官人《かんじん》の位《くらい》を十二階《じゅうにかい》に定《さだ》めて、家柄《いえがら》より実《じつ》力《りょく》にもとづいた人材登用《じんざいとうよう》を行《おこな》った。また憲法十七条《けんぽうじゅうしちじょう》を発布《はっぷ》。中央集権《ちゅうおうしゅうけん》国家《こっか》の基盤《きばん》を築《きず》いた。さらには中《ちゅう》国大陸《ごくたいりく》に遣隋使《けんずいし》を送《おく》り、日本《にほん》がけっして劣《おと》った小国《しょうこく》ではないことを公《こう》言《げん》しつつ、隋《ずい》の最先端技術《さいせんたんぎじゅつ》や文化《ぶんか》、学問《がくもん》を取《と》り入《い》れ国《くに》の発展《はってん》に大《おお》きく貢献《こうけん》した。こうした活躍《かつやく》のなかから数々《かずかず》の超人的《ちょうじんてき》な逸話《いつわ》も生《う》まれ、果《は》ては空《そら》を飛《と》ぶ話《はなし》まであるが、太子《たいし》の目《め》ざしたものは、当時《とうじ》からすれば「飛《と》んだ」ものであったことも間違《まちが》いないだろう。

生年《せいねん》　574年《ねん》
※中国《ちゅうごく》・北周《ほくしゅう》で仏教弾圧《ぶっきょうだんあつ》

没年《ぼつねん》　622年《ねん》
※ムハンマドがメッカからメディナへ聖遷《せいせん》

享年《きょうねん》　49歳《さい》

ここがポイント！
進《すす》んだ大陸文化《たいりくぶんか》や制度《せいど》を取《と》り入《い》れ国家体制《こっかたいせい》づくりを図《はか》った

ゆかりの地《ち》

法隆寺《ほうりゅうじ》

●聖徳太子《しょうとくたいし》が邸《やしき》の西《にし》に建《た》てた寺《てら》。一部《いちぶ》は現存《げんそん》する世界《せかい》最古《さいこ》の木造建築《もくぞうけんちく》。

故事成語《こじせいご》

【和《わ》を以《もっ》て貴《とうと》しとなす】

意味《いみ》

みんなで仲良《なかよ》く協力《きょうりょく》し合《あ》うことが大切《たいせつ》である

■1500年《ねん》も昔《むかし》から言《い》われているのに難《むずか》しい

「以和為貴《わをもってとうとしとなす》（和《わ》を以《もっ》て貴《とうと》しと為《な》す）」。聖徳太子《しょうとくたいし》が604年《ねん》につくったといわれる「憲法十七条《けんぽうじゅうしちじょう》」第一条《だいいちじょう》の冒頭《ぼうとう》の言葉《ことば》だ。

直接的《ちょくせつてき》な意味《いみ》は「協力《きょうりょく》や協調《きょうちょう》、和解《わかい》することは尊《とうと》く大切《たいせつ》である」。簡単《かんたん》にいえば「みんなが仲《なか》良《よ》くすることはとても大事《だいじ》」ということ。小学校《しょうがっこう》や幼稚園《ようちえん》で習《なら》う道徳《どうとく》の基本《きほん》だ。

それまでの日本《にほん》は、多《おお》くの豪《ごう》族《ぞく》が個別《こべつ》に支配《しはい》する小《ちい》さな「クニ」が領土《りょうど》や労働者《ろうどうしゃ》、産物《さんぶつ》などを奪《うば》い合《あ》う世界《せかい》で、大和朝廷《やまとちょうてい》が

成立《せいりつ》してからも、豪族《ごうぞく》の流《なが》れを汲《く》む官僚《かんりょう》たちの派閥覇権争《はばつはけんあらそ》いが続《つづ》いていた。そこで仏教思想《ぶっきょうしそう》を取《と》り入《い》れた聖徳太子《しょうとくたいし》が、官僚《かんりょう》たちへの良識《りょうしき》の手引《てび》きとしてつくったのが「憲法十七条《けんぽうじゅうしちじょう》」。よりよい国家《こっか》をつくってゆくには、まず官僚《かんりょう》たちが道理《どうり》を見定《みさだ》め、冷静《れいせい》に協調協力《きょうちょうきょうりょく》し、重大《じゅうだい》な事《こと》柄《がら》は議論《ぎろん》して決《き》める。それには「和《わ》」の心《こころ》が必要《ひつよう》だ、という聖徳《しょうとく》太子《たいし》の考《かんが》えから生《う》まれた言葉《ことば》だ。

この考《かんが》えは、今《いま》では小《ちい》さな子《こ》どもでも理解《りかい》できる日本人《にほんじん》の根《こん》底的《ていてき》な道徳《どうとく》になっている。にもかかわらず、聖徳太子《しょうとくたいし》の世《よ》から1500年近《ねんちか》く経《た》つ現代《げんだい》でも、いじめや差別《さべつ》もなくならず争《あらそ》いは絶《た》えない。さらに「和《わ》」を「空気《くうき》を読《よ》んで、調和《ちょうわ》を乱《みだ》すな」という意味《いみ》に誤解《ごかい》して、他人《たにん》を押《お》さえつけようとさえする。この未来《みらい》を、聖徳太子《しょうとくたいし》はなんという言葉《ことば》で嘆《なげ》くだろうか。

▲聖徳太子《しょうとくたいし》（中央）を描《えが》いたと伝《つた》えられる「聖徳太子及《しょうとくたいしおよ》び二王子像《におうじぞう》」

▲蘇我蝦夷《そがのえみし》。聖徳太子《しょうとくたいし》の没後《ぼつご》、真逆《まぎゃく》の専横政治《せんおうせいじ》を行《おこな》う

聖徳太子《しょうとくたいし》の政治《せいじ》

現代《げんだい》にも通《つう》ずる政治倫理《せいじりんり》が7世紀《せいき》に説《と》かれた

新世代《しんせだい》の知性《ちせい》・聖徳太子《しょうとくたいし》
女帝《じょてい》のもとで才能発揮《さいのうはっき》

今《いま》や政治《せいじ》の世界《せかい》でも有能《ゆうのう》な女性《じょせい》の活《かつ》躍《やく》は珍《めずら》しくない。飛鳥時代《あすかじだい》、聖徳太子《しょうとくたいし》を身近《みぢか》においた**推古天皇《すいこてんのう》**はそうした女《じょ》性《せい》の先駆者《せんくしゃ》ではないだろうか。

第33代《だい》推古天皇《すいこてんのう》は蘇我一族《そがいちぞく》の母《はは》をもち、もとの名《な》は額田部女王《ぬかたべのひめみこ》。たいへんな美人《びじん》で、18歳《さい》でのちの第30代《だい》敏達天《びだつてん》皇《のう》の妃《きさき》（のちに皇后《こうごう》）となり竹田皇子《たけだのみこ》らをもうける。敏達天皇崩御《びだつてんのうほうぎょ》後《ご》、用明《ようめい》天皇《てんのう》、崇峻天皇《すしゅんてんのう》と続《つづ》くが、蘇我馬子《そがのうまこ》によって32代《だい》崇峻天皇《すしゅんてんのう》が暗殺《あんさつ》され、先々《せんせん》代《だい》の皇后《こうごう》である額田部女王《ぬかたべのひめみこ》が推古天皇《すいこてんのう》として39歳《さい》で初《はつ》の女性天皇《じょせいてんのう》に奉《たてまつ》りあげられた。そんなときに推古《すいこ》のもとで頭《とう》角《かく》を現《あらわ》したのが、知性《ちせい》あふれる甥《おい》の聖《しょう》徳太子《とくたいし》（厩戸皇子《うまやとのみこ》）だった。

当時《とうじ》は、家柄《いえがら》のよさだけで能力《のうりょく》の足《た》りない人《ひと》が高官《こうかん》となり、国《くに》の発展《はってん》をも停滞《ていたい》させかねない状況《じょうきょう》があった。どうしたら氏姓《しせい》や世襲《せしゅう》にとらわれず、個人《こじん》の能力《のうりょく》を評価《ひょうか》して位《くらい》を与《あた》えられるのか。推古《すいこ》の要望《ようぼう》に応《こた》えて603年《ねん》にまず聖《しょう》徳太子《とくたいし》が制定《せいてい》したといわれるのが日本《にほん》初《はつ》の位階制度《いかいせいど》「冠位十二階《かんいじゅうにかい》」だ。官《かん》の位《くらい》を、それぞれ大小《だいしょう》の徳《とく》、仁《じん》、礼《れい》、信《しん》、

▼推古天皇《すいこてんのう》（右《みぎ》）
聖徳太子《しょうとくたいし》（中央《ちゅうおう》）
蘇我入鹿《そがのいるか》（左《ひだり》）

File. 037

推古天皇　【すいこてんのう】

冠位十二階《かんいじゅうにかい》

高位《こうい》 → 低位《ていい》

	1	2	3	4	5	6	7	8	9	10	11	12
官名《かんめい》	大徳《だいとく》	小徳《しょうとく》	大仁《だいじん》	小仁《しょうじん》	大礼《だいらい》	小礼《しょうらい》	大信《だいしん》	小信《しょうしん》	大義《だいぎ》	小義《しょうぎ》	大智《だいち》	小智《しょうち》
色《いろ》	濃紫《こいむらさき》	薄紫《うすむらさき》	濃青《こいあお》	薄青《うすあお》	濃赤《こいあか》	薄赤《うすあか》	濃黄《こいき》	薄黄《うすき》	濃白《こいしろ》	薄白《うすしろ》	濃黒《こいくろ》	薄黒《うすくろ》

《代表的人物《だいひょうてきじんぶつ》》

- 大徳《だいとく》 小野妹子《おののいもこ》（遣隋使《けんずいし》）
- 小徳《しょうとく》 高向玄理《たかむこのくろまろ》（学者《がくしゃ》）
- 大仁《だいじん》 鞍作鳥《くらつくりのとり》（仏師《ぶっし》）
- 大仁《だいじん》 犬上御田鍬《いぬかみのみたすき》（遣隋《けんずい》・遣唐使《けんとうし》）
- 小仁《しょうじん》 物部兄麻呂《もののべのあにまろ》（武蔵国《むさしのくに》の行政官《ぎょうせいかん》）
- 小礼《しょうらい》 鞍作福利《くらつくりのふくり》（遣隋使《けんずいし》）

義《ぎ》、智《ち》、に分《わ》け、冠《かんむり》の色《いろ》を紫《むらさき》、青《あお》、赤《あか》、黄《き》、白《しろ》、黒《くろ》の濃淡《のうたん》付《づ》けで区別《くべつ》した。

また604年《ねん》には「和《わ》を以《もっ》て貴《とうと》しと為《な》す」で有名《ゆうめい》な、17か条《じょう》の官僚《かんりょう》、豪族《ごうぞく》に向《む》けた服務《ふくむ》規程《きてい》にあたる道徳《どうとく》規範《きはん》集《しゅう》「憲法十七条《けんぽうじゅうしちじょう》」を発布《はっぷ》。このなかには、個《こ》の人格《じんかく》の重視《じゅうし》と能力《のうりょく》による昇進《しょうしん》などの内容《ないよう》も含《ふく》まれており、強《つよ》い豪族《ごうぞく》にだけ好都合《こうつごう》なものではなかった。また仏《ぶっ》教《きょう》や儒教《じゅきょう》にもとづく戒《いまし》めも多《おお》く、当時《とうじ》盛《さか》んに行《おこな》われていた遣隋使《けんずいし》がもたらした新《あら》たな文化《ぶんか》や政治《せいじ》理念《りねん》の反映《はんえい》がみられることから、中国《ちゅうごく》の制度《せいど》を参考《さんこう》にしたとの説《せつ》が有力《ゆうりょく》だ。

ただし、個人《こじん》重視《じゅうし》とはいっても、推《すい》古天皇《こてんのう》も聖徳太子《しょうとくたいし》も最有力豪族《さいゆうりょくごうぞく》の蘇我《そが》氏《し》との繋《つな》がりが深《ふか》く、政治《せいじ》の中心《ちゅうしん》を蘇《そ》我氏《がし》が占《し》めていたことは否《いな》めない。その証拠《しょうこ》に、蘇我蝦夷《そがのえみし》は息子《むすこ》の入鹿《いるか》に高《こう》位《い》の紫《むらさき》の冠《かんむり》を授《さず》けており、官位《かんい》を受《う》けたその他《た》の者《もの》たちも、都《みやこ》に近《ちか》いなど限《げん》定《てい》された範囲《はんい》にとどまっている。しかし、これによって朝廷《ちょうてい》に新《あたら》しい秩序《ちつじょ》が生《う》まれたことは間違《まちが》いなく、10年《ねん》以上《いじょう》もこの制度《せいど》は続《つづ》いていく。

憲法十七条《けんぽうじゅうしちじょう》のおもな内容《ないよう》

- 位《くらい》の高《たか》い者《もの》も低《ひく》い者《もの》も親睦《しんぼく》を深《ふか》めて議論《ぎろん》しなさい。
- 仏《ほとけ》と仏法《ぶっぽう》と僧侶《そうりょ》を敬《うやま》い、心《こころ》を正《ただ》しく持《も》ちなさい。
- 上《うえ》に立《た》つ者《もの》が礼儀《れいぎ》を正《ただ》せば、自《し》然《ぜん》と国全体《くにぜんたい》が治《おさ》まる。
- 欲《よく》を捨《す》て、賄賂《わいろ》をもらわず厳正《げんせい》に訴訟《そしょう》を審査《しんさ》しなさい。
- 官吏《かんり》の功績《こうせき》と罪《つみ》をよく審査《しんさ》して賞罰《しょうばつ》を与《あた》えなさい。

File. 038

政

蘇我馬子【そがのうまこ】

おもしろエピソード

◎兄弟《きょうだい》や娘《むすめ》をつぎつぎと天皇《てんのう》に嫁《とつ》がせ地位《ちい》を拡大《かくだい》

◎たどり着《つ》いた渡来人《とらいじん》を宮中《きゅうちゅう》に取《と》り立《た》てて活用《かつよう》

思《おも》いどおりの政治《せいじ》のためには容赦《ようしゃ》しない飛鳥《あすか》の裏天皇《うらてんのう》

複雑《ふくざつ》に入《い》り混《ま》じる血族《けつぞく》の皇位争《こういあらそ》い

飛鳥時代《あすかじだい》の4代《だい》の天皇《てんのう》の大臣《おおおみ》を務《つと》めた蘇我氏《そがし》の筆頭《ひっとう》。女《おんな》きょうだい二人《ふたり》が欽明天皇《きんめいてんのう》の后《きさき》になったことを足掛《あしが》かりに、皇室《こうしつ》と蘇我家《そがけ》の間《あいだ》で結婚《けっこん》を重《かさ》ね、一族《いちぞく》と血縁《けつえん》のある天皇《てんのう》を何人《なんにん》も立《た》てた。だが、彼《かれ》の政治手法《せいじしゅほう》はかなり乱暴《らんぼう》だ。

まず甥《おい》の穴穂部皇子《あなほべのみこ》が、ライバル関係《かんけい》である大豪族《だいごうぞく》・物部氏《もののべし》と組《く》んで皇位継承《こういけいしょう》を目論《もくろ》むと容赦《ようしゃ》なく殺《さつ》害《がい》。用明天皇崩御《ようめいてんのうほうぎょ》ののちには、物部《もののべ》一族《いちぞく》そのものを滅《ほろ》ぼして、用明天皇《ようめいてんのう》の異母弟《いぼてい》で娘婿《むすめむこ》でもある崇峻天皇《すしゅんてんのう》を擁立《ようりつ》する。ところが思《おも》うとおりの政治《せいじ》ができないとみるやこれまた暗殺《あんさつ》。先々代敏達天皇《せんせんだいびだつてんのう》の皇后《こうごう》であった姪《めい》を女性初《じょせいはつ》の天皇《てんのう》（推古天皇《すいこてんのう》）に即位《そくい》させ、その甥《おい》の聖徳太子《しょうとくたいし》を皇《こう》太子《たいし》に任《にん》じ地位《ちい》を盤石《ばんじゃく》なものにした。他方《たほう》、大陸《たいりく》から伝《つた》わったばかりの仏教《ぶっきょう》を擁護《ようご》し法興寺《ほうこうじ》（飛鳥寺《あすかでら》）を造営《ぞうえい》。また高句麗《こうくり》の使者《ししゃ》を朝廷《ちょうてい》に迎《むか》え、高句麗《こうくり》や隋《ずい》に使者《ししゃ》を複数《ふくすう》回派遣《かいはけん》するなど、外交《がいこう》に手腕《しゅわん》をふるった一面《いちめん》もある。有名《ゆうめい》な奈良《なら》の「石舞台《いしぶたい》」古墳《こふん》は、蘇我馬子《そがのうまこ》の墓《はか》であるともいわれる。

生年《せいねん》　不詳《ふしょう》

没年《ぼつねん》　626年《ねん》
※天智天皇《てんじてんのう》が誕生《たんじょう》

享年《きょうねん》　不詳《ふしょう》

ここがポイント！

飛鳥京《あすかきょう》で4代《だい》の天皇《てんのう》にわたって大臣《おおおみ》を務《つと》めた大豪族《だいごうぞく》

ゆかりの地《ち》

法興寺《ほうこうじ》

●奈良県《ならけん》明日香村《あすかむら》。馬子《うまこ》が建《た》てた蘇我氏《そがし》の氏寺《うじでら》で、日本最古《にほんさいこ》の仏教寺院《ぶっきょうじいん》。

File. 039

文

小野妹子【おののいもこ】

おもしろエピソード

◎有名《ゆうめい》な『日出処《ひいづるところ》の天子《てんし》』の国書《こくしょ》を隋《ずい》に届《とど》ける
◎平安《へいあん》の美女歌人《びじょかじん》、小野小町《おののこまち》は同族《どうぞく》に当《あ》たる

飛鳥時代《あすかじだい》に2度《ど》も隋《ずい》に渡《わた》った強運男《きょううんおとこ》

聖徳太子《しょうとくたいし》に見込《みこ》まれた切《き》れ者官人《ものかんじん》

冠位十二階《かんいじゅうにかい》の五階《ごかい》「大礼《だいらい》」から最高位《さいこうい》の「大徳《だいとく》」となった優秀《ゆうしゅう》な役人《やくにん》。聖徳太子《しょうとくたいし》から指名《しめい》され「日《ひ》出処《いづるところ》の天子《てんし》、書《しょ》を日没《ひぼっ》する処《ところ》の天《てん》子《し》に致《いた》す」という国書《こくしょ》を持《も》って隋《ずい》に渡《わた》った。翌年《よくとし》、隋《ずい》の使者《ししゃ》を連《つ》れて帰国《きこく》したが、隋《ずい》からの国書《こくしょ》を紛《ふん》失《しつ》。じつはその内容《ないよう》が朝廷《ちょうてい》の望《のぞ》むものでなかったので自《みずか》ら廃棄《はいき》したともいわれている。同年《どうねん》、再《ふたた》び留《りゅう》学生《がくせい》を連《つ》れて隋《ずい》に渡《わた》り、翌年《よくとし》に無《ぶ》事帰国《じきこく》した。宮廷《きゅうてい》では花《はな》を献上《けんじょう》する任務《にんむ》にも就《つ》いており、華道《かどう》の家《いえ》元池坊《もといけのぼう》の始祖《しそ》でもある。なにより、当時《とうじ》の技術《ぎじゅつ》では命《いのち》がけの旅《たび》になる大陸《たいりく》への航海《こうかい》を、2度《ど》とも無事《ぶじ》に果《は》たした強運《きょううん》は驚《おどろ》きに値《あたい》する。

生年《せいねん》　不詳《ふしょう》

没年《ぼつねん》　不詳《ふしょう》

享年《きょうねん》　不詳《ふしょう》

ここがポイント！

聖徳太子《しょうとくたいし》の命《めい》で
遣隋使《けんずいし》として
2度《ど》隋《ずい》を往復《おうふく》した

File. 040

文

高向玄理【たかむこ の くろまろ（げんり）】

おもしろエピソード

◎留学生《りゅうがくせい》として遣隋使《けんずいし》に同行《どうこう》、30年《ねん》以上《いじょう》滞在《たいざい》し続《つづ》ける

◎留学中《りゅうがくちゅう》に隋《ずい》の滅亡《めつぼう》と唐《とう》の成立《せいりつ》を経験《けいけん》する

大陸《たいりく》で政治制度《せいじせいど》を学《まな》び国政《こくせい》の最高顧問《さいこうこもん》に

異例《いれい》の長期留学《ちょうきりゅうがく》の成果《せいか》を外交《がいこう》で発揮《はっき》！

名前《なまえ》は高向黒麻呂《たかむこのくろまろ》とも表記《ひょうき》する。もとは百済系渡来人《くだらけいとらいじん》の子孫《しそん》で、608年《ねん》、第《だい》2回《かい》の遣隋使派遣《けんずいしはけん》で、小野妹子《おののいもこ》派遣団《はけんだん》の留学生《りゅうがくせい》として渡《と》海《かい》した。隋《ずい》と唐《とう》で約《やく》33年間《ねんかん》も学《まな》び、640年《ねん》に南淵請安《みなぶちのしょうあん》とともに帰国《きこく》し、高官《こうかん》に就《つ》く。

645年《ねん》に「乙巳《いっし》の変《へん》」が起《お》こり、新政権《しんせいけん》ができると、政府《せいふ》の政《せい》治顧問《じこもん》である「国博士《くにのはかせ》」に指名《しめい》され、難《むずか》しい情勢《じょうせい》のなか新羅《しらぎ》との外交折《がいこうせっ》衝《しょう》を担当《たんとう》した。

のちには遣唐使《けんとうし》でも最高級《さいこうきゅう》の責《せき》任者《にんしゃ》「押使《おうし》」として再《ふたた》び新羅経由《しらぎけいゆ》で唐《とう》に渡《わた》り、さらに外交《がいこう》を推《お》し進《すす》めようとするが、成果《せいか》を得《え》られず大陸《たいりく》で病死《びょうし》した。

生年《せいねん》　不詳《ふしょう》

没年《ぼつねん》　654年《ねん》
※孝徳天皇崩御《こうとくてんのうほうぎょ》

享年《きょうねん》　不詳《ふしょう》

ここがポイント！

小野妹子《おののいもこ》に従《したが》った留学生《りゅうがくせい》。隋《ずい》と唐《とう》で長期《ちょうき》に学《まな》ぶ

File. 041

蘇我石川麻呂
【そがのいしかわまろ】

最後《さいご》まで政治対立《せいじたいりつ》に
翻弄《ほんろう》された蘇我《そが》の一族《いちぞく》

生年《せいねん》	不詳《ふしょう》
没年《ぼつねん》	649年《ねん》
享年《きょうねん》	不詳《ふしょう》

政

ここがポイント！
入鹿暗殺時《いるかあんさつじ》に
大役《たいやく》を果《はた》し出世《しゅっせ》

蘇我馬子《そがのうまこ》の孫《まご》で、蘇我倉山田石川麻呂《そがのくらやまだのいしかわまろ》ともいう。蘇我入鹿《そがのいるか》に反感《はんかん》をもち、皇位継承《こういけいしょう》や政治方針《せいじほうしん》で蝦《え》夷《みし》・入鹿親子《いるかおやこ》と対立《たいりつ》していた山背大兄王《やましろのおおえのおう》が入鹿《いるか》に滅《ほろ》ぼされると、中臣鎌足《なかとみのかまたり》に誘《さそ》われて入鹿暗殺《いるかあんさつ》に加担《かたん》。「乙巳《いっし》の変《へん》」では、天皇《てんのう》の前《まえ》で暗殺《あんさつ》の合図《あいず》となる外《がい》交文書《こうぶんしょ》を読《よ》み上《あ》げる役《やく》を担《にな》い、大化《たいか》の改新後《かいしんご》は右大《うだい》臣《じん》に上《のぼ》った。しかし、新政権《しんせいけん》で左大臣《さだいじん》の阿《あ》倍内麻呂《べのうちまろ》らと対立《たいりつ》。異母弟《いぼてい》の蘇我日向《そがのひむか》のでっち上《あ》げで自殺《じさつ》に追《お》い込《こ》まれた。娘《むすめ》は天智天皇《てんじてんのう》の后《きさき》になっている。

File. 042

蘇我稲目
【そがのいなめ】

娘二人《むすめふたり》のおかげで
天皇《てんのう》のお爺《じい》ちゃんに

生年《せいねん》	不詳《ふしょう》
没年《ぼつねん》	570年《ねん》？
享年《きょうねん》	不詳《ふしょう》

政

ここがポイント！
蘇我氏《そがし》の繁栄《はんえい》を
つくった立役者《たてやくしゃ》

飛鳥京《あすかきょう》で強大《きょうだい》な権力《けんりょく》をふるった蘇我馬子《そがのうまこ》の父《ちち》で、推古天皇《すいこてんのう》の外祖父《がいそふ》に当《あ》たる。欽明天皇《きんめいてんのう》のもとでは大《おお》臣《み》の地位《ちい》にあり、娘二人《むすめふたり》を天皇《てんのう》の后《きさき》にして蘇我氏《そがし》隆《りゅう》盛《せい》のもとをつくった。百済《くだら》から献上《けんじょう》された仏像《ぶつぞう》や経《きょう》論《ろん》を稲目《いなめ》が自宅《じたく》に安置《あんち》し「向原《むくはら》の家《いえ》」という寺院《じいん》としたのが日本《にほん》の寺《てら》の始《はじ》まりだといわれる。だが、そのために仏教廃絶《ぶっきょうはいぜつ》派《は》の物部氏《もののべし》、中臣《なかとみ》氏《し》とは対立《たいりつ》する。また、瀬戸内海航《せとないかいこう》路《ろ》確立《かくりつ》のために吉《き》備《び》（今《いま》の岡山県《おかやまけん》）の直轄領《ちょっかつりょう》の戸籍《こせき》を整備《せいび》した。

File. 043

境部摩理勢【さかいべのまりせ】

推古《すいこ》天皇《てんのう》・聖徳太子《しょうとくたいし》の側《そば》につき蘇我蝦夷《そがのえみし》と対立《たいりつ》

生年《せいねん》	不詳《ふしょう》
没年《ぼつねん》	628年《ねん》
享年《きょうねん》	不詳《ふしょう》

政

ここがポイント！
蘇我蝦夷《そがのえみし》と対立《たいりつ》した蘇我氏《そがし》の有力者《ゆうりょくしゃ》

蘇我馬子《そがのうまこ》の弟《おとうと》で蝦夷《えみし》の叔父《おじ》にあたる蘇我氏《そがし》の有力《ゆうりょく》豪族《ごうぞく》。推古天皇《すいこてんのう》のもとでは征新羅大将軍《せいしらぎたいしょうぐん》（名目上《めいもくじょう》）の地位《ちい》に就《つ》いた。推古天皇《すいこてんのう》が後継者《こうけいしゃ》を指名《しめい》せぬまま没《ぼっ》したため、摩理勢《まりせ》は聖徳太子《しょうとくたいし》の息子《むすこ》、山背大兄王《やましろのおおえのおう》を次期天皇《じきてんのう》に推《お》した。しかし、甥《おい》の蝦夷《えみし》は田村皇《たむらのみ》子《こ》（のちの舒明天皇《じょめいてんのう》）を推《お》したことで対立《たいりつ》。馬子《うまこ》の墓《はか》の造営《ぞうえい》に参加《さんか》しないなど、蝦夷《えみし》に反旗《はんき》を翻《ひるがえ》したが、結果的《けっかてき》に蝦夷《えみし》の軍勢《ぐんぜい》によって、摩理勢《まりせ》だけでなく、その血族《けつぞく》もみな滅《ほろ》ぼされてしまった。

File. 044

山背大兄王【やましろのおおえのおう】

聖徳太子《しょうとくたいし》の息子《むすこ》さえも蘇我《そが》の権勢《けんせい》に勝《か》てず……

生年《せいねん》	不詳《ふしょう》
没年《ぼつねん》	643年《ねん》
享年《きょうねん》	不詳《ふしょう》

政

ここがポイント！
天皇直系《てんのうちょっけい》の皇子《おうじ》と王位《おうい》を争《あらそ》う

山背大兄王《やましろのおおえのおう》はあの聖徳太子《しょうとくたいし》の息子《むすこ》だ。太子《たいし》が摂政《せっしょう》を務《つと》めた推古天皇《すいこてんのう》は、夫《おっと》・敏達天皇《びだつてんのう》の孫《まご》、田村皇子《たむらのみこ》と山背《やましろ》を死《し》の枕辺《まくらべ》に呼《よ》んだが、どちらに譲位《じょうい》するかは告《つ》げぬまま死去《しきょ》。すると、田村《たむら》を天皇《てんのう》に推挙《すいきょ》したのが蘇我馬子《そがのうまこ》の息子《むすこ》の蝦夷《えみし》、山背《やましろ》を推《お》したのが馬子《うまこ》の弟《おとうと》、境部摩理勢《さかいべのまりせ》だった。だが摩理勢《まりせ》が倒《たお》れ、天皇《てんのう》の座《ざ》は田村皇子《たむらのみこ》に。有力《ゆうりょく》な王族《おうぞく》だった山背《やましろ》は、その復権《ふっけん》を望《のぞ》まぬ蝦夷《えみし》の息《むす》子《こ》、入鹿《いるか》によって自害《じがい》させられ、聖《しょう》徳太子《とくたいし》の血筋《ちすじ》は絶《た》えた。

File. 045

天

【てんじてんのう】天智天皇

おもしろエピソード

◎唐《とう》、新羅《しらぎ》の攻撃《こうげき》に備《そな》え複数《ふくすう》の城《しろ》を築《きず》く
◎日本初《にほんはつ》の水時計製作《みずどけいせいさく》。刻《とき》を知《し》らせる

国家制度《こっかせいど》の成立《せいりつ》に必要《ひつよう》だった産《う》みの苦《くる》しみ

大胆《だいたん》にも外国使節《がいこくしせつ》の前《まえ》でクーデター

第《だい》38代天皇《だいてんのう》。舒明天皇《じょめいてんのう》の皇子《おうじ》で、即位前《そくいまえ》は中大兄皇子《なかのおおえのみこ》などと名《な》のった。随《ずい》・唐《とう》に渡《わた》った南淵請安《みなぶちのしょうあん》のもとで政治《せいじ》を学《まな》び、蘇我氏《そがし》の独裁状態《どくさいじょうたい》である現政権《げんせいけん》に危機感《ききかん》を抱《いだ》き、親友《しんゆう》の中臣鎌足《なかとみのかまたり》（藤原鎌足《ふじわらのかまたり》）や義父《ぎふ》の蘇我石川麻呂《そがのいしかわまろ》らと組《く》んで、645年《ねん》に権力《けんりょく》の中心《ちゅうしん》・蘇我入鹿《そがのいるか》を飛鳥板蓋宮《あすかいたぶきのみや》で暗殺《あんさつ》。翌日《よくじつ》、入鹿《いるか》の父《ちち》の蘇我蝦夷《そがのえみし》が自害《じがい》し、クーデター「乙巳《いっし》の変《へん》」は成功《せいこう》する。その後《ご》23年《ねん》もの間《あいだ》、自《みずか》らは即位《そくい》せず皇子《おうじ》のまま政務《せいむ》に打《う》ち込《こ》み、年号《ねんごう》の初制定《はつせいてい》、土地私有《とちしゆう》の禁止《きんし》、租庸調《そようちょう》の税制《ぜいせい》など、後世《こうせい》「大化《たいか》の改新《かいしん》」とよばれるさまざまな制度改革《せいどかいかく》を行《おこな》った。

この間《かん》、友好国《ゆうこうこく》の百済《くだら》が、唐《とう》・新羅《しらぎ》の連合軍《れんごうぐん》と戦《たたか》うにあたり、日本《にほん》から大軍《たいぐん》を送《おく》って加勢《かせい》するも大敗《たいはい》（白村江《はくそんこう》の戦《たたか》い）。西日本一円《にしにほんいちえん》に防衛《ぼうえい》拠点《きょてん》を複数築《ふくすうきず》き、唐《とう》からの追撃《ついげき》に備《そな》えて近江《おうみ》の大津《おおつ》に遷都《せんと》した翌年《よくとし》の668年《ねん》にようやく即位《そくい》した。

翌年《よくとし》、盟友《めいゆう》の藤原鎌足《ふじわらのかまたり》を病《やまい》で亡《な》くすも、戸籍制度《こせきせいど》のもととなる氏姓《しせい》の根本台帳《こんぽんだいちょう》を作《つく》る成果《せいか》を残《のこ》し、近江《おうみ》大津宮《おおつのみや》で崩御《ほうぎょ》した。

生年《せいねん》 626年《ねん》
※蘇我馬子《そがのうまこ》（蝦夷《えみし》の父《ちち》）死去《しきょ》

没年《ぼつねん》 671年《ねん》
※この頃《ごろ》フランク王国統一《おうこくとういつ》

享年《きょうねん》 46歳《さい》

ここがポイント！

権力《けんりょく》を振《ふ》るっていた
蘇我氏《そがし》を滅《ほろ》ぼし
大化《たいか》の改新《かいしん》を行《おこな》う

ゆかりの地《ち》

近江大津宮《おうみおおつのみや》

●天智天皇《てんじてんのう》の最後《さいご》の遷都先《せんとさき》で、即位《そくい》した地《ち》。琵琶湖《びわこ》の南西《なんせい》にあった。

File. 046

政

【なかとみ の かまたり】

中臣鎌足

おもしろエピソード

◎酒《さけ》の席《せき》で天皇《てんのう》を怒《おこ》らせた大海人皇子《おおあまのみこ》を擁護《ようご》

◎娘《むすめ》を唐《とう》の太宗《たいそう》に嫁《とつ》がせた礼《れい》に釈迦《しゃか》の霊物《れいぶつ》を贈《おく》られる

改革《かいかく》を目指《めざ》し親友《しんゆう》のクーデターに参加《さんか》

彼《かれ》の功績《こうせき》が、あの藤原氏《ふじわらし》を作《つく》った

のちの藤原鎌足《ふじわらのかまたり》。以前《いぜん》から朝廷《ちょうてい》に仕《つか》えていた豪族《ごうぞく》のひとりだが、国《くに》の実権《じっけん》が蘇我氏《そがし》に握《にぎ》られていることに疑問《ぎもん》をもつ中大兄皇子《なかのおおえのみこ》（のちの天智天皇《てんじてんのう》）らと意《い》を同《おな》じくし、蘇我《そがの》入鹿《いるか》の暗殺《あんさつ》に加担《かたん》。その父《ちち》、蝦夷《えみし》の館《やかた》を包囲《ほうい》し自害《じがい》に追《お》い込《こ》んだ。その後《ご》、信頼厚《しんらいあつ》い臣下《しんか》を意味《いみ》する内《うちつ》臣《おみ》に任《にん》じられ、中大兄皇子《なかのおおえのみこ》のブレーンとして「大化《たいか》の改新《かいしん》」を推《お》し進《すす》める。また、白村江《はくそんこう》の戦《たたか》いの後《あと》には新羅《しらぎ》の使《つか》いに礼《れい》を尽《つ》くして贈《おく》り物《もの》をするなど、唐《とう》・新羅《しらぎ》との和平策《わへいさく》にも着手《ちゃくしゅ》。仏教《ぶっきょう》の信仰《しんこう》も厚《あつ》く、死《し》に際《さい》しては天智天皇《てんじてんのう》が自《みずか》ら床《とこ》を見《み》舞《ま》って、その後《ご》の歴史《れきし》に名高《なだか》い藤《ふじ》原姓《わらせい》を贈《おく》ったとされる。

生年《せいねん》 614年《ねん》

※最後《さいご》の遣隋使《けんずいし》、犬上御田鍬《いぬかみのみたすき》らが出発《しゅっぱつ》

没年《ぼつねん》 669年《ねん》

※前年《ぜんねん》に高句麗《こうくり》が滅亡《めつぼう》

享年《きょうねん》 56歳《さい》

ここがポイント！

「乙巳《いっし》の変《へん》」に参加《さんか》、大化《たいか》の改新後《かいしんご》の政府《せいふ》で内臣《うちつおみ》となる

藤原氏系図《ふじわらしけいず》

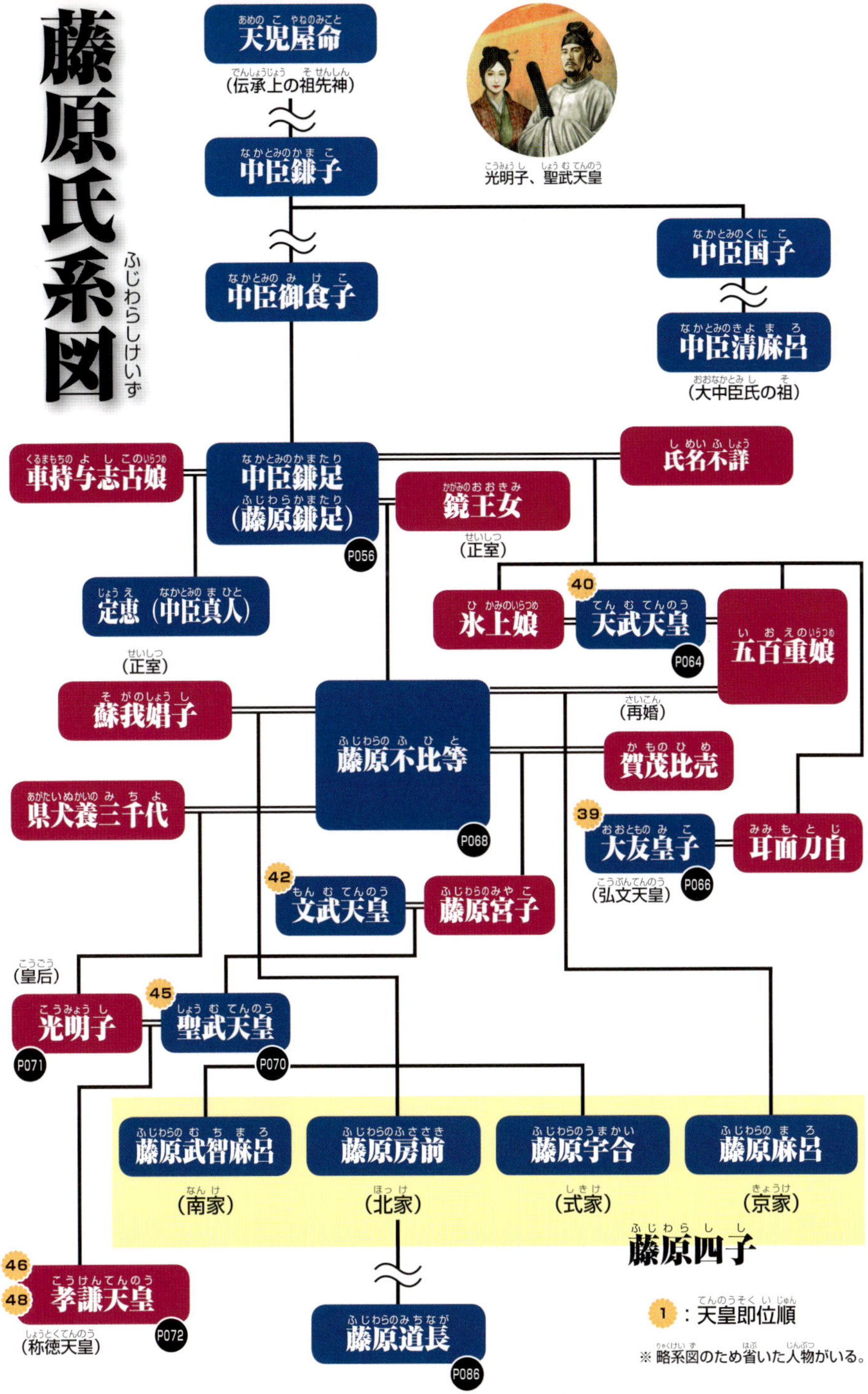

光明子《こうみょうし》、聖武天皇《しょうむてんのう》

1 :天皇即位順《てんのうそくいじゅん》

※略系図《りゃくけいず》のため省《はぶ》いた人物《じんぶつ》がいる。

File. 047

政

【そがのえみし】蘇我蝦夷

おもしろエピソード

◎甥《おい》にあたる聖徳太子《しょうとくたいし》の息子《むすこ》を顎《あご》で使《つか》う

◎自邸《じてい》を「みかど」と呼《よ》ばせるほどの権勢《けんせい》

飛鳥時代《あすかじだい》の日本《にほん》を陰《かげ》から牛耳《ぎゅうじ》った蘇我《そが》一族《いちぞく》最大《さいだい》の権力者《けんりょくしゃ》

古代日本政界《こだいにほんせいかい》のドン 飛鳥京《あすかきょう》に散《ち》る

通称《つうしょう》「豊浦大臣《とゆらのおおおみ》」。蘇我馬子《そがのうまこ》の息《むす》子《こ》で厩戸皇子《うまやとのみこ》（聖徳太子《しょうとくたいし》）とは義理《ぎり》の兄弟《きょうだい》。蘇我氏《そがし》は8代天皇《だいてんのう》の子孫《しそん》とする系図《けいず》があるが、現在《げんざい》では渡《と》来人《らいじん》の子孫《しそん》という説《せつ》が有力《ゆうりょく》。父《ちち》の蘇我馬子《そがのうまこ》が娘《むすめ》複数人《ふくすうにん》を皇族《こうぞく》と結婚《けっこん》させたり、いとこを推古天皇《すいこてんのう》として立《た》てたりして皇室《こうしつ》との繋《つな》がりを強《つよ》めたので、蝦夷《えみし》は、32代崇峻天《だいすしゅんてん》皇《のう》、34代舒明天皇《だいじょめいてんのう》とも義理《ぎり》の兄弟《きょうだい》だった。この圧倒的《あっとうてき》な立場《たちば》を利用《りよう》し、推古天皇末期《すいこてんのうまっき》から35代皇極天皇《だいこうぎょくてんのう》の代《だい》まで、大臣《おおおみ》として国政《こくせい》に巨大《きょだい》な影響力《えいきょうりょく》をもった。ただ馬子亡《うまこな》きあとは、蘇我氏《そがし》への風当《かぜあ》たりが強《つよ》まり、次期天皇《じきてんのう》の推挙《すいきょ》などに合議制《ごうぎせい》を取《と》り込《こ》むなど、ほかの権力者《けんりょくしゃ》に配慮《はいりょ》した動《うご》きが目立《めだ》つ。また、大《おお》臣職《おみしょく》を譲《ゆず》った息子《むすこ》の入鹿《いるか》が厩戸皇《うまやとのみ》子《こ》の忘《わす》れ形見《がたみ》、山背大兄王《やましろのおおえのおう》を襲撃《しゅうげき》、一族《いちぞく》を滅亡《めつぼう》に追《お》い込《こ》んだことには激怒《げきど》したという。中大兄皇子《なかのおおえのみこ》らの「乙巳《いっし》の変《へん》」によって入鹿《いるか》が殺《ころ》されると、自分《じぶん》も屋敷《やしき》に火《ひ》を放《はな》ち自害《じがい》。なお「蝦夷《えみし》」とは、中央政権《ちゅうおうせいけん》から見《み》て日本《にほん》の東方《とうほう》に住《す》む先住民《せんじゅうみん》をさす蔑称《べっしょう》でもある。

生年《せいねん》　不詳《ふしょう》

没年《ぼつねん》　645年《ねん》

※玄奘三蔵《げんじょうさんぞう》がインドから唐《とう》に帰国《きこく》

享年《きょうねん》　不詳《ふしょう》

ここがポイント！

巨大《きょだい》な権力《けんりょく》を背景《はいけい》に皇室《こうしつ》にも強《つよ》い発言権《はつげんけん》を行使《こうし》した

ゆかりの地《ち》

甘樫丘《あまかしのおか》

●奈良県《ならけん》明日香村《あすかむら》。麓《ふもと》に蝦夷《えみし》・入鹿《いるか》の大邸宅《だいていたく》があったという。

File. 048

政

【そがのいるか】蘇我入鹿

おもしろエピソード

◎若《わか》いころは高僧《こうそう》に就《つ》いて勉学《べんがく》に励《はげ》む秀才《しゅうさい》

◎斬《き》られた首《くび》は遠《とお》くに飛《と》んだとされ各地《かくち》に首塚《くびづか》が存在《そんざい》

調子《ちょうし》に乗《の》りすぎたエリート秀才《しゅうさい》の暴走《ぼうそう》が災《わざわ》いを招《まね》く

慢心《まんしん》で一族滅亡《いちぞくめつぼう》の引《ひ》き金《がね》を引《ひ》いた

天皇《てんのう》よりも飛鳥京《あすかきょう》での実権《じっけん》を握《にぎ》っていたと思《おも》われる蘇我氏《そがし》に生《う》まれた入鹿《いるか》。長年《ながねん》唐で学《まな》び帰国《きこく》した僧《そう》・旻《みん》により、当時《とうじ》の最先端知識《さいせんたんちしき》を身《み》につけ、皇極天皇《こうぎょくてんのう》の即位《そくい》の翌年《よくねん》には父《ちち》、蝦夷《えみし》から大臣《おおおみ》の地位《ちい》を譲《ゆず》り受《う》けて実質的《じっしつてき》な国政《こくせい》の掌握者《しょうあくしゃ》となった。そのほんの一月後《ひとつきご》、入鹿《いるか》は聖徳太子《しょうとくたいし》の子《こ》の山背大兄王《やましろのおおえのおう》を死《し》に追《お》いやり、その血筋《ちすじ》すべてを抹殺《まっさつ》。理由《りゆう》は、彼《かれ》が操《あやつ》り人形《にんぎょう》の天皇《てんのう》にしやすそうな古人大兄皇子《ふるひとのおおえのみこ》の皇位継承《こういけいしょう》のライバルだったからだ。さらに自《みずか》らの邸宅《ていたく》を「谷宮門《はざまのみかど》」と称《しょう》したり、自分《じぶん》の子《こ》どもたちを王子《みこ》と呼《よ》ばせ、独断《どくだん》で天皇《てんのう》に代《か》わって行事《ぎょうじ》を行《おこな》うなどの独裁的《どくさいてき》振《ふ》る舞《ま》いが目立《めだ》つようになる。これに危機感《ききかん》を抱《いだ》いた中大兄皇子《なかのおおえのみこ》と中臣鎌足《なかとみのかまたり》らは、飛鳥板蓋宮《あすかいたぶきのみや》、大極殿《だいごくでん》の皇極天皇《こうぎょくてんのう》の目《め》の前《まえ》で入鹿《いるか》を襲撃《しゅうげき》。入鹿《いるか》の遺骸《いがい》は戸外《こがい》に放《ほう》り出《だ》されたという。強大《きょうだい》な権力《けんりょく》を誇《ほこ》った蘇我氏《そがし》はこの「乙巳《いっし》の変《へん》」で弱体化《じゃくたいか》、血族《けつぞく》も以降《いこう》は大《たい》した権力《けんりょく》を手《て》にすることなく、平安時代《へいあんじだい》には歴史《れきし》の波《なみ》に飲《の》まれ消《き》えていった。

生年《せいねん》　不《ふ》詳《しょう》

没年《ぼつねん》　645年《ねん》
※持統天皇《じとうてんのう》が誕生《たんじょう》

享年《きょうねん》　不《ふ》詳《しょう》

ここがポイント！

「乙巳《いっし》の変《へん》」で天皇《てんのう》の前《まえ》で殺《ころ》され、蘇我氏《そがし》の天下《てんか》の終《お》わりを象徴《しょうちょう》

ゆかりの地《ち》

飛鳥板蓋宮《あすかいたぶきのみや》

●今《いま》の奈良県《ならけん》明日香村《あすかむら》にあった皇極天皇《こうぎょくてんのう》の皇居《こうきょ》。「乙巳《いっし》の変《へん》」の舞台《ぶたい》。

大化《たいか》の改新《かいしん》

古代政治史上《こだいせいじしじょう》の大改革《だいかいかく》は皇子《おうじ》のクーデターから始《はじ》まった

強大《きょうだい》な蘇我《そが》氏《し》を倒《たお》し 中央集権体制《ちゅうおうしゅうけんたいせい》へ

社会科《しゃかいか》の歴史授業《れきしじゅぎょう》でかならず習《なら》う「大化《たいか》の改新《かいしん》、虫五匹《むしごひき》」の語呂合《ごろあ》わせ。「虫五匹《むしごひき》」が西暦《せいれき》645年《ねん》のことだというのはわかるが、では、大化《たいか》の改新《かいしん》とはなんだったか。ひと言《こと》で言《い》えば、時《とき》の権力者《けんりょくしゃ》に対《たい》して王族《おうぞく》が起《お》こしたクーデターと、それに続《つづ》く改革《かいかく》のことだ。

舒明天皇《じょめいてんのう》の息子《むすこ》である中大兄皇子《なかのおおえのみこ》、のちの天智天皇《てんじてんのう》は、皇極天皇《こうぎょくてんのう》のもと、当時飛《とうじと》ぶ鳥《とり》を落《お》とす勢《いきお》いだった豪族《ごうぞく》の蘇我蝦夷《そがのえみし》、入鹿親子《いるかおやこ》と、皇位継承《こういけいしょう》や政《せい》治《じ》の在《あ》り方《かた》について対立《たいりつ》した。なぜなら中大兄皇子《なかのおおえのみこ》たちは、唐《とう》から帰国《きこく》した留学生《りゅうがくせい》から世界情勢《せかいじょうせい》を聞《き》き、ほかの国々《くにぐに》と対等《たいとう》に付《つ》き合《あ》ってゆくには、中《ちゅう》国《ごく》のような官僚制《かんりょうせい》による中央集権国家《ちゅうおうしゅうけんこっか》への変革《へんかく》が必要《ひつよう》だとの考《かんが》えをもつようになったからだ。そのためには、官職《かんしょく》の豪族世襲《ごうぞくせしゅう》と土地《とち》や人民《じんみん》の私有《しゆう》を廃止《はいし》し、天皇《てんのう》すら思《おも》いのままにする蘇我氏《そがし》を一豪族《いちごうぞく》へと引《ひ》き下《お》ろす必要《ひつよう》があった。

そこで、中大兄皇子《なかのおおえのみこ》と中臣鎌足《なかとみのかまたり》（のちの藤原鎌足《ふじわらのかまたり》）が中心《ちゅうしん》となり、蘇我《そが》入鹿暗殺《いるかあんさつ》を計画《けいかく》。入鹿《いるか》から軽《かろ》んじられていた蘇我石川麻呂《そがのいしかわまろ》も仲間《なかま》に加《くわ》えた。645年《ねん》、飛鳥《あすか》の大極殿《だいごくでん》で儀式《ぎしき》が行《おこな》われた際《さい》、天皇《てんのう》の面前《めんぜん》で石川麻呂《いしかわまろ》が書簡《しょかん》を読《よ》み上《あ》げるのを合図《あいず》に、中大兄皇子《なかのおおえのみこ》と暗殺者《あんさつしゃ》らが飛《と》び出《だ》し、重臣《じゅうしん》として席《せき》を連《つら》ねていた蘇我入鹿《そがのいるか》を切《き》り殺《ころ》した。翌日《よくじつ》には、入鹿《いるか》の父《ちち》、蘇我蝦夷《そがのえみし》もすべてを悟《さと》って屋敷《やしき》に火《ひ》を放《はな》ち自害《じがい》。中大《なかのおお》兄皇子《えのみこ》のクーデターは成功《せいこう》を見《み》た。この645年《ねん》は干支《えと》が乙巳《きのとみ》であるため、

▲蘇我入鹿《そがのいるか》

『多武峯縁起絵巻《とうのみねえんぎえまき》』
蘇我入鹿《そがのいるか》が首《くび》をはねられる場面《ばめん》（右《みぎ》）と遺体《いたい》が父《ちち》の蝦夷《えみし》のもとへと運《はこ》ばれる場面《ばめん》（下《した》）

これを音読《おんよ》みにしてクーデターは「乙《いっ》巳《し》の変《へん》」とよばれている。

中大兄皇子《なかのおおえのみこ》は皇極天皇《こうぎょくてんのう》の弟《おとうと》を孝徳天《こうとくてん》皇《のう》として立《た》て、自《みずか》らは皇太子《こうたいし》として実《じっ》権《けん》を掌握《しょうあく》。官僚《かんりょう》たちを一新《いっしん》し、唐帰《とうがえ》りの留学生《りゅうがくせい》や知識人《ちしきじん》を官職《かんしょく》に就《つ》けて新政《しんせい》権《けん》を樹立《じゅりつ》し、年号《ねんごう》を「大化《たいか》」に改《あらた》めたことから、「乙巳《いっし》の変《へん》」からのちの政治《せいじ》改革《かいかく》までをまとめて「大化《たいか》の改新《かいしん》」とよぶ。「改新《かいしん》の詔《みことのり》」では、土地《とち》や人民《じんみん》は天皇《てんのう》に属《ぞく》すること、戸籍《こせき》をつくり新《あたら》しい租税《そぜい》制度《せいど》を整《ととの》えることが示《しめ》された。

中大兄皇子《なかのおおえのみこ》はつねに主導的立場《しゅどうてきたちば》でこれらの律令体制《りつりょうたいせい》の地固《じがた》めを断行《だんこう》。その後《ご》、天智天皇《てんじてんのう》として即位《そくい》した。なお、最《さい》近《きん》では「大化《たいか》の改新《かいしん》」は645年《ねん》ではなく646年《ねん》からという説《せつ》が有力《ゆうりょく》で、虫《むし》（64）は六匹《ろっぴき》に増《ふ》えつつあるようだ。

File. 049

天

【てんむてんのう】天武天皇

おもしろエピソード

◎皇位継承《こういけいしょう》で甥《おい》と全面戦争《ぜんめんせんそう》「壬申《じんしん》の乱《らん》」を起《お》こす
◎最古《さいこ》の日本製銅銭《にほんせいどうせん》「富本銭《ふほんせん》」を鋳造《ちゅうぞう》

ともに国《くに》を支《ささ》えた兄《あに》と甥《おい》の遺恨《いこん》を背《せ》に、日本《にほん》に新《あら》たな明日《あす》を

いまださまざまな説《せつ》が飛《と》び交《か》う波乱《はらん》の生涯《しょうがい》

第《だい》40代《だい》天皇《てんのう》。舒明天皇《じょめいてんのう》の第《だい》2皇《おう》子《じ》で天智天皇《てんじてんのう》の弟《おとうと》（大海人皇子《おおあまのみこ》）。母《はは》、斉明天皇《さいめいてんのう》の時代《じだい》、兄《あに》の中大兄《なかのおおえの》皇子《みこ》とともに友好国百済《ゆうこうこくくだら》の救援《きゅうえん》に向《む》かうが、半《なか》ばで斉明天皇《さいめいてんのう》が崩御《ほうぎょ》し、白村江《はくそんこう》で日本《にほん》は惨敗《ざんぱい》。これを機《き》に、国土《こくど》の守《まも》りの整備《せいび》と近江《おうみ》への遷都《せんと》などが行《おこな》われ、中大兄皇子《なかのおおえのみこ》は天智天《てんじてん》皇《のう》として即位《そくい》、大海人皇子《おおあまのみこ》は皇太《こうたい》弟《てい》となる。しかし天智天皇《てんじてんのう》の息子《むすこ》の大友皇子《おおとものみこ》（弘文天皇《こうぶんてんのう》）が太政大《だいじょうだい》臣《じん》に任命《にんめい》されてからは朝廷《ちょうてい》から疎《そ》外《がい》され、天智天皇《てんじてんのう》が亡《な》くなると本《ほん》格的《かくてき》に対立《たいりつ》し「壬申《じんしん》の乱《らん》」が起《お》きる。これに勝利《しょうり》し飛鳥《あすか》に遷都《せんと》、天武天皇《てんむてんのう》として即位《そくい》した。強靭《きょうじん》な律令国家《りつりょうこっか》を目《め》ざし、天智天皇制定《てんじてんのうせいてい》の近江令《おうみりょう》の整備《せいび》や新法典《しんほうてん》「飛鳥浄御原令《あすかきよみはらりょう》」に着手《ちゃくしゅ》。国名表記《こくめいひょうき》を、読《よ》みは同《おな》じ「やまと」のまま「倭《やまと》」から「日本《やまと》」に、「大王《おおきみ》」は「天皇《てんのう》」へと変更《へんこう》したのも天武天皇《てんむてんのう》であるという説《せつ》もある。神道《しんとう》の振興《しんこう》と同時《どうじ》に仏教《ぶっきょう》も保護《ほご》し、階級制度《かいきゅうせいど》や官人《かんじん》の組織編制《そしきへんせい》、『古事《こじ》記《き》』『日本書紀《にほんしょき》』の編纂《へんさん》にも努《つと》める。最後《さいご》は藤原京《ふじわらきょう》の建設完了《けんせつかんりょう》を前《まえ》に崩《ほう》御《ぎょ》した。

生年《せいねん》 631年《ねん》？
※前年《ぜんねん》に第《だい》1回遣唐使《かいけんとうし》が出発《しゅっぱつ》

没年《ぼつねん》 686年《ねん》
※フランク王国《おうこく》の宮宰《きゅうさい》、カール・マルテル誕生《たんじょう》

享年《きょうねん》 56歳《さい》？

ここがポイント！

「壬申《じんしん》の乱《らん》」と即位後《そくいご》のさまざまな制度改革《せいどかいかく》

ゆかりの地《ち》

瀬田《せた》の唐橋《からはし》

●「壬申《じんしん》の乱《らん》」で、大海人《おおあまの》皇子《みこ》と大友《おおともの》皇子《みこ》の決戦《けっせん》・瀬《せ》田橋《たはし》の戦《たたか》いが起《お》きた。

File. 050

大友皇子 【おおとものみこ】

文武《ぶんぶ》両道《りょうどう》が災《わざわ》いし 後継者《こうけいしゃ》争《あらそ》いに発展《はってん》

のちの第《だい》39代弘文天皇《だいこうぶんてんのう》。天智天皇《てんじてんのう》の皇子《おうじ》だが、天智天皇《てんじてんのう》の没後《ぼつご》に正式《せいしき》に即位《そくい》したかはよくわかっていない。天智天皇《てんじてんのう》は当初《とうしょ》、同母弟《どうぼてい》の大海人皇子《おおあまのみこ》を皇太弟《こうたいてい》としていたが、大友《おおとも》が成長《せいちょう》するにしたがい、たいへん賢《かしこ》く文武《ぶんぶ》共《とも》に優《すぐ》れた男子《だんし》となったことから史上《しじょう》初《はつ》の太政大臣《だいじょうだいじん》とし、やがて後継者《こうけいしゃ》として見《み》るようになった。だがそのために大海人皇子《おおあまのみこ》と争《あらそ》いとなり、皇族《こうぞく》、豪族《ごうぞく》がそれぞれ二派《には》に分《わか》れての内乱《ないらん》「壬申《じんしん》の乱《らん》」が勃発《ぼっぱつ》。敗《やぶ》れた大友皇子《おおとものみこ》は自害《じがい》を余儀《よぎ》なくされた。

生年《せいねん》 648年《ねん》
没年《ぼつねん》 672年《ねん》
享年《きょうねん》 25歳《さい》

天

ここがポイント！

朝廷内紛《ちょうていないふん》、「壬申《じんしん》の乱《らん》」の中心人物《ちゅうしんじんぶつ》

File. 051

持統天皇 【じとうてんのう】

夫《おっと》と目《め》ざした律令国家《りつりょうこっか》 誕生《たんじょう》を成《な》し遂《と》げた女帝《じょてい》

第《だい》41代天皇《だいてんのう》。天智天皇《てんじてんのう》の第《だい》2皇女《こうじょ》で3人目《にんめ》の女帝《じょてい》。13歳《さい》で、叔父《おじ》であった大海人皇子《おおあまのみこ》と結婚《けっこん》、のちの天武天皇《てんむてんのう》の皇后《こうごう》となる。夫《おっと》とともに政務《せいむ》に携《たずさ》わり、天武《てんむ》の没後《ぼつご》も政務《せいむ》をとり続《つづ》けて、実子《じっし》の草壁皇子《くさかべのみこ》の即位《そくい》を待《ま》つが、草壁《くさかべ》が病死《びょうし》したため、自《みずか》らが皇位《こうい》につき夫《おっと》と目《め》ざした律令国家《りつりょうこっか》の確立《かくりつ》に努《つと》めた。694年《ねん》には藤原京《ふじわらきょう》へ遷都《せんと》し、その3年後《ねんご》には皇位《こうい》を孫《まご》の文武《もんむ》に譲《ゆず》って彼《かれ》を補佐《ほさ》した。701年《ねん》、初《はつ》の本格的《ほんかくてき》な法典《ほうてん》「大宝律令《たいほうりつりょう》」の制定《せいてい》に貢献《こうけん》した。

生年《せいねん》 645年《ねん》
没年《ぼつねん》 702年《ねん》
享年《きょうねん》 58歳《さい》

天

ここがポイント！

法令集《ほうれいしゅう》「大宝律令《たいほうりつりょう》」を成立《せいりつ》させる

File. 052

大津皇子

【おおつのみこ】

優秀《ゆうしゅう》な者《もの》が皇位《こうい》を継《つ》げない奈良朝廷《ならちょうてい》の不条理《ふじょうり》を体現《たいげん》

生年《せいねん》 663年《ねん》
没年《ぼつねん》 686年《ねん》
享年《きょうねん》 24歳《さい》

政

ここがポイント！
草壁皇子《くさかべのみこ》との皇位争《こういあらそ》いで犠牲《ぎせい》に

天智天皇《てんじてんのう》の孫《まご》で天武天皇《てんむてんのう》の皇子《おうじ》である大津皇子《おおつのみこ》は、博識《はくしき》で漢詩文《かんしぶん》を得意《とくい》とし、礼儀正《れいぎただ》しく度量《どりょう》も広《ひろ》く、文武《ぶんぶ》にたいへん優《すぐ》れていたといわれ、祖父《そふ》からも寵愛《ちょうあい》を受《う》けていた。だが天武《てんむ》が没《ぼっ》すると、義理《ぎり》の母《はは》である持統天皇《じとうてんのう》の息子《むすこ》で、皇位継承《こういけいしょう》を望《のぞ》む草壁皇《くさかべのみ》子《こ》によって謀反人《むほんにん》の疑《うたが》いをかけられ、死《し》に追《お》いやられた。この謀反《むほん》の疑《うたが》いの裏《うら》には、実子《じっし》の即位《そくい》を願《ねが》う持統天皇《じとうてんのう》の画策《かくさく》があったのではという見解《けんかい》もあるが、それを裏《うら》づけるはっきりした証拠《しょうこ》は出《で》ていない。

File. 053

額田王

【ぬかたのおおきみ】

宮廷《きゅうてい》での恋多《こいおお》き日々《ひび》が美《うつく》しい名歌《めいか》の数々《かずかず》を生《う》んだ

生年《せいねん》 不詳《ふしょう》
没年《ぼつねん》 不詳《ふしょう》
享年《きょうねん》 不詳《ふしょう》

文

ここがポイント！
天皇《てんのう》の妻《つま》で才能《さいのう》ある女流歌人《じょりゅうかじん》

『日本書紀《にほんしょき》』の天武天皇《てんむてんのう》の後宮《こうきゅう》の記事《きじ》に「額田姫《ぬかたのおお》王《きみ》」として登場《とうじょう》する。出自《しゅつじ》ははっきりしないが、皇《こう》族《ぞく》で斉明天皇《さいめいてんのう》のころから宮廷《きゅうてい》に仕《つか》え、天武天皇《てんむてんのう》の妻《つま》として娘《むすめ》を産《う》んだ。一説《いっせつ》には天智《てんじ》・天武兄弟《てんむきょうだい》と三角《さんかく》関係《かんけい》となり、のちに天智天皇《てんじてんのう》の後宮《こうきゅう》に召《め》されたとも。歌人《かじん》としての活躍《かつやく》は斉明《さいめい》、天智天皇時代《てんじてんのうじだい》に多《おお》く、天《てん》皇《のう》の意思《いし》を代弁《だいべん》する歌《うた》を多《おお》く手掛《てが》け、雅《みやび》やかで優美《ゆうび》、繊《せん》細《さい》な歌《うた》で宮廷歌人《きゅうていかじん》の人気《にんき》をさらったという。『万葉集《まんようしゅう》』に多《おお》くの歌《うた》が採《と》られた。

File. 054

政

藤原不比等
【ふじわら の ふひと】

おもしろエピソード

◎妻《つま》は蘇我氏《そがし》出身《しゅっしん》でその縁故《えんこ》が不比等《ふひと》の出世《しゅっせ》を助《たす》ける
◎『かぐや姫《ひめ》』の登場人物《とうじょうじんぶつ》のモデル？

藤原《ふじわら》の誇《ほこ》りの再興《さいこう》と新《あら》たな栄華《えいが》を追《お》い求《もと》めた野心家《やしんか》

女《おんな》の力《ちから》で皇室《こうしつ》と強《つよ》いきずなをつくる！

飛鳥京《あすかきょう》で藤原氏《ふじわらし》の名《な》を世《よ》に知《し》らしめ、のちの栄華《えいが》と、現在《げんざい》に至《いた》る藤《ふじ》原氏《わらし》の名声《めいせい》のもとをつくった藤原《ふじわらの》不比等《ふひと》は、天智天皇《てんじてんのう》と旧知《きゅうち》の仲《なか》だった中臣鎌足《なかとみのかまたり》の次男《じなん》。鎌足《かまたり》は死《し》に際《さい》して、天皇《てんのう》から最高《さいこう》の位《くらい》を授与《じゅよ》され、藤原姓《ふじわらせい》を賜《たまわ》る栄光《えいこう》を得《え》た。だが天智天皇《てんじてんのう》亡《な》きあとの「壬申《じんしん》の乱《らん》」により、敗北《はいぼく》した大友皇子《おおとものみこ》に近《ちか》かった鎌足《かまたり》の同族《どうぞく》が失脚《しっきゃく》。その影響《えいきょう》で、不比等《ふひと》は後《うし》ろ盾《だて》をもたぬ下級官人《かきゅうかんじん》からのスタートとなった。それでも法律《ほうりつ》と文筆《ぶんぴつ》を得意《とくい》とし、天武天皇《てんむてんのう》の息子《むすこ》、草壁皇子《くさかべのみこ》に仕《つか》え、大宝律令《たいほうりつりょう》の編纂《へんさん》にも参加《さんか》した。他方《たほう》、天皇付《てんのうつ》きの女官《にょかん》だった妻《つま》の協力《きょうりょく》を得《え》て皇《こう》室《しつ》との距離《きょり》を縮《ちぢ》め、娘《むすめ》の藤原宮子《ふじわらのみやこ》を文武天皇《もんむてんのう》の夫人《ふじん》に、さらにその息《むす》子《こ》、首皇子《おびとのみこ》（のちの聖武天皇《しょうむてんのう》）にも、娘《むすめ》の光明子《こうみょうし》を嫁《とつ》がせて立場《たちば》を盤石《ばんじゃく》なものにした。また氏寺《うじでら》を奈良《なら》に移《うつ》し「興福寺《こうふくじ》」として後世《こうせい》に残《のこ》し、養老律令《ようろうりつりょう》の編纂《へんさん》にも着手《ちゃくしゅ》している。彼《かれ》の息子《むすこ》「藤原四子《ふじわらしし》」は、その後《ご》、政治《せいじ》に大《おお》きな力《ちから》をもつようになり、天平時代《てんぴょうじだい》には朝廷《ちょうてい》の中心《ちゅうしん》を担《にな》うようになる。

生年《せいねん》 659年《ねん》
※翌年《よくとし》、唐《とう》で則天武后《そくてんぶこう》が実権《じっけん》を握《にぎ》り始《はじ》める

没年《ぼつねん》 720年《ねん》
※『日本書紀《にほんしょき》』成立《せいりつ》

享年《きょうねん》 62歳《さい》

ここがポイント！

文武天皇擁立《もんむてんのうようりつ》と
大宝律令編纂《たいほうりつりょうへんさん》の
中心的役割《ちゅうしんてきやくわり》を果《は》たす

ゆかりの地《ち》

興福寺《こうふくじ》

●不比等《ふひと》が建立《こんりゅう》した藤原氏《ふじわらし》の氏寺《うじでら》。国宝《こくほう》の阿修羅像《あしゅらぞう》でも有名《ゆうめい》。奈良市《ならし》。

File. 055

天

聖武天皇【しょうむてんのう】

おもしろエピソード

◎5年《ねん》の間《あいだ》に4度《ど》も都《みやこ》を移《うつ》し大散財《だいさんざい》

◎生前譲位《せいぜんじょうい》をした初《はじ》めての男性天皇《だんせいてんのう》

前半《ぜんはん》は皇位《こうい》争《あらそ》い、後半《こうはん》は疫病《えきびょう》に災害《さいがい》で大苦労《だいくろう》!!

激動《げきどう》の人生《じんせい》は藤原氏《ふじわらし》との関係《かんけい》も原因《げんいん》か

第《だい》45代天皇《だいてんのう》。文武天皇《もんむてんのう》の長男《ちょうなん》だが、父崩御時《ちちほうぎょじ》7歳《さい》と幼《おさな》く病弱《びょうじゃく》で、父方《ちちかた》の祖母《そぼ》と伯母《おば》が先《さき》に皇位《こうい》に就《つ》く。24歳《さい》でやっと天皇《てんのう》となるも皇族《こうぞく》である長屋王《ながやおう》と后《きさき》の実家《じっか》である藤原氏《ふじわらし》が反目《はんもく》。結果的《けっかてき》に藤原氏《ふじわらし》の画策《かくさく》で長屋王《ながやおう》は自害《じがい》、側室《そくしつ》にも複数藤原《ふくすうふじわら》氏《し》の娘《むすめ》が入ることに。37歳《さい》のとき、当時《とうじ》は不治《ふじ》の病《やまい》だった天然痘《てんねんとう》が大《だい》流行《りゅうこう》し、国政《こくせい》を委《ゆだ》ねていた藤原氏《ふじわらし》の高官《こうかん》も他界《たかい》。長屋王《ながやおう》の異母弟《いぼてい》すら政権《せいけん》に取《と》り立《た》てて人材不足《じんざいぶそく》の危《き》機《き》を切《き》り抜《ぬ》けた。その後《ご》は遷都《せんと》や、仏教《ぶっきょう》による国《くに》の安定《あんてい》を願《ねが》った東大《とうだい》寺大仏建立《じだいぶつこんりゅう》に取《と》り組《く》み、49歳《さい》で実《じつ》の娘《むすめ》に譲位《じょうい》(孝謙天皇《こうけんてんのう》)。仏門《ぶつもん》に入《はい》って56歳《さい》で崩御《ほうぎょ》した。

生年《せいねん》 701年《ねん》
※大宝律令《たいほうりつりょう》が定《さだ》まる

没年《ぼつねん》 756年《ねん》
※唐《とう》で安禄山《あんろくざん》の反乱《はんらん》が激化《げきか》

享年《きょうねん》 56歳《さい》

ここがポイント!

続《つづ》く天災《てんさい》に、国《くに》の安定《あんてい》を願《ねが》い東大寺《とうだいじ》に大仏《だいぶつ》を建立《こんりゅう》

File. 056

政

光明皇后

【こうみょうこうごう】

おもしろエピソード

◎仏教《ぶっきょう》の慈悲《じひ》から貧困者《ひんこんしゃ》、病人《びょうにん》の救済《きゅうさい》にあたる

◎夫《おっと》の遺品《いひん》を見《み》ると泣《な》き崩《くず》れてしまうと発言《はつげん》

愛憎《あいぞう》渦巻《うずま》く宮廷《きゅうてい》で一途《いちず》な愛《あい》を貫《つらぬ》く皇后《こうごう》

奈良時代《ならじだい》の仏教版《ぶっきょうばん》マザー・テレサ!?

藤原不比等《ふじわらのふひと》の娘《むすめ》で聖武天皇《しょうむてんのう》の皇《こう》后《ごう》。臣下《しんか》の娘《むすめ》から皇后《こうごう》になった最《さい》初《しょ》の女性《じょせい》だ。「光明子《こうみょうし》」の異名《いみょう》をもつ。異父兄《いふけい》に、のちに大臣《だいじん》となる橘諸兄《たちばなのもろえ》がいる。16歳《さい》で皇子時代《おうじじだい》の聖武《しょうむ》の后《きさき》となった。仏教《ぶっきょう》への信仰《しんこう》が厚《あつ》く東大《とうだい》寺《じ》や国《くに》ごとの国分寺《こくぶんじ》の設置《せっち》を聖武《しょうむ》に進言《しんげん》したとされる。また布施《ふせ》の精神《せいしん》で貧者《ひんじゃ》や病人《びょうにん》を救《すく》う「悲田院《ひでんいん》」「施薬院《せやくいん》」を設置《せっち》した。だが母《はは》に続《つづ》き疫病《えきびょう》で兄《あに》たちがつぎつぎと没《ぼっ》し、この厄災《やくさい》を払《はら》うため大仏建立《だいぶつこんりゅう》を発《はっ》案《あん》。娘《むすめ》が孝謙天皇《こうけんてんのう》に即位《そくい》すると皇《こう》太后《たいごう》となり、大仏開眼式《だいぶつかいげんしき》を終《お》える。のちに東大寺《とうだいじ》に献《けん》じた亡《な》き夫《おっと》の愛《あい》蔵品《ぞうひん》が、正倉院《しょうそういん》の遺物《いぶつ》として現在《げんざい》に伝《つた》わっている。

生年《せいねん》 701年《ねん》

※翌年《よくとし》、持統天皇《じとうてんのう》が死去《しきょ》

没年《ぼつねん》 760年《ねん》

※恵美押勝《えみのおしかつ》が皇族以外《こうぞくいがい》で初《はつ》の太政大臣《だいじょうだいじん》に

享年《きょうねん》 60歳《さい》

ここがポイント!

仏教《ぶっきょう》の慈悲《じひ》の心《こころ》で恵《めぐ》まれない人々《ひとびと》のための施設《しせつ》をつくる

File. 057

天

【こうけんてんのう】孝謙天皇

おもしろエピソード

◎和気清麻呂《わけのきよまろ》を別部穢麻呂《わけべのきたなまろ》に改名《かいめい》させるなど反抗《はんこう》した者《もの》に卑《いや》しい名前《なまえ》を与《あた》える癖《くせ》あり

男《おとこ》たちの頭上《ずじょう》を舞《ま》った不死鳥天皇《ふしちょうてんのう》

ともに国《くに》を動《うご》かす相手《あいて》と信頼《しんらい》したのは……

第《だい》46代天皇《だいてんのう》。聖武天皇《しょうむてんのう》の第《だい》1子《し》で女性《じょせい》ながら皇太子《こうたいし》となる。父《ちち》から譲位《じょうい》された当初《とうしょ》は光明皇太后《こうみょうこうたいごう》の甥《おい》の藤原仲麻呂《ふじわらのなかまろ》が後見した。9年後《ねんご》、皇太后《こうたいごう》の看病《かんびょう》のため淳仁天皇《じゅんにんてんのう》に譲位《じょうい》。皇太后《こうたいごう》の死後《しご》、彼女《かのじょ》も病《やまい》にかかるが、それを回復《かいふく》させた僧侶《そうりょ》の道鏡《どうきょう》に厚《あつ》い信頼《しんらい》を寄《よ》せる。淳仁天皇《じゅんにんてんのう》と親《した》しく、孝謙《こうけん》と道鏡《どうきょう》が実権《じっけん》を握《にぎ》るのをよしとしない藤原仲麻呂《ふじわらのなかまろ》は、反乱《はんらん》を計画《けいかく》。だが密告《みっこく》もあって仲《なか》麻呂《まろ》は討《う》たれ、孝謙《こうけん》が第《だい》48代称徳《だいしょうとく》天皇《てんのう》として返《かえ》り咲《ざ》く。道鏡《どうきょう》を太政《だいじょう》大臣《だいじん》、法王《ほうおう》に任《にん》じて重用《ちょうよう》し、皇位《こうい》につけようとまでした。

生涯独身《しょうがいどくしん》で、彼女以降《かのじょいこう》の女帝《じょてい》は江戸時代《えどじだい》まで現《あらわ》れなかった。

生年《せいねん》 718年《ねん》
※スペインでレコンキスタ開始《かいし》

没年《ぼつねん》 770年《ねん》
※唐《とう》の詩人《しじん》、杜甫《とほ》が死去《しきょ》

享年《きょうねん》 53歳《さい》

ここがポイント!

2度《ど》天皇《てんのう》となった女性《じょせい》
晩年《ばんねん》は道鏡《どうきょう》と
共同統治《きょうどうとうち》

File. 058

宗

道鏡【どうきょう】

おもしろエピソード

◎病《やまい》の孝謙上皇《こうけんじょうこう》を献身的《けんしんてき》に看病《かんびょう》、治癒《ちゆ》させる
◎女帝《じょてい》からの寵愛《ちょうあい》がもとで絶倫伝説《ぜつりんでんせつ》を負《お》わされる

女帝《じょてい》の命《いのち》を救《すく》ったことがすべての始《はじ》まり

天皇《てんのう》にいちばん近《ちか》かった僧侶《そうりょ》の流転人生《るてんじんせい》

法相宗《ほっそうしゅう》の僧侶《そうりょ》。禅《ぜん》に通《つう》じ宮中《きゅうちゅう》の仏殿《ぶつでん》に入《はい》れたことが縁《えん》で、病《やまい》の孝謙《こうけん》上皇《じょうこう》を看病《かんびょう》し、回復《かいふく》させる。上皇《じょうこう》から深《ふか》い信頼《しんらい》を得《え》たが、それをよく思《おも》わぬ淳仁天皇《じゅんにんてんのう》は上皇《じょうこう》と反目《はんもく》、淳《じゅん》仁天皇《にんてんのう》は失脚《しっきゃく》する。上皇《じょうこう》が称徳天《しょうとくてん》皇《のう》として重祚《ちょうそ》すると、道鏡《どうきょう》は太政《だいじょう》大臣禅師《だいじんぜんじ》、翌年法王《よくとしほうおう》となった。その権勢《けんせい》は九州《きゅうしゅう》の宇佐八幡宮《うさはちまんぐう》で道鏡《どうきょう》に皇位《こうい》をつがせよとの神託《しんたく》が下《お》りたとする騒《さわ》ぎを起《おこ》すほど。天皇崩《てんのうほう》御《ぎょ》後はその墓《はか》を守《まも》ったが、今《いま》の栃《とち》木県《ぎけん》の寺《てら》に左遷《させん》された。女帝《じょてい》の寵《ちょう》愛《あい》を受《う》けたことから、のちに「巨《きょ》根《こん》の持《も》ち主《ぬし》」「絶倫《ぜつりん》の僧《そう》」など、猥《わい》談《だん》のネタにもされているが、天皇《てんのう》と男女関係《だんじょかんけい》だった証拠《しょうこ》はない。

生年《せいねん》　不詳《ふしょう》

没年《ぼつねん》　772年《ねん》
※唐《とう》の詩人《しじん》・白居易《はくきょい》が誕生《たんじょう》

享年《きょうねん》　不詳《ふしょう》

ここがポイント！

法王《ほうおう》として仏教理念《ぶっきょうりねん》をもととした政治《せいじ》、政策《せいさく》を推進《すいしん》した

File. 059

阿倍仲麻呂【あべ の なかまろ】

留学《りゅうがく》から50年《ねん》、望郷《ぼうきょう》のなか、唐《とう》に骨《ほね》をうずめた文官《ぶんかん》

遣唐留学生《けんとうりゅうがくせい》に選《えら》ばれ717年《ねん》に遣唐使《けんとうし》とともに唐《とう》に渡《わた》り、現地《げんち》で役人《やくにん》となる。その才能《さいのう》を惜《お》しんだ皇帝《こうてい》に帰国《きこく》を止《と》められていたが、約《やく》40年後《ねんご》の753年《ねん》、遣唐使《けんとうし》の藤原清河《ふじわらのきよかわ》とともに僧《そう》の鑑真《がんじん》に面会《めんかい》した後《あと》、ともに日本《にほん》へ渡《わた》ることを願《ねが》い出《で》て、ようやく帰《き》路《ろ》に就《つ》けた。しかし遭難《そうなん》して唐《とう》に引《ひ》き返《かえ》す羽目《はめ》となり、結局《けっきょく》、帰国《きこく》は叶《かな》わなかった。唐《とう》での約《やく》50年《ねん》の間《あいだ》には李白《りはく》など有名《ゆうめい》な多数《たすう》の文《ぶん》人《じん》と交流《こうりゅう》をもち、唐《とう》と日本双方《にほんそうほう》で、その名誉《めいよ》をたたえる位《くらい》を与《あた》えられた。

学

生年《せいねん》 698年《ねん》?
没年《ぼつねん》 770年《ねん》?
享年《きょうねん》 73歳《さい》?

ここがポイント!
50年間《ねんかん》、唐《とう》と日本《にほん》の架《か》け橋《はし》となる

File. 060

吉備真備【きび の まきび】

奈良時代《ならじだい》の留学生《りゅうがくせい》が歩《あゆ》んだ出世街道《しゅっせかいどう》がすごすぎる!!

吉備《きび》(岡山県《おかやまけん》)の豪族《ごうぞく》の息子《むすこ》。20代《だい》で遣唐留学《けんとうりゅうがく》生《せい》として阿倍仲麻呂《あべのなかまろ》、玄昉《げんぼう》らとともに唐《とう》に渡《わた》る。儒《じゅ》学《がく》、天文学《てんもんがく》、兵法《ひょうほう》、音楽《おんがく》などを学《まな》んで18年後《ねんご》に知識《ちしき》とともに多数《たすう》の書物《しょもつ》や武器《ぶき》、楽器《がっき》などを持《も》って帰《き》国《こく》。朝廷《ちょうてい》で皇子《おうじ》らの教師《きょうし》として重用《ちょうよう》され吉備朝臣《きびのあそん》の姓《せい》を授《さず》かる。その後《ご》、政権《せいけん》が変《か》わり左遷《させん》されるも再《ふたた》び唐《とう》に渡《わた》り無事《ぶじ》帰《き》国《こく》。かつての教《おし》え子《ご》、孝謙上皇《こうけんじょうこう》らと対立《たいりつ》していた藤原《ふじわらの》仲麻呂《なかまろ》の乱《らん》を鎮《しず》めるなど勲功《くんこう》を上《あ》げ、右大臣《うだいじん》にまで昇《のぼ》りつめた。

学

生年《せいねん》 693年《ねん》?
没年《ぼつねん》 775年《ねん》
享年《きょうねん》 83歳《さい》?

ここがポイント!
唐《とう》から多数《たすう》の本《ほん》や楽器《がっき》を持《も》ち帰《かえ》る

File.061

玄昉【げんぼう】

日本仏教《にほんぶっきょう》の発展《はってん》に寄与《きよ》したが権力欲《けんりょくよく》に負《ま》けて失敗《しっぱい》

学問僧《がくもんそう》として唐《とう》に18年《ねん》滞在《たいざい》して帰国《きこく》。経論五千余《きょうろんごせんよ》巻《かん》と多《おお》くの仏像《ぶつぞう》を持《も》ち帰《かえ》った。のちに心《こころ》を病《や》んだ聖《しょう》武天皇《むてんのう》の母《はは》、宮子《みやこ》の治療《ちりょう》にあたり治癒《ちゆ》に導《みちび》いた。これにより宮中《きゅうちゅう》で厚《あつ》い信頼《しんらい》を得《え》、政治《せいじ》にも参加《さんか》。吉《き》備真備《びのまきび》とともに権力《けんりょく》を振《ふ》るうようになったせいで反感《はんかん》をかい、九州《きゅうしゅう》に左遷《させん》させられ、そこで没《ぼっ》した。

また聖武天皇《しょうむてんのう》の幼《おさな》い皇子《おうじ》の病治癒《やまいちゆ》にも尽《じん》力《りょく》。救《すく》うことはできなかったが、失意《しつい》の母《はは》、光明皇后《こうみょうこうごう》に仏《ほとけ》の教《おし》えを説《と》き、光明皇《こうみょうこう》后《ごう》は深《ふか》く仏教《ぶっきょう》に帰依《きえ》したという。

生年《せいねん》	不詳《ふしょう》
没年《ぼつねん》	746年《ねん》
享年《きょうねん》	不詳《ふしょう》

学

ここがポイント！

唐《とう》から経論《きょうろん》や仏像《ぶつぞう》を携《たずさ》えて帰国《きこく》

File.062

山上憶良【やまのうえ の おくら】

唐《とう》で身《み》に着《つ》けた漢詩《かんし》や思想《しそう》で日本社会《にほんしゃかい》を見《み》る

出自《しゅつじ》については不明《ふめい》な点《てん》も多《おお》い万葉歌人《まんようかじん》。家柄《いえがら》が良《よ》くなく下級役人《かきゅうやくにん》だった。遣唐使《けんとうし》の随員《ずいいん》として唐《とう》に渡《わた》り、約《やく》5年後《ねんご》に帰国《きこく》する。皇太子時代《こうたいしじだい》の聖武天皇《しょうむてんのう》に仕《つか》え、のちには筑前守《ちくぜんのかみ》に任《にん》ぜられた。筑前《ちくぜん》では大《おお》友旅人《とものたびと》とともに歌人《かじん》の集《あつ》まりを取《と》りもつ。彼《かれ》の歌《うた》には仏教《ぶっきょう》や儒教《じゅきょう》の思想《しそう》を基盤《きばん》にし、貧《まず》しさなど社会《しゃかい》の矛盾《むじゅん》を詠《よ》んだものが多《おお》く、「貧窮問《ひんきゅうもん》答歌《どうか》」や、子《こ》への愛《あい》を詠《よ》んだ「しろがねも くがねも玉《たま》も何《なに》せむに 勝《まさ》れる宝《たから》子《こ》にしかめやも」が有名《ゆうめい》だ。

生年《せいねん》	660年《ねん》
没年《ぼつねん》	733年《ねん》？
享年《きょうねん》	74歳《さい》？

文

ここがポイント！

庶民《しょみん》の苦《くる》しみを詠《よ》んだ万葉歌人《まんようかじん》

日本初《にほんはつ》の和歌集《わかしゅう》『万葉集《まんようしゅう》』

天皇《てんのう》から庶民《しょみん》までが三十一文字《みそひともじ》に思《おも》いを込《こ》めて

759年以降成立《ねんいこうせいりつ》
（8世紀中《せいきちゅう》）

素朴《そぼく》な歌《うた》の数々《かずかず》が伝《つた》える時《とき》を超《こ》えた日本《にほん》の情緒《じょうちょ》

『万葉集《まんようしゅう》』は4500余首《よしゅ》をまとめた日本最古《にほんさいこ》の和歌集《わかしゅう》だ。一番《いちばん》の特徴《とくちょう》は、天皇《てんのう》や貴族《きぞく》だけでなく名前《なまえ》も知《し》れぬ庶《しょ》民《みん》や防人《さきもり》（兵士《へいし》）など、幅広《はばひろ》い人々《ひとびと》の歌《うた》を集《あつ》めたこと。古代日本《こだいにほん》の言葉《ことば》づかいや生活《せいかつ》の悩《なや》みなどがわかり、率直《そっちょく》な表現《ひょうげん》が現代人《げんだいじん》にも共感《きょうかん》しやすい貴重《きちょう》な文学《ぶんがく》である。以下《いか》は、代表的《だいひょうてき》な3人《にん》の歌人《かじん》を紹介《しょうかい》する。

大伴家持《おおとものやかもち》は編者《へんじゃ》のひとりで、自作《じさく》の約《やく》470首《しゅ》も入《はい》っている。じつは近代《きんだい》の軍歌《ぐんか》『海《うみ》ゆかば』は、聖武天皇《しょうむてんのう》の砂《さ》金発見《きんはっけん》の詔《みことのり》に感激《かんげき》して彼《かれ》がつくった長《ちょう》歌《か》の一部《いちぶ》を転用《てんよう》している。大伴氏《おおともし》の歌《か》人《じん》には、大宰府長官《だざいふちょうかん》の**大伴旅人《おおとものたびと》**もおり、酒《さけ》を愛《あい》する歌《うた》や亡《な》き妻《つま》をしのぶ歌《うた》などを詠《よ》んだ。**山部赤人《やまべのあかひと》**は聖武天皇《しょうむてんのう》の行幸《ぎょうこう》に従《したが》ったり、日本各地《にほんかくち》を旅《たび》して美《うつく》しい風景《ふうけい》を歌《うた》にした。「田子《たご》の浦《うら》ゆ うち出《い》でて見《み》れば ま白《しろ》にそ 富士《ふじ》の高嶺《たかね》に 雪《ゆき》は降《ふ》りける」はとくに有名《ゆうめい》だ。

File. 063
大伴家持
【おおとも の やかもち】

File. 064
大伴旅人
【おおとも の たびと】

File. 065
山部赤人
【やまべ の あかひと】

ポイント
日本文学《にほんぶんがく》の源《みなもと》としてのちに大《おお》きな影《えい》響《きょう》を残《のこ》し、古代日《こだいに》本人《ほんじん》の言葉《ことば》や生活《せいかつ》もよくわかる

第《だい》3章《しょう》 平安時代《へいあんじだい》

●この章《しょう》で扱《あつか》う時代《じだい》

飛鳥《あすか》 → 奈良《なら》 → 平安《へいあん》 → 鎌倉《かまくら》 → 南北朝《なんぼくちょう》 → 室町《むろまち》

戦国《せんごく》 → 安土桃山《あづちももやま》 → 江戸《えど》 → 明治《めいじ》 → 大正《たいしょう》 → 昭和《しょうわ》

平安京《へいあんきょう》

唐《とう》（中国《ちゅうごく》）の長安《ちょうあん》をモデルに築《きず》かれた「千年《せんねん》の都《みやこ》」

朝廷《ちょうてい》を中心《ちゅうしん》とする社会《しゃかい》が都市計画《としけいかく》からもわかる

793年《ねん》に造営《ぞうえい》が始《はじ》まり、翌年《よくとし》の遷《せん》都《と》以来《いらい》、1869年《ねん》の東京遷都《とうきょうせんと》までの約《やく》1000年《ねん》もの間《あいだ》、日本《にほん》の首都《しゅと》だった平安京《へいあんきょう》。和気清麻呂《わけのきよまろ》の進言《しんげん》を受《う》けて長岡京《ながおかきょう》から遷都《せんと》した。

場所《ばしょ》は現在《げんざい》の京都市《きょうとし》の中央《ちゅうおう》あたり。東西《とうざい》約《やく》4・5キロ、南北《なんぼく》約《やく》5・2キロ。中央《ちゅうおう》に南北《なんぼく》約《やく》3・8キロを貫《つらぬ》く、道幅《みちはば》が約《やく》82メートルの朱雀大路《すざくおおじ》を挟《はさ》んで、左京《さきょう》・右京《うきょう》に分《わ》かれていた。この朱雀大《すざくおお》路《じ》の北端《ほくたん》に天皇《てんのう》の住《す》む内裏《だいり》や政庁《せいちょう》のある大内裏《だいだいり》があり、縦横《たてよこ》の大路《おおじ》と小路《こうじ》によって碁盤目状《ごばんめじょう》に区画《くかく》されたこの計画《けいかく》都市《とし》は、唐《とう》の都《みやこ》、長安《ちょうあん》をモデルに、日《に》本独自《ほんどくじ》のアレンジを加《くわ》えて造《つく》られた。

朱雀大路《すざくおおじ》の左右《さゆう》には政府機関《せいふきかん》の建物《たてもの》と皇族《こうぞく》の屋敷《やしき》が並《なら》び、中心《ちゅうしん》から離《はな》れるごとに地位《ちい》の低《ひく》い者《もの》の住居《じゅうきょ》が続《つづ》いていた。都《みやこ》の中《なか》に屋敷《やしき》をもつには許可《きょか》が必要《ひつよう》で、都内《みやこない》の土地《とち》は位《くらい》に応《おう》じた広《ひろ》さで無償《むしょう》提供《ていきょう》されていたという。住民《じゅうみん》はおよそ10万人《まんにん》から20万人程度《まんにんていど》。

左京《さきょう》・右京《うきょう》それぞれに市場《いちば》、寺社《じしゃ》が

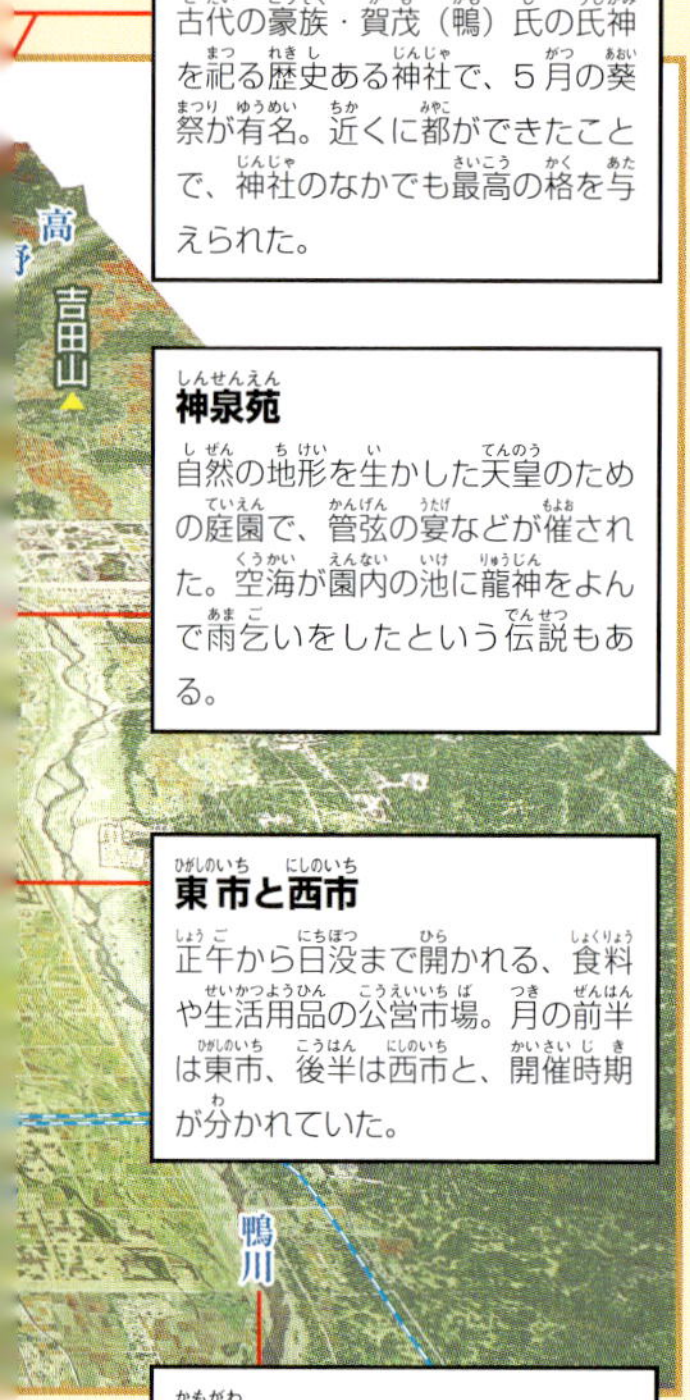

上賀茂神社《かみがもじんじゃ》と下鴨神社《しもがもじんじゃ》

古代《こだい》の豪族《ごうぞく》・賀茂《かも》（鴨《かも》）氏《し》の氏神《うじがみ》を祀《まつ》る歴史《れきし》ある神社《じんじゃ》で、5月《がつ》の葵祭《あおいまつり》が有名《ゆうめい》。近《ちか》くに都《みやこ》ができたことで、神社《じんじゃ》のなかでも最高《さいこう》の格《かく》を与《あた》えられた。

神泉苑《しんせんえん》

自然《しぜん》の地形《ちけい》を生《い》かした天皇《てんのう》のための庭園《ていえん》で、管弦《かんげん》の宴《うたげ》などが催《もよお》された。空海《くうかい》が園内《えんない》の池《いけ》に龍神《りゅうじん》をよんで雨乞《あまご》いをしたという伝説《でんせつ》もある。

東市《ひがしのいち》と西市《にしのいち》

正午《しょうご》から日没《にちぼつ》まで開《ひら》かれる、食料《しょくりょう》や生活用品《せいかつようひん》の公営市場《こうえいいちば》。月《つき》の前半《ぜんはん》は東市《ひがしのいち》、後半《こうはん》は西市《にしのいち》と、開催時期《かいさいじき》が分《わ》かれていた。

鴨川《かもがわ》

平安京《へいあんきょう》の東端《とうたん》の川《かわ》。物流《ぶつりゅう》や行楽《こうらく》のほか、都《みやこ》に巡《めぐ》らされた水路《すいろ》の源《みなもと》として人々《ひとびと》の生活《せいかつ》を支《ささ》えた。一方《いっぽう》で、氾濫《はんらん》の多《おお》い暴《あば》れ川《がわ》でもあった。

※平安京復元模型《へいあんきょうふくげんもけい》（京都市歴史博物館蔵《きょうとしれきしはくぶつかんぞう》）をもとに作成《さくせい》。

並《なら》び、いちばん端《はし》にあたる場所《ばしょ》に創建《そうけん》された西寺《さいじ》と東寺《とうじ》が都《みやこ》を守護《しゅご》した。また、朱雀大路《すざくおおじ》の左右《さゆう》には築地塀《ついじべい》が造《つく》られ、その内側《うちがわ》に沿《そ》って排水路《はいすいろ》となる側溝《そっこう》があった。右京《うきょう》の南部《なんぶ》など都《みやこ》の周《まわ》りは低湿地帯《ていしつちたい》が多《おお》く、衛生知識《えいせいちしき》の薄《うす》かった当時《とうじ》は、さまざまな生活汚物《せいかつおぶつ》や下層《かそう》民《みん》の遺骸《いがい》などまでがここに廃棄《はいき》され、そこから疫病《えきびょう》が発生《はっせい》することもあったようだが、朱雀大路《すざくおおじ》の側溝《そっこう》の排水《はいすい》は南《なん》部《ぶ》の大濠《おおほり》に集《あつ》め、体面《たいめん》を保《たも》っていた。

一方《いっぽう》で、近《ちか》くには桂川《かつらがわ》をはじめ多《おお》くの河川《かせん》があり水上交通《すいじょうこうつう》にはたいへん適《てき》していた。陸路《りくろ》も現在《げんざい》の北陸道《ほくりくどう》である山背道《やましろみち》、山陰道《さんいんどう》の丹波道《たんばみち》が通《つう》じており、当時《とうじ》の朝廷支配《ちょうていしはい》の主要地域《しゅようちいき》との交通《こうつう》の便《べん》のよさも、平安京《へいあんきょう》がここに造営《ぞうえい》されたポイントになったと考《かんが》えられる。

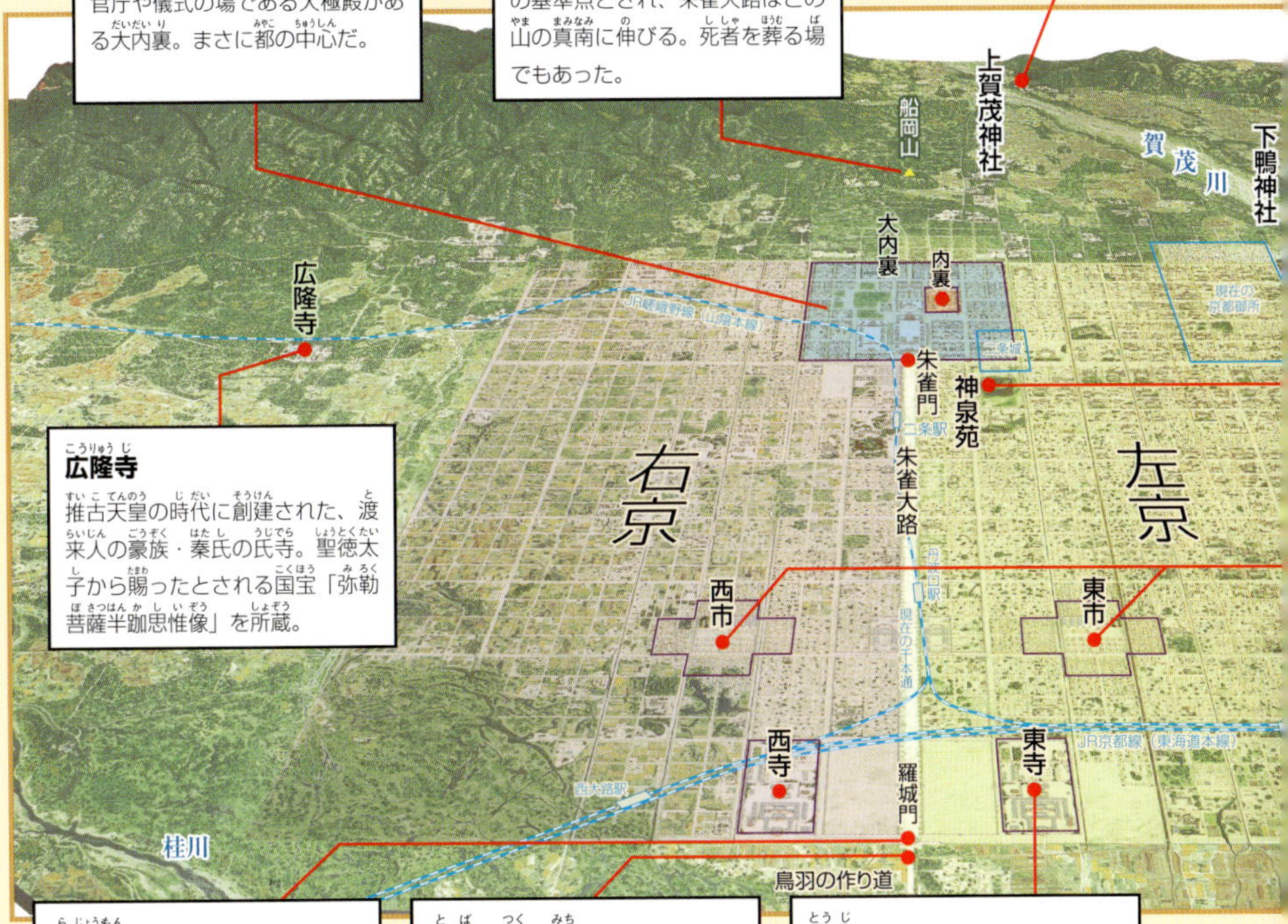

内裏《だいり》と大内裏《だいだいり》

天皇《てんのう》の住《す》まいである内裏《だいり》と、中央《ちゅうおう》官庁《かんちょう》や儀式《ぎしき》の場《ば》である大極殿《だいごくでん》がある大内裏《だいだいり》。まさに都《みやこ》の中心《ちゅうしん》だ。

船岡山《ふなおかやま》

標高約《ひょうこうやく》112メートル。都《みやこ》づくりの基準点《きじゅんてん》とされ、朱雀大路《すざくおおじ》はこの山《やま》の真南《まみなみ》に伸《の》びる。死者《ししゃ》を葬《ほうむ》る場《ば》でもあった。

広隆寺《こうりゅうじ》

推古天皇《すいこてんのう》の時代《じだい》に創建《そうけん》された、渡《と》来人《らいじん》の豪族《ごうぞく》・秦氏《はたし》の氏寺《うじでら》。聖徳太《しょうとくたい》子《し》から賜《たまわ》ったとされる国宝《こくほう》「弥勒《みろく》菩薩半跏思惟像《ぼさつはんかしいぞう》」を所蔵《しょぞう》。

羅城門《らじょうもん》

都《みやこ》の玄関口《げんかんぐち》、二層構造《にそうこうぞう》の瓦葺《かわらぶ》きで朱塗《しゅぬ》り柱《ばしら》の大《おお》きな門《もん》。正面幅約《しょうめんはばやく》36メートル、高《たか》さ約《やく》21メートル。羅生門《らしょうもん》ともよばれる。

鳥羽《とば》の作《つく》り道《みち》

鴨川《かもがわ》と桂川《かつらがわ》が合流《ごうりゅう》し物流《ぶつりゅう》・交通《こうつう》の拠点《きょてん》となった、京都《きょうと》の鳥羽港《とばこう》と平《へい》安京《あんきょう》を結《むす》ぶ道《みち》。都《みやこ》の造営《ぞうえい》と合《あ》わせてつくられた。

東寺《とうじ》

真言宗《しんごんしゅう》の寺《てら》で、平安京《へいあんきょう》ひいては国《くに》全体《ぜんたい》の守《まも》りとして桓武天皇《かんむてんのう》が建《た》てさせた。

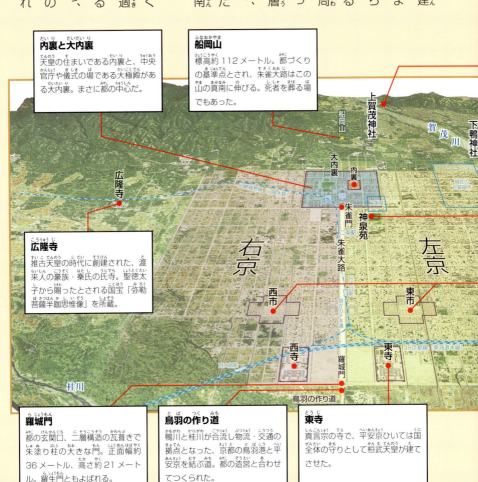

File. 066

天

【かんむてんのう】

桓武天皇

おもしろエピソード

◎空海《くうかい》、最澄《さいちょう》による新《あたら》しい仏教《ぶっきょう》を保護《ほご》した
◎生母《せいぼ》は百済系渡来人《くだらけいとらいじん》の家系《かけい》といわれる

天皇《てんのう》になるはずではなかった天皇《てんのう》

平安京《へいあんきょう》は弟《おとうと》の祟《たた》り避《よ》けでつくられた!?

第《だい》50代天皇《だいてんのう》。現代《げんだい》の京都《きょうと》に続《つづ》く平《へい》安京《あんきょう》を建設《けんせつ》した。桓武《かんむ》は皇位《こうい》に遠《とお》かったが、皇太子《こうたいし》だった他戸親王《おさべしんのう》が母親《ははおや》の井上内親王《いのうえないしんのう》の呪詛疑惑《じゅそぎわく》で失《しっ》脚《きゃく》、予想外《よそうがい》の即位《そくい》となった。当時《とうじ》、肥大《ひだい》していた寺社《じしゃ》の権力《けんりょく》から皇室《こうしつ》を切《き》り離《はな》すため、未開《みかい》の地《ち》に長岡《ながおか》京《きょう》を建設《けんせつ》する。だが、立《た》て続《つづ》けの天《てん》災《さい》や近親者《きんしんしゃ》の不幸《ふこう》は高官暗殺《こうかんあんさつ》への関与《かんよ》を疑《うたが》われ死《し》んだ早良親王《さわらしんのう》の祟《たた》りではと恐《おそ》れた桓武《かんむ》は、土地相《とちそう》のよさから新《あら》たに平安京《へいあんきょう》をつくり遷都《せんと》。東北平定《とうほくへいてい》のために3度《ど》の蝦夷討伐《えみしとうばつ》も行《おこな》うが、晩年《ばんねん》にはこれらの政策《せいさく》が農民《のうみん》の暮《く》らしを圧迫《あっぱく》しているとの進言《しんげん》から、軍隊制度《ぐんたいせいど》の見直《みなお》しなどを積極的《せっきょくてき》に行《おこな》った。

生年《せいねん》 737年《ねん》
※天然痘流行《てんねんとうりゅうこう》で藤原四子《ふじわらしし》が死亡《しぼう》

没年《ぼつねん》 806年《ねん》
※唐《とう》から戻《もど》った最澄《さいちょう》、天台宗《てんだいしゅう》を開《ひら》く

享年《きょうねん》 70歳《さい》

ここがポイント！

長岡京《ながおかきょう》、平安京《へいあんきょう》に2度遷都《どせんと》。のちの京都《きょうと》の基礎《きそ》を築《きず》く

File. 067

武

【さかのうえ の たむらまろ】

坂上田村麻呂

おもしろエピソード

◎京都《きょうと》清水寺《きよみずでら》の創建《そうけん》にかかわったとされる
◎鎧兜《よろいかぶと》に太刀《たち》を持《も》ち立《た》ったままの埋葬《まいそう》を望《のぞ》む

蝦夷《えみし》との戦《たたか》いで相手《あいて》の美点《びてん》を知《し》る

和合《わごう》こそが武《ぶ》の行《い》き着《つ》く理想《りそう》だった

奈良《なら》時代《じだい》の中央政権《ちゅうおうせいけん》にとって東《ひがし》、とくに東北《とうほく》は地《ち》の果《は》てであり、当《と》時《じ》の認識《にんしき》では未開《みかい》の異民族《いみんぞく》「蝦夷《えみし》」の支配地《しはいち》で、帝《みかど》の威光《いこう》が届《とど》かぬ場《ば》所《しょ》だった。そこで征東副使《せいとうふくし》だった坂上田村麻呂《さかのうえのたむらまろ》が、按察使《あぜち》、陸奥守《むつのかみ》、鎮守府将軍《ちんじゅふしょうぐん》として関東《かんとう》や北陸《ほくりく》の民《たみ》を東北《とうほく》の伊治城《いじじょう》（宮城県《みやぎけん》）に入植《にゅうしょく》させる。また征夷大将軍《せいいたいしょうぐん》となり、朝《ちょう》廷《てい》に抵抗《ていこう》する蝦夷《えみし》の指導者《しどうしゃ》アテルイやマレらと衝突《しょうとつ》、降伏《こうふく》させ両者《りょうしゃ》を都《みやこ》に引《ひ》き連《つ》れていった。この折《おり》、アテルイの人望《じんぼう》や武《ぶ》の気概《きがい》に触《ふ》れ、彼《かれ》らの助命《じょめい》を進言《しんげん》した。朝廷《ちょうてい》はこれを許《ゆる》さなかったが、田村麻呂《たむらまろ》は蝦夷《えみし》の民衆《みんしゅう》と自分《じぶん》たちの文化《ぶんか》の和《わ》合《ごう》を唱《とな》え続《つづ》けたという。

生年《せいねん》 758年《ねん》
※東大寺大仏殿《とうだいじだいぶつでん》ができる

没年《ぼつねん》 811年《ねん》
※前年《ぜんねん》に「薬子《くすこ》の変《へん》」起《お》こる

享年《きょうねん》 54歳《さい》

ここがポイント！

桓武天皇《かんむてんのう》の命《めい》で東北《とうほく》の蝦夷《えみし》を討伐《とうばつ》、岩手《いわて》に胆沢城《いさわじょう》、志波城《しわじょう》を築《きず》く

File. 068

学

菅原道真

【すがわら の みちざね】

おもしろエピソード

◎11歳《さい》で早《はや》くも詩《し》をつくり大人《おとな》を驚《おどろ》かせた
◎彼《かれ》の怨霊《おんりょう》への恐《おそ》れが天神信仰《てんじんしんこう》となる

宮廷文人《きゅうていぶんじん》の中心《ちゅうしん》に出世《しゅっせ》するも、一転《いってん》、罪人《ざいにん》に

出世《しゅっせ》しすぎた秀才《しゅうさい》は妬《ねた》みの種《たね》に

日本人《にほんじん》の多《おお》くがお参《まい》りしたことがある学問《がくもん》の神《かみ》「天神様《てんじんさま》」とは、菅《すが》原道真《わらのみちざね》が死後《しご》に神格化《しんかくか》されたものだ。父祖《ふそ》3代《だい》にわたる学者《がくしゃ》の家《いえ》に生《う》まれ、幼《おさな》いころから文才《ぶんさい》、学問《がくもん》に優《すぐ》れ30代《だい》で文章博士《もんしょうはかせ》に。朝廷《ちょうてい》で多《おお》くの役目《やくめ》をこなしつつ詩作《しさく》なども続《つづ》け、宇多天皇《うだてんのう》、続《つづ》く醍醐天皇《だいごてんのう》にも信頼《しんらい》をうけて右大臣《うだいじん》にまで出世《しゅっせ》。だが、その才《さい》から政権実力者《せいけんじつりょくしゃ》の藤《ふじ》原氏《わらし》や学者《がくしゃ》らに疎《うと》まれ、皇位継承《こういけいしょう》にかかわったとして九州《きゅうしゅう》の大宰府《だざいふ》に左遷《させん》される。2年後《ねんご》、失意《しつい》のまま死亡《しぼう》した。のちに、その霊《れい》が雷《らい》神《じん》となって祟《たた》ると恐《おそ》れられ、天神《てんじん》、ひいては学問《がくもん》の神《かみ》として敬《うやま》われるようになった。

生年《せいねん》 845年《ねん》
※唐《とう》で仏教弾圧《ぶっきょうだんあつ》（会昌《かいしょう》の廃仏《はいぶつ》）

没年《ぼつねん》 903年《ねん》
※平将門《たいらのまさかど》が誕生《たんじょう》と伝えられる

享年《きょうねん》 59歳《さい》

ここがポイント！

天皇《てんのう》に仕《つか》えた学者《がくしゃ》、政治家《せいじか》。死後《しご》、学問《がくもん》の神《かみ》として祭《まつ》られた

File. 069

【くうかい】

空海

「お大師様《だいしさま》」として今《いま》なお崇敬《すうけい》される高僧《こうそう》

没後《ぼつご》に醍醐天皇《だいごてんのう》から贈《おく》られた称号《しょうごう》の「弘法大師《こうぼうだいし》」、つまり「お大師様《だいしさま》」として名高《なだか》い空海《くうかい》。讃岐《さぬき》（香川《かがわ》県《けん》）の出身《しゅっしん》。頭《あたま》がよく官僚《かんりょう》を目《め》ざして15歳《さい》で上京《じょうきょう》、18歳《さい》で大学《だいがく》に入《はい》るが仏教《ぶっきょう》に出会《であ》い、西日本各地《にしにほんかくち》の聖《せい》地《ち》を巡《めぐ》って厳《きび》しい修行《しゅぎょう》を積《つ》んだ。31歳《さい》のとき遣唐使《けんとうし》船《せん》で唐《とう》の長安《ちょうあん》に渡《わた》り、正式《せいしき》に密教僧《みっきょうそう》となって帰国《きこく》。膨大《ぼうだい》な密教法典《みっきょうほうてん》や仏《ぶつ》像《ぞう》、曼荼羅《まんだら》などを持《も》ち帰《かえ》った。高野山《こうやさん》に金剛峯寺《こんごうぶじ》を建《た》てて真言《しんごん》宗《しゅう》を開《ひら》く。比叡山《ひえいざん》と並《なら》ぶ山岳仏教《さんがくぶっきょう》の拠点《きょてん》をつくり、後進《こうしん》の育《いく》成《せい》に努《つと》めた。

生年《せいねん》 774年《ねん》
没年《ぼつねん》 835年《ねん》
享年《きょうねん》 62歳《さい》

宗

ここがポイント！
日本《にほん》に密教《みっきょう》を伝《つた》え
高野山《こうやさん》を開《ひら》く

File. 070

【さいちょう】

最澄

じつは日本初《にほんはつ》の「大師《だいし》」は最澄《さいちょう》のほうだった！

近江《おうみ》（滋賀県《しがけん》）出身《しゅっしん》。12歳《さい》で近江国分寺《おうみこくぶんじ》に入《はい》り14歳《さい》で名《な》を最澄《さいちょう》と改《あらた》めた。才覚《さいかく》を認《みと》められたが自《みずか》らを見直《みなお》すため比叡山《ひえいざん》の山林修行《さんりんしゅぎょう》に入《はい》る。この間《かん》、薬師《やくし》如来像《にょらいぞう》を彫《ほ》り、灯《とも》した火《ひ》は今《いま》も燃《も》え続《つづ》けているという。８０４年《ねん》、空海《くうかい》も加《くわ》わる遣唐使節団《けんとうしせつだん》で唐《とう》に渡《わた》り、天台《てんだい》、密教《みっきょう》、禅法《ぜんぽう》などを学《まな》んで帰国《きこく》。日本屈指《にほんくっし》の大《だい》寺院《じいん》となる延暦寺《えんりゃくじ》を開《ひら》き、天台宗《てんだいしゅう》を広《ひろ》めた。没《ぼっ》するまで、つねに仏教思《ぶっきょうし》想《そう》の論争《ろんそう》を続《つづ》けた。没後《ぼつご》、清和天皇《せいわてんのう》から「伝教大師《でんぎょうだいし》」の称号《しょうごう》を贈《おく》られた。

生年《せいねん》 767年《ねん》
没年《ぼつねん》 822年《ねん》
享年《きょうねん》 56歳《さい》

宗

ここがポイント！
比叡山延暦寺《ひえいざんえんりゃくじ》を開《ひら》いた
天台宗開祖《てんだいしゅうかいそ》

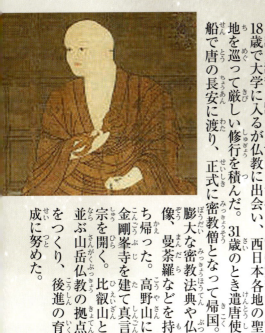

故事成語《こじせいご》

【弘法《こうぼう》も筆《ふで》の誤《あやま》り】

意味《いみ》

どんな名人《めいじん》でもときには失敗《しっぱい》することがある

■「弘法筆《こうぼうふで》を選《えら》ばず」と矛盾《むじゅん》するようで、じつはしなかった

弘法《こうぼう》、つまり弘法大師《こうぼうだいし》・空海《くうかい》には超人的《ちょうじんてき》な伝説《でんせつ》や伝承《でんしょう》が多《おお》い。空海《くうかい》が杖《つえ》を突《つ》くと、そこから水《みず》が湧《わ》き出《だ》したという「弘法水《こうぼうすい》」の話《はなし》は日本各地《にほんかくち》にある。当時《とうじ》の僧侶《そうりょ》は、今《いま》で言《い》えば科学者《かがくしゃ》のような知識《ちしき》をもっていたため、とくに知識豊富《ちしきほうふ》な優《すぐ》れた僧侶《そうりょ》は、まさにスーパーマンに見《み》えたに違《ちが》いない。

そんな空海《くうかい》は、書《しょ》を書《か》かせたら平安時代《へいあんじだい》で三本《さんぼん》の指《ゆび》に入《はい》る上手《じょうず》さで「三筆《さんぴつ》」のひとりでもあった。ところが、天皇《てんのう》の命《めい》で「應《おう》

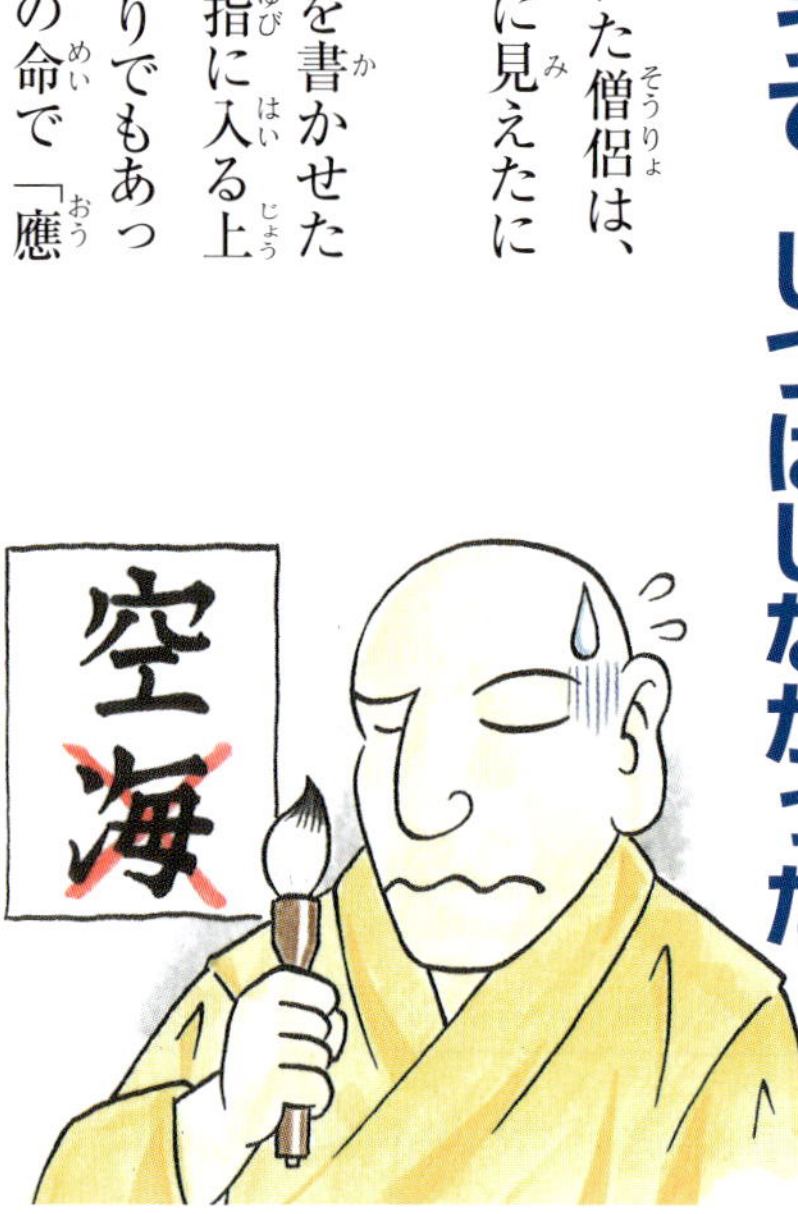

空海伝説《くうかいでんせつ》の残《のこ》る場所《ばしょ》

應天門《おうてんもん》（京都府《きょうとふ》）
空海《くうかい》が「筆《ふで》の誤《あやま》り」をしたという平安京大内裏《へいあんきょうだいだいり》の門《もん》。現存《げんそん》しない。

三方石観世音《みかたいしかんぜおん》（福井県《ふくいけん》）
一夜《いちや》で岩《いわ》に観音《かんのん》を彫《ほ》ろうとしたが、右《みぎ》ひじから下《した》は朝《あさ》までに彫《ほ》れず片手《かたて》に。

東長寺《とうちょうじ》（福岡県《ふくおかけん》）
唐《とう》での修行《しゅぎょう》から帰国《きこく》した空海《くうかい》が、金剛峯寺《こんごうぶじ》より先《さき》に創建《そうけん》したという。

猪苗代湖《いなわしろこ》（福島県《ふくしまけん》）
飲《の》み水《みず》を求《もと》めた空海《くうかい》を少女《しょうじょ》が助《たす》けると、翌日《よくじつ》、磐梯山《ばんだいさん》の麓《ふもと》に湖《みずうみ》ができた。

高尾山《たかおさん》の飯盛杉《いいもりすぎ》（東京都《とうきょうと》）
空海《くうかい》が食事《しょくじ》の後《あと》に地面《じめん》に挿《さ》した杉《すぎ》の杓子《しゃくし》が成長《せいちょう》した姿《すがた》という。

修善寺温泉《しゅぜんじおんせん》（静岡県《しずおかけん》）
病気《びょうき》の親《おや》を世話《せわ》する少年《しょうねん》を見《み》て、仏具《ぶつぐ》の独鈷《とっこ》を使《つか》い温泉《おんせん》を湧《わ》かせた。

高野山《こうやさん》（和歌山県《わかやまけん》）
奥《おく》の院《いん》で空海《くうかい》は生《い》き仏《ぼとけ》になっているとされ、毎日食事《まいにちしょくじ》が運《はこ》ばれる。

御厨人窟《みくろど》・神明窟《しんめいくつ》（高知県《こうちけん》）
空海《くうかい》が悟《さと》りを開《ひら》いたとされる室戸岬《むろとみさき》の洞窟《どうくつ》。

満濃池《まんのういけ》（香川県《かがわけん》）
日本最大《にほんさいだい》の農業用《のうぎょうよう》のため池《いけ》。改修《かいしゅう》に苦労《くろう》していたが、空海《くうかい》が朝廷《ちょうてい》から派遣《はけん》され解決《かいけつ》。

（応《おう》）天門《てんもん》」の額《がく》を書《か》いたとき、「應《おう》」の字《じ》の最初《さいしょ》の点《てん》を書《か》き忘《わす》れてしまった。こんな書《しょ》の名人《めいじん》でも失敗《しっぱい》はあるんだな、「弘法《こうぼう》さまでも筆《ふで》（字《じ》）を間違《まちが》えることがある」というわけだ。

ただし話《はなし》はそこで終《お》わらない。スーパーマン空海《くうかい》は、掛《か》けたままの書《か》き損《そん》じの額《がく》に向《む》かって筆《ふで》を投《な》げ、書《か》き忘《わす》れた点《てん》を打《う》ってしまったという。そのために「弘法《こうぼう》も筆《ふで》の誤《あやま》り」には「とはいえ、やっぱりすごい人《ひと》はすごいよ」というニュアンスが含《ふく》まれるという。つまり「上手《じょうず》な人《ひと》はどんな道具《どうぐ》を使《つか》ってもうまい」という意味《いみ》の「弘法筆《こうぼうふで》を選《えら》ばず」とも矛盾《むじゅん》しないのだ。「弘法筆《こうぼうふで》を選《えら》ばず、だけど、弘《こう》法《ぼう》も筆《ふで》の誤《あやま》り、とも言《い》うじゃないか」とミスをごまかそうとすると恥《はじ》の上塗《うわぬ》りになるのでご注意《ちゅうい》を。

File. 071

政

【ふじわら の みちなが】

藤原道長

おもしろエピソード

◎宮殿内《きゅうでんない》の肝試《きもだめ》しで一人《ひとり》証拠《しょうこ》の柱《はしら》を削《けず》り取《と》る
◎日記《にっき》『御堂関白記《みどうかんぱくき》』はユネスコも認《みと》める価値《かち》

だれもが「世《よ》は彼《かれ》の思《おも》うまま」と認《みと》めた男《おとこ》

何人《なんにん》もの天皇《てんのう》の祖父《そふ》となり権勢《けんせい》を振《ふ》るう左大臣《さだいじん》

「この世《よ》をば わが世《よ》とぞ思《おも》ふ 望月《もちづき》の 欠《か》けたることも なしと思《おも》へば」の句《く》を即興《そっきょう》で詠《よ》んだ平安貴族《へいあんきぞく》の頂点《ちょうてん》。皇族《こうぞく》に娘《むすめ》を嫁《とつ》がせて姻戚関係《いんせきかんけい》を重《かさ》ね、地位《ちい》を築《きず》いた藤原氏《ふじわらし》のなかで、摂政《せっしょう》だった父《ちち》や有力《ゆうりょく》な二人《ふたり》の兄《あに》が没《ぼっ》した後《あと》、甥《おい》との政権争《せいけんあらそ》いに勝《か》って左大臣《さだいじん》となり政権《せいけん》を掌握《しょうあく》した。さらに娘《むすめ》4人《にん》もつぎつぎ天皇家《てんのうけ》と結婚《けっこん》。権力体制《けんりょくたいせい》を固《かた》めた。災害《さいがい》にあたり「長保元年令《ちょうほうがんねんれい》」で贅沢《ぜいたく》を禁《きん》じて社会《しゃかい》秩序《ちつじょ》を引《ひ》き締《し》めたほか、寺《てら》も建立《こんりゅう》し、人々《ひとびと》の極楽浄土願望《ごくらくじょうどがんぼう》を満《み》たしつつ、自《みずか》らの権威《けんい》をさらに高《たか》めたともいう。が、栄華《えいが》を極《きわ》めた生活《せいかつ》の代償《だいしょう》か、晩年《ばんねん》は病気《びょうき》に苦《くる》しみ、自分《じぶん》も浄土《じょうど》を願《ねが》いながら没《ぼっ》した。

生年《せいねん》 966年《ねん》
※このころ中国《ちゅうごく》で北宋《ほくそう》ができる

没年《ぼつねん》 1027年《ねん》
※イングランドのウィリアム征服王《せいふくおう》が誕生《たんじょう》

享年《きょうねん》 62歳《さい》

ここがポイント！

平安期藤原氏《へいあんきふじわらし》の絶頂《ぜっちょう》を生《い》きた、実質的《じっしつてき》な時代《じだい》の帝王《ていおう》

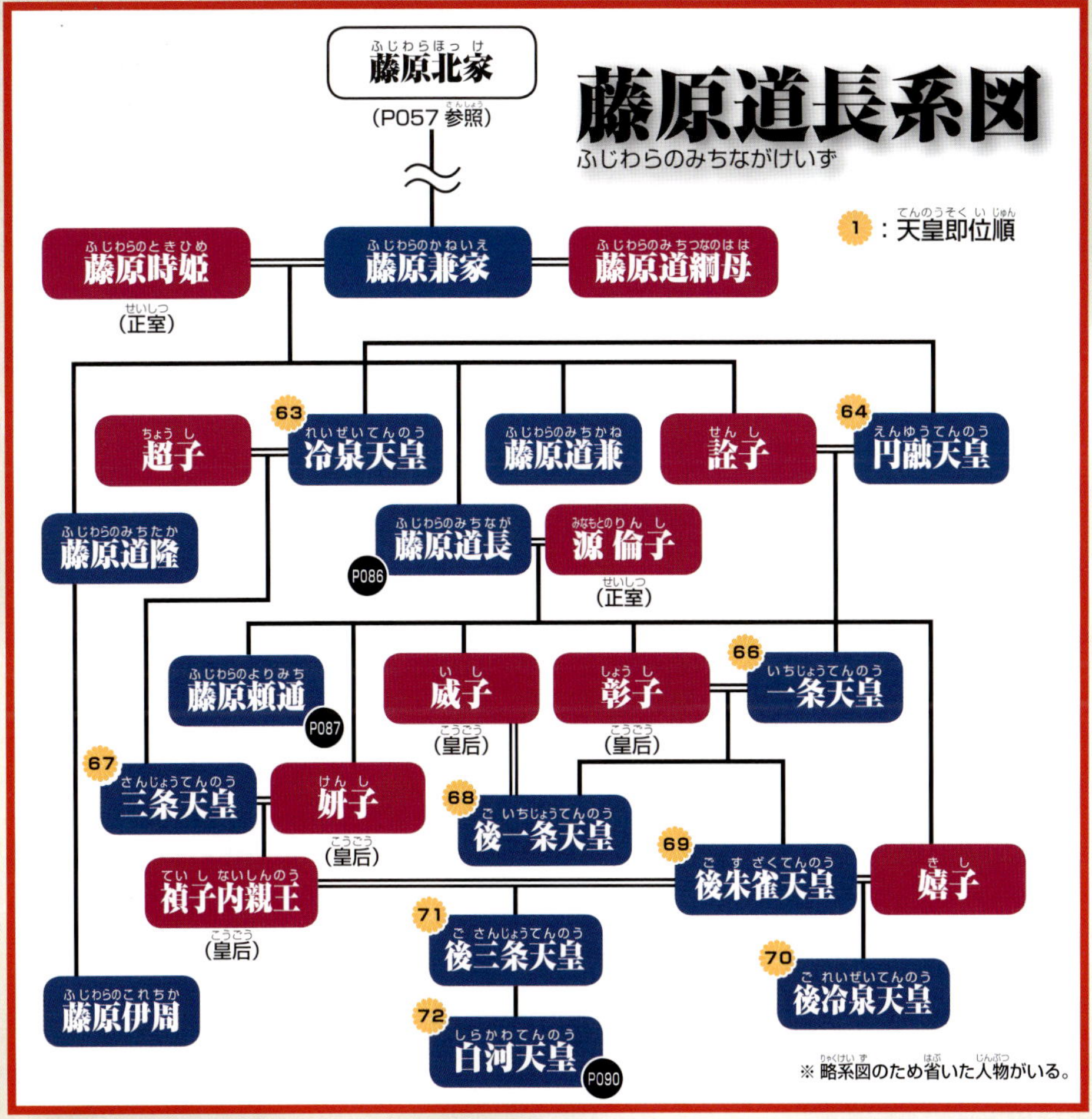

File. 072

【ふじわら の よりみち】藤原頼通

平等院《びょうどういん》を建《た》てた穏《おだ》やかなお坊《ぼっ》ちゃま

生年 992年《ねん》
没年 1074年《ねん》
享年 83歳《さい》

政

偉大《いだい》な父《ちち》、道長《みちなが》が完成《かんせい》した確固《かっこ》たる権威《けんい》のもと、26歳《さい》で摂政《せっしょう》を引《ひ》き継《つ》ぎ、後一条《ごいちじょう》、後朱雀《ごすざく》、後冷泉《ごれいぜい》天皇《てんのう》の3代《だい》にわたり50年《ねん》も摂政《せっしょう》であり続《つづ》けた。しかし、なに不自由《ふじゆう》ない育《そだ》ちのためか父《ちち》とは正反対《せいはんたい》の凡庸《ぼんよう》で温和《おんわ》な性格《せいかく》。今《いま》に伝《つた》わる功《こう》績《せき》は、藤原氏《ふじわらし》の別荘屋敷《べっそうやしき》をあの平《びょう》等院鳳凰堂《どういんほうおうどう》に改装《かいそう》したことと、荘《しょう》園整理《えんせいり》くらいだ。文《ぶん》化人《かじん》で和歌《わか》もよくつくった。77歳《さい》で隠《いん》遁《とん》。弟《おとうと》の教通《のりみち》が次《つぎ》の関白《かんぱく》となる。

File. 073

小野小町【おの の こまち】

謎《なぞ》に包《つつ》まれた歌人《かじん》
絶世《ぜっせい》の美女《びじょ》とも

生年《せいねん》 不詳《ふしょう》
没年《ぼつねん》 不詳《ふしょう》
享年《きょうねん》 不詳《ふしょう》

文

日本《にほん》では、クレオパトラ、楊貴妃《ようきひ》と並《なら》ぶ世界三大美女《せかいさんだいびじょ》のひとりとされる。出自《しゅつじ》などはほとんど明《あき》らかではなく、その歌《うた》だけが『古今和歌集《こきんわかしゅう》』などに収《おさ》められている謎《なぞ》の女性《じょせい》。

830年《ねん》ごろから20年前後《ねんぜんご》、宮廷《きゅうてい》に仕《つか》えたと思《おも》われ、女性目線《じょせいめせん》から詠《よ》んだ恋愛歌《れんあいか》が高《たか》く評価《ひょうか》されている。「花《はな》の色《いろ》は うつりにけりな いたづらに 我身世《わがみよ》にふる ながめせしまに」は百人一首《ひゃくにんいっしゅ》でも有名《ゆうめい》な歌《うた》のひとつだ。

File. 074

紀貫之【きの つらゆき】

『源氏物語《げんじものがたり》』の源流《げんりゅう》を生《う》んだ!?
日本文学《にほんぶんがく》の功労者《こうろうしゃ》

生年《せいねん》 不詳《ふしょう》
没年《ぼつねん》 945年《ねん》
享年《きょうねん》 不詳《ふしょう》

文

平安歌人《へいあんかじん》「三十六歌仙《さんじゅうろっかせん》」のひとりで『古今和歌集《こきんわかしゅう》』の編纂《へんさん》に当《あ》たった。藤原氏《ふじわらし》の天下《てんか》で武人《ぶじん》の家系《かけい》の貫之《つらゆき》の地位《ちい》は高《たか》くなかったが、地方《ちほう》官《かん》の傍《かたわ》ら、数々《かずかず》の宮廷歌会《きゅうていうたかい》に参加《さんか》して名《な》を高《たか》めた。また流行《りゅうこう》だった屏風歌《びょうぶうた》の名手《めいしゅ》でもある。土佐《とさ》からの帰《かえ》り道《みち》の出来事《できごと》を女性《じょせい》の語《かた》りで書《か》いた『土佐日記《とさにっき》』は日本初《にほんはつ》の日記文学《にっきぶんがく》で、平仮名《ひらがな》によるユーモア豊《ゆた》かな文体《ぶんたい》はのちの女流作家誕生《じょりゅうさっかたんじょう》の指針《ししん》ともなる。

File. 075

菅原孝標女【すがわら の たかすえ の むすめ】

好《す》きが高《こう》じて作家《さっか》になった
元祖《がんそ》オタク女子《じょし》!?

生年《せいねん》 1008年《ねん》
没年《ぼつねん》 不詳《ふしょう》
享年《きょうねん》 不詳《ふしょう》

文

菅原道真《すがわらのみちざね》の6代後《だいあと》の孫《まご》にあたる女流作家《じょりゅうさっか》。伯母《おば》は『蜻蛉日記《かげろうにっき》』の作者《さくしゃ》（藤原道綱《ふじわらのみちつな》の母《はは》）で、文学的《ぶんがくてき》な環境《かんきょう》で育《そだ》ち、幼《おさな》いころからの文学好《ぶんがくず》き。『源氏物語《げんじものがたり》』の愛読者《あいどくしゃ》で、物語《ものがたり》の世界《せかい》に没頭《ぼっとう》する文学少女《ぶんがくしょうじょ》だったらしい。それが原因《げんいん》か、結婚《けっこん》は30代《だい》と遅《おそ》く、しかも、結婚生活《けっこんせいかつ》の現実《げんじつ》にショックを受《う》けていたという。夫《おっと》を病《やまい》で亡《な》くしてから、自伝的物語《じでんてきものがたり》『更級日記《さらしなにっき》』ほかを執筆《しっぴつ》。多《おお》くの和《わ》歌《か》も残《のこ》した。

File. 076

紫式部【むらさきしきぶ】

日本人初《にほんじんはつ》のユネスコ
偉人年祭表掲載者《いじんねんさいひょうけいさいしゃ》！

生年《せいねん》	不《ふ》詳《しょう》
没年《ぼつねん》	不《ふ》詳《しょう》
享年《きょうねん》	不《ふ》詳《しょう》

文

海外《かいがい》でも評価《ひょうか》の高《たか》い日本最初《にほんさいしょ》の長編《ちょうへん》『源氏物語《げんじものがたり》』の作者《さくしゃ》。藤原家《ふじわらけ》に生《う》まれるが実名《じつめい》はわかっていない。漢詩人《かんしじん》で学者《がくしゃ》の父《ちち》に育《そだ》てられ、兄弟《きょうだい》より賢《かしこ》く、父《ちち》は男《おとこ》ではないことを嘆《なげ》いたという。30歳前後《さいぜんご》で結婚《けっこん》、一女《いちじょ》をもうけるが早々《そうそう》に夫《おっと》と死別《しべつ》し、宮中《きゅうちゅう》で働《はたら》きながら執筆《しっぴつ》したのが『源氏物語《げんじものがたり》』だ。優《すぐ》れた文才《ぶんさい》と豊《ゆた》かな知識《ちしき》から描《えが》かれる彼女《かのじょ》の作品《さくひん》は、当時《とうじ》から人気《にんき》の小説《しょうせつ》として宮中《きゅうちゅう》でも愛読《あいどく》された。

File. 077

清少納言【せいしょうなごん】

博学《はくがく》で観察眼《かんさつがん》するどい
朝廷《ちょうてい》の女性記者《じょせいきしゃ》

生年《せいねん》	不《ふ》詳《しょう》
没年《ぼつねん》	不《ふ》詳《しょう》
享年《きょうねん》	不《ふ》詳《しょう》

文

歌人《かじん》の娘《むすめ》。「春《はる》はあけぼの」で始《はじ》まる随筆《ずいひつ》『枕草子《まくらのそうし》』が有名《ゆうめい》。最初《さいしょ》の夫《おっと》とは意見《いけん》の違《ちが》いから離婚《りこん》し、のちに再婚《さいこん》するなどはっきりした性格《せいかく》のようだ。30歳前後《さいぜんご》で中宮定子《ちゅうぐうていし》に仕《つか》えつつ執筆《しっぴつ》を行《おこな》う。ライバルだった人《ひと》とも手紙《てがみ》を交《か》わし、噂《うわさ》や観察《かんさつ》を記《しる》すなど、冷静《れいせい》な記者《きしゃ》のようだったという。『紫式部日記《むらさきしきぶにっき》』には「教養《きょうよう》をひけらかす嫌《いや》な女《おんな》」と書《か》かれるが、じつは紫式部《むらさきしきぶ》とは宮中《きゅうちゅう》に仕《つか》えた時期《じき》がずれる。

File. 078

和泉式部【いずみしきぶ】

恋多《こいおお》き華麗《かれい》な平安歌人《へいあんかじん》
一方《いっぽう》で悲《かな》しい運命《うんめい》も

生年《せいねん》	不《ふ》詳《しょう》
没年《ぼつねん》	不《ふ》詳《しょう》
享年《きょうねん》	不《ふ》詳《しょう》

文

朝廷《ちょうてい》の歌集《かしゅう》にも多《おお》く選《えら》ばれた歌人《かじん》。最初《さいしょ》の結婚《けっこん》では一女《いちじょ》をもうけた後《あと》、不和《ふわ》で別居《べっきょ》。家《いえ》から勘当《かんどう》されてしまう。その後《ご》、二人《ふたり》の皇子《おうじ》から寵愛《ちょうあい》を受《う》けるが、いずれも病没《びょうぼつ》、最後《さいご》は藤原保昌《ふじわらのやすまさ》の妻《つま》となった。だが娘《むすめ》に先立《さきだ》たれ、つぎつぎと親《した》しき人《ひと》を亡《な》くした。遍歴《へんれき》から「浮《う》かれ女《め》」と冷《ひ》やかされたが、悲《かな》しい運命《うんめい》を必《ひっ》死《し》に生《い》きたともいえる。二人目《ふたりめ》の皇子《おうじ》との恋《こい》は『和泉式部日記《いずみしきぶにっき》』で作品化《さくひんか》された。

File. 079

天

【しらかわてんのう】白河天皇

おもしろエピソード

◎院政《いんせい》を始《はじ》め、最高権力《さいこうけんりょく》を長《なが》く掌握《しょうあく》
◎気《き》に入《い》った女性《じょせい》は家柄《いえがら》地位《ちい》に関係《かんけい》なく寵愛《ちょうあい》

譲位後《じょういご》も40年《ねん》以上《いじょう》絶大《ぜつだい》な権力《けんりょく》を振《ふ》るう

出家《しゅっけ》なんて関係《かんけい》なし！生涯現役《しょうがいげんえき》を地《じ》で行《い》く

第《だい》72代天皇《だいてんのう》。実子《じっし》に皇位《こうい》を譲《ゆず》った後《あと》、上皇《じょうこう》（退位《たいい》した天皇《てんのう》）として実権《じっけん》を握《にぎ》り続《つづ》けた。彼《かれ》の父《ちち》は親王《しんのう》時代《じだい》に摂政《せっしょう》から冷遇《れいぐう》されていたが、思《おも》いがけず後三条天皇《ごさんじょうてんのう》として即位《そくい》することに。20歳《さい》で父《ちち》の跡《あと》を継《つ》ぐと、父同様《ちちどうよう》に天皇自《てんのうみずか》ら政治《せいじ》に励《はげ》み、寵愛《ちょうあい》した亡《な》き妻《つま》が残《のこ》した幼《おさな》い実子《じっし》の堀河天皇《ほりかわてんのう》に譲位《じょうい》した後《あと》、院政《いんせい》を敷《し》いた。しかしその堀河《ほりかわ》は早世《そうせい》。即位《そくい》した孫《まご》の鳥羽天皇《とばてんのう》もまだ幼《おさな》く、白河《しらかわ》は出家《しゅっけ》の身《み》（法皇《ほうおう》という）ながら政治《せいじ》を執《と》る。皇位争《こういあらそ》い防止《ぼうし》のため異母兄弟《いぼきょうだい》を出家《しゅっけ》させ、曽孫《ひまご》の崇徳《すとく》天皇《てんのう》まで天皇以上《てんのういじょう》の権勢《けんせい》を誇《ほこ》った。出家後《しゅっけご》も多《おお》くの女性《じょせい》を寵愛《ちょうあい》したことでも有名《ゆうめい》。

生年《せいねん》　1053年《ねん》
※翌年《よくとし》、キリスト教世界《きょうせかい》がカトリック教会《きょうかい》と正教会《せいきょうかい》に分裂《ぶんれつ》

没年《ぼつねん》　1129年《ねん》
※前年《ぜんねん》、奥州藤原氏《おうしゅうふじわらし》の祖《そ》・藤原清衡《ふじわらのきよひら》が死去《しきょ》

享年《きょうねん》　77歳《さい》

ここがポイント！

譲位《じょうい》した天皇《てんのう》が
政治《せいじ》の実権《じっけん》を握《にぎ》る
院政《いんせい》を確立《かくりつ》

File. 080

【とばてんのう】
鳥羽天皇

祖父《そふ》から受《う》けた屈辱《くつじょく》を子孫《しそん》へ繰《く》り返《かえ》し恨《うら》まれる

生年《せいねん》 1103年《ねん》
没年《ぼつねん》 1156年《ねん》
享年《きょうねん》 54歳《さい》
天

ここがポイント！
「保元《ほうげん》の乱《らん》」の原因《げんいん》をつくった

第《だい》74代天皇《だいてんのう》。堀河天皇《ほりかわてんのう》の第《だい》1皇子《おうじ》で父《ちち》の死《し》により5歳《さい》で即位《そくい》するも、息子《むすこ》の崇徳天皇《すとくてんのう》が生《う》まれると、院政《いんせい》で専制的《せんせいてき》支配《しはい》を続《つづ》けていた祖父《そふ》の白河法皇《しらかわほうおう》に譲《じょう》位《い》を迫《せま》られた。白河法皇《しらかわほうおう》が没《ぼっ》すると自《みずか》らも院政《いんせい》をとり、崇徳《すとく》に続《つづ》く近衛《このえ》、後白河《ごしらかわ》の3代《だい》の天皇《てんのう》の上《うえ》に28年間君臨《ねんかんくんりん》した。しかし、崇徳天皇《すとくてんのう》に譲位《じょうい》を迫《せま》り、3歳《さい》の近衛《このえ》を皇位《こうい》に就《つ》けるなどの横暴《おうぼう》で崇《す》徳《とく》と対立《たいりつ》する。崇徳《すとく》は自分《じぶん》の血筋《ちすじ》が皇位《こうい》から外《はず》されたことを恨《うら》み、のちに「保元《ほうげん》の乱《らん》」が勃発《ぼっぱつ》することとなった。

File. 081

【すとくてんのう】
崇徳天皇

実権《じっけん》なき悲運《ひうん》の天皇《てんのう》 最後《さいご》の意地《いじ》で挙兵《きょへい》

生年《せいねん》 1119年《ねん》
没年《ぼつねん》 1164年《ねん》
享年《きょうねん》 46歳《さい》
天

ここがポイント！
院政《いんせい》の抑圧《よくあつ》に苦《くる》しみ「保元《ほうげん》の乱《らん》」を起《お》こす

第《だい》75代天皇《だいてんのう》。鳥羽天皇《とばてんのう》の第《だい》1皇子《おうじ》で曾祖父《そうそふ》・白河《しらかわ》法皇《ほうおう》の意志《いし》により幼《おさな》くして皇位《こうい》に就《つ》くが、実権《じっけん》は白河法皇《しらかわほうおう》が握《にぎ》った。白河《しらかわ》が没《ぼっ》すると次《つぎ》は父《ちち》の鳥羽上《とばじょう》皇《こう》が院政《いんせい》で権力《けんりょく》を握《にぎ》り、崇徳《すとく》は若《わか》くして3歳《さい》の異母《いぼ》弟近衛天皇《ていこのえてんのう》への譲位《じょうい》を強《し》いられ、さらに後白河天皇《ごしらかわてんのう》の即位《そくい》で自分《じぶん》の血筋《ちすじ》が実権《じっけん》をとる可能性《かのうせい》も絶《た》たれ、不遇《ふぐう》の時《とき》を過《す》ごす。鳥羽上皇《とばじょうこう》が没《ぼっ》すると、後白河天皇《ごしらかわてんのう》に対《たい》し「保元《ほうげん》の乱《らん》」を起《お》こしたがこれに敗《やぶ》れ、讃岐《さぬき》に流《なが》されて失意《しつい》のうちに没《ぼっ》した。

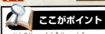

File. 082

天

【ごしらかわてんのう】後白河天皇

おもしろエピソード

◎笛《ふえ》の名手《めいしゅ》。徹夜《てつや》で流行歌《りゅうこうか》を歌《うた》い声《こえ》をからした

◎狡猾《こうかつ》で源 頼朝《みなもとのよりとも》に日本第一《にほんだいいち》の大天狗《だいてんぐ》とよばれる

遊《あそ》び人《にん》に見《み》えて武士《ぶし》勢力《せいりょく》と巧《たく》みな綱《つな》引《ひ》き

平 清盛《たいらのきよもり》、源 頼朝《みなもとのよりとも》を手玉《てだま》にとった怪物《かいぶつ》

第《だい》77代天皇《だいてんのう》。鳥羽天皇《とばてんのう》の第《だい》4皇子《おうじ》で、通常《つうじょう》なら天皇《てんのう》に即位《そくい》する立場《たちば》ではなく遊《あそ》び人《にん》のように過《す》ごしていたが、父《ちち》鳥羽上皇《とばじょうこう》の思惑《おもわく》で即位《そくい》。不遇《ふぐう》の身《み》に不満《ふまん》を募《つの》らせた崇徳上皇《すとくじょうこう》と衝突《しょうとつ》した。このとき、後白河側《ごしらかわがわ》についたのが平 清盛《たいらのきよもり》、源 義朝《みなもとのよしとも》だった。以降《いこう》、清盛《きよもり》とは利用《りよう》しあう関係《かんけい》に。二条天皇《にじょうてんのう》に譲位後《じょういご》は上皇《じょうこう》となり院政《いんせい》を始《はじ》め、1169年《ねん》には出家《しゅっけ》し法皇《ほうおう》となった。その後《ご》、清盛《きよもり》と対立《たいりつ》し、平氏排除《へいしはいじょ》の動《うご》きを読《よ》まれ幽閉《ゆうへい》される。だが1180年《ねん》、「源平《げんぺい》の争乱《そうらん》」が勃発《ぼっぱつ》。安徳天皇《あんとくてんのう》を擁《よう》した清盛《きよもり》が没《ぼっ》し平氏《へいし》が敗《やぶ》れると、後白河《ごしらかわ》は院政《いんせい》を再開《さいかい》。巧《たく》みな源氏《げんじ》との駆《か》け引《ひ》きで立場《たちば》を維持《いじ》した。

生年《せいねん》 1127年《ねん》

※中国《ちゅうごく》で南宋《なんそう》が建国《けんこく》される

没年《ぼつねん》 1192年《ねん》

※源頼朝《みなもとのよりとも》が征夷大将軍《せいいたいしょうぐん》になる

享年《きょうねん》 66歳《さい》

ここがポイント！

「源平《げんぺい》の争乱《そうらん》」、「壇《だん》の浦《うら》の戦《たたか》い」を陰《かげ》から糸《いと》引《ひ》いた老獪天皇《ろうかいてんのう》

File. 083

武

源義家【みなもとのよしいえ】

おもしろエピソード

◎東京《とうきょう》の兜神社《かぶとじんじゃ》は義家《よしいえ》が願掛《がんか》けした場所《ばしょ》とされる

◎東国《とうごく》の武士《ぶし》に私財《しざい》から報酬《ほうしゅう》を与《あた》え忠誠《ちゅうせい》を得《え》る

泣《な》く子《こ》も黙《だま》る天皇《てんのう》護衛役《ごえいやく》・八幡太郎義家《はちまんたろうよしいえ》

10代前半《だいぜんはん》で戦場《せんじょう》デビュー 無骨《ぶこつ》な軍事貴族《ぐんじきぞく》

京都《きょうと》の石清水八幡宮《いわしみずはちまんぐう》で元服《げんぷく》したことから「八幡太郎《はちまんたろう》」ともよばれる、清和天皇《せいわてんのう》の血《ち》を受《う》け継《つ》ぐ源氏《げんじ》のリーダー。父《ちち》・頼義《よりよし》について少年《しょうねん》の身《み》で初陣《ういじん》を飾《かざ》り、つぎつぎと武勲《ぶくん》を立《た》て（前九年《ぜんくねん》の役《えき》）出羽守《でわのかみ》、下野守《しもつけのかみ》などに任命《にんめい》される。治安《ちあん》の悪《わる》かった京都《きょうと》で白河天皇《しらかわてんのう》の護衛《ごえい》も任《まか》された。清原氏《きよはらし》の内紛《ないふん》に介入《かいにゅう》して鎮《しず》めた（後三年《ごさんねん》の役《えき》）際《さい》は、朝廷《ちょうてい》に私闘《しとう》とみなされ報酬《ほうしゅう》が出《で》なかったが、義家《よしいえ》は協力《きょうりょく》した東国《とうごく》の武士《ぶし》たちに自腹《じばら》で恩賞《おんしょう》を与《あた》え、主従《しゅじゅう》の絆《きずな》を強《つよ》めた。その武勲《ぶくん》から多《おお》くの逸話《いつわ》や伝承《でんしょう》も残《のこ》し、『陸奥話記《むつわき》』には非常《ひじょう》に勇敢《ゆうかん》で騎上射撃《きじょうしゃげき》の腕前《うでまえ》は神《かみ》がかり的《てき》だったという記述《きじゅつ》がある。

生年《せいねん》　1039年《ねん》

※前年《ぜんねん》、中東《ちゅうとう》でセルジューク朝《ちょう》が成立《せいりつ》

没年《ぼつねん》　1106年《ねん》

※僧《そう》・政治家《せいじか》の信西《しんぜい》が生《う》まれる

享年《きょうねん》　68歳《さい》

ここがポイント！

頼朝《よりとも》、義経《よしつね》に繋《つな》がる
武勇《ぶゆう》に優《すぐ》れた
源氏武士《げんじぶし》

File. 084

政

平清盛【たいら の きよもり】

おもしろエピソード

◎大輪田泊《おおわだのとまり》（今《いま》の神戸港《こうべこう》）で宋《そう》と国際貿易《こくさいぼうえき》を行《おこな》う
◎寝殿造《しんでんづくり》の厳島神社《いつくしまじんじゃ》を建立《こんりゅう》、管弦祭《かんげんまつり》を開始《かいし》

朝廷権力《ちょうていけんりょく》のなかに初《はじ》めて食《く》い込《こ》んだ武士《ぶし》

政権掌握《せいけんしょうあく》に成功《せいこう》した平氏最大《へいしさいだい》の帝王《ていおう》

平《たいらの》忠盛《ただもり》の嫡子《ちゃくし》だが、じつは白河《しらかわ》法皇《ほうおう》の落胤《らくいん》（子《こ》）ともいわれる。すでにかなりの高位《こうい》にあった父《ちち》の財《ざい》力《りょく》と政治力《せいじりょく》を基礎《きそ》に、平氏《へいし》の棟梁《とうりょう》（リーダー）として後白河天皇《ごしらかわてんのう》を助《たす》ける。やがて権力争《けんりょくあらそ》いから源氏《げんじ》とも反目《はんもく》するが、武士階級《ぶしかいきゅう》のトップとしての地位《ちい》を固《かた》め、武家出身《ぶけしゅっしん》で初《はじ》めて公卿《くぎょう》となった。その後《ご》、出家《しゅっけ》するも政権《せいけん》を維持《いじ》、皇室《こうしつ》に娘《むすめ》たちを嫁《とつ》がせるなどして朝廷内《ちょうていない》の官位《かんい》を独占《どくせん》し、ついには後白河《ごしらかわ》を幽閉《ゆうへい》する。だが、この独裁《どくさい》に反旗《はんき》を翻《ひるがえ》したのが後白河《ごしらかわ》の皇子《おうじ》である以仁王《もちひとおう》と源《げん》氏《じ》の武士《ぶし》たちだった。国内《こくない》が混乱《こんらん》するなかで清盛《きよもり》は熱病《ねつびょう》で没《ぼっ》し、平《へい》氏《し》の運命《うんめい》も下《くだ》り坂《ざか》に入《はい》る。

生年《せいねん》 1118年《ねん》
※ 翌年《よくとし》、崇徳天皇《すとくてんのう》が生《う》まれる

没年《ぼつねん》 1181年《ねん》
※ 安徳天皇《あんとくてんのう》の父《ちち》、高倉天皇崩御《たかくらてんのうほうぎょ》

享年《きょうねん》 64歳《さい》

ここがポイント！

天皇《てんのう》より強大《きょうだい》な力《ちから》をもち武士階級《ぶしかいきゅう》の存在感《そんざいかん》を確立《かくりつ》

平氏系図《へいしけいず》

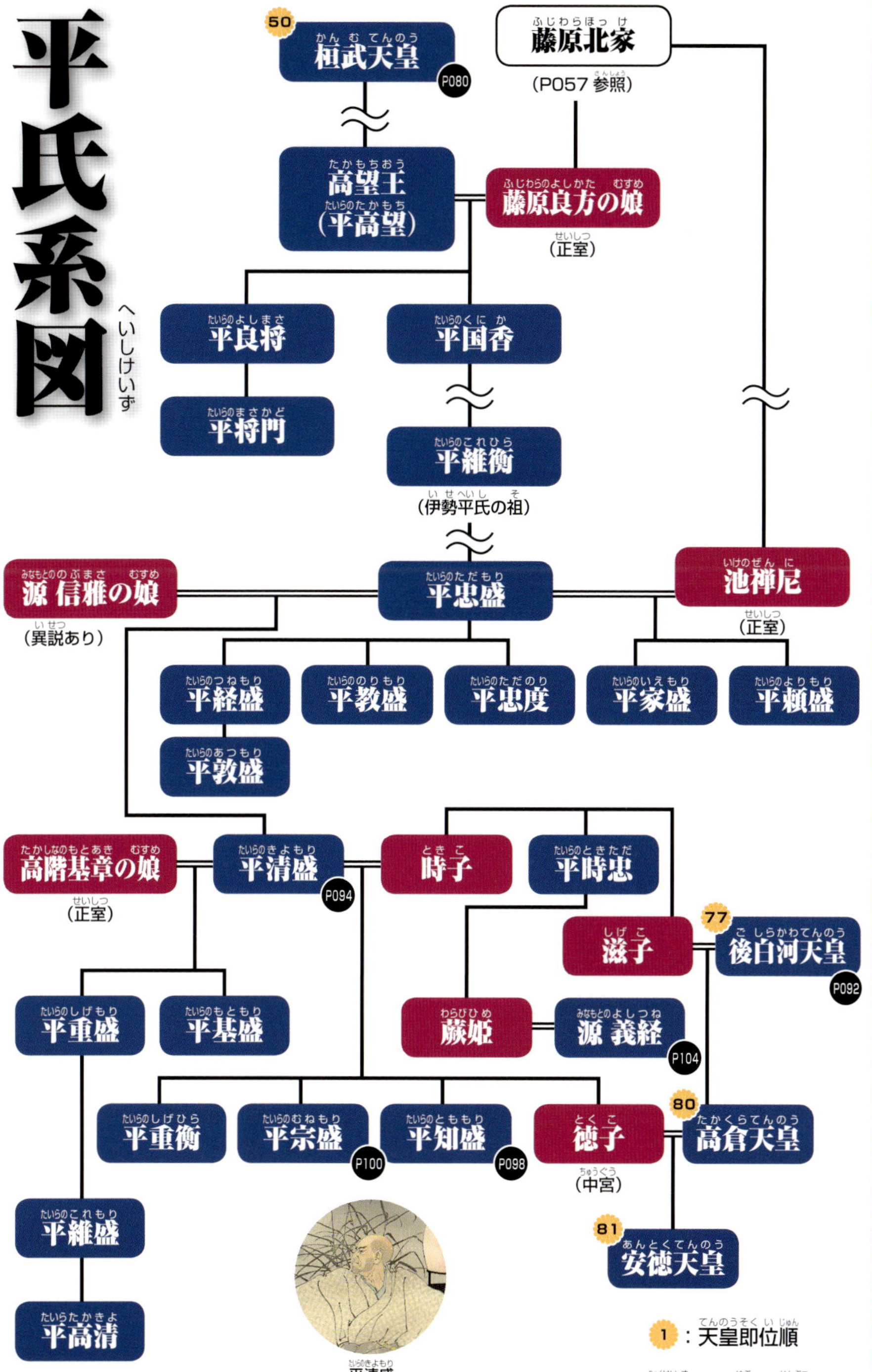

平清盛《たいらのきよもり》

※ 略系図《りゃくけいず》のため省《はぶ》いた人物《じんぶつ》がいる。

保元《ほうげん》・平治《へいじ》の乱《らん》

皇室内《こうしつない》の権力争《けんりょくあらそ》いが源平武士団《げんぺいぶしだん》の存在感《そんざいかん》を強《つよ》めた

File. 085
源為朝
【みなもと の ためとも】

File. 086
源義朝
【みなもと の よしとも】

File. 087
源義平
【みなもと の よしひら】

平安末期《へいあんまっき》、上皇《じょうこう》と天皇《てんのう》が衝突《しょうとつ》した「保元《ほうげん》の乱《らん》」

平安時代《へいあんじだい》の末期《まっき》、京《きょう》の都《みやこ》で二《ふた》つの内《ない》乱《らん》が起《お》こる。一《ひと》つは1156年《ねん》、保《ほう》元元年《げんがんねん》の「保元《ほうげん》の乱《らん》」、もう一《ひと》つは1159年《ねん》、平治元年《へいじがんねん》の「平治《へいじ》の乱《らん》」だ。いずれも朝廷内《ちょうていない》の権力争《けんりょくあらそ》いが原因《げんいん》で、いわば上皇《じょうこう》や天皇《てんのう》の代理《だいり》で武士《ぶし》たちが刀《かたな》を交《まじ》えたともいえる。

「保元《ほうげん》の乱《らん》」は、崇徳上皇《すとくじょうこう》が後白河天《ごしらかわてん》皇《のう》に対《たい》して起《お》こした反乱《はんらん》だ。白河上皇《しらかわじょうこう》、さらに父《ちち》の鳥羽上皇《とばじょうこう》が院政《いんせい》で長《なが》い間《あいだ》実《じつ》権《けん》を握《にぎ》り続《つづ》け、不遇《ふぐう》に甘《あま》んじていた崇《す》徳《とく》が、後白河《ごしらかわ》（現天皇《げんてんのう》）を倒《たお》し権力《けんりょく》を取《と》り戻《もど》そうとしたのだ。一方《いっぽう》、摂政《せっしょう》・関白《かんぱく》の家柄《いえがら》である藤原家《ふじわらけ》では藤原忠通《ふじわらのただみち》と藤原頼長《ふじわらのよりなが》の家督争《かとくあらそ》いが起《お》こる。崇徳《すとく》は頼長《よりなが》、さらに源《みなもとの》為義《ためよし》、平《たいらの》忠正《ただまさ》と結《むす》びつき、敵対《てきたい》する後白河《ごしらかわ》には、忠通《ただみち》、**源《みなもとの》義朝《よしとも》**、平《たいらの》清盛《きよもり》らが武士団《ぶしだん》を率《ひき》いて味方《みかた》につき、武力衝突《ぶりょくしょうとつ》に至《いた》った。このとき、弓《ゆみ》の名手《めいしゅ》で豪傑《ごうけつ》の代表格《だいひょうかく》とされる**源《みなもとの》為《ため》朝《とも》**も父《ちち》・為義《ためよし》について上皇側《じょうこうがわ》で参戦《さんせん》したが、最終的《さいしゅうてき》に敗北《はいぼく》、崇徳《すとく》は流刑《るけい》となり藤原頼長《ふじわらのよりなが》は戦死《せんし》した。これにより、武士《ぶし》の力《ちから》の大《おお》きさが広《ひろ》く知《し》られる。

「平治《へいじ》の乱《らん》」で源氏《げんじ》を破《やぶ》り平氏《へいし》の権勢《けんせい》が確立《かくりつ》

「平治《へいじ》の乱《らん》」は、後白河《ごしらかわ》の院政開始後《いんせいかいしご》に近臣《きんしん》や武士《ぶし》の間《あいだ》で権力闘争《けんりょくとうそう》が激化《げきか》したことが発端《ほったん》だ。なかでも藤原通憲《ふじわらのみちのり》と藤原信頼《ふじわらののぶより》、平《たいらの》清盛《きよもり》と源《みなもとの》義朝《よしとも》の競争《きょうそう》は激《はげ》しく、「保元《ほうげん》の乱《らん》」後《ご》に清盛《きよもり》にだけ高《たか》い恩賞《おんしょう》が与《あた》えられたことに義朝《よしとも》が反発《はんぱつ》、信頼《のぶより》と手《て》を結《むす》び、平氏一行《へいしいっこう》が京《きょう》を離《はな》れたすきに挙兵《きょへい》。後白河《ごしらかわ》と二条天皇《にじょうてんのう》を軟《なん》禁《きん》し、後白河《ごしらかわ》の側近《そっきん》として実権《じっけん》を握《にぎ》っていた通憲《みちのり》（出家《しゅっけ》して信西《しんぜい》と改名《かいめい》）を自害《じがい》に追《お》い込《こ》む。

しかし、熊野詣《くまのもうで》から清盛《きよもり》が急《きゅう》きょ戻《もど》り、後白河《ごしらかわ》と二条《にじょう》を取《と》り戻《もど》して反撃《はんげき》。信頼方《のぶよりかた》の源《みなもとの》義朝《よしとも》、その息子《むすこ》で「悪源《あくげん》太《た》」の異名《いみょう》を持《も》つ荒武者《あらむしゃ》の**源《みなもとの》義平《よしひら》**、源《みなもとの》朝長《ともなが》、源《みなもとの》頼朝《よりとも》らを破《やぶ》る。この二《ふた》つの乱《らん》を通《つう》じ平氏一門《へいしいちもん》の力《ちから》は増大《ぞうだい》、政府《せいふ》の要職《ようしょく》を独占《どくせん》し、政治《せいじ》に巨大《きょだい》な影響力《えいきょうりょく》をもつようになる。さらに都《みやこ》の治安維持《ちあんいじ》や地方反乱《ちほうはんらん》の鎮圧《ちんあつ》など、国家的《こっかてき》な軍事《ぐんじ》と警察権《けいさつけん》も掌握《しょうあく》するに至《いた》った。清盛《きよもり》は朝廷《ちょうてい》における武家《ぶけ》の地位《ちい》を確立《かくりつ》し、また武士出身《ぶししゅっしん》で初《はじ》めて公卿《くぎょう》の地位《ちい》に就《つ》いて、平氏《へいし》の栄華《えいが》をもたらしたのだった。

▲「平治《へいじ》の乱《らん》」で後白河上皇《ごしらかわじょうこう》の御所《ごしょ》を襲《おそ》う源氏《げんじ》の武士《ぶし》たち

▲「保元《ほうげん》の乱《らん》」で白河殿《しらかわでん》を攻《せ》める天皇方《てんのうがた》

▲「保元《ほうげん》の乱《らん》」に参加《さんか》した源《みなもとの》為朝《ためとも》は、鬼退治伝説《おにたいじでんせつ》が生《う》まれるほど勇猛《ゆうもう》な武将《ぶしょう》

平知盛《たいらのとももり》

―今《いま》も語《かた》りつがれる名武将《めいぶしょう》―

武勇《ぶゆう》に優《すぐ》れた清盛《きよもり》の息子《むすこ》の最期《さいご》は現代《げんだい》にも伝《つた》わる名《めい》シーン

「壇《だん》の浦《うら》の戦《たたか》い」最大《さいだい》の悲劇《ひげき》のヒーロー

　隆盛《りゅうせい》を誇《ほこ》った平氏《へいし》が、力《ちから》を失《うしな》い、とくに源《みなもとの》頼朝《よりとも》の弟《おとうと》、源《みなもとの》義経《よしつね》の戦《いくさ》の定石《じょうせき》を覆《くつがえ》すような戦法《せんぽう》で都《みやこ》を追《お》われ、最後《さいご》の決戦《けっせん》となったのが「壇《だん》の浦《うら》の戦《たたか》い」だ。ドラマや映画《えいが》、芝居《しばい》、歌舞伎《かぶき》、浄瑠璃《じょうるり》などで演《えん》じられてきたこの戦《たたか》いのなかで、ファンの多《おお》い人物《じんぶつ》が平《たいらの》知盛《とももり》である。

　知盛《とももり》は清盛《きよもり》の寵愛《ちょうあい》深《ぶか》い4男《なん》で、武勇《ぶゆう》に優《すぐ》れ、父《ちち》の意向《いこう》を受《う》けて武蔵国《むさしのくに》（埼《さい》玉県《たまけん》）にまで入《はい》って東国《とうごく》にも平氏《へいし》の勢《せい》力《りょく》を伸《の》ばした平氏《へいし》きっての武将《ぶしょう》だ。若《わか》くして中納言《ちゅうなごん》にまで昇進《しょうしん》したが、その能力《のうりょく》は政治《せいじ》より戦《いくさ》に発揮《はっき》され、以仁王《もちひとおう》の挙兵《きょへい》や美濃《みの》源氏《げんじ》の反乱《はんらん》討伐《とうばつ》などで輝《かがや》かしい戦果《せんか》を残《のこ》した。

　清盛《きよもり》亡《な》きあとは、兄《あに》の宗盛《むねもり》とともに平氏《へいし》を率《ひき》いるが、源氏《げんじ》の兵力《へいりょく》に押《お》され各地《かくち》を転戦《てんせん》。長門《ながと》（山口県《やまぐちけん》）を根拠地《こんきょち》とした水軍《すいぐん》を率《ひき》い、壇《だん》の浦《うら》で源《みなもとの》義経《よしつね》らが率《ひき》いる源氏《げんじ》と大合戦《だいがっせん》を繰《く》り広《ひろ》げた。とくに戦《いくさ》の最後《さいご》は、雅《みやび》な一族《いちぞく》の女《おんな》や幼子《おさなご》までもが海上《かいじょう》に並《なら》ぶ船《ふね》からつぎつぎと身《み》を投《な》げるという悲惨《ひさん》なもので、知盛《とももり》は、この哀《あわ》れな一族《いちぞく》の姿《すがた》を、矢尽《やつ》き刀折《かたなお》れた鎧姿《よろいすがた》で見届《みとど》け、自《みずか》らも重《かさ》ねた鎧《よろい》を重《おも》りに入水《じゅすい》して果《は》てたといわれる。このクライマックスシーンは、鎧《よろい》ではなく船《ふね》の錨《いかり》を自《みずか》ら胴体《どうたい》に縛《しば》り付《つ》ける姿《すがた》に脚色《きゃくしょく》され、今《いま》も歌舞伎《かぶき》などで演《えん》じられている。

　平氏《へいし》の、誇《ほこ》り高《たか》い武士《ぶし》として生《い》きた平《たいらの》知盛《とももり》は1152年《ねん》生《う》まれ。享年《きょうねん》34歳《さい》だったと伝《つた》わる。

File. 088

平知盛
【たいら の とももり】

第《だい》4章《しょう》

鎌倉時代《かまくらじだい》

●この章《しょう》で扱《あつか》う時代《じだい》

飛鳥《あすか》 → 奈良《なら》 → 平安《へいあん》 → **鎌倉《かまくら》** → 南北朝《なんぼくちょう》 → 室町《むろまち》

戦国《せんごく》 → 安土桃山《あづちももやま》 → 江戸《えど》 → 明治《めいじ》 → 大正《たいしょう》 → 昭和《しょうわ》

源《げん》平《ぺい》の争《そう》乱《らん》

源氏《げんじ》と平氏《へいし》の戦《たたか》いは、日本《にほん》を二《ふた》つに分《わ》けた内戦《ないせん》だった

File. 089
源頼政
【みなもと の よりまさ】

File. 090
源範頼
【みなもと の のりより】

File. 091
平宗盛
【たいら の むねもり】

貴族《きぞく》の世《よ》から武士《ぶし》の中世《ちゅうせい》へ

「保元《ほうげん》・平治《へいじ》の乱《らん》」以降《いこう》、平清盛《たいらのきよもり》を頂点《ちょうてん》とする平氏《へいし》の栄華《えいが》はめざましかったが、反面《はんめん》、多《おお》くの衝突《しょうとつ》も生《う》み始《はじ》めた。1177年《ねん》の「鹿ケ谷《ししがたに》の陰謀《いんぼう》」では平氏《へいし》打倒《だとう》を企《たくら》んだとして平氏《へいし》と後白河法皇《ごしらかわほうおう》の亀裂《きれつ》が深《ふか》まり、やがて清盛《きよもり》は後白河《ごしらかわ》の院政《いんせい》を止《と》めて高倉上皇《たかくらじょうこう》・安徳天皇《あんとくてんのう》による傀儡政権《かいらいせいけん》をつくった。さらに、これにより皇位《こうい》に就《つ》けなくなった以仁王《もちひとおう》が**源 頼政**《みなもとのよりまさ》らの協力《きょうりょく》を得《え》て挙兵《きょへい》。本人《ほんにん》は敗死《はいし》するも、源 頼朝《みなもとのよりとも》を含《ふく》む源氏《げんじ》側《がわ》の武士《ぶし》たちが各地《かくち》で立《た》ち上《あ》がるきっかけとなり、源平《げんぺい》の戦《たたか》いが始《はじ》まる。

源平合戦《げんぺいがっせん》といえば、頼朝《よりとも》と弟《おとうと》の源《みなもとの》義経《よしつね》、**源 範頼**《みなもとののりより》らが栄華《えいが》を誇《ほこ》る平氏《へいし》に対《たい》し覇権《はけん》を争《あらそ》い「一《いち》の谷《たに》の戦《たたか》い」や「壇《だん》の浦《うら》の戦《たたか》い」を行《おこな》ったことと思《おも》いがちだが、じつは古代《こだい》から中世《ちゅうせい》への変革《へんかく》のための内乱《ないらん》といえる。皇族《こうぞく》が源流《げんりゅう》ながら武門《ぶもん》として低《ひく》くみられていた清盛《きよもり》は朝廷《ちょうてい》で成功《せいこう》したのに対《たい》し、同《おな》じ出自《しゅつじ》で遅《おく》れをとった源氏《げんじ》は不満《ふまん》を高《たか》めた。一方《いっぽう》、院政《いんせい》など権力構造《けんりょくこうぞう》の複雑化《ふくざつか》は皇室《こうしつ》、摂関家《せっかんけ》、寺社勢力《じしゃせいりょく》の対立《たいりつ》を生《う》んだ。源氏《げんじ》と平氏《へいし》のせめぎ合《あ》いの形《かたち》をとって国内《こくない》が分裂《ぶんれつ》し、貴族体制《きぞくたいせい》のストレスを解放《かいほう》したのが「源平《げんぺい》の争乱《そうらん》」の本質《ほんしつ》だろう。

戦場《せんじょう》では、義経《よしつね》や源 義仲《みなもとのよしなか》、平 知盛《たいらのとももり》、**平 宗盛**《たいらのむねもり》らがのちの軍記物《ぐんきもの》に語《かた》られる活躍《かつやく》をみせた。平氏《へいし》は当初《とうしょ》こそ優勢《ゆうせい》だっ

たが、1181年《ねん》に清盛《きよもり》が死《し》ぬと「倶《く》利伽羅峠《りからとうげ》の戦《たたか》い」で義仲《よしなか》に敗《やぶ》れ、都《みやこ》を追《お》われた。さらに「一《いち》の谷《たに》の戦《たたか》い」で義経軍《よしつねぐん》に背後《はいご》を突《つ》かれ敗走《はいそう》。四国《しこく》の屋《や》島《しま》で軍《ぐん》を立《た》て直《なお》すなか、嵐《あらし》のなかでまたも義経《よしつね》の急襲《きゅうしゅう》を受《う》け敗《やぶ》れ、ついに1185年《ねん》、壇《だん》の浦《うら》に至《いた》る。義経率《よしつねひき》いる源氏軍《げんじぐん》の猛攻《もうこう》に、平氏側《へいしがわ》も総大将《そうだいしょう》の宗盛《むねもり》を筆頭《ひっとう》に奮戦《ふんせん》するが、劣勢《れっせい》が明《あき》らかとなり、錦《にしき》の御旗《みはた》であった幼《おさな》い安徳《あんとく》天皇《てんのう》と天皇家《てんのうけ》の正統《せいとう》を表《あらわ》す「三種《さんしゅ》の神《じん》器《ぎ》」もろとも、女官《にょかん》、子《こ》どもに至《いた》るまでが入水自殺《じゅすいじさつ》を図《はか》る劇的《げきてき》な最後《さいご》をもって平氏《へいし》は滅《ほろ》びた。1159年《ねん》の「平《へい》治《じ》の乱《らん》」から頼朝《よりとも》が征夷大将軍《せいいたいしょうぐん》になる1192年《ねん》までは33年《ねん》、人《ひと》の一生《いっしょう》より短《みじか》い平氏《へいし》の世《よ》であったが、日本《にほん》が中世《ちゅうせい》を迎《むか》える大《おお》きな分岐点《ぶんきてん》となった。

▶「一《いち》の谷《たに》の戦《たたか》い」で急坂《きゅうさか》を駆《か》け下《お》り奇襲《きしゅう》する義経軍《よしつねぐん》

武

源頼朝【みなもと の よりとも】

おもしろエピソード
◎側近《そっきん》の贅沢《ぜいたく》に、財産《ざいさん》の使《つか》い方《かた》が違《ちが》うと叱《しか》る
◎娘《むすめ》と睦《むつ》まじかった婿《むこ》を敵《てき》として討《う》ち、妻《つま》が激怒《げきど》

貴族《きぞく》の世《よ》から武士《ぶし》の世《よ》に、日本《にほん》の支配層《しはいそう》を一新《いっしん》！

流刑《るけい》からの返《かえ》り咲《ざ》き 弟《おとうと》を討《う》って固《かた》めた天下《てんか》

清和天皇《せいわてんのう》の流《なが》れをくむ源 義朝《みなもとのよしとも》の3男《なん》で鎌倉幕府初代将軍《かまくらばくふしょだいしょうぐん》。1159年《ねん》の「平治の乱《へいじのらん》」で平 清盛《たいらのきよもり》ら平氏《へいし》と衝突《しょうとつ》、父《ちち》と兄《あに》は処刑《しょけい》され頼朝《よりとも》は伊豆《いず》に流刑《るけい》となる。が、義朝《よしとも》が培《つちか》った信頼《しんらい》と頼朝《よりとも》の公私《こうし》ともの地道《じみち》な努力《どりょく》が東国武士《とうごくぶし》の棟梁《とうりょう》（リーダー）へと頼朝《よりとも》を押《お》し上《あ》げ、鎌倉《かまくら》に拠点《きょてん》をおくまでに。以仁王《もちひとおう》が平氏政権《へいしせいけん》に反旗《はんき》を翻《ひるがえ》すと頼朝《よりとも》も東国武士《とうごくぶし》を傘下《さんか》に収《おさ》め、「源平《げんぺい》の争乱《そうらん》」に送《おく》り込《こ》んだ。その後《ご》、1185年《ねん》、守護《しゅご》・地頭《じとう》の任命権《にんめいけん》を得《え》て幕府《ばくふ》を開《ひら》く。弟《おとうと》の義経《よしつね》を越権行為《えっけんこうい》ありとして追討《ついとう》、義経《よしつね》を討《う》ち取《と》るとともに匿《かくま》った奥州藤原氏《おうしゅうふじわらし》を討伐《とうばつ》。後白河法皇《ごしらかわほうおう》逝去後《せいきょご》、征夷大将軍《せいいたいしょうぐん》となった。

生年《せいねん》 1147年《ねん》
※平清盛《たいらのきよもり》の3男《なん》、宗盛《むねもり》生《う》まれる

没年《ぼつねん》 1199年《ねん》
※翌年《よくとし》、禅僧《ぜんそう》の道元《どうげん》が生《う》まれる

享年《きょうねん》 53歳《さい》

ここがポイント！
江戸《えど》にまで続《つづ》く武士《ぶし》の政権中枢《せいけんちゅうすう》、「幕府《ばくふ》」を初《はじ》めて開《ひら》く

源氏系図《げんじけいず》

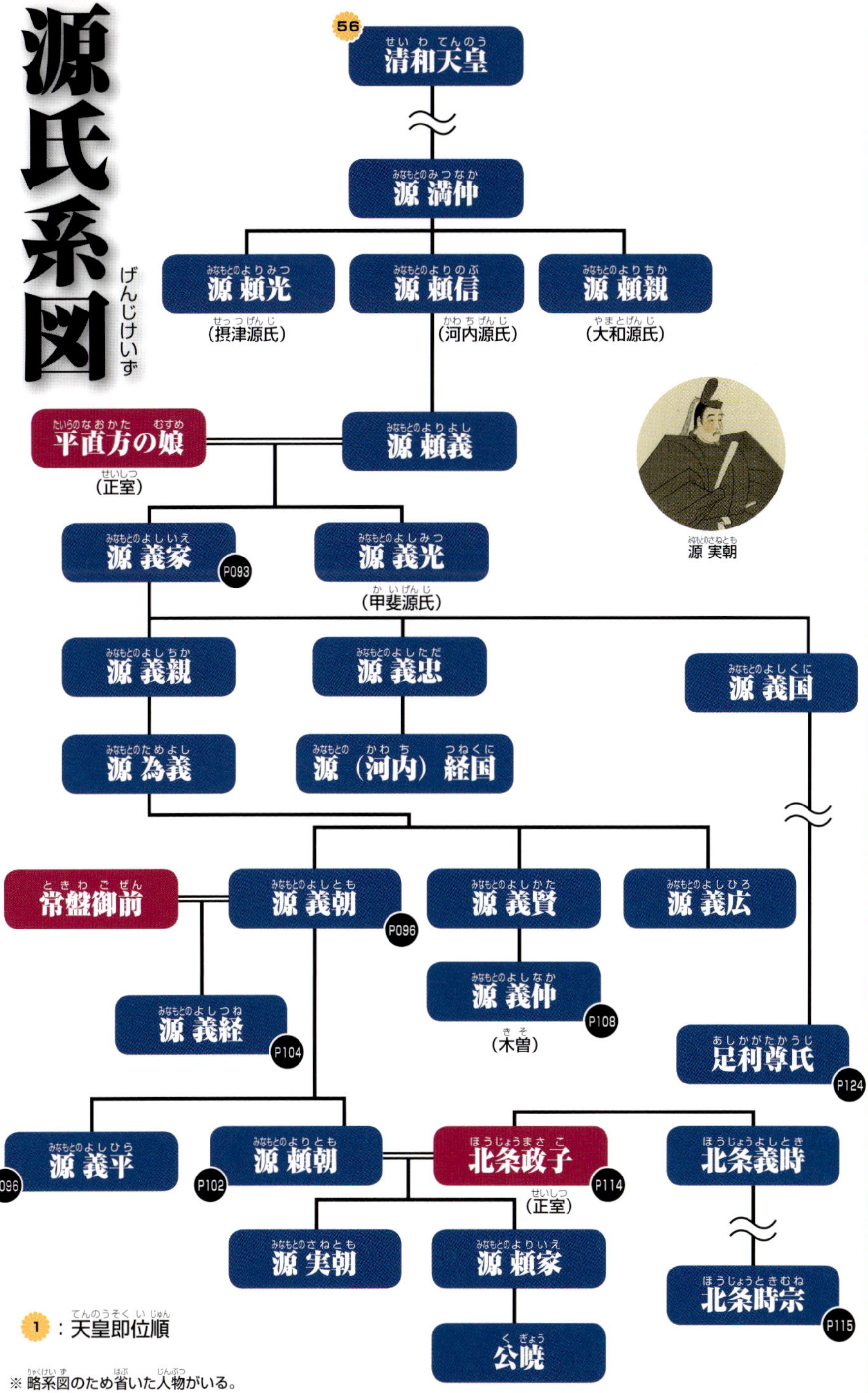

1：天皇即位順《てんのうそくいじゅん》

※略系図《りゃくけいず》のため省《はぶ》いた人物《じんぶつ》がいる。

File. 093

武

源義経【みなもと の よしつね】

おもしろエピソード

◎鹿《しか》が通《とお》れるなら馬《うま》も通《とお》れると崖下《がけくだ》りを強行《きょうこう》

◎「壇《だん》の浦《うら》の戦《たたか》い」では8艘《そう》の船《ふね》に飛《と》び移《うつ》り危機《きき》を逃《のが》れたとも

生年《せいねん》	1159年《ねん》 ※平治《へいじ》の乱《らん》
没年《ぼつねん》	1189年《ねん》 ※獅子心王《ししじんおう》リチャード1世《せい》がイングランド王《おう》に
享年《きょうねん》	31歳《さい》

ここがポイント！

「源平《げんぺい》の争乱《そうらん》」最大《さいだい》の功労者《こうろうしゃ》だが認《みと》められず非業《ひごう》の死《し》を遂《と》げる

源氏《げんじ》の世《よ》づくりの若《わか》き立役者《たてやくしゃ》、一転《いってん》悲劇《ひげき》のヒーローに

戦上手《いくさじょうず》ゆえの独断専行《どくだんせんこう》が兄《あに》との亀裂《きれつ》を生《う》む

『牛若丸《うしわかまる》』の絵本《えほん》などでもおなじみの日本史《にほんし》のヒーロー源《みなもとの》義経《よしつね》は、源《みなもとの》義朝《よしとも》の9男《なん》で、母《はは》は絶世《ぜっせい》の美女《びじょ》といわれた常盤御前《ときわごぜん》。しかし「平治《へいじ》の乱《らん》」で平《たいらの》清盛《きよもり》と敵対《てきたい》した父《ちち》が殺害《さつがい》され、自分《じぶん》も捕《つか》まるも、常盤《ときわ》御前《ごぜん》の機転《きてん》により京都《きょうと》の鞍馬寺《くらまでら》で育《そだ》った。成長《せいちょう》して寺《てら》を抜《ぬ》けた後《あと》は、奥州藤原氏《おうしゅうふじわらし》に身《み》を寄《よ》せる。異母兄《いぼけい》の源《みなもとの》頼朝《よりとも》が平氏打倒《へいしだとう》に挙兵《きょへい》すると頼朝《よりとも》のもとに駆《か》けつけ、頼朝《よりとも》の代官《だいかん》として東国武士《とうごくぶし》を率《ひき》いた。源《みなもとの》義仲《よしなか》を討伐《とうばつ》し、一躍名《いちやくな》を上《あ》げると、後《ご》白河法皇《しらかわほうおう》から平氏追討《へいしついとう》の任《にん》をうけ、「一《いち》の谷《たに》の戦《たたか》い」で平氏《へいし》を破《やぶ》った。その後《ご》、「屋島《やしま》の戦《たたか》い」も勝利《しょうり》し、平氏《へいし》を追《お》い詰《つ》め壇《だん》の浦《うら》で滅亡《めつぼう》させる。だが無断《むだん》で官位《かんい》を受《う》けたことや、戦《いくさ》での独断先行《どくだんせんこう》などが頼朝《よりとも》の怒《いか》りをかう。その怒《いか》りを解《と》くことができなかった義経《よしつね》は、頼朝《よりとも》に敵対《てきたい》するが敗北《はいぼく》。追討《ついとう》の手《て》を逃《のが》れ、わずかな供《とも》を連《つ》れて、奥州《おうしゅう》の藤原秀衡《ふじわらのひでひら》のもとに戻《もど》る。しかし、頼《たの》みの秀衡《ひでひら》が急死《きゅうし》すると、藤原氏《ふじわらし》は力《ちから》を増《ま》す頼朝《よりとも》の圧力《あつりょく》に屈《くっ》して義経《よしつね》の館《やかた》を襲《おそ》い、義経《よしつね》は自害《じがい》したとされる。

ゆかりの地《ち》

平泉《ひらいずみ》

●岩手《いわて》県南西部《けんなんせいぶ》。奥州藤原《おうしゅうふじわら》氏《し》の本拠《ほんきょ》で義経《よしつね》の最期《さいご》の地《ち》となった。

File. 094

武

【べんけい】
弁慶

おもしろエピソード

◎千本《せんぼん》の太刀《たち》を集《あつ》めようとして牛若丸《うしわかまる》と対決《たいけつ》
◎身《み》を挺《てい》して義経《よしつね》を守《まも》り、立《た》ったまま死亡《しぼう》

義経《よしつね》を語《かた》るには忘《わす》れてはならない相棒的人物《あいぼうてきじんぶつ》

謎《なぞ》だらけの弁慶《べんけい》は実在《じつざい》の人物《じんぶつ》か？

源《みなもとの》義経《よしつね》いちばんの忠臣《ちゅうしん》といえば武蔵坊弁慶《むさしぼうべんけい》だが、伝承《でんしょう》の多《おお》くはのちに歌舞伎《かぶき》や浄瑠璃《じょうるり》などで脚色《きゃくしょく》されたものであり、実際《じっさい》の弁慶《べんけい》には不明《ふめい》なことが多《おお》く遍歴《へんれき》も疑《うたが》わしい。

幼名《ようめい》は「鬼若丸《おにわかまる》」。熊野別当《くまのべっとう》（熊《くま》野神社《のじんじゃ》の管理官《かんりかん》）の子《こ》ともいわれ、赤《あか》ん坊《ぼう》のときに比叡山《ひえいざん》に預《あず》けられるが、体《からだ》が大《おお》きく怪力《かいりき》なうえ、乱暴《らんぼう》者《もの》だったために寺《てら》から追《お》い出《だ》され、自分《じぶん》で剃髪《ていはつ》し弁慶《べんけい》と名《な》のった。京都《きょうと》の五条大橋《ごじょうおおはし》でまだ元服前《げんぷくまえ》の義経《よしつね》に出会《であ》う（当時《とうじ》、五条大橋《ごじょうおおはし》はまだできていなかったので創作《そうさく》とも）。その能力《のうりょく》にほれ込《こ》んで心《こころ》を入《い》れ替《か》え、主従《しゅじゅう》の契《ちぎ》りを交《か》わし、以降《いこう》は頑《かたく》ななまでの忠義《ちゅうぎ》の臣《しん》として義経《よしつね》につき従《したが》った。平氏討伐《へいしとうばつ》の戦《いくさ》でもつねに義経《よしつね》を守《まも》って戦《たたか》い、平氏滅亡《へいしめつぼう》ののち瀬戸内海《せとないかい》に出没《しゅつぼつ》した平氏《へいし》の怨霊《おんりょう》を読経《どきょう》で鎮《しず》めたという。奥州《おうしゅう》への逃避行《とうひこう》でも、たびたび義経《よしつね》の危機《きき》を救《すく》った。最後《さいご》には、衣川《ころもがわ》で圧倒《あっとう》的戦力差《てきせんりょくさ》のある平泉軍《ひらいずみぐん》との戦《たたか》いで、自分《じぶん》の身《み》を盾《たて》にし、全身《ぜんしん》に矢《や》を受《う》けて義経《よしつね》を守《まも》って立《た》ったまま討《う》ち死《じ》にしたと伝《つた》えられる。

生年《せいねん》　不詳《ふしょう》

没年《ぼつねん》　1189年《ねん》
※欧州《おうしゅう》で第《だい》3回十字軍《かいじゅうじぐん》が出発《しゅっぱつ》

享年《きょうねん》　不詳《ふしょう》

ここがポイント！

義経《よしつね》の部下《ぶか》で
忠義《ちゅうぎ》を貫《つらぬ》いた
伝説《でんせつ》の僧兵《そうへい》

ゆかりの地《ち》

五条大橋《ごじょうおおはし》

●物語《ものがたり》などで、義経《よしつね》と出《で》会《あ》った場所《ばしょ》とされる。今《いま》のＪＲ《ジェイアール》京都駅《きょうとえき》の北東《ほくとう》。

File. 095

武

源義仲【みなもと の よしなか】

おもしろエピソード

◎小武士団《しょうぶしだん》だったが全盛期《ぜんせいき》の平氏《へいし》の軍勢《ぐんぜい》を圧倒《あっとう》
◎超美人《ちょうびじん》で腕《うで》っぷしの強《つよ》い巴御前《ともえごぜん》は本妻《ほんさい》ではない

頼朝《よりとも》と法皇《ほうおう》に睨《にら》まれ悲劇《ひげき》を迎《むか》えた荒武者《あらむしゃ》

武功《ぶこう》はすぐれていても礼節《れいせつ》や政治感覚《せいじかんかく》に欠《か》けた

武蔵《むさし》の国《くに》（埼玉県《さいたまけん》）生《う》まれとされる源《みなもとの》 義賢《よしかた》の次男《じなん》。源《みなもとの》 頼朝《よりとも》、義経《よしつね》兄弟《きょうだい》とは従兄弟《いとこ》。幼《おさな》いころに父《ちち》を殺《ころ》され、信濃国《しなののくに》木曽《きそ》で育《そだ》ったことから「木曽義仲《きそよしなか》」ともよばれる。平氏打倒《へいしだとう》の呼《よ》びかけに応《おう》じて挙兵《きょへい》、「倶利伽羅峠《くりからとうげ》の戦《たたか》い」では平《たいらの》 維盛《これもり》の大軍《たいぐん》を相手《あいて》に夜襲《やしゅう》で勝利《しょうり》した。平氏《へいし》を討《う》ち武勲《ぶくん》を高《たか》めるも、軍《ぐん》の規律《きりつ》の乱《みだ》れなどから後白河法皇《ごしらかわほうおう》に嫌《きら》われ、ついに義経軍《よしつねぐん》と戦《たたか》って討《う》ち死《じ》にする。このとき、義仲《よしなか》に最後《さいご》まで付《つ》き従《したが》ったのが、美女《びじょ》ながら弓《ゆみ》を引《ひ》き「一騎当千《いっきとうせん》」といわれた巴御前《ともえごぜん》だ。自害《じがい》する義仲《よしなか》に戦線離脱《せんせんりだつ》を命《めい》じられても戦《たたか》い、東国《とうごく》に落《お》ち延《の》びたといわれている。

生年《せいねん》 1154年《ねん》
※このころまでに宋《そう》で火薬《かやく》が発明《はつめい》される

没年《ぼつねん》 1184年《ねん》
※一《いち》の谷《たに》の戦《たたか》い

享年《きょうねん》 31歳《さい》

ここがポイント！

都《みやこ》の空気《くうき》を読《よ》み切《き》れず
従兄弟《いとこ》に討《う》たれた
悲劇《ひげき》の武将《ぶしょう》

File. 096

武

藤原秀衡【ふじわら の ひでひら】

おもしろエピソード

◎平泉《ひらいずみ》に宇治《うじ》の平等院《びょうどういん》を模《も》した無量光院《むりょうこういん》を建設《けんせつ》
◎平泉中尊寺《ひらいずみちゅうそんじ》に遺体現存《いたいげんそん》。体格《たいかく》はよく肥満気味《ひまんぎみ》

平安末期《へいあんまっき》、源平《げんぺい》に対抗《たいこう》できた唯一《ゆいいつ》の大豪族《だいごうぞく》

源《みなもとの》義経《よしつね》も頼《たよ》った北国《ほっこく》の骨太武将《ほねぶとぶしょう》

平安末期《へいあんまっき》、現在《げんざい》の東北《とうほく》である奥州《おうしゅう》で権勢《けんせい》を誇《ほこ》った豪族《ごうぞく》の武将《ぶしょう》。都《みやこ》から遠《とお》く、金《きん》や駿馬《しゅんめ》の産地《さんち》のため独立国的《どくりっこくてき》な安定《あんてい》を保《たも》っていたが、その力《ちから》を取《と》り込《こ》もうとする平氏《へいし》から、異例《いれい》の鎮守府将軍《ちんじゅふしょうぐん》、陸奥守《むつのかみ》に任《にん》ぜられる。一方《いっぽう》では鎌倉《かまくら》の源《みなもとの》頼朝《よりとも》とも協定《きょうてい》を結《むす》び、頼朝《よりとも》が挙兵《きょへい》した折《おり》に、その背後《はいご》を衝《つ》くよう平氏《へいし》に命《めい》ぜられても動《うご》かず中立《ちゅうりつ》を保《たも》った。頼朝《よりとも》に追《お》われて都《みやこ》から落《お》ち延《の》びた義経《よしつね》を館《やかた》に保護《ほご》し、死《し》を前《まえ》にして息子《むすこ》たちに義経《よしつね》を将軍《しょうぐん》として結束《けっそく》し、頼朝《よりとも》と対峙《たいじ》せよと遺言《ゆいごん》を残《のこ》した。しかし子《こ》の泰衡《やすひら》たちはそれを守《まも》らず義経《よしつね》を討《う》ち、結局《けっきょく》は義経保護《よしつねほご》を理由《りゆう》に一族《いちぞく》は滅《ほろ》ぼされる。

生年《せいねん》 1122年《ねん》
※翌年《よくとし》、金《きん》の初代皇帝《しょだいこうてい》・完顔阿骨打《ワンヤンアグダ》が死去《しきょ》

没年《ぼつねん》 1187年《ねん》
※十字軍《じゅうじぐん》によるエルサレム王国《おうこく》がイスラム軍《ぐん》に陥落《かんらく》

享年《きょうねん》 66歳《さい》

ここがポイント！

京《きょう》から遠《とお》い東北《とうほく》で独《どく》自《じ》の支配体制《しはいたいせい》を確立《かくりつ》、義経《よしつね》を保護《ほご》

File. 097

【なすのよいち】那須与一

当時《とうじ》の戦《いくさ》は優雅《ゆうが》？ 戦《たたか》いの行方《ゆくえ》を占《うらな》う「扇《おうぎ》の的《まと》」

生年《せいねん》	不《ふ》詳《しょう》
没年《ぼつねん》	不《ふ》詳《しょう》
享年《きょうねん》	不《ふ》詳《しょう》

武

ここがポイント！
揺《ゆ》れる船上《せんじょう》の扇《おうぎ》を射抜《いぬ》く弓《ゆみ》の名手《めいしゅ》

　下野国《しもつけのくに》（栃木県《とちぎけん》）那須郡《なすぐん》、那須太郎資隆《なすのたろうすけたか》の11男《なん》で「宗隆《むねたか》」または「資隆《すけたか》」と名《な》のったとされる。源氏《げんじ》方《かた》の平氏討伐《へいしとうばつ》に参加《さんか》し、源《みなもとの》義経《よしつね》に仕《つか》えるが、兄《あに》たちは平氏側《へいしがわ》につき、与一《よいち》が那須氏《なすし》の当主《とうしゅ》に。「屋島《やしま》の戦《たたか》い」開始前《かいしまえ》、波間《なみま》に揺《ゆ》れる船上《せんじょう》に扇《おうぎ》を立《た》てた平《へい》氏《し》が、義経軍《よしつねぐん》に射抜《いぬ》いて見《み》せよと挑発《ちょうはつ》。弓《ゆみ》の名手《めいしゅ》の与一《よいち》が指名《しめい》され見事《みごと》に射落《いお》とした。これは『平家物語《へいけものがたり》』で人《にん》気《き》の場面《ばめん》だが、与一《よいち》の実在《じつざい》を立証《りっしょう》できる確《たし》かな資料《しりょう》はなく、架空《かくう》の人物《じんぶつ》である可《か》能性《のうせい》も高《たか》い。

File. 098

【ささきたかつな】佐々木高綱

近江源氏《おうみげんじ》の期待《きたい》を背負《せお》い 平氏討伐《へいしとうばつ》に加《くわ》わった武士《ぶし》

生年《せいねん》	不《ふ》詳《しょう》
没年《ぼつねん》	1214年《ねん》
享年《きょうねん》	不《ふ》詳《しょう》

武

ここがポイント！
頼朝《よりとも》、義経《よしつね》のもとで戦《たたか》い武功《ぶこう》を挙《あ》げる

　近江源氏佐々木秀義《おうみげんじささきひでよし》の4男《なん》。「平治《へいじ》の乱《らん》」の後《あと》、京《きょう》に上《のぼ》り、源《みなもとの》頼朝《よりとも》の挙兵《きょへい》に兄《あに》の定綱《さだつな》たちとともに参加《さんか》、頼朝《よりとも》に従《したが》って各地《かくち》を転戦《てんせん》した。その後《ご》は源《みなもとの》義経《よしつね》の源《みなもとの》義仲討伐軍《よしなかとうばつぐん》に加《くわ》わり、「宇治川《うじがわ》の戦《たたか》い」では梶原景季《かじわらかげすえ》と先陣《せんじん》を争《あらそ》ったという。さらに義経《よしつね》の平《へい》氏討伐軍《しとうばつぐん》で数々《かずかず》の戦功《せんこう》を立《た》てたことにより長門《ながと》（山《やま》口県《ぐちけん》）の守護《しゅご》を任《にん》ぜられた。東大寺《とうだいじ》の再建《さいこん》にも尽力《じんりょく》、1195年《ねん》、家督《かとく》を息子《むすこ》に譲《ゆず》ると出家《しゅっけ》して高野山《こうやさん》にはいり、信竜坊《しんりゅうぼう》・西入《さいきゅう》と改名《かいめい》した。

File. 099

【ふじわら の ただきよ】

藤原忠清

「保元《ほうげん》の乱《らん》」で先陣《せんじん》を切《き》り
平氏滅亡《へいしめつぼう》の際《さい》に斬首《ざんしゅ》

生年	不詳
没年	1185年
享年	不詳

武

ここがポイント！
興隆期《こうりゅうき》から滅亡《めつぼう》まで
平氏方《へいしかた》で戦《たたか》う

伊勢国《いせのくに》（三重県《みえけん》）に本拠地《ほんきょち》をもつ武将《ぶしょう》。平氏方《へいしかた》の多《おお》くの戦《いくさ》で功《こう》を立《た》てた強者《つわもの》。上総国《かずさのくに》（千葉県《ちばけん》）にも赴任《ふにん》、のちには坂東《ばんどう》8か国《こく》の侍別当《さむらいべっとう》として東国武士《とうごくぶし》団《だん》の統率《とうそつ》の権限《けんげん》を得《え》るが、東国武士《とうごくぶし》の反発《はんぱつ》をまねく。頼朝《よりとも》の挙兵時《きょへいじ》は平氏方《へいしかた》の侍大将《さむらいだいしょう》を務《つと》め、平氏《へいし》の都落《みやこお》ちの折《おり》には畿内《きない》に留《とど》まって平田家継《ひらたいえつぐ》とともに源氏《げんじ》に反乱《はんらん》を起《お》こすが、失敗《しっぱい》し家継《いえつぐ》は戦死《せんし》、忠清《ただきよ》は逃亡《とうぼう》する。「壇《だん》の浦《うら》の戦《たたか》い」で平氏《へいし》一門《いちもん》が滅亡《めつぼう》した後《あと》、志摩国《しまのくに》（三重県《みえけん》）で捕《と》らえられ、京都六条《きょうとろくじょう》河原《がわら》で斬首《ざんしゅ》された。

File. 100

【もちひとおう】

以仁王

皇位継承《こういけいしょう》を絶《た》たれ
立《た》ち上《あ》がった親王《しんのう》

生年	1151年
没年	1180年
享年	30歳

政

ここがポイント！
打倒平氏《だとうへいし》を志《こころざ》して
源氏《げんじ》と挙兵《きょへい》

後白河天皇《ごしらかわてんのう》の第《だい》3皇子《おうじ》で、幼《おさな》くして仏門《ぶつもん》に入《はい》る。賢《かしこ》く学問《がくもん》や詩歌《しいか》、書《しょ》、笛《ふえ》に秀《ひい》でていたという。皇位《こうい》継承《けいしょう》の有力候補《ゆうりょくこうほ》と目《もく》されながらも、弟《おとうと》の子《こ》が安徳天皇《あんとくてんのう》として即位《そくい》し望《のぞ》みを絶《た》たれ、不遇《ふぐう》の時《とき》を過《す》ごした。しかし、源《みなもとの》 頼政《よりまさ》の勧《すす》めで継承権《けいしょうけん》を主張《しゅちょう》し、親王《しんのう》を自称《じしょう》する。密《ひそ》かに各地《かくち》の武士《ぶし》に平氏追討《へいしついとう》の指示《しじ》を出《だ》すが露見《ろけん》し、頼政《よりまさ》たちと挙兵《きょへい》を試《こころ》みるが失敗《しっぱい》して館《やかた》を脱出《だっしゅつ》。頼政《よりまさ》が時間《じかん》を稼《かせ》ぐ間《あいだ》に味方《みかた》である南都《なんと》の寺《てら》に向《む》かうが、無念《むねん》の戦死《せんし》を遂《と》げる。

故事成語《こじせいご》

【判官《ほうがん》びいき】

意味《いみ》 **弱《よわ》いものに同情《どうじょう》して応援《おうえん》すること**

源《みなもと》 義経《よしつね》は、後白河法皇《ごしらかわほうおう》から「判官《ほうがん》」に任《にん》ぜられたので「九《く》郎判官義経《ろうほうがんよしつね》」とよばれた。ところが、強《つよ》い立場《たちば》だった兄《あに》の頼朝《よりとも》から敵視《てきし》され、必死《ひっし》に抵抗《ていこう》したすえ、ついに自害《じがい》に至《いた》る。この義経《よしつね》のような、強《つよ》い者《もの》に懸命《けんめい》に立《た》ち向《む》かう弱者《じゃくしゃ》に思《おも》わず声援《せいえん》を送《おく》ることを「判官《ほうがん》びいき」という。相撲《すもう》でもサッカーやテニスでも、格下《かくした》が懸命《けんめい》に格上《かくうえ》に挑《いど》む姿《すがた》を見《み》るとつい応援《おうえん》してしまうのは日本人《にほんじん》の精神的美学《せいしんてきびがく》なのかもしれない。

【弁慶《べんけい》の泣《な》き所《どころ》】

意味《いみ》 **弱点《じゃくてん》や急所《きゅうしょ》をたとえる言葉《ことば》**

膝《ひざ》から少《すこ》し下《した》の「向《む》こうずね」。なにかのはずみでゴツンとぶつけ、痛《いた》くて声《こえ》を上《あ》げたことはないだろうか。この向《む》こうずねが「弁慶《べんけい》の泣《な》き所《どころ》」。勇猛《ゆうもう》で強《つよ》い弁《べん》慶《けい》でさえ、ここを打《う》たれると痛《いた》いだろうという想像《そうぞう》から生《う》まれた言葉《ことば》で、転《てん》じて強《つよ》い者《もの》の「弱《じゃく》点《てん》」をさす。弁慶《べんけい》が豪傑《ごうけつ》の代表《だいひょう》と見《み》られていたのがわかる言葉《ことば》だ。ただし、実際《じっさい》に弁慶《べんけい》が向《む》こうずねを打《う》って痛《いた》がったという伝承《でんしょう》はないし、足《あし》の小指《こゆび》やひじも、打《う》つととっても痛《いた》いのだが。

【立往生《たちおうじょう》】

意味《いみ》 **身動《みうご》きがとれず先《さき》に進《すす》めないこと**

主君《しゅくん》の源《みなもと》 義経《よしつね》を最後《さいご》まで体《からだ》を張《は》って守《まも》った弁慶《べんけい》。その最期《さいご》は、義経《よしつね》と敵《てき》との間《あいだ》に仁王立《におうだ》ちし、自《みずか》らを盾《たて》に全身《ぜんしん》で矢《や》を受《う》け止《と》めたという。この立《た》ったままの死《し》にざまには敵《てき》の強者《つわもの》たちもおののき、追撃《ついげき》の足《あし》を止《と》めたというのが「弁慶《べんけい》の立往生《たちおうじょう》」の逸話《いつわ》だ。ここから、なにかの原因《げんいん》で先《さき》に進《すす》めなくなることを「立往生《たちおうじょう》」というが、「エンジンが壊《こわ》れて立《たち》往生《おうじょう》」なら弁慶側《べんけいがわ》、「行《い》き止《ど》まりで立往生《たちおうじょう》、U《ユー》ターンした」なら、おののく敵側《てきがわ》の立場《たちば》だ。

【いざ鎌倉《かまくら》】

意味《いみ》　一大事《いちだいじ》に駆《か》けつける意気込《いきご》みを表《あらわ》す

「よっしゃ!!　行《い》くぜ!!」的《てき》に使《つか》う例《れい》も見《み》られるが、鎌倉時代《かまくらじだい》、戦乱《せんらん》など一大事《いちだいじ》が起《お》こると武士《ぶし》たちが「大変《たいへん》だ、急《いそ》いで幕府《ばくふ》のある鎌倉《かまくら》に行《い》かなきゃ!」と大《おお》慌《あわ》てで立《た》ち上《あ》がったというのが本来《ほんらい》の由来《ゆらい》。能《のう》の『鉢木《はちのき》』では、旅行中《りょこうちゅう》の元執権《もとしっけん》・北条時頼《ほうじょうときより》を泊《と》めた貧《まず》しい武士《ぶし》が、幕府《ばくふ》への忠《ちゅう》義《ぎ》を誓《ちか》って使《つか》う。楽《たの》しい外出時《がいしゅつじ》に使《つか》う言葉《ことば》ではないが、真《ま》っ先《さき》に駆《か》けつけたいという武士《ぶし》らしい意気込《いきご》みも含《ふく》めば、ワクワクと駆《か》けつけるのはありかも?

【一所懸命《いっしょけんめい》】

意味《いみ》　自分《じぶん》の領地《りょうち》を全力《ぜんりょく》で守《まも》ること

中世《ちゅうせい》の武士《ぶし》は、主君《しゅくん》から与《あた》えられた領地《りょうち》で生産《せいさん》される米《こめ》、麦《むぎ》、野菜《やさい》などが給料《きゅうりょう》のようなもの。領地《りょうち》が1か所《しょ》であれば、それを必死《ひっし》に守《まも》っていかなくてはならなかったのだ。1か所《しょ》を命懸《いのちが》けで守《まも》る、これが「一所懸命《いっしょけんめい》」の語源《ごげん》だ。ここから派生《はせい》したのが、自分《じぶん》の一生《いっしょう》をかけて頑張《がんば》る「一《いっ》生懸命《しょうけんめい》」。現代《げんだい》では使《つか》い方《かた》も意味《いみ》合《あ》いも同《おな》じだが「一所懸命《いっしょけんめい》」には、昔《むかし》の武士《ぶし》の汗《あせ》と涙《なみだ》の日々《ひび》が含《ふく》まれていることを頭《あたま》の隅《すみ》にとどめておきたい。

File. 101

政

北条政子【ほうじょう まさこ】

おもしろエピソード

◎当時《とうじ》珍《めずら》しい恋愛結婚《れんあいけっこん》。真偽不明《しんぎふめい》だが情熱的《じょうねつてき》な逸話《いつわ》も
◎夫《おっと》の浮気《うわき》に厳《きび》しく、愛人《あいじん》の住《す》まいを壊《こわ》させたことも

未来《みらい》の将軍《しょうぐん》の器《うつわ》を見抜《みぬ》き、自《みずか》らも政治《せいじ》をとった尼将軍《あましょうぐん》

夫《おっと》を支《ささ》える情熱《じょうねつ》が北条氏栄達《ほうじょうしえいたつ》の礎《いしずえ》に

鎌倉幕府初代将軍《かまくらばくふしょだいしょうぐん》・源《みなもとの》頼朝《よりとも》の妻《つま》で、伊豆国《いずのくに》の豪族《ごうぞく》の北条家《ほうじょうけ》の出身《しゅっしん》。「平治《へいじ》の乱《らん》」に敗《やぶ》れた頼朝《よりとも》が伊豆《いず》に流《なが》された縁《えん》で出会《であ》い、結婚《けっこん》。父《ちち》に反対《はんたい》され、家出同然《いえでどうぜん》に嫁《とつ》いだともされるが、1180年《ねん》に頼朝《よりとも》が挙兵《きょへい》すると北条氏《ほうじょうし》が支援《しえん》した。鎌倉《かまくら》幕府《ばくふ》を開《ひら》いた頼朝《よりとも》が急死《きゅうし》した後《あと》は、実子二人《じっしふたり》が将軍《しょうぐん》に就《つ》くがうまくいかず、第《だい》4代将軍《だいしょうぐん》を頼朝《よりとも》の血縁《けつえん》の公家《くげ》から迎《むか》えたがまだ幼《おさな》かったため、出家《しゅっけ》の身《み》ながら政子《まさこ》が実権《じっけん》を握《にぎ》り、尼将軍《あましょうぐん》とよばれた。1221年《ねん》、後鳥羽上皇《ごとばじょうこう》が幕府《ばくふ》を攻《せ》めた際《さい》（承久《じょうきゅう》の乱《らん》）には、動揺《どうよう》する武士《ぶし》たちに「頼朝《よりとも》に受《う》けた恩《おん》を思《おも》い出《だ》して戦《たたか》え」と一喝《いっかつ》。幕府《ばくふ》の危機《きき》を救《すく》う。

生年《せいねん》 1157年《ねん》
※前年《ぜんねん》、「保元《ほうげん》の乱《らん》」起《お》こる

没年《ぼつねん》 1225年《ねん》
※高僧《こうそう》で歌人《かじん》の慈円《じえん》が死去《しきょ》

享年《きょうねん》 69歳《さい》

ここがポイント！

源《みなもとの》 頼朝《よりとも》を支《ささ》え、
北条一族《ほうじょういちぞく》で
鎌倉幕府《かまくらばくふ》を維持《いじ》

File. 102

武

北条時宗

【ほうじょう ときむね】

おもしろエピソード

◎禅宗《ぜんしゅう》を深《ふか》く信仰《しんこう》し、中国《ちゅうごく》から僧《そう》（無学祖元《むがくそげん》）を来日《らいにち》させた

◎モンゴルの前線基地《ぜんせんきち》・高麗《こうらい》を逆《ぎゃく》に攻《せ》めようと考《かんが》えたことも

前代《ぜんだい》未聞《みもん》の異国《いこく》の侵攻《しんこう》に悩《なや》まされた若《わか》きリーダー

モンゴル軍《ぐん》を撃退《げきたい》し若《わか》くして亡《な》くなる

鎌倉幕府《かまくらばくふ》第《だい》8代執権《だいしっけん》。執権《しっけん》とは将軍《しょうぐん》を補佐《ほさ》し政務《せいむ》を行《おこな》う役職《やくしょく》だが、実際《じっさい》は幕府《ばくふ》の実権《じっけん》を握《にぎ》っており、北条氏《ほうじょうし》が代々独占《だいだいどくせん》した。元《げん》（モンゴル）から従属《じゅうぞく》を求《もと》める国書《こくしょ》が日本《にほん》に届《とど》いた同《おな》じ年《とし》、得宗《とくそう》（本家《ほんけ》）嫡男《ちゃくなん》の時宗《ときむね》は数《かぞ》え18歳《さい》で執権《しっけん》に就《つ》く。以《い》降《こう》、つねに外交問題《がいこうもんだい》に悩《なや》むことになった。時宗《ときむね》は元《げん》に対抗《たいこう》するため西日本《にしにほん》の防備《ぼうび》を固《かた》めさせるとともに、有力《ゆうりょく》な分家《ぶんけ》や異母兄《いぼけい》を討伐《とうばつ》し得《とく》宗《そう》の地位《ちい》を固《かた》めていった。そしてついに2度《ど》にわたって、元《げん》・高麗《こうらい》軍《ぐん》の襲来《しゅうらい》を受《う》けた。嵐《あらし》の助《たす》けもありこれを撃退《げきたい》することができたが、時宗《ときむね》は病《やまい》に倒《たお》れ、そのわずか3年《ねん》後《ご》に亡《な》くなった。

生年《せいねん》 1251年《ねん》
※前年《ぜんねん》、エジプト地域《ちいき》でマムルーク朝《ちょう》できる

没年《ぼつねん》 1284年《ねん》
※ドイツのハーメルンで子《こ》どもが集団失踪《しゅうだんしっそう》

享年《きょうねん》 34歳《さい》

ここがポイント！

元軍《げんぐん》の侵攻《しんこう》を撃退《げきたい》、また北条本家《ほうじょうほんけ》の支配《しはい》を確立《かくりつ》

元《げん》寇《こう》（モンゴル襲来《しゅうらい》）

中国大陸《ちゅうごくたいりく》を支配《しはい》したモンゴルの脅威《きょうい》が迫《せま》る！

鎌倉武士《かまくらぶし》たちが直面《ちょくめん》した初《はつ》の対外防衛戦争《たいがいぼうえいせんそう》

13世紀《せいき》、チンギス・ハーンが建国《けんこく》したモンゴル帝国《ていこく》は、東《ひがし》は朝鮮半島《ちょうせんはんとう》、西《にし》は今《いま》のトルコや東欧近《とうおうちか》くまで及《およ》ぶ広大《こうだい》な勢力圏《せいりょくけん》を築《きず》いた。第《だい》5代皇帝《だいこうてい》フビライは、1268年《ねん》、日本《にほん》に対《たい》して国交《こっこう》を求《もと》める国書《こくしょ》を届《とど》けさせる。国書《こくしょ》には、拒《こば》めば軍事力《ぐんじりょく》に訴《うった》えるという脅迫《きょうはく》も含《ふく》まれていた。朝廷《ちょうてい》が対応《たいおう》を決《き》められずにいる間《あいだ》も、何度《なんど》も使《つか》いが送《おく》られ、要《よう》求《きゅう》もはっきり服従《ふくじゅう》を求《もと》めるものとなった。若《わか》き執権《しっけん》・北条時宗《ほうじょうときむね》が率《ひき》いる鎌倉《かまくら》幕府《ばくふ》は返書《へんしょ》を出《だ》すべきではないと朝廷《ちょうてい》に意見《いけん》を述《の》べ、受《う》け入《い》れられる。

時宗《ときむね》はモンゴルの脅威《きょうい》に備《そな》え、少弐《しょうに》氏《し》をはじめとする九州《きゅうしゅう》の御家人《ごけにん》に命《めい》じて、沿岸警備《えんがんけいび》を強化《きょうか》。一方《いっぽう》、返書《へんしょ》を得《え》られなかったフビライは、支配下《しはいか》の高《こう》麗《らい》（朝鮮《ちょうせん》）に軍船《ぐんせん》を造《つく》らせるなど、本《ほん》格的《かくてき》に侵攻《しんこう》の準備《じゅんび》を始《はじ》めた。なお、このころモンゴルは国号《こくごう》を「元《げん》」としたので、後世《こうせい》、モンゴル襲来《しゅうらい》は「元寇《げんこう》」とよばれた。

1274年《ねん》、元《げん》（モンゴル）・高麗《こうらい》の連合軍《れんごうぐん》の船団《せんだん》が朝鮮半島南部《ちょうせんはんとうなんぶ》を出航《しゅっこう》。対馬《つしま》や壱岐《いき》を経《へ》て博多湾《はかたわん》に軍《ぐん》を上陸《じょうりく》させる。「文永《ぶんえい》の役《えき》」だ。迎《むか》え撃《う》った九州《きゅうしゅう》の御家人《ごけにん》たちは、武士《ぶし》の常識《じょうしき》と異《こと》なる

▲福岡市西区生《ふくおかしにしくいき》の松原《まつばら》にある元寇防塁跡《げんこうぼうるいあと》（一部復元《いちぶふくげん》）。

元軍《げんぐん》の戦《たたか》い方《かた》や、「てつはう」（火薬《かやく》や金属片《きんぞくへん》を詰《つ》めた手榴弾《しゅりゅうだん》のようなもの）に驚《おどろ》くも奮戦《ふんせん》。日没《にちぼつ》とともに元軍《げんぐん》は撤退《てったい》、船団《せんだん》も日本《にほん》を離《はな》れた。

襲来《しゅうらい》後《ご》、時宗《ときむね》は博多《はかた》の海岸線《かいがんせん》約《やく》20キロにわたり石積《いしづ》みの防塁《ぼうるい》を築《きず》かせ、警戒《けいかい》を強《つよ》める。1281年《ねん》、フビライは軍備《ぐんび》を整《ととの》え、朝鮮半島《ちょうせんはんとう》から中国《ちゅうごく》の寧波《ニンポー》からの二手《ふたて》に分《わ》けて、合計《ごうけい》4000艘《そう》ともいわれる大船団《だいせんだん》を出撃《しゅつげき》させ、「弘安《こうあん》の役《えき》」が始《はじ》まる。先《さき》に到着《とうちゃく》した朝鮮《ちょうせん》からの軍《ぐん》は、防塁《ぼうるい》によって戦《たたか》う武士団《ぶしだん》に阻《はば》まれ上陸《じょうりく》を断念《だんねん》。寧波発《ニンポーはつ》の船団《せんだん》の合流《ごうりゅう》を待《ま》ち、長崎《ながさき》の鷹島沖《たかしまおき》で日本軍《にほんぐん》と海戦《かいせん》を行《おこな》う。だが夏《なつ》の台風《たいふう》に襲《おそ》われ元《げん》の船団《せんだん》は壊滅的《かいめつてき》な被害《ひがい》を受《う》けて撤退《てったい》。この出来事《できごと》は外国《がいこく》の脅威《きょうい》を下《くだ》した「神風《かみかぜ》」として、伝説化《でんせつか》した。

元軍船団《げんぐんせんだん》の進路《しんろ》

鎌倉新仏教《かまくらしんぶっきょう》

貴族《きぞく》の仏教《ぶっきょう》から武士《ぶし》や民衆《みんしゅう》に向《む》けた仏教《ぶっきょう》へ

File. 103
法然
【ほうねん】

File. 104
親鸞
【しんらん】

File. 105
一遍
【いっぺん】

File. 106
日蓮
【にちれん】

File. 107
栄西
【えいさい】

File. 108
道元
【どうげん】

現代《げんだい》でも信仰《しんこう》される宗派《しゅうは》が多《おお》く生《う》まれた

飛鳥時代《あすかじだい》に日本《にほん》に伝《つた》わった仏教《ぶっきょう》は、大仏《だいぶつ》を建立《こんりゅう》して国《くに》を護《まも》ってもらおうとした聖武天皇《しょうむてんのう》や、来世《らいせ》の幸《しあわ》せを願《ねが》い平《びょう》等院鳳凰堂《どういんほうおうどう》を造《つく》った藤原頼通《ふじわらのよりみち》の例《れい》でもわかるとおり、平安時代《へいあんじだい》まではもっぱら皇族《こうぞく》や貴族《きぞく》のもので、一般民衆《いっぱんみんしゅう》にはあまり縁《えん》がなかった。教《おし》えが難《むずか》しく、専門的《せんもんてき》な修行《しゅぎょう》や大《おお》がかりな法会《ほうえ》（儀式《ぎしき》）が必要《ひつよう》なことなどがおもな理由《りゆう》だ。

しかし鎌倉時代《かまくらじだい》に入《はい》ると、新《あたら》しい支《し》配者《はいしゃ》として力《ちから》をつけた武士《ぶし》や、民衆《みんしゅう》の間《あいだ》で、これまでと違《ちが》った新《あたら》しい仏教《ぶっきょう》が広《ひろ》まっていく。おもに、6つの宗派《しゅうは》があった。そのうち2つ、**法然**《ほうねん》の浄土宗《じょうどしゅう》と**親鸞**《しんらん》の浄土真宗《じょうどしんしゅう》は、平安時代《へいあんじだい》の浄土《じょうど》教《きょう》から発展《はってん》したものだ。法然《ほうねん》は「南無《なむ》阿弥陀仏《あみだぶつ》」の念仏《ねんぶつ》を唱《とな》えれば、教《おし》えがわからなくても寺《てら》を建《た》てなくても極楽《ごくらく》に行《い》けるとして、仏教《ぶっきょう》を近《ちか》づきやすいものにした。その弟子親鸞《でししんらん》は、弾圧《だんあつ》で流罪《るざい》にされた苦労《くろう》もあって、人間《にんげん》の弱《よわ》さに温《あたた》かい目《め》をもっていた。他力本願《たりきほんがん》（他人任《たにんまか》せのことではなく、謙虚《けんきょ》になって仏《ほとけ》の救《すく》いにすがれという意味《いみ》）を説《と》き、煩悩《ぼんのう》の強《つよ》い悪人《あくにん》こそ救《すく》われると言《い》った。

同《おな》じく民衆《みんしゅう》の支持《しじ》を集《あつ》めたのが**一遍**《いっぺん》の時宗《じしゅう》だ。青年時代《せいねんじだい》に浄土宗《じょうどしゅう》を学《まな》んだが、のちに各地《かくち》の寺《てら》だけでなく神社《じんじゃ》も参詣《さんけい》。多様《たよう》な信仰《しんこう》を取《と》り入《い》れて、太鼓《たいこ》や鉦《かね》を打《う》ち鳴《な》らす「踊念仏《おどりねんぶつ》」を全国各《ぜんこくかく》地《ち》で行《おこな》った。同《おな》じ時期《じき》に活動《かつどう》したが、対照的《たいしょうてき》なやり方《かた》をした僧《そう》には**日蓮**《にちれん》がいる。「南無妙法蓮華経《なむみょうほうれんげきょう》」の題目《だいもく》と法華《ほけ》経《きょう》が唯一正《ゆいいつただ》しい教《おし》えとして、ほかの宗《しゅう》派《は》を厳《きび》しく批判《ひはん》した。またモンゴル襲《しゅう》来《らい》を前《まえ》に自著《じちょ》『立正安国論《りっしょうあんこくろん》』をもって鎌倉幕府《かまくらばくふ》に法華経《ほけきょう》を信《しん》じよと直訴《じきそ》し流《る》罪《ざい》になるなど、大胆《だいたん》な活動《かつどう》も目立《めだ》った。

▲左奥《ひだりおく》から日蓮《にちれん》、道元《どうげん》、法然《ほうねん》、一遍《いっぺん》、中段左《ちゅうだんひだり》から月輪大師《がちりんだいし》、親鸞《しんらん》、右手前《みぎてまえ》が栄西《えいさい》。

鎌倉時代《かまくらじだい》に武士《ぶし》に喜《よろこ》ばれたのが禅宗《ぜんしゅう》だ。もとは比叡山《ひえいざん》の天台僧《てんだいそう》だった**栄西**《えいさい》は、南宋《なんそう》に留学《りゅうがく》して最新《さいしん》の禅《ぜん》を学《まな》び臨《りん》済宗《ざいしゅう》を日本《にほん》に伝《つた》えた。公案《こうあん》という哲学《てつがく》的《てき》な問答《もんどう》を行《おこな》うのが特徴《とくちょう》。鎌倉幕府《かまくらばくふ》の保護《ほご》のもと、京都《きょうと》に建仁寺《けんにんじ》を建立《こんりゅう》した。また**道元**《どうげん》は、建仁寺《けんにんじ》で学《まな》んだ後《あと》、南宋《なんそう》に留学《りゅうがく》し日本《にほん》に曹洞宗《そうとうしゅう》を伝《つた》えた。公案《こうあん》よりひたすらの座禅《ざぜん》を重《おも》んじ、幕府《ばくふ》など世俗《せぞく》の権威《けんい》からは距離《きょり》をとった。

古《ふる》い仏教《ぶっきょう》への批判《ひはん》を経《へ》て、鎌倉時代《かまくらじだい》に仏教《ぶっきょう》は「すべての人《ひと》のもの」になった。その後《ご》も乱世《らんせい》に人々《ひとびと》の支《ささ》えとなりつつ、その宗派《しゅうは》の多《おお》くは今《いま》に残《のこ》っている。

※鎌倉時代前期《かまくらじだいぜんき》の僧《そう》。真言宗泉涌寺派《しんごんしゅうせんにゅうじは》の開祖《かいそ》。

File. 109

運慶【うんけい】

武士《ぶし》の世《よ》に合《あ》った勇壮《ゆうそう》な金剛力士像《こんごうりきしぞう》の作者《さくしゃ》

生年《せいねん》	不詳《ふしょう》
没年《ぼつねん》	1223年《ねん》
享年《きょうねん》	不詳《ふしょう》

文

奈良《なら》に生《う》まれ、鎌倉時代《かまくらじだい》の初《はじ》めに活躍《かつやく》した仏師《ぶっし》。「源平《げんぺい》の争乱《そうらん》」で焼《や》けた東大寺《とうだいじ》と興福寺《こうふくじ》の復興《ふっこう》に、父親《ちちおや》はじめ一門《いちもん》で力《ちから》を尽《つ》くした。平安《へいあん》の仏師《ぶっし》に比《くら》べて、力強《ちからづよ》い作風《さくふう》が特徴《とくちょう》である。もっとも有名《ゆうめい》な作品《さくひん》は東大寺《とうだいじ》南大門《なんだいもん》の金剛力士像《こんごうりきしぞう》で、像《ぞう》の中《なか》から見《み》つかった文書《ぶんしょ》によれば、快慶《かいけい》たちと協力《きょうりょく》して約《やく》2か月《げつ》で完成《かんせい》させたという。また若《わか》いころに彫《ほ》ったとされる円成寺《えんじょうじ》の大日如来蔵《だいにちにょらいぞう》は国宝《こくほう》に指定《してい》。

File. 110

快慶【かいけい】

依頼人《いらいにん》から人気《にんき》で多作《たさく》な運慶《うんけい》の同僚《どうりょう》

生年《せいねん》	不詳《ふしょう》
没年《ぼつねん》	不詳《ふしょう》
享年《きょうねん》	不詳《ふしょう》

文

運慶《うんけい》と同時代《どうじだい》に同《おな》じ流派《りゅうは》で活躍《かつやく》した仏師《ぶっし》で、運慶《うんけい》の父《ちち》の弟子《でし》ではないかといわれている。品行方正《ひんこうほうせい》で東大寺再興《とうだいじさいこう》の責任者《せきにんしゃ》をはじめ有力者《ゆうりょくしゃ》に重用《ちょうよう》された。作品《さくひん》の数《かず》も多《おお》く、確実《かくじつ》に快慶作《かいけいさく》とされるものだけでも40体近《たいちか》くある。おもな作品《さくひん》は、国宝《こくほう》の阿弥陀三尊像《あみださんぞんぞう》（兵庫県《ひょうごけん》・浄土寺《じょうどじ》）や東大寺《とうだいじ》の僧形八幡神像《そうぎょうはちまんしんぞう》など。雄々《おお》しい作風《さくふう》の運慶《うんけい》に比《くら》べ、華《はな》があり親《した》しみやすい作品《さくひん》が多《おお》いと評価《ひょうか》される。

▶快慶作《かいけいさく》・宝冠阿弥陀如来坐像《ほうかんあみだにょらいざぞう》

File. 111

吉田兼好【よしだ けんこう】

役人《やくにん》をやめて文筆家《ぶんぴつか》へ鋭《するど》い批評精神《ひひょうせいしん》をもつ

生年《せいねん》	1283年《ねん》？
没年《ぼつねん》	1352年《ねん》？
享年《きょうねん》	70歳《さい》？

文

本名《ほんみょう》は卜部兼好《うらべかねよし》といい、京都出身《きょうとしゅっしん》で朝廷《ちょうてい》の役人《やくにん》の家系《かけい》だったが、30歳《さい》ごろに出家《しゅっけ》、得意《とくい》の和歌《わか》に励《はげ》む。その後《ご》も基本的《きほんてき》に京都周辺《きょうとしゅうへん》に住《す》んだが、当時《とうじ》の政治《せいじ》の中心《ちゅうしん》の鎌倉《かまくら》あたりにも滞在《たいざい》したという。彼《かれ》の随筆《ずいひつ》『徒然草《つれづれぐさ》』は、仁和寺《にんなじ》の法師《ほうし》の失敗談《しっぱいだん》や、風情《ふぜい》のある家《いえ》がミカン泥棒《どろぼう》のせいで無粋《ぶすい》な囲《かこ》いを作《つく》ってしまう話《はなし》など、批評精神《ひひょうせいしん》とユーモアが豊《ゆた》かで、当時《とうじ》の文人《ぶんじん》の価値観《かちかん》を伝《つた》える名作《めいさく》。

File. 112

西行 【さいぎょう】

若《わか》くして突然出家《とつぜんしゅっけ》した 謎多《なぞおお》き漂泊《ひょうはく》の歌人《かじん》

生年《せいねん》 1118年《ねん》
没年《ぼつねん》 1190年《ねん》
享年《きょうねん》 73歳《さい》

文

歌人《かじん》で僧侶《そうりょ》。俗名《ぞくみょう》は佐藤義清《さとうのりきよ》。藤《ふじ》原氏《わらし》の流《なが》れをくむ武士《ぶし》の家《いえ》に生《う》まれ、本人《ほんにん》も朝廷《ちょうてい》を警備《けいび》する北面《ほくめん》の武《ぶ》士《し》を務《つと》めたが、23歳《さい》で出家《しゅっけ》する。身《み》分《ぶん》の高《たか》い女性《じょせい》への失恋《しつれん》が動機《どうき》という説《せつ》もあるが、理由《りゆう》ははっきりしない。若《わか》いころから和歌《わか》に優《すぐ》れていた西行《さいぎょう》は、出家後《しゅっけご》は日本各地《にほんかくち》を巡《めぐ》って和歌《わか》を詠《よ》む生活《せいかつ》を送《おく》り、歌集《かしゅう》『山家集《さんかしゅう》』を編《あ》んだ。率直《そっちょく》、自由《じゆう》な歌風《かふう》で、松尾芭蕉《まつおばしょう》など後《こう》世《せい》への影響《えいきょう》も大《おお》きい。

File. 113

鴨長明 【かものちょうめい】

神官《しんかん》としては不遇《ふぐう》だが 文筆家《ぶんぴつか》として歴史《れきし》に残《のこ》る

生年《せいねん》 1155年《ねん》？
没年《ぼつねん》 1216年《ねん》
享年《きょうねん》 62歳《さい》？

文

平安末期《へいあんまっき》〜鎌倉初期《かまくらしょき》の歌人《かじん》、文筆《ぶんぴつ》家《か》。京都下鴨神社《きょうとしもがもじんじゃ》の神官《しんかん》の家系《かけい》に生《う》まれ、恵《めぐ》まれた少年時代《しょうねんじだい》を送《おく》るが、18歳《さい》ごろに父《ちち》が没《ぼっ》すると、神官《しんかん》としての出世《しゅっせ》の道《みち》が閉《と》ざされ、長《なが》く不遇《ふぐう》となる。歌人《かじん》としては評価《ひょうか》され、後《ご》鳥羽天皇《とばてんのう》の覚《おぼ》えもめでたかったが、50歳《さい》ごろ隠棲《いんせい》。その後書《ごか》いた『方丈《ほうじょう》記《き》』は、仏教思想《ぶっきょうしそう》にもとづく優《すぐ》れた随筆《ずいひつ》とされ、当《とう》時《じ》の事件《じけん》の記録《きろく》もあることから歴史資料《れきししりょう》としても貴重《きちょう》。

File. 114

無学祖元 【むがくそげん】

モンゴルの脅威《きょうい》を体験《たいけん》し 時宗《ときむね》を支《ささ》えた禅僧《ぜんそう》

生年《せいねん》 1226年《ねん》
没年《ぼつねん》 1286年《ねん》
享年《きょうねん》 61歳《さい》

宗

中国《ちゅうごく》の南宋《なんそう》、今《いま》の寧波市《ニンポーし》に生《う》まれる。父《ちち》の死後《しご》、兄《あに》の意向《いこう》で13歳《さい》で禅《ぜん》宗《しゅう》の寺《てら》に入《はい》り、長《なが》くさまざまな師《し》に就《つ》いて学《まな》んだ。今《いま》の浙江省《せっこうしょう》の寺《てら》に勤《つと》めていたとき、元《げん》（モンゴル）軍《ぐん》に襲《おそ》われ避難《ひなん》。1279年《ねん》に北条時宗《ほうじょうときむね》からの招《まね》きを受《う》けると、鎌倉《かまくら》の建長《けんちょう》寺《じ》の主《あるじ》となって、宗教者《しゅうきょうしゃ》の立場《たちば》から元《げん》の脅威《きょうい》に悩《なや》む時宗《ときむね》の精神的支《せいしんてきささ》えになった。元寇《げんこう》の後《あと》は戦没者《せんぼつしゃ》を追《つい》悼《とう》する円覚寺《えんがくじ》の開祖《かいそ》となり、日《に》本《ほん》で死去《しきょ》。

御恩《ごおん》と奉公《ほうこう》とは？

武士《ぶし》の世《よ》の基本《きほん》、土地《とち》の権利《けんり》にもとづく主従関係《しゅじゅうかんけい》

鎌倉御家人《かまくらごけにん》の忠誠《ちゅうせい》は意外《いがい》とギブ&テイク？

「亡《な》き頼朝様《よりともさま》が幕府《ばくふ》を開《ひら》いてから、あなたがた御家人《ごけにん》に官位《かんい》も俸禄《ほうろく》もよく与《あた》えてきました。その恩《おん》は山《やま》よりも高《たか》く、海《うみ》よりも深《ふか》い。この一大事《いちだいじ》に、感謝《かんしゃ》して報《むく》いようという気持《きも》ちは浅《あさ》くないでしょう。」

後鳥羽上皇《ごとばじょうこう》の反乱《はんらん》（承久《じょうきゅう》の乱《らん》）を討《う》つため、北条政子《ほうじょうまさこ》が御家人《ごけにん》たちに訴《うった》えたと、歴史書《れきししょ》『吾妻鏡《あづまかがみ》』が伝《つた》える言葉《ことば》だ。

このなかには、鎌倉幕府《かまくらばくふ》を支《ささ》えた将軍《しょうぐん》と御家人《ごけにん》の関係《かんけい》「御恩《ごおん》と奉公《ほうこう》」がよく表《あらわ》れている。源《みなもとの》頼朝《よりとも》が勢力《せいりょく》を拡大《かくだい》すると、それまでの従者《じゅうしゃ》（家人《けにん》）に加《くわ》えて新《あら》たな家臣《かしん》「御家人《ごけにん》」が増《ふ》えていった。頼朝《よりとも》は彼《かれ》らを従《したが》わせるため、地頭《じとう》に任《にん》命《めい》し、もともと支配《しはい》していた土地《とち》の権《けん》利《り》を保障《ほしょう》する（本領安堵《ほんりょうあんど》）。また戦功《せんこう》をあげれば新《あたら》しい土地《とち》を与《あた》え（新恩給《しんおんきゅう》与《よ》）、朝廷《ちょうてい》に官位《かんい》を与《あた》えるよう推薦《すいせん》した。これが「御恩《ごおん》」である。すると御家人《ごけにん》は、新《あら》たな土地《とち》を得《え》ようと戦《いくさ》で頑張《がんば》り、鎌《かま》倉《くら》・京都《きょうと》の警備《けいび》など軍役《ぐんえき》をも引《ひ》き受《う》ける。これが「奉公《ほうこう》」だ。こうしてみると、経済基盤《けいざいきばん》の保障《ほしょう》にもとづくドライな主従関係《しゅじゅうかんけい》ともいえ、政子《まさこ》の言葉《ことば》にあるような「恩返《おんがえ》し」の意識《いしき》は薄《うす》かったかもしれない。大量《たいりょう》の新恩給与《しんおんきゅうよ》が必要《ひつよう》だった元寇《げんこう》の後《あと》は、報酬《ほうしゅう》が足《た》りないと怒《おこ》って訴《うった》える御家人《ごけにん》も出《で》た。服従《ふくじゅう》とひきかえに領地《りょうち》を保障《ほしょう》するシステムは室《むろ》町《まち》・戦国時代《せんごくじだい》にも引《ひ》き継《つ》がれるが、主《しゅ》君《くん》への忠義《ちゅうぎ》などの道徳的《どうとくてき》ニュアンスが強《つよ》まるのは江戸時代以降《えどじだいいこう》だ。

▲自分《じぶん》の戦功《せんこう》を訴《うった》え出《で》る九州《きゅうしゅう》の御家人《ごけにん》（『蒙古襲来絵詞《もうこしゅうらいえことば》』）

第《だい》5章《しょう》

室町時代《むろまちじだい》

●この章《しょう》で扱《あつか》う時代《じだい》

飛鳥《あすか》 奈良《なら》 平安《へいあん》 鎌倉《かまくら》 南北朝《なんぼくちょう》 室町《むろまち》

戦国《せんごく》 安土桃山《あづちももやま》 江戸《えど》 明治《めいじ》 大正《たいしょう》 昭和《しょうわ》

File. 115

将

足利尊氏【あしかが　たかうじ】

おもしろエピソード

◎字《じ》が非常《ひじょう》に汚《きたな》かったとされるが、手紙《てがみ》を書《か》くのは好《す》き
◎芸能《げいのう》の田楽《でんがく》が好《す》きすぎて弟《おとうと》に制限《せいげん》されるほど

室町幕府《むろまちばくふ》を開《ひら》き、戦《たたか》い続《つづ》けた将軍《しょうぐん》

後醍醐《ごだいご》との共闘《きょうとう》と対立《たいりつ》激動《げきどう》の時代《じだい》を生《い》き抜《ぬ》く

鎌倉幕府《かまくらばくふ》の御家人《ごけにん》・足利貞氏《あしかがさだうじ》の次男《じなん》。「元弘《げんこう》の変《へん》」ののちの流罪《るざい》から還《かえ》った後醍醐天皇《ごだいごてんのう》につき幕府《ばくふ》を離反《りはん》し、京都《きょうと》の幕府《ばくふ》出先機関《でさききかん》である六波羅探題《ろくはらたんだい》を滅《ほろ》ぼした。尊氏《たかうじ》も幕府《ばくふ》に不満《ふまん》があったとされる。しかし倒幕後《とうばくご》は天皇親政《てんのうしんせい》を目《め》ざし武《ぶ》士層《しそう》を冷遇《れいぐう》した後醍醐《ごだいご》と対立《たいりつ》し、官軍《かんぐん》の楠木正成《くすのきまさしげ》や新田義貞《にったよしさだ》と戦《たたか》う。一度《いちど》は敗北《はいぼく》し九州《きゅうしゅう》まで落《お》ち延《の》びるも、不満《ふまん》を抱《いだ》く武士層《ぶしそう》を味方《みかた》につけ上洛《じょうらく》（後醍醐《ごだいご》は比叡山《ひえいざん》へ逃亡《とうぼう》）。光明天皇《こうみょうてんのう》をたてて、室町幕府《むろまちばくふ》を開《ひら》く。とはいえその後《ご》も、後醍醐《ごだいご》が吉野《よしの》に開《ひら》いた朝廷《ちょうてい》「南朝《なんちょう》」との対立《たいりつ》、実弟《じってい》の直義《ただよし》や、側室《そくしつ》の子《こ》・直冬《ただふゆ》との戦《たたか》いなど、多《おお》くの問題《もんだい》に直面《ちょくめん》した。

生年《せいねん》 1305年《ねん》
※ 前年《ぜんねん》、旅行家《りょこうか》イブン・バットゥータ誕生《たんじょう》

没年《ぼつねん》 1358年《ねん》
※ 足利義満《あしかがよしみつ》が誕生《たんじょう》

享年《きょうねん》 54歳《さい》

ここがポイント！

鎌倉幕府《かまくらばくふ》を滅《ほろ》ぼし、
室町幕府《むろまちばくふ》を開《ひら》く

足利氏系図

あしかがしけいず

1 ：室町幕府《むろまちばくふ》の将軍就任順《しょうぐんしゅうにんじゅん》

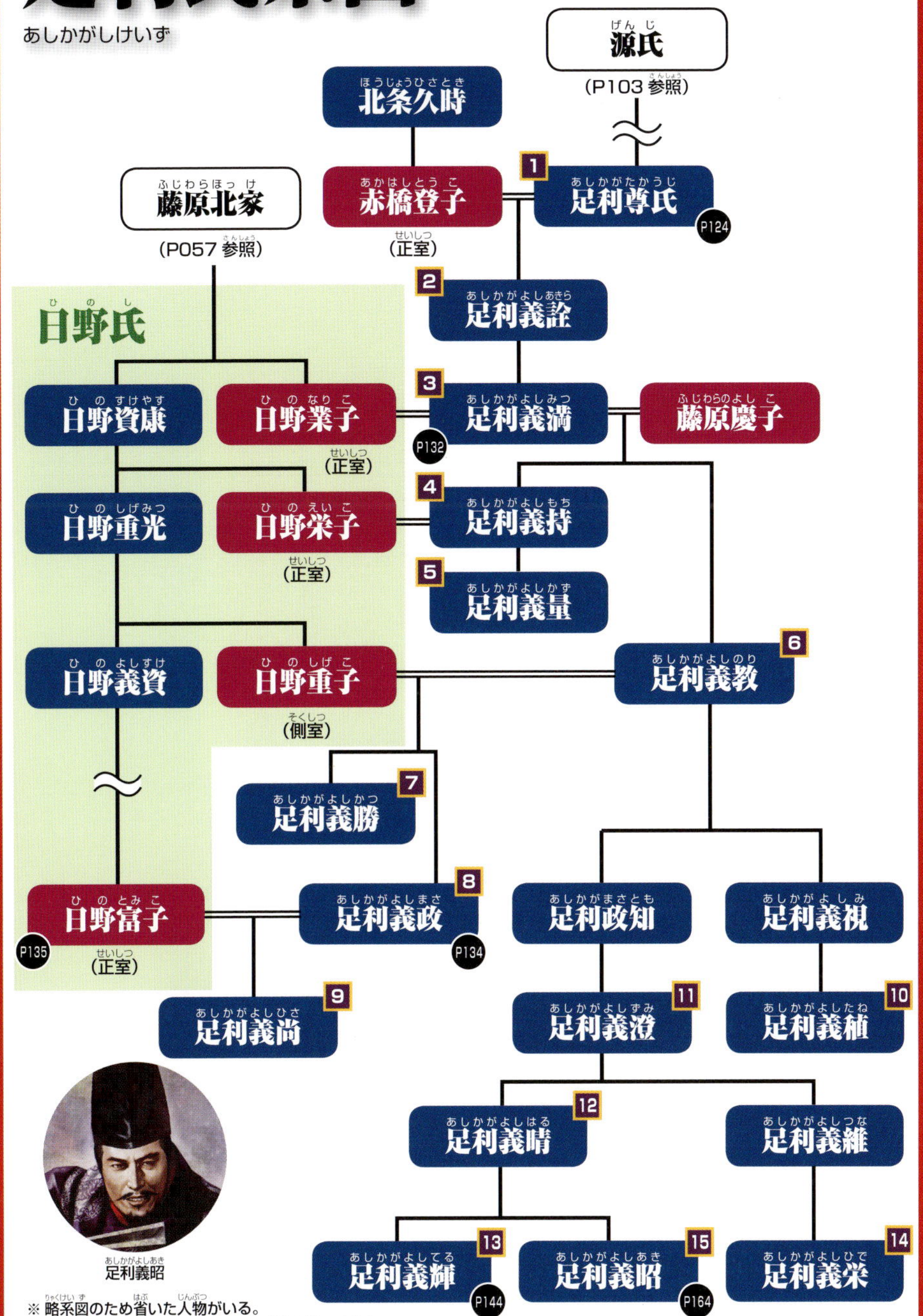

足利義昭《あしかがよしあき》

※ 略系図《りゃくけいず》のため省《はぶ》いた人物《じんぶつ》がいる。

※ 実《じつ》の親子関係《おやこかんけい》を優先《ゆうせん》して表記《ひょうき》し、養子関係《ようしかんけい》は省略《しょうりゃく》した。

File. 116

天

後醍醐天皇【ごだいごてんのう】

おもしろエピソード

◎行幸時《ぎょうこうじ》の逸話《いつわ》がみたらし団子《だんご》の起源《きげん》との説《せつ》もある
◎「二条河原《にじょうがわら》の落書《らくしょ》」で建武《けんむ》の新政《しんせい》を風刺《ふうし》される

自《みずか》ら政治《せいじ》を動《うご》かしたがった武闘派《ぶとうは》天皇《てんのう》

念願《ねんがん》の倒幕《とうばく》を果《は》たし建武《けんむ》の新政《しんせい》を行《おこな》うも……

第《だい》96代天皇《だいてんのう》。即位後《そくいご》は天皇自身《てんのうじしん》が政治《せいじ》の実権《じっけん》を得《え》るため、鎌倉幕府《かまくらばくふ》打倒《だとう》を目《め》ざす。1331年《ねん》の「元弘《げんこう》の変《へん》」で挙兵《きょへい》するも幕府軍《ばくふぐん》に敗《やぶ》れ、隠岐《おき》に流《なが》された。しかしその間《かん》も楠木正成《くすのきまさしげ》らによる幕府《ばくふ》への抵抗《ていこう》が続《つづ》き、2年後《ねんご》に島《しま》を脱出《だっしゅつ》すると、足利尊氏《あしかがたかうじ》や新田義貞《にったよしさだ》が幕府《ばくふ》から寝返《ねがえ》り倒幕《とうばく》を成功《せいこう》させる。その後《ご》は自《みずか》ら、人事《じんじ》や土地所有権《としょゆうけん》などを刷新《さっしん》する「建武《けんむ》の新政《しんせい》」を断行《だんこう》した。だがこれに不満《ふまん》を抱《いだ》く者《もの》は多《おお》く、尊氏《たかうじ》も離反《りはん》。1336年《ねん》、「湊川《みなとがわ》の戦《たたか》い」に勝《か》った尊氏《たかうじ》が上洛《じょうらく》すると、後醍醐《ごだいご》は吉野《よしの》に逃《に》げ、皇位《こうい》の正統性《せいとうせい》を主張《しゅちょう》して独自《どくじ》に南朝《なんちょう》を開《ひら》き、約《やく》60年間《ねんかん》の南北朝時代《なんぼくちょうじだい》が始《はじ》まる。

生年《せいねん》	1288年《ねん》 ※翌年《よくとし》、踊《おど》り念仏《ねんぶつ》の一遍《いっぺん》が死去《しきょ》
没年《ぼつねん》	1339年《ねん》 ※前年《ぜんねん》、新田義貞《にったよしさだ》が死去《しきょ》
享年《きょうねん》	52歳《さい》

ここがポイント！

鎌倉幕府《かまくらばくふ》を倒《たお》し
「建武《けんむ》の新政《しんせい》」を行《おこな》う
南朝《なんちょう》の祖《そ》

南北朝の天皇系図

なんぼくちょうのてんのうけいず

両統迭立《りょうとうてつりつ》

天皇《てんのう》の家系《かけい》が二《ふた》つの系統《けいとう》に分《わ》かれ、それぞれの子孫《しそん》が交代《こうたい》で即位《そくい》している状態《じょうたい》。

大覚寺統《だいかくじとう》

亀山天皇《かめやまてんのう》に始《はじ》まる皇統《こうとう》。呼《よ》び名《な》は、後宇多天皇《ごうだてんのう》が出家《しゅっけ》後に院政《いんせい》の拠点《きょてん》とした寺院《じいん》に由来《ゆらい》する。南朝《なんちょう》を開《ひら》いた後醍醐天皇《ごだいごてんのう》の家系《かけい》。

持明院統《じみょういんとう》

後深草天皇《ごふかくさてんのう》を祖《そ》とし、彼《かれ》の御所《ごしょ》の名前《なまえ》から持明院統《じみょういんとう》とよばれた。のちに足利尊氏《あしかがたかうじ》に戴《いただ》かれ北朝《ほくちょう》となり、現在《げんざい》の皇室《こうしつ》に続《つづ》いている。

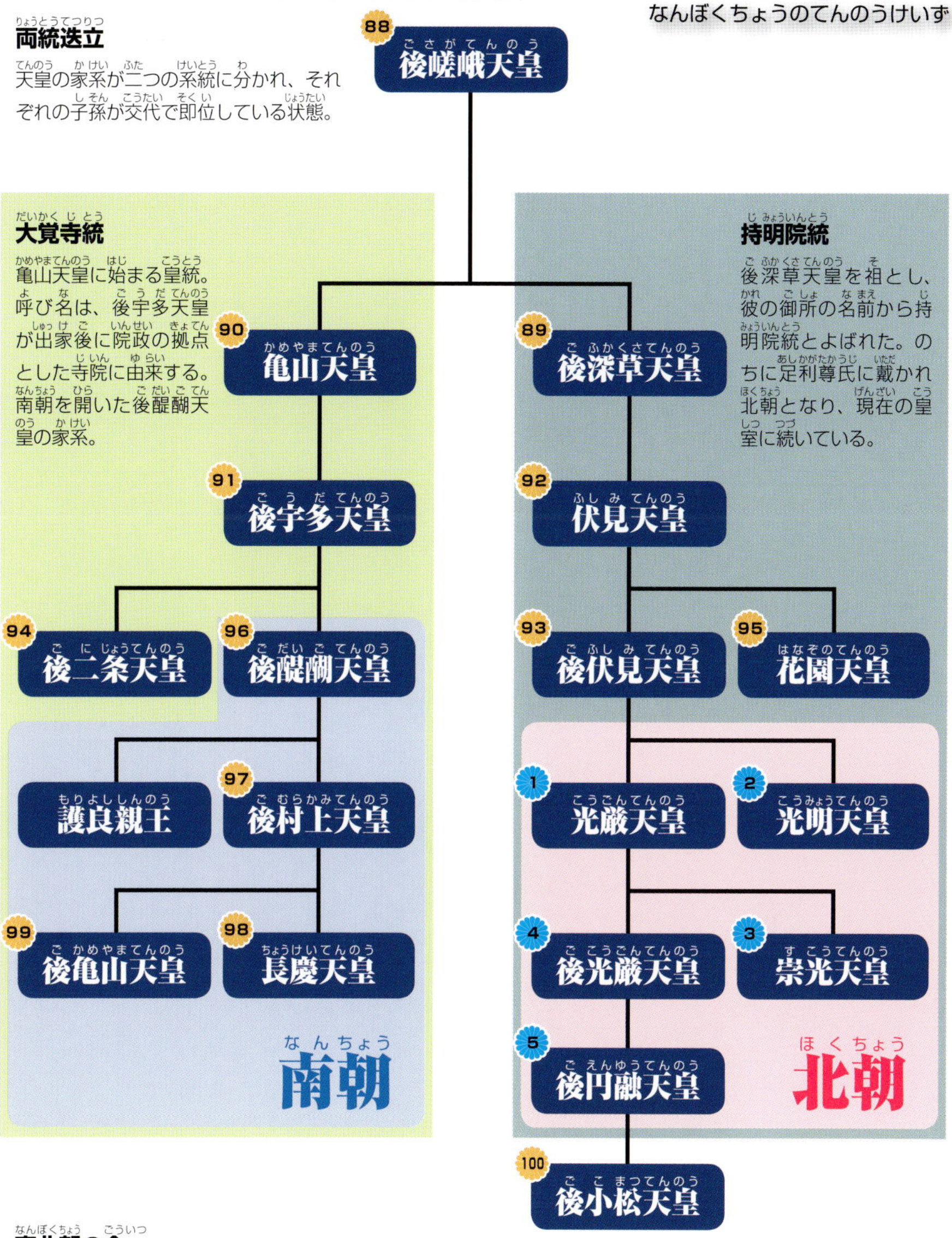

南北朝《なんぼくちょう》の合一《ごういつ》

1392年《ねん》、室町幕府《むろまちばくふ》第《だい》3代《だい》将軍足利義満《しょうぐんあしかがよしみつ》のもと南北朝《なんぼくちょう》の間《あいだ》で和約《わやく》が結《むす》ばれ、以降《いこう》は北朝《ほくちょう》の子孫《しそん》が皇位《こうい》に就《つ》くことになった。

1：天皇即位順《てんのうそくいじゅん》

1：北朝天皇即位順《ほくちょうてんのうそくいじゅん》

※略系図《りゃくけいず》のため省《はぶ》いた人物《じんぶつ》がいる。

File. 117

武

【くすのき まさしげ】楠木正成

おもしろエピソード

◎櫓《やぐら》から大石《おおいし》を投《な》げるなど正攻法《せいこうほう》にこだわらず戦《たたか》う

◎「湊川《みなとがわ》の戦《たたか》い」の前《まえ》、生《い》きて帝《みかど》に仕《つか》えよと息子《むすこ》を逃《に》がす

義理《ぎり》がたい武将《ぶしょう》で最後《さいご》まで天皇側《てんのうがわ》で戦《たたか》う

後醍醐天皇《ごだいごてんのう》のため義《ぎ》をもって戦《たたか》う

鎌倉時代末期《かまくらじだいまっき》から室町時代初期《むろまちじだいしょき》の武将《ぶしょう》。出自《しゅつじ》には諸説《しょせつ》あるが、幕府《ばくふ》の秩序《ちつじょ》から外《はず》れて他人《たにん》の領地《りょうち》を侵《おか》す武士《ぶし》、いわゆる「悪党《あくとう》」だったともされる。鎌倉幕府《かまくらばくふ》打倒《だとう》を目《め》ざす後醍醐天皇《ごだいごてんのう》とともに戦《たたか》う。捕《と》らえられた後醍醐《ごだいご》が島流《しまなが》しに遭《あ》っている間《あいだ》も、籠城戦《ろうじょうせん》やゲリラ戦法《せんぽう》を駆使《くし》し数《かず》に勝《まさ》る幕府軍《ばくふぐん》に善戦《ぜんせん》し、倒幕《とうばく》に貢献《こうけん》した。倒幕後《とうばくご》は後醍醐《ごだいご》天皇《てんのう》から離反《りはん》した足利尊氏《あしかがたかうじ》と戦《たたか》い、九州《きゅうしゅう》まで敗走《はいそう》させる。しかし正成《まさしげ》は尊氏《たかうじ》の再起《さいき》を予測《よそく》し、尊氏《たかうじ》との和《わ》議《ぎ》を後醍醐天皇方《ごだいごてんのうがた》に説《と》いたが、受《う》け入《い》れられなかった。最期《さいご》は天皇《てんのう》側《がわ》として奮戦《ふんせん》し、「湊川《みなとがわ》の戦《たたか》い」で敗《やぶ》れると一族《いちぞく》とともに自害《じがい》した。

生年《せいねん》 不詳《ふしょう》

没年《ぼつねん》 1336年《ねん》

※ティムール朝《ちょう》の建国者《けんこくしゃ》、ティムール生《う》まれる

享年《きょうねん》 不詳《ふしょう》

ここがポイント！

後醍醐天皇《ごだいごてんのう》に最後《さいご》まで忠誠《ちゅうせい》を誓《ちか》い戦《たたか》う

File. 118

武

佐々木導誉【ささき どうよ】

おもしろエピソード

◎寺社勢力《じしゃせいりょく》が大嫌《だいきら》い。寺《てら》を焼《や》き討《う》ちして流罪《るざい》になるが、配流途上《はいるとじょう》で宴会《えんかい》するなど反省《はんせい》の色《いろ》なし

変《か》わり者《もの》の仮面《かめん》の下《した》に隠《かく》された文武両道《ぶんぶりょうどう》の才覚《さいかく》

時勢《じせい》をうまく読《よ》んで足利尊氏《あしかがたかうじ》につき出世《しゅっせ》

鎌倉時代末期《かまくらじだいまっき》から室町時代前期《むろまちじだいぜんき》の武将《ぶしょう》。名《な》は高氏《たかうじ》とも。鎌倉幕府《かまくらばくふ》では執権《しっけん》・北条高時《ほうじょうたかとき》に仕《つか》え、後醍醐《ごだいご》天皇配流《てんのうはいる》の護送役《ごそうやく》も務《つと》めたが、のちに足利尊氏《あしかがたかうじ》らとともに討幕運動《とうばくうんどう》に加担《かたん》。尊氏《たかうじ》と後醍醐天皇《ごだいごてんのう》が対立《たいりつ》してからは尊氏側《たかうじがわ》について、官軍《かんぐん》の新田義貞《にったよしさだ》と戦《たたか》った。最終的《さいしゅうてき》に尊《たか》氏《うじ》が勝利《しょうり》し、室町幕府《むろまちばくふ》（北朝《ほくちょう》）を開《ひら》いてからは尊氏《たかうじ》、義詮《よしあきら》、義満《よしみつ》と3代《だい》の将軍《しょうぐん》に仕《つか》える。幕府《ばくふ》の重要《じゅうよう》人物《じんぶつ》でありながら当時流行《とうじりゅうこう》の〝ばさら〟を地《じ》でいく人物《じんぶつ》で、常識《じょうしき》や身《み》分《ぶん》の上下《じょうげ》を気《き》にせず、派手《はで》な格好《かっこう》をしたといわれる。その一方《いっぽう》で連《れん》歌《が》や茶道《さどう》などさまざまな芸事《げいごと》にも通《つう》じた文化人《ぶんかじん》でもあった。

生年《せいねん》 1296年《ねん》

※翌年《よくとし》、日本初《にほんはつ》の徳政令《とくせいれい》が出《で》る

没年《ぼつねん》 1373年《ねん》

※イギリスとポルトガルが世界最古《せかいさいこ》の同盟締結《どうめいていけつ》

享年《きょうねん》 78歳《さい》

ここがポイント！

足利尊氏《あしかがたかうじ》に味方《みかた》して戦《たたか》い、室町幕府《むろまちばくふ》の重鎮《じゅうちん》になる

南北朝《なんぼくちょう》の内乱《ないらん》

二《ふた》つの朝廷《ちょうてい》が同時《どうじ》に立《た》ち50年以上《ねんいじょう》も対立《たいりつ》

不安定《ふあんてい》な政権《せいけん》が対立《たいりつ》を長引《ながび》かせた

　1333年《ねん》、後醍醐天皇《ごだいごてんのう》は鎌倉幕府《かまくらばくふ》を倒《たお》すことに成功《せいこう》。京都《きょうと》で自《みずか》ら政治《せいじ》の中心《ちゅうしん》となり「建武《けんむ》の新政《しんせい》」を行《おこな》う。しかし朝廷《ちょうてい》の権力《けんりょく》を強《つよ》める急《きゅう》な改革《かいかく》は混《こん》乱《らん》を招《まね》き、利益《りえき》を侵《おか》された武士《ぶし》たちは不満《ふまん》をつのらせた。ついに、後醍醐《ごだいご》とともに鎌倉幕府《かまくらばくふ》を倒《たお》した足利尊氏《あしかがたかうじ》も離《り》反《はん》。一度《いちど》は後醍醐天皇《ごだいごてんのう》の追討軍《ついとうぐん》に九州《きゅうしゅう》まで追《お》い詰《つ》められるが、1336年《ねん》の「湊川《みなとがわ》の戦《たたか》い」で**新田義貞《にったよしさだ》**、楠木正成《くすのきまさしげ》に勝利《しょうり》する。尊氏《たかうじ》が京都《きょうと》に入《はい》って光明天《こうみょうてん》皇《のう》を擁立《ようりつ》すると、後醍醐《ごだいご》は大和国《やまとのくに》（今《いま》の奈良県《ならけん》）の吉野《よしの》に逃《のが》れた。ここに北《ほく》朝《ちょう》（光明天皇《こうみょうてんのう》）と南朝《なんちょう》（後醍醐天皇《ごだいごてんのう》）という、二人《ふたり》の天皇《てんのう》が並《なら》び立《た》つ「南北《なんぼく》朝時代《ちょうじだい》」が始《はじ》まる。

　北朝《ほくちょう》は尊氏《たかうじ》を初代将軍《しょだいしょうぐん》とする室町《むろまち》幕府《ばくふ》に支《ささ》えられ、南朝《なんちょう》は皇位《こうい》の象徴《しょうちょう》である「三種《さんしゅ》の神器《じんぎ》」を持《も》っていると主張《しゅちょう》して、互《たが》いに正統性《せいとうせい》を争《あらそ》った。

　1339年《ねん》に後醍醐《ごだいご》が亡《な》くなり、南朝《なんちょう》が不利《ふり》になるかにみえたが、北朝側《ほくちょうがわ》も深刻《しんこく》な内部対立《ないぶたいりつ》を抱《かか》えてしまう。軍事《ぐんじ》面《めん》で活躍《かつやく》し将軍家《しょうぐんけ》の家政《かせい》も任《まか》された高《こうの》師直《もろなお》と、尊氏《たかうじ》の弟《おとうと》で行政《ぎょうせい》のまとめ役《やく》の**足利直義《あしかがただよし》**という、二大有力者《にだいゆうりょくしゃ》の権力争《けんりょくあらそ》いが激化《げきか》したのだ。

　直義《ただよし》の養子《ようし》（尊氏《たかうじ》の子《こ》）である足利《あしかが》直冬《ただふゆ》が九州《きゅうしゅう》で勢力《せいりょく》を伸《の》ばすと、幕府《ばくふ》は九州《きゅうしゅう》まで討伐軍《とうばつぐん》を出《だ》すが、その間《あいだ》に直《ただ》義《よし》は京都《きょうと》を離《はな》れ、南朝側《なんちょうがわ》に転《てん》じて挙兵《きょへい》した。「観応《かんのう》の擾乱《じょうらん》」である。直義《ただよし》は京《きょう》都《と》に進軍《しんぐん》し、高師直《こうのもろなお》を一族《いちぞく》もろとも殺《さつ》

File. 119

足利直義
【あしかが ただよし】

害《がい》した。これをきっかけに北朝《ほくちょう》は南朝《なんちょう》に和議《わぎ》を申《もう》し込《こ》み、北朝《ほくちょう》の権威《けんい》は低下《ていか》。しかしこの和議《わぎ》もすぐに破談《はだん》になり、引《ひ》き続《つづ》き南北朝《なんぼくちょう》の軍勢《ぐんぜい》は衝突《しょうとつ》を続《つづ》ける。九州《きゅうしゅう》では南朝《なんちょう》の勢力《せいりょく》が強《つよ》く、1359年《ねん》に両軍合計《りょうぐんごうけい》10万《まん》がぶつかったとされる「筑後川《ちくごがわ》の戦《たたか》い」では、南朝軍《なんちょうぐん》が勝利《しょうり》した。しかし1380年代《ねんだい》に入《はい》ると、南朝《なんちょう》の中心人物《ちゅうしんじんぶつ》が続々《ぞくぞく》と没《ぼっ》して弱体化《じゃくたいか》。さらに室町幕府《むろまちばくふ》第《だい》3代将軍《だいしょうぐん》・足利義満《あしかがよしみつ》が、南朝方《なんちょうがた》の守護大名《しゅごだいみょう》の力《ちから》を弱《よわ》らせ、1392年《ねん》南北朝《なんぼくちょう》は合一《ごういつ》。動乱《どうらん》が終結《しゅうけつ》。

File. 120

新田義貞

【にった よしさだ】

南北朝《なんぼくちょう》の内乱《ないらん》の対立関係《たいりつかんけい》

南朝《なんちょう》	VS	北朝《ほくちょう》・室町幕府《むろまちばくふ》
【拠点《きょてん》】吉野《よしの》、賀名生《あのう》など近畿各地《きんきかくち》を移動《いどう》		【拠点《きょてん》】京都《きょうと》
《初期《しょき》》		
後醍醐天皇《ごだいごてんのう》 楠木正成《くすのきまさしげ》 新田義貞《にったよしさだ》		光明天皇《こうみょうてんのう》 足利尊氏《あしかがたかうじ》
《観応《かんのう》の擾乱《じょうらん》》		
足利直義《あしかがただよし》		高師直《こうのもろなお》

File. 121

将

【あしかが よしみつ】

足利義満

おもしろエピソード

◎有名《ゆうめい》なアニメ『一休《いっきゅう》さん』の将軍様《しょうぐんさま》は義満《よしみつ》

◎明《みん》の貨幣《かへい》・永楽通宝《えいらくつうほう》を輸入《ゆにゅう》、江戸初期《えどしょき》まで流通《りゅうつう》した

金閣寺《きんかくじ》の建立《こんりゅう》だけではない！ 政治的《せいじてき》にも有能《ゆうのう》

南北朝《なんぼくちょう》を統一《とういつ》し幕府《ばくふ》の威光《いこう》を示《しめ》す

室町幕府《むろまちばくふ》第《だい》3代将軍《だいしょうぐん》。まだ不安《ふあん》定《てい》な幕府権力《ばくふけんりょく》の土台《どだい》を固《かた》めるため、寺社勢力《じしゃせいりょく》を取《と》り締《し》まり、地方《ちほう》の有《ゆう》力守護大名《りょくしゅごだいみょう》である土岐《とき》氏《し》、山名《やまな》氏《し》、大内《おおうち》氏《し》などを機会《きかい》のあるごとに討《とう》伐《ばつ》した。1392年《ねん》には祖父《そふ》の代《だい》から対立《たいりつ》する南朝《なんちょう》と和約《わやく》を結《むす》び、南《なん》北朝《ぼくちょう》の合一《ごういつ》を達成《たっせい》した。経済政策《けいざいせいさく》では、明《みん》（中国《ちゅうごく》）と国交《こっこう》を開《ひら》き日明《にちみん》貿易《ぼうえき》を行《おこな》い、幕府《ばくふ》の財政《ざいせい》を潤《うるお》わせた。またその際《さい》、明《みん》から「日本国王《にほんこくおう》」と認《みと》められた。この貿易《ぼうえき》で輸入《ゆにゅう》した明《みん》の文物《ぶんぶつ》は、当時《とうじ》の北山文化《きたやまぶんか》にも影《えい》響《きょう》を与《あた》える。晩年《ばんねん》の住居《じゅうきょ》を兼《か》ねた北山山荘《きたやまさんそう》に建《た》てた金閣《きんかく》や、観阿弥《かんあみ》・世阿弥《ぜあみ》親子《おやこ》の能《のう》を支援《しえん》するなど文《ぶん》化的功績《かてきこうせき》も多《おお》く残《のこ》した。

生年《せいねん》 1358年《ねん》

※足利義詮《あしかがよしあきら》が室町幕府《むろまちばくふ》2代将軍《だいしょうぐん》に

没年《ぼつねん》 1408年《ねん》

※李氏朝鮮《りしちょうせん》の初代王《しょだいおう》・李成桂《りせいけい》が死去《しきょ》

享年《きょうねん》 51歳《さい》

ここがポイント！

室町幕府《むろまちばくふ》の体制《たいせい》を確立《かくりつ》した3代目将軍《だいめしょうぐん》

義満《よしみつ》による守護大名討伐《しゅごだいみょうとうばつ》

事件名《じけんめい》	討《う》たれた大名《だいみょう》	概《かい》要《よう》
1390年《ねん》 土岐氏《ときし》の乱《らん》	土岐康行《ときやすゆき》	養父《ようふ》の土岐頼康《ときよりやす》が亡《な》くなり、康行《やすゆき》は美濃《みの》、伊勢《いせ》、尾張《おわり》3か国《こく》の守護国《しゅごこく》を継《つ》ぐはずだった。しかし土岐氏《ときし》の力《ちから》を弱《よわ》めたい足利義満《あしかがよしみつ》が、康行《やすゆき》の弟《おとうと》で野心《やしん》の強《つよ》い満貞《みつさだ》に近《ちか》づき、尾張国《おわりのくに》の守護《しゅご》に任命《にんめい》する。これが一族《いちぞく》の間《あいだ》での内紛《ないふん》を招《まね》き、康行《やすゆき》は将軍《しょうぐん》の命令《めいれい》に逆《さか》らったとして討伐《とうばつ》され、死《し》は免《まぬが》れたが美濃《みの》と伊勢《いせ》を失《うしな》う。
1391年《ねん》 明徳《めいとく》の乱《らん》	山名氏清《やまなうじきよ》	山名氏《やまなし》は、全守護国《ぜんしゅごこく》の6分《ぶん》の1をもつ「六分一殿《ろくぶんのいちどの》」とよばれる大勢力《だいせいりょく》。義満《よしみつ》は山名氏《やまなし》に跡継《あとつ》ぎ問題《もんだい》が起《お》きたのを利用《りよう》し、一族《いちぞく》どうしで戦《たたか》うよう仕向《しむ》ける。氏清《うじきよ》が一族内《いちぞくない》で有力《ゆうりょく》になると、わざと厳《きび》しい処遇《しょぐう》をして反乱《はんらん》を起《お》こさせ、大内氏《おおうちし》、細川氏《ほそかわし》、畠山氏《はたけやまし》らに討《う》たせた。山名氏《やまなし》の守護領《しゅごりょう》は伯耆《ほうき》、因幡《いなば》、但馬《たじま》のみに。
1399年《ねん》 応永《おうえい》の乱《らん》	大内義弘《おおうちよしひろ》	中国地方《ちゅうごくちほう》の大内義弘《おおうちよしひろ》は、朝鮮貿易《ちょうせんぼうえき》で独自《どくじ》に富《とみ》を蓄《たくわ》えるなど、義満《よしみつ》にとって厄介《やっかい》な人物《じんぶつ》だった。義弘《よしひろ》も正当《せいとう》な恩賞《おんしょう》を出《だ》さないなどの義満《よしみつ》の態度《たいど》に不信《ふしん》を抱《いだ》き、上洛命令《じょうらくめいれい》に従《したが》わず、軍《ぐん》を連《つ》れて堺《さかい》にとどまる。義満《よしみつ》は謀反《むほん》として討伐軍《とうばつぐん》を派遣《はけん》、堺《さかい》での籠城戦《ろうじょうせん》のすえ、義弘《よしひろ》は討《う》たれた。守護領《しゅごりょう》は周防《すおう》、長門《ながと》のみとなり、大内氏《おおうちし》は弱体化《じゃくたいか》。

南北朝時代《なんぼくちょうじだい》の守護大名《しゅごだいみょう》とは

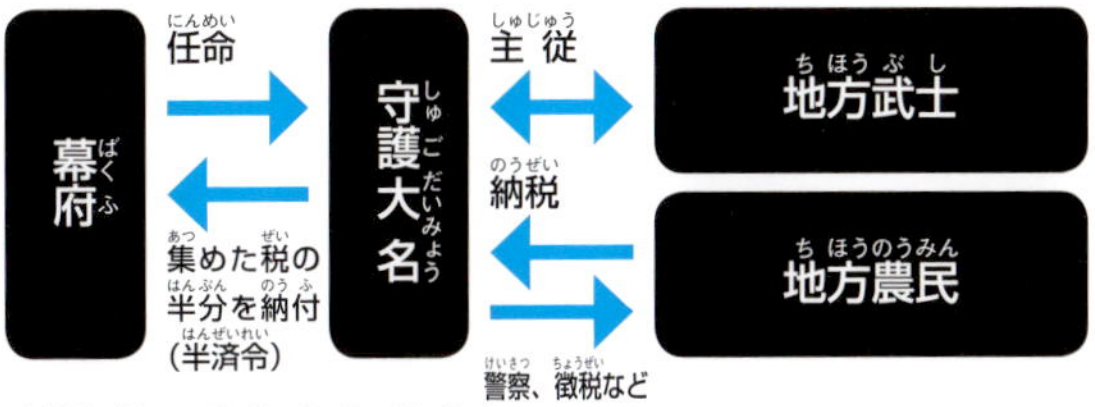

軍事《ぐんじ》と警察権《けいさつけん》のみもつ鎌倉時代《かまくらじだい》の守護《しゅご》と違《ちが》い、このころには徴税《ちょうぜい》など広《ひろ》い支《し》配権《はいけん》を得《え》た。さらに、南北朝内乱《なんぼくちょうないらん》にあたって年貢《ねんぐ》の半分《はんぶん》を兵糧《ひょうろう》として各地《かくち》で預《あず》かる制度《せいど》ができ、富《とみ》も蓄《たくわ》えられた。彼《かれ》らは守護大名《しゅごだいみょう》とよばれ、幕府《ばくふ》が弱体《じゃくたい》化《か》すると一部《いちぶ》は戦国大名《せんごくだいみょう》となる。

有力守護大名《ゆうりょくしゅごだいみょう》の領地《りょうち》

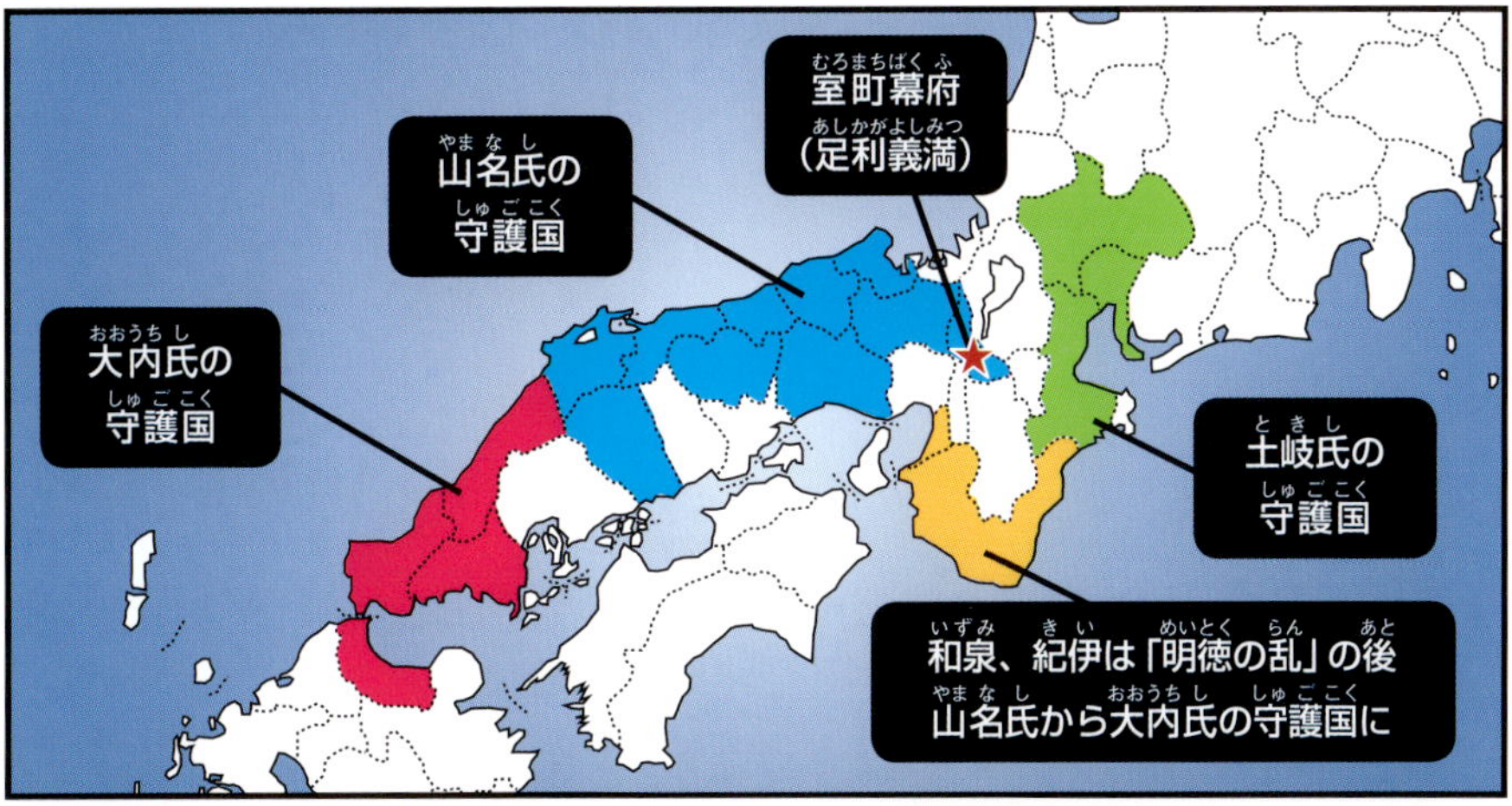

File. 122

将

【あしかが よしまさ】

足利義政

おもしろエピソード

◎飢饉《ききん》の最中《さいちゅう》に贅沢《ぜいたく》し、後花園天皇《ごはなぞのてんのう》から漢詩《かんし》で叱《しか》られる
◎唐物《からもの》（中国《ちゅうごく》の美術品《びじゅつひん》）が大好《だいす》き！

室町幕府《むろまちばくふ》の衰退《すいたい》を決定的《けっていてき》にしてしまった将軍《しょうぐん》

「応仁《おうにん》の乱《らん》」の原因《げんいん》をつくった芸術《げいじゅつ》を愛《あい》する風流将軍《ふうりゅうしょうぐん》

室町幕府《むろまちばくふ》第《だい》８代将軍《だいしょうぐん》。兄《あに》の第《だい》７代将軍足利義勝《だいしょうぐんあしかがよしかつ》が早世《そうせい》し、10代半《だいなか》ばで将軍《しょうぐん》となる。将軍親政《しょうぐんしんせい》を目《め》ざしたが、当時《とうじ》の幕府内《ばくふない》は細川氏《ほそかわし》・山名氏《やまなし》ほか有力守護大名《ゆうりょくしゅごだいみょう》や将軍家《しょうぐんけ》の外戚《がいせき》・日野氏《ひのし》の力《ちから》が強《つよ》かった。彼《かれ》らの口出《くちだ》しで、思《おも》うように政治《せいじ》ができなかった義政《よしまさ》は、もっぱら猿楽《さるがく》（能《のう》）や寺巡《てらめぐ》りなどに熱中《ねっちゅう》するようになる。将軍引退《しょうぐんいんたい》を望《のぞ》み、弟《おとうと》の足利《あしかが》義視《よしみ》を後継《あとつ》ぎに指名《しめい》したが、すぐ後《あと》に正室《せいしつ》の日野富子《ひのとみこ》が足利義尚《あしかがよしひさ》を産《う》む。このために起《お》きた後継者争《こうけいしゃあらそ》いが「応仁《おうにん》の乱《らん》」に発展《はってん》、長《なが》い乱世《らんせい》の始《はじ》まりとなった。一方《いっぽう》で、銀閣寺《ぎんかくじ》、水墨画《すいぼくが》、能楽《のうがく》、生《い》け花《ばな》などに代表《だいひょう》される東山文化《ひがしやまぶんか》を花開《はなひら》かせた。

生年《せいねん》	1436年《ねん》 ※２年前《ねんまえ》、絵師《えし》の狩野正信誕生《かのうまさのぶたんじょう》
没年《ぼつねん》	1490年《ねん》 ※翌年《よくとし》、弟《おとうと》の足利義視死去《あしかがよしみしきょ》
享年《きょうねん》	55歳《さい》

ここがポイント！

日本《にほん》の美意識《びいしき》
「わび・さび」の源流《げんりゅう》、
東山文化《ひがしやまぶんか》を発展《はってん》させた

File. 123

政

【ひの とみこ】
日野富子

おもしろエピソード

◎「日本三大悪女《にほんさんだいあくじょ》」のひとりとされることも
◎多額《たがく》の献金《けんきん》をして、公卿《くぎょう》に『源氏物語《げんじものがたり》』の講義《こうぎ》をしてもらう

生年《せいねん》 1440年《ねん》
※ジル・ド・レイ死去《しきょ》

没年《ぼつねん》 1496年《ねん》
※前年《ぜんねん》、北条早雲《ほうじょうそううん》が小田原城《おだわらじょう》を奪取《だっしゅ》

享年《きょうねん》 57歳《さい》

悪女《あくじょ》か才女《さいじょ》か？ 蓄財《ちくざい》にも長《た》けた将軍《しょうぐん》の正妻《せいさい》

実子《じっし》を将軍《しょうぐん》にしようとした結果《けっか》、京都《きょうと》が火《ひ》の海《うみ》に

第《だい》8代将軍《だいしょうぐん》・足利義政《あしかがよしまさ》の妻《つま》。実《じっ》家《か》の日野家《ひのけ》は将軍《しょうぐん》の妻《つま》を多数出《たすうだ》した有力《ゆうりょく》な家系《かけい》である。実子《じっし》の足利《あしかが》義尚《よしひさ》を将軍《しょうぐん》にするべく、義政《よしまさ》の弟《おとうと》・足利義視《あしかがよしみ》と対立《たいりつ》。幕府《ばくふ》の要職《ようしょく》である管領《かんれい》を務《つと》めた細川勝元《ほそかわかつもと》が義視《よしみ》を支《し》持《じ》したため、富子《とみこ》はライバル格《かく》の山名持豊《やまなもちとよ》を義尚側《よしひさがわ》につかせる。これが京《きょう》の大部分《だいぶぶん》を焼《や》く大《おお》きな内乱《ないらん》、「応仁《おうにん》の乱《らん》」の一因《いちいん》となった。義尚《よしひさ》が将軍《しょうぐん》に就《つ》くと、富子《とみこ》も幕政《ばくせい》に深《ふか》くかかわり財政《ざいせい》を再建《さいけん》。集《あつ》めた財貨《ざいか》を守護大名《しゅごだいみょう》に高利《こうり》で貸《か》し付《つ》けてさらに富《とみ》を増《ふ》やした。また、京《きょう》の入口《いりぐち》に関所《せきしょ》を設置《せっち》し、関銭《せきせん》を徴収《ちょうしゅう》しようとし反発《はんぱつ》を招《まね》く。義尚《よしひさ》、義政《よしまさ》が亡《な》くなると出家《しゅっけ》し、57歳《さい》で亡《な》くなる。

ここがポイント！

「応仁《おうにん》の乱《らん》」のきっかけをつくり、幕政《ばくせい》にも介入《かいにゅう》した

File. 124

武

細川勝元【ほそかわ かつもと】

おもしろエピソード

◎正室《せいしつ》に迎《むか》えた春林寺殿《しゅうりんじどの》は山名持豊《やまなもちとよ》の養女《ようじょ》だった
◎東洋医学《とうよういがく》を研究《けんきゅう》し、『霊蘭集《れいらんしゅう》』という書物《しょもつ》をまとめた

「応仁《おうにん》の乱《らん》」で東軍《とうぐん》を率《ひき》いた室町屈指《むろまちくっし》の有力守護《ゆうりょくしゅご》

幕府重職《ばくふじゅうしょく》を何度《なんど》も務《つと》めた名門出身《めいもんしゅっしん》の若《わか》き策謀家《さくぼうか》

室町時代《むろまちじだい》の武将《ぶしょう》で名門細川氏《めいもんほそかわし》の当主《とうしゅ》。計《けい》3度《ど》、20年以上《ねんいじょう》にわたり、幕府《ばくふ》の重職《じゅうしょく》である管領《かんれい》を務《つと》めた。謀略《ぼうりゃく》に長《た》け、政敵《せいてき》である畠山氏《はたけやまし》や斯波氏《しばし》のお家騒動《いえそうどう》に介入《かいにゅう》するなどした。山名持豊《やまなもちとよ》（宗全《そうぜん》）とは初《はじ》め協力関係《きょうりょくかんけい》だったが、幕府内《ばくふない》の勢力争《せいりょくあらそ》いのすえに、やがて対立《たいりつ》。将軍《しょうぐん》の跡目争《あとめあらそ》いでは、勝元《かつもと》が足利義視《あしかがよしみ》を、宗全《そうぜん》が足利義尚《あしかがよしひさ》を支援《しえん》して「応仁《おうにん》の乱《らん》」が起《お》こる。京《きょう》の東側《ひがしがわ》に陣《じん》を敷《し》いた勝元《かつもと》の勢力《せいりょく》は、東軍《とうぐん》とよばれた。１４７３年《ねん》に宗全《そうぜん》が亡《な》くなり、有利《ゆうり》になったと思《おも》いきや、２か月《げつ》後《ご》に勝元《かつもと》も陣中《じんちゅう》で病死《びょうし》した。禅宗《ぜんしゅう》を信仰《しんこう》し、京《きょう》に石庭《せきてい》で有名《ゆうめい》な竜安寺《りょうあんじ》を創建《そうけん》している。

生年《せいねん》 1430年《ねん》
※世阿弥《ぜあみ》の『申楽談儀《さるがくだんぎ》』完成《かんせい》

没年《ぼつねん》 1473年《ねん》
※足利義尚《あしかがよしひさ》が将軍《しょうぐん》に就任《しゅうにん》

享年《きょうねん》 44歳《さい》

ここがポイント！

幕府《ばくふ》の管領《かんれい》を務《つと》め、「応仁《おうにん》の乱《らん》」で東軍《とうぐん》を率《ひき》いる

File. 125

武

山名持豊

【やまな もちとよ】

おもしろエピソード

◎赤《あか》ら顔《がお》で武闘派《ぶとうは》の性格《せいかく》から、あだ名《な》は「赤入道《あかにゅうどう》」

◎「西陣織《にしじんおり》」は持豊《もちとよ》の西軍《せいぐん》の陣《じん》があった地域《ちいき》の織物《おりもの》

山名氏《やまなし》の権勢《けんせい》を取《と》り戻《もど》し細川氏《ほそかわし》と対決《たいけつ》

実力《じつりょく》で動乱《どうらん》を生《い》き抜《ぬ》いた西軍《せいぐん》の総大将《そうだいしょう》

室町中期《むろまちちゅうき》の武将《ぶしょう》。出家後《しゅっけご》の法名《ほうみょう》、宗全《そうぜん》の名《な》で知《し》られる。山名氏《やまなし》は南北《なんぼく》朝時代《ちょうじだい》の大勢力《だいせいりょく》だったが、幕府《ばくふ》に逆《さか》らい多《おお》くの領地《りょうち》を失《うしな》う（明徳《めいとく》の乱《らん》）。しかし、持豊《もちとよ》が第《だい》6代将軍《だいしょうぐん》足《あし》利《かが》義教《よしのり》を殺害《さつがい》した赤松満祐《あかまつみつすけ》を討《う》ったことで、勢力《せいりょく》を回復《かいふく》させた。将《しょう》軍後継問題《ぐんこうけいもんだい》では、第《だい》8代将軍《だいしょうぐん》足利《あしかが》義政《よしまさ》の妻《つま》の日野富子《ひのとみこ》に頼《たよ》られて足《あし》利義尚《かがよしひさ》を擁立《ようりつ》し、足利義視《あしかがよしみ》を支援《しえん》する細川勝元《ほそかわかつもと》と対立《たいりつ》。有力守護《ゆうりょくしゅご》の斯《し》波《ば》・畠山氏《はたけやまし》のお家騒動《いえそうどう》をも巻《ま》き込《こ》み、「応仁《おうにん》の乱《らん》」に発展《はってん》する。陣《じん》の位置《いち》から山名《やまな》の軍《ぐん》は西軍《せいぐん》とよばれた。天《てん》皇《のう》と幕府《ばくふ》を擁《よう》する東軍《とうぐん》との戦《たたか》いは厳《きび》しかったとされ、持豊《もちとよ》は乱《らん》の半《なか》ばで亡《な》くなった。

生年《せいねん》 1404年《ねん》
※ジル・ド・レイ誕生《たんじょう》

没年《ぼつねん》 1473年《ねん》
※コペルニクス誕生《たんじょう》

享年《きょうねん》 70歳《さい》

ここがポイント！

「応仁《おうにん》の乱《らん》」で西軍《せいぐん》の総大将《そうだいしょう》として活躍《かつやく》

応仁《おうにん》の乱《らん》

京都《きょうと》の中心部《ちゅうしんぶ》を炎上《えんじょう》させた将軍後継争《しょうぐんこうけいあらそ》い

File. 126

足利義尚
【あしかが よしひさ】

守護大名《しゅごだいみょう》の家督争《かとくあらそ》いを巻《ま》き込《こ》み長期《ちょうき》の戦乱《せんらん》に

　室町幕府《むろまちばくふ》第《だい》8代将軍《だいしょうぐん》の足利義政《あしかがよしまさ》は、祖父《そふ》の足利義満《あしかがよしみつ》にならい親政《しんせい》を望《のぞ》んでいた。しかし幕政《ばくせい》は側近《そっきん》や有力守護《ゆうりょくしゅご》大名《だいみょう》などに握《にぎ》られており、徐々《じょじょ》に文化《ぶんか》に没頭《ぼっとう》して政治《せいじ》を避《さ》けるようになる。義政《よしまさ》は将軍職《しょうぐんしょく》を退《しりぞ》きたいと考《かんが》えたが、長男《ちょうなん》がなかったため1464年《ねん》に異母《いぼ》弟《てい》を養子《ようし》にし、足利義視《あしかがよしみ》と名《な》のらせて次期将軍《じきしょうぐん》とした。ところが翌年《よくとし》、正室《せいしつ》の日野富子《ひのとみこ》が男子《だんし》（**足利義尚《あしかがよしひさ》**）を産《う》み、後継者争《こうけいしゃあらそ》いの火種《ひだね》ができてしまう。

　富子《とみこ》は義尚《よしひさ》を将軍《しょうぐん》にするため、山名《やまな》持豊《もちとよ》に支援《しえん》を頼《たの》む。持豊《もちとよ》は隠居《いんきょ》の身《み》とはいえ、武士《ぶし》を統率《とうそつ》する侍所《さむらいどころ》の所司《しょし》（責任者《せきにんしゃ》）の家系《かけい》で、中国地方《ちゅうごくちほう》に広《ひろ》い所《しょ》領《りょう》をもつ有力者《ゆうりょくしゃ》。持豊《もちとよ》は、義視《よしみ》の後見《こうけん》人《にん》を務《つと》める細川勝元《ほそかわかつもと》と勢力争《せいりょくあらそ》いになっていた。ここに重《かさ》なったのが、幕府《ばくふ》の重職《じゅうしょく》である管領《かんれい》を務《つと》める有力家系《ゆうりょくかけい》、畠《はたけ》山氏《やまし》のお家騒動《いえそうどう》だ。畠山氏《はたけやまし》では、当主《とうしゅ》の畠山持国《はたけやまもちくに》の異母弟《いぼてい》、畠山持富《はたけやまもちとみ》が家督《かとく》を継《つ》ぐ約束《やくそく》だったが、持国《もちくに》が実子《じっし》の畠《はたけ》山義就《やまよしひろ》を後継者《こうけいしゃ》としたため、家督争《かとくあらそ》いが起《お》こる。持豊《もちとよ》が義就《よしひろ》を支援《しえん》したため、持富《もちとみ》の死後《しご》その跡《あと》を継《つ》いだ子《こ》の政長《まさなが》は細川勝元《ほそかわかつもと》につく。また斯波氏《しばし》も家督争《かとくあらそ》いを抱《かか》え、斯波義廉《しばよしかど》が持豊《もちとよ》・義就側《よしひろがわ》に、斯波義敏《しばよしとし》が勝元《かつもと》・政長側《まさながかわ》に属《ぞく》した。

　1467年《ねん》、政長軍《まさながぐん》と持豊《もちとよ》・義就《よしひろ》・義廉《よしかど》の軍《ぐん》が京都《きょうと》で衝突《しょうとつ》した「御霊合戦《ごりょうがっせん》」をきっかけに、本格的《ほんかくてき》な武力衝突《ぶりょくしょうとつ》が始《はじ》まる。勝元軍《かつもとぐん》は将軍家《しょうぐんけ》の邸宅《ていたく》「花《はな》の御《ご》所《しょ》」に陣《じん》を敷《し》き、その位置《いち》から東軍《とうぐん》とよばれた。一方《いっぽう》の持豊軍《もちとよぐん》は現在《げんざい》の西陣《にしじん》周辺《しゅうへん》を拠点《きょてん》にし、西軍《せいぐん》となった。なおこのころには、義視《よしみ》と勝元《かつもと》対《たい》義尚《よしひさ》と持《もち》豊《とよ》という構図《こうず》は崩《くず》れており、勝元《かつもと》は本《ほん》陣《じん》である御所《ごしょ》で義政《よしまさ》・義尚《よしひさ》親子《おやこ》を擁立《ようりつ》していた。いっぽう義視《よしみ》は乱《らん》のなかで義政《よしまさ》と対立《たいりつ》、御所《ごしょ》を離《はな》れて、持豊側《もちとよがわ》に転《てん》じた。京都《きょうと》中心部《ちゅうしんぶ》は激《はげ》しい市街戦《しがいせん》で焼《や》け、略奪《りゃくだつ》も横行《おうこう》して公家《くげ》や僧侶《そうりょ》は地《ち》方《ほう》へ逃《のが》れた。勝負《しょうぶ》がつかないまま、周《しゅう》辺国《へんこく》まで戦火《せんか》が広《ひろ》がる。1473年《ねん》に持豊《もちとよ》、勝元《かつもと》が相次《あいつ》いで亡《な》くなると、義政《よしまさ》は義尚《よしひさ》に将軍職《しょうぐんしょく》を譲《ゆず》って隠居《いんきょ》。翌《よく》年《とし》には東西両陣営《とうざいりょうじんえい》が和睦《わぼく》したが、その後《ご》も守護大名《しゅごだいみょう》どうしの小競《こぜ》り合《あ》いは続《つづ》き、幕府《ばくふ》が終戦《しゅうせん》を宣言《せんげん》できたのは1477年《ねん》のことだった。この長《なが》い動《どう》乱《らん》が、戦国時代《せんごくじだい》の呼《よ》び水《みず》となる。

応仁《おうにん》の乱《らん》の対立関係《たいりつかんけい》

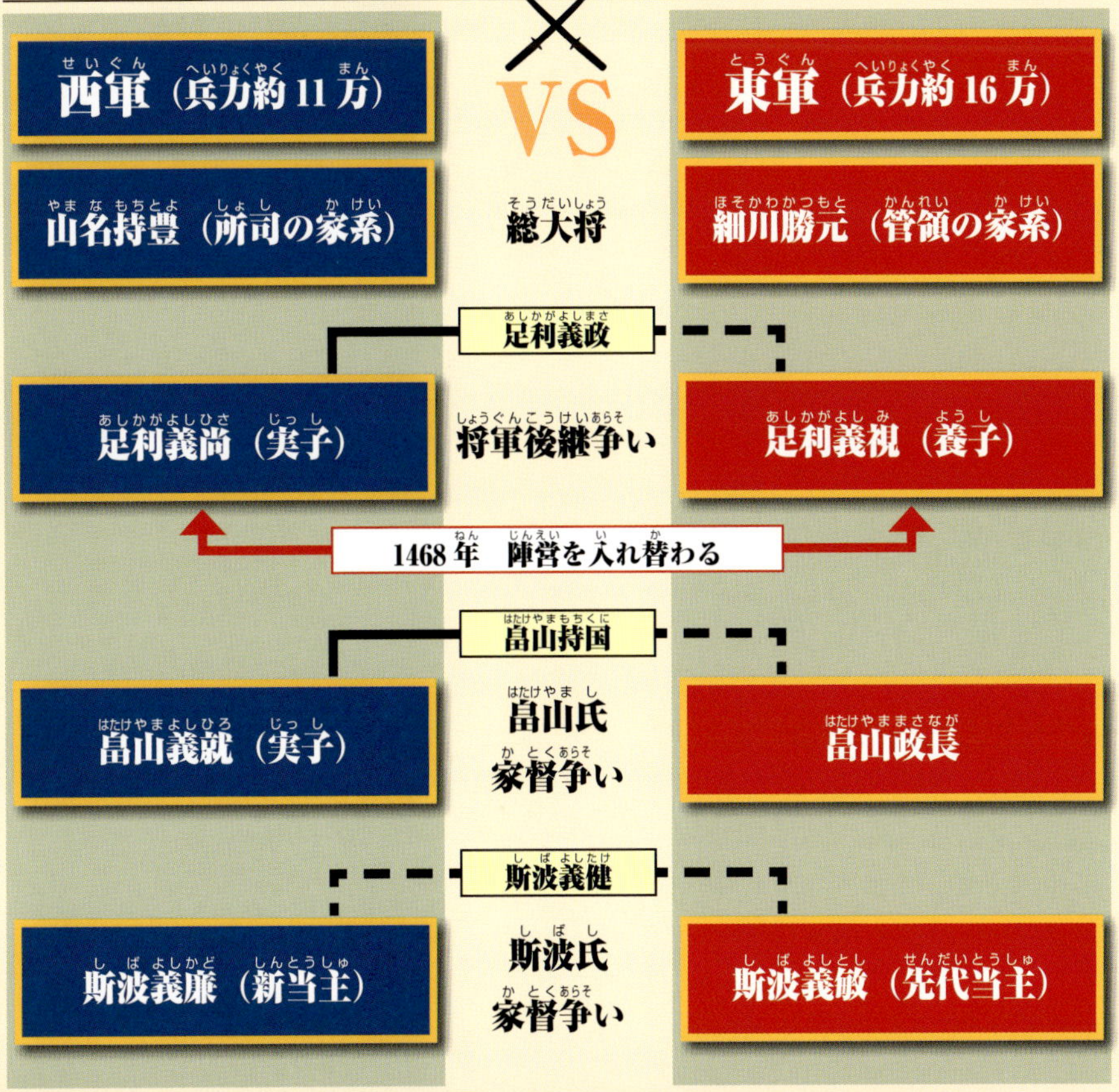

室町時代《むろまちじだい》の文化《ぶんか》 1

禅宗文化《ぜんしゅうぶんか》と庶民芸能《しょみんげいのう》が大《おお》きな役割《やくわり》を果《は》たした

文化《ぶんか》は京都《きょうと》中心《ちゅうしん》から地方《ちほう》へ広《ひろ》がっていく

室町時代《むろまちじだい》の文化《ぶんか》は、まずは第《だい》3代《だい》将軍足利義満《しょうぐんあしかがよしみつ》の時代《じだい》に盛《さか》りを迎《むか》えた。義満《よしみつ》の手腕《しゅわん》で南北朝《なんぼくちょう》の争《あらそ》いが一段落《いちだんらく》し、また中国《ちゅうごく》の明《みん》との貿易《ぼうえき》で新《あたら》しい文物《ぶんぶつ》がもたらされ、国内《こくない》の文化《ぶんか》に刺激《しげき》を与《あた》えたのだ（北山文化《きたやまぶんか》）。

また、このころになると庶民発祥《しょみんはっしょう》の文化《ぶんか》も注目《ちゅうもく》されるようになった。その代表格《だいひょうかく》のひとつが猿楽《さるがく》である。物真似《ものまね》

▲左《ひだり》から雪舟《せっしゅう》、世阿弥《ぜあみ》、宗祇《そうぎ》。

File. 127
観阿弥
【かんあみ】

File. 128
世阿弥
【ぜあみ】

File. 129
雪舟
【せっしゅう】

File. 130
宗祇
【そうぎ】

などをするおもしろおかしい芸《げい》だったが、寺院《じいん》の儀礼《ぎれい》に取《と》り入《い》れられたことをきっかけに、より洗練《せんれん》された舞《まい》や劇《げき》になっていく。これを能《のう》として大成《たいせい》したのが**観阿弥《かんあみ》・世阿弥《ぜあみ》**親子《おやこ》で、彼《かれ》らの舞《まい》を見《み》た義満《よしみつ》は、大《おお》いに気《き》に入《い》って支《し》援《えん》した。世《ぜ》阿弥《あみ》は幽玄《ゆうげん》（神秘的《しんぴてき》）な雰囲気《ふんいき》を取《と》り入《い》れ今《いま》の能楽《のうがく》の基《き》礎《そ》を築《きず》き、芸道論《げいどうろん》『風《ふう》姿花伝《しかでん》』を著《あらわ》した。

▲雪舟《せっしゅう》が築庭《ちくてい》したとされる常栄寺雪舟庭《じょうえいじせっしゅうてい》（山口県《やまぐちけん》）

第《だい》8代《だい》将《しょう》軍《ぐん》足利義政《あしかがよしまさ》の時代《じだい》には、禅宗《ぜんしゅう》の影響《えいきょう》を強《つよ》く受《う》けた東山文化《ひがしやまぶんか》が隆盛《りゅうせい》する。**雪舟《せっしゅう》**は若《わか》くして絵《え》を志《こころざ》し禅寺《ぜんでら》で学《まな》ぶ。小坊主《こぼうず》時代《じだい》に叱《しか》られて床《ゆか》に落《お》ちた涙《なみだ》でネズミを描《えが》き、その見事《みごと》な出来栄《できば》えで周囲《しゅうい》を驚《おどろ》かせたという逸話《いつわ》も残《のこ》る。本格的《ほんかくてき》に絵《え》を学《まな》ぶため雪舟《せっしゅう》は明《みん》に渡《わた》るが、そのときに頼《たよ》ったのは中国地方《ちゅうごくちほう》の守護大名《しゅごだいみょう》、大内《おおうち》氏《し》だった。室町幕府《むろまちばくふ》の弱体化《じゃくたいか》と地方大《ちほうだい》名《みょう》の台頭《たいとう》を感《かん》じさせる事例《じれい》だ。帰国後《きこくご》は、各地《かくち》を旅行《りょこう》し風景《ふうけい》を描《えが》くなどして日本独自《にほんどくじ》の水墨画《すいぼくが》を模索《もさく》した。江戸時《えどじ》代《だい》の狩野派《かのうは》絵師《えし》たちは雪舟《せっしゅう》を非常《ひじょう》に尊《そん》敬《けい》し、絵画史《かいがし》に大《おお》きな足跡《そくせき》を残《のこ》した。『天橋立図《あまのはしだてず》』（国宝《こくほう》）など重要文化財《じゅうようぶんかざい》に指定《してい》された作品《さくひん》も多《おお》い。

1467年《ねん》に始《はじ》まる「応仁《おうにん》の乱《らん》」で京都《きょうと》が大《おお》きな被害《ひがい》を受《う》け、貴族《きぞく》たちが地方《ちほう》に避難《ひなん》すると、文化《ぶんか》も一緒《いっしょ》に地方《ちほう》に持《も》ち込《こ》まれた。そのころに活躍《かつやく》したのが、公家《くげ》や細川氏《ほそかわし》ほかの有力大名《ゆうりょくだいみょう》と深《ふか》い交友《こうゆう》をもっていた、連歌師《れんがし》の**宗祇《そうぎ》**である。連歌《れんが》とは一人《ひとり》がつくった上《かみ》の句《く》に別《べつ》の人《ひと》が下《しも》の句《く》をつける共作和歌《きょうさくわか》のようなもので、ゲーム的《てき》に楽《たの》しめることから広《ひろ》く人気《にんき》を得《え》た。宗祇《そうぎ》の功績《こうせき》は、いわば遊《あそ》びだった連歌《れんが》に、和歌《わか》に負《ま》けない芸術性《げいじゅつせい》を与《あた》えたことだ。全国《ぜんこく》的《てき》な連歌《れんが》の流行《りゅうこう》にともない、上杉氏《うえすぎし》ほか各地《かくち》の大名《だいみょう》を訪《たず》ねてよく旅《たび》をし、その途中《とちゅう》に箱根《はこね》で没《ぼっ》した。『新撰菟玖波《しんせんつくば》集《しゅう》』という連歌集《れんがしゅう》も編纂《へんさん》している。

庶民芸能《しょみんげいのう》が武家《ぶけ》や公家《くげ》、僧侶《そうりょ》の文化《ぶんか》と交《まじ》わって洗練《せんれん》を深《ふか》めたことや、後期《こうき》には地方《ちほう》とのかかわりを深《ふか》めたことが室町文化《むろまちぶんか》の特徴《とくちょう》だ。

室《む》町《ろまち》時《じ》代《だい》の文《ぶん》化《か》 ②

天皇《てんのう》や幕府《ばくふ》の庇護《ひご》のもと活躍《かつやく》した文化人《ぶんかじん》たち

個性豊《こせいゆた》かな僧侶《そうりょ》と御用絵師《ごようえし》の活躍《かつやく》

室町時代《むろまちじだい》には、鎌倉期《かまくらき》に生《う》まれた新《あたら》しい仏教《ぶっきょう》が、権力者《けんりょくしゃ》との関係《かんけい》のなかで多様《たよう》な面《めん》を見《み》せた。禅僧《ぜんそう》の**夢窓疎石《むそうそせき》**は、後醍醐天皇《ごだいごてんのう》や足利家《あしかがけ》の帰依《きえ》を受《う》けた。そのため、室町幕府《むろまちばくふ》の内紛《ないふん》を調停《ちょうてい》したり、幕府樹立《ばくふじゅりつ》までの戦没者《せんぼっしゃ》を弔《とむら》う安国寺《あんこくじ》を各地《かくち》に整備《せいび》するよう足利尊氏《あしかがたかうじ》に進言《しんげん》したりと、政治手腕《せいじしゅわん》も発揮《はっき》。歴代天《れきだいてん》皇《のう》から合計《ごうけい》7度《ど》も国師《こくし》（天皇《てんのう》に仏法《ぶっぽう》を教《おし》える師《し》）の称号《しょうごう》を贈《おく》られるほどの地位《ちい》を得《え》る。また天龍寺《てんりゅうじ》をはじめとする寺院《じいん》の庭園《ていえん》づくりにも才能《さいのう》を発揮《はっき》した。

とんち話《ばなし》でおなじみの**一休宗純《いっきゅうそうじゅん》**は、室町中期《むろまちちゅうき》の僧侶《そうりょ》だ。一説《いっせつ》に後小松天皇《ごこまつてんのう》の子《こ》ともいわれる。幼《おさな》くして京《きょう》の安国寺《あんこくじ》に入《はい》り漢詩《かんし》の才能《さいのう》を発揮《はっき》。だが青年《せいねん》になると、肉食《にくしょく》・飲酒《いんしゅ》を禁《きん》じる戒律《かいりつ》を無視《むし》したり、正月《しょうがつ》にドクロを掲《かか》げて練《ね》り歩《ある》くなど、奇抜《きばつ》な言動《げんどう》を繰《く》り返《かえ》す。これは形式主義《けいしきしゅぎ》に陥《おちい》った禅《ぜん》への批判《ひはん》であり、庶民《しょみん》に親《した》しまれ、天皇《てんのう》からも大《だい》

▲土佐光信《とさみつのぶ》『北野天神縁起絵巻《きたのてんじんえんぎえまき》』の一部《いちぶ》

寺院《じいん》の住職《じゅうしょく》を任《にん》じられた。

また親鸞《しんらん》の血《ち》を引《ひ》く浄土《じょうど》真宗《しんしゅう》の僧《そう》・**蓮如**《れんにょ》は、天台宗《てんだいしゅう》の末寺《まつじ》になるほど衰《おとろ》えていた本願寺《ほんがんじ》を再興《さいこう》すべく奮闘《ふんとう》。しかしそれが延暦寺《えんりゃくじ》の怒《いか》りを買《か》い、生家《せいか》でもある大谷《おおたに》本願寺《ほんがんじ》を破壊《はかい》されてしまう。その後《ご》、蓮如《れんにょ》は越前《えちぜん》や加賀《かが》など各地《かくち》で布教《ふきょう》。信徒《しんと》たちは結束《けっそく》して自治《じち》を行《おこな》い、戦《せん》国時代《ごくじだい》には一向一揆《いっこういっき》を起《お》こして大名《だいみょう》に対抗《たいこう》していく。

華道《かどう》の開祖《かいそ》である**池坊専**《いけのぼうせん》**慶**《けい》も僧《そう》だった。頂法寺《ちょうほうじ》の池《いけ》坊《ぼう》の僧《そう》は、本尊《ほんぞん》に花《はな》を供《そな》える決《き》まりで、その生《い》け方《かた》が見事《みごと》だと評判《ひょうばん》だった。足利《あしかが》義政《よしまさ》のころ、幕府《ばくふ》有力者《ゆうりょくしゃ》に招《まね》かれて専《せん》慶《けい》が腕前《うでまえ》を披露《ひろう》したことから、仏教《ぶっきょう》の枠《わく》を超《こ》えた芸術《げいじゅつ》としての華道《かどう》が始《はじ》まる。書院造《しょいんづくり》の床《とこ》の間《ま》も、華道《かどう》とともに発展《はってん》したといえる。

絵画《かいが》では、足利義政《あしかがよしまさ》の二人《ふたり》の御用絵《ごようえ》師《し》が重要《じゅうよう》だ。一人《ひとり》は平安時代《へいあんじだい》に源流《げんりゅう》をもつ大和絵《やまとえ》（日本独自《にほんどくじ》の技法《ぎほう》による絵《え》）の絵師《えし》、**土佐光信**《とさみつのぶ》。絵画工房《かいがこうぼう》の請負役《うけおいやく》をまかされ、最高《さいこう》で従四位下《じゅしいげ》の官位《かんい》も得《え》た。『清水寺縁起絵巻《きよみずでらえんぎえまき》』ほか、絵巻《えまき》物《もの》の評価《ひょうか》が高《たか》い。もう一人《ひとり》は**狩野正信**《かのうまさのぶ》で、こちらは中国《ちゅうごく》の水墨画《すいぼくが》の影響《えいきょう》が強《つよ》い。足利義満《あしかがよしみつ》が開《ひら》いた相国寺《しょうこくじ》や、銀閣《ぎんかく》寺《じ》の障壁画《しょうへきが》を描《か》いたと記録《きろく》されている。彼《かれ》を祖《そ》とする狩野派《かのうは》は、戦国時代《せんごくじだい》から江戸時代《えどじだい》にかけての画壇《がだん》の最大勢力《さいだいせいりょく》となった。

File. 137

将

足利義輝【あしかが よしてる】

おもしろエピソード

◎剣豪《けんごう》という伝承《でんしょう》があり、最後《さいご》まで刺客《しかく》と戦《たたか》ったとも
◎鉄砲《てっぽう》に関心《かんしん》をもち、上杉謙信《うえすぎけんしん》に鉄砲《てっぽう》を贈《おく》ったことも

武将《ぶしょう》たちの勢力争《せいりょくあらそ》いに振《ふ》り回《まわ》された隠《かく》れた賢君《けんくん》

荒《あら》くれ戦国武将《せんごくぶしょう》の間《あいだ》で懸命《けんめい》に立《た》ち回《まわ》った

室町幕府《むろまちばくふ》第《だい》13代将軍《だいしょうぐん》。権力《けんりょく》の衰《おとろ》えた父《ちち》の将軍《しょうぐん》・足利義晴《あしかがよしはる》が、有力《ゆうりょく》大名《だいみょう》の争《あらそ》いに巻《ま》き込《こ》まれ管領一族《かんれいいちぞく》の細川晴元《ほそかわはるもと》と対立《たいりつ》したため、少年時《しょうねんじ》代《だい》は何度《なんど》も近江《おうみ》（今《いま》の滋賀県《しがけん》）に逃《に》げ、将軍職《しょうぐんしょく》も近江《おうみ》の寺《てら》で継《つ》いだ。その後《ご》、京《きょう》に戻《もど》るも、1549年《ねん》、三好長慶《みよしながよし》に攻《せ》め上《のぼ》られてしまう。5年《ねん》の亡命生活《ぼうめいせいかつ》の後《あと》、長慶《ながよし》に擁立《ようりつ》されて将軍《しょうぐん》としての地位《ちい》が安定《あんてい》。将軍《しょうぐん》の権威回復《けんいかいふく》のため織田信長《おだのぶなが》、上杉《うえすぎ》謙信《けんしん》ら有力《ゆうりょく》な戦国大名《せんごくだいみょう》とよい関係《かんけい》を築《きず》くことに努《つと》める。長慶《ながよし》やその臣下《しんか》の松永久秀《まつながひさひで》に便宜《べんぎ》をはかり懐《かい》柔《じゅう》することも忘《わす》れなかったが、最《さい》後《ご》は政治手腕《せいじしゅわん》を疎《うと》まれて久秀《ひさひで》らに襲撃《しゅうげき》され、自害《じがい》した。

生年《せいねん》 1536年《ねん》
※前年《ぜんねん》、『ユートピア』の著者《ちょしゃ》トマス・モア死去《しきょ》

没年《ぼつねん》 1565年《ねん》
※スペイン帝国《ていこく》がグアムなどを植民地化《しょくみんちか》

享年《きょうねん》 30歳《さい》

ここがポイント！

動揺《どうよう》する室町幕府《むろまちばくふ》の権威《けんい》を回復《かいふく》しようと努《つと》めた

武

三好長慶

【みよし ながよし】

おもしろエピソード

◎弟《おとうと》が淡路島《あわじしま》の「安宅水軍《あたぎすいぐん》」を統率《とうそつ》し、大《おお》きな戦力《せんりょく》となった

◎経済都市《けいざいとし》・堺《さかい》に早《はや》くから着目《ちゃくもく》、貿易《ぼうえき》で戦費調達《せんぴちょうたつ》を行《おこな》う

生年《せいねん》 1522年《ねん》

※ビクトリア号《ごう》による世界《せかい》1周航海達成《しゅうこうかいたっせい》

没年《ぼつねん》 1564年《ねん》

※ガリレオ・ガリレイ誕生《たんじょう》

享年《きょうねん》 43歳《さい》

ここがポイント！

室町幕府《むろまちばくふ》を掌握《しょうあく》していた細川政権《ほそかわせいけん》を崩壊《ほうかい》させる

父《ちち》の復讐《ふくしゅう》を果《は》たし、幕府《ばくふ》の実権《じっけん》をも手《て》に入《い》れる

幼少期《ようしょうき》からのリベンジで幕府《ばくふ》の実権《じっけん》を掌握《しょうあく》する

織田信長《おだのぶなが》よりも前《まえ》に畿内《きない》を掌握《しょうあく》した戦国武将《せんごくぶしょう》。室町幕府管領《むろまちばくふかんれい》・細川《ほそかわ》晴元《はるもと》の重臣《じゅうしん》・三好元長《みよしもとなが》の嫡男《ちゃくなん》。父《ちち》の元長《もとなが》は、三好氏《みよしし》の勢力拡大《せいりょくかくだい》を恐《おそ》れた晴元《はるもと》の策略《さくりゃく》によって一向一揆衆《いっこういっきしゅう》に殺《ころ》される。家督《かとく》を継《つ》いだ長慶《ながよし》は晴元《はるもと》に仕《つか》えた。1548年《ねん》、強権《きょうけん》をふるう叔父《おじ》の三好政長《みよしまさなが》の排除《はいじょ》を晴元《はるもと》に願《ねが》い出《で》るが却下《きゃっか》され、離反《りはん》。長慶《ながよし》は晴元《はるもと》の敵《てき》・細川氏綱《ほそかわうじつな》らと結《けっ》託《たく》し挙兵《きょへい》した。政長《まさなが》は討《う》ち死《じ》にし、晴元《はるもと》は京都《きょうと》から逃《のが》れる。これにより細川政権《ほそかわせいけん》は崩壊《ほうかい》し、事実上《じじつじょう》、長《なが》慶《よし》の政権《せいけん》が誕生《たんじょう》した。しかし数年《すうねん》後《ご》、長慶《ながよし》は病《やまい》に倒《たお》れ、三好氏《みよしし》の勢《せい》力《りょく》も衰退《すいたい》。長慶《ながよし》の死後《しご》の混乱《こんらん》のなか、織田信長《おだのぶなが》が畿内《きない》を手中《しゅちゅう》にする。

【初心忘《しょしんわす》るべからず】

意味《いみ》　初《はじ》めの真面目《まじめ》で謙虚《けんきょ》な気持《きも》ちをもち続《つづ》けなさい

■こんなに厳《きび》しい意味《いみ》だったとは驚《おどろ》き！

先輩《せんぱい》の「なにを迷《まよ》ってるんだ。初心忘《しょしんわす》るべからず、だぞ」の一《ひと》言《こと》で、私《わたし》は、ここに来《き》たばかりのとき、あんなに夢《ゆめ》を持《も》っていたじゃないか！　と思《おも》い出《だ》してまた頑張《がんば》れた。

……こんなシチュエーションが頭《あたま》に浮《う》かぶ格言《かくげん》だが、室町時《むろまちじ》代《だい》の能役者《のうやくしゃ》、世阿弥《ぜあみ》が晩年《ばんねん》に書《か》いたと言《い》われる『花鏡《かきょう》』の結《むす》びに登場《とうじょう》する「初心忘《しょしんわす》るべからず」は、以下《いか》のような一文《いちぶん》だ。

「しかれば、当流《とうりゅう》に、万能一徳《まんのういっとく》の一句《いっく》あり。初心忘《しょしんわす》るべからず。この句《く》、三ケ条《さんかじょう》の口伝《くでん》あり。是非《ぜひ》の初心忘《しょしんわす》るべからず。時々《ときどき》の初心忘《しょしんわす》るべからず。老後《ろうご》の初心忘《しょしんわす》るべからず。」

能《のう》を大成《たいせい》させた世阿弥《ぜあみ》は、芸《げい》事《ごと》を究《きわ》めようとする者《もの》への戒《いまし》めとしてこの一文《いちぶん》を残《のこ》したといわれる。「初心《しょしん》」とは、芸事《げいごと》の各段《かくだん》階《かい》での最初《さいしょ》の状態《じょうたい》こと。つまり、まっさらなころの自分《じぶん》をつねに思《おも》い出《だ》して、上達《じょうたつ》に努《つと》めなさいという意味《いみ》だ。

▲観世能《かんぜのう》（「洛中洛外図屏風《らくちゅうらくがいずびょうぶ》」）

「是非《ぜひ》の」は「最初《さいしょ》に学《まな》んだ良《よ》い悪《わる》いの基準《きじゅん》」、「時々《ときどき》の」は「ステップアップするごとに」、「老《ろう》後《ご》の」は「歳月《さいげつ》を経《へ》て上級者《じょうきゅうしゃ》になっても」と言《い》い替《か》えればわかりやすい。新《あたら》しいことを始《はじ》めたばかりの時代《じだい》の自分《じぶん》を思《おも》い出《だ》し、気《き》をゆるめて実力《じつりょく》を落《お》さないよう、常《つね》に自《みずか》らを叱咤《しった》せよという、とても厳《きび》しい格言《かくげん》だ。われわれは、どうも軽《かる》く使《つか》いすぎていたかもしれない。

【急《いそ》がば回《まわ》れ】

意味《いみ》

急《いそ》ぐときほど近道《ちかみち》より安全確実《あんぜんかくじつ》な方法《ほうほう》を選《えら》ぶべき

■慣《な》れない最短《さいたん》ルートを選《えら》んで迷子《まいご》に!?

この格言《かくげん》は、室町時代後期《むろまちじだいこうき》に駿河国《するがのくに》（今《いま》の静岡県《しずおかけん》）に生《う》まれた鍛冶師《かじし》の息子《むすこ》で、戦国大名《せんごくだいみょう》の今川氏親《いまがわうじちか》などに仕《つか》えた「連歌《れんが》」の名手《めいしゅ》、宗長《そうちょう》の歌《うた》に由来《ゆらい》する。連歌《れんが》とは和歌《わか》の上《かみ》の句《く》（5・7・5）と下《しも》の句《く》（7・7）を複数人《ふくすうにん》で交互《こうご》に詠《よ》むもの。宗長《そうちょう》は

「もののふの 矢橋《やばせ》の船《ふね》は速《はや》けれど急《いそ》がば回《まわ》れ 瀬田《せた》の長橋《ながはし》」

と詠《よ》んだ。今《いま》の草津矢橋港《くさつやばせこう》から大津石場港《おおついしばこう》まで琵琶湖《びわこ》を渡《わた》す船《ふね》を「矢橋《やばせ》の船《ふね》」といい、「瀬田《せた》の長橋《ながはし》」は「瀬田《せた》の唐橋《からはし》」をさす。唐橋《からはし》を渡《わた》る陸路《りくろ》だと約《やく》14キロ、渡《わた》し船《ぶね》の水路《すいろ》なら約《やく》10キロだ。しかし、比叡山《ひえいざん》から琵琶湖《びわこ》に吹《ふ》き下《お》ろす風《かぜ》で渡《わた》し船《ぶね》にはつねに転覆《てんぷく》する危険《きけん》がともなった。

そこで、もののふ、つまり武士《ぶし》たるもの、確実《かくじつ》に目的地《もくてきち》に到着《とうちゃく》するためにも、遠回《とおまわ》りでも陸路《りくろ》を選《えら》ぶべし、というわけだ。これは現代《げんだい》を生《い》きるわれわれもたびたび実感《じっかん》することで、なまじ近道《ちかみち》を選《えら》んだがためにかえって時間《じかん》を食《く》ったという経験《けいけん》をもつ人《ひと》は多《おお》いだろう。確実《かくじつ》な道《みち》が結《けっ》局《きょく》は最速《さいそく》でもあるのだ。

「倭寇《わこう》」とはなにか

乱世《らんせい》には多国籍《たこくせき》メンバーの海賊《かいぞく》が貿易《ぼうえき》の担《にな》い手《て》に

略奪者《りゃくだつしゃ》？ 貿易商《ぼうえきしょう》？ いろいろな面《めん》をもつ集団《しゅうだん》

倭寇《わこう》といえば、通常《つうじょう》、13世紀《せいき》から16世紀《せいき》に朝鮮《ちょうせん》、中国沿岸《ちゅうごくえんがん》で略奪行為《りゃくだつこうい》を働《はたら》いた海賊集団《かいぞくしゅうだん》をさす。だが、じつは時《じ》代《だい》とともに少《すこ》しずつその意味合《いみあ》いを変《か》えていった存在《そんざい》だった。鎌倉時代《かまくらじだい》ごろまで、とくに九州北部《きゅうしゅうほくぶ》では朝鮮《ちょうせん》、中国《ちゅうごく》との交流《こうりゅう》が盛《さか》んだったが、ときに外交《がいこう》貿易《ぼうえき》ではなく略奪《りゃくだつ》や暴行《ぼうこう》をする者《もの》たちも出《で》て、それを現地《げんち》の人々《ひとびと》は日本《にほん》の賊《ぞく》という意味《いみ》の「倭寇《わこう》」とよび恐《おそ》れた。1274年《ねん》・1281年《ねん》の「元寇《げんこう》」（モンゴル・高麗連合軍《こうらいれんごうぐん》の襲来《しゅうらい》）以降《いこう》は、その報復《ほうふく》の意味合《いみあ》いもあったという説《せつ》がある。南北朝時代《なんぼくちょうじだい》には、南朝《なんちょう》、北朝《ほくちょう》それぞれに味方《みかた》した倭寇《わこう》が、乱世《らんせい》で不《ふ》足《そく》した物資《ぶっし》を調達《ちょうたつ》する目的《もくてき》で海《うみ》を渡《わた》り、略奪品《りゃくだつひん》を各朝廷《かくちょうてい》に売《う》りさばいた。

室町幕府《むろまちばくふ》第《だい》3代将軍《だいしょうぐん》・足利義満《あしかがよしみつ》の時《じ》代《だい》に、正式外交《せいしきがいこう》として明《みん》（中国《ちゅうごく》）との日明貿易《にちみんぼうえき》が始《はじ》まり、倭寇《わこう》の活動《かつどう》は沈静《ちんせい》化《か》する。しかし16世紀半《せいきなか》ばに日明貿易《にちみんぼうえき》が断絶《だんぜつ》すると、倭寇《わこう》が貿易《ぼうえき》を担《にな》うようになり再《ふたた》び活発化《かっぱつか》する。その構成員《こうせいいん》は、日本人《にほんじん》だけでなくポルトガル人《じん》、中国《ちゅうごく》人《じん》、朝鮮人《ちょうせんじん》など多岐《たき》にわたり、いくつものグループが東南《とうなん》アジアまでネットワークをもつ、国籍《こくせき》を超《こ》えた集団《しゅうだん》に発《はっ》展《てん》したという。行《おこな》っていたのは密貿易《みつぼうえき》であり、海賊行為《かいぞくこうい》もともなったが、もたらされた海外《かいがい》の文化《ぶんか》やテクノロジーが、日本《にほん》の暮《く》らしに大《おお》きく関与《かんよ》したことも間違《まちが》いない。豊臣秀吉《とよとみひでよし》の海賊取締《かいぞくとりしまり》令《れい》で倭寇《わこう》は衰退《すいたい》した。

▲中国《ちゅうごく》の教科書《きょうかしょ》に描《えが》かれていた倭寇《わこう》の姿《すがた》

第《だい》6章《しょう》

戦国時代《せんごくじだい》

●この章《しょう》で扱《あつか》う時代《じだい》

飛鳥《あすか》 奈良《なら》 平安《へいあん》 鎌倉《かまくら》 南北朝《なんぼくちょう》 室町《むろまち》

戦国《せんごく》 **安土桃山《あづちももやま》** 江戸《えど》 明治《めいじ》 大正《たいしょう》 昭和《しょうわ》

戦《せん》国《ごく》大《だい》名《みょう》の領《りょう》地《ち》

織田信長《おだのぶなが》が動《うご》き出《だ》そうとしたころの日本《にほん》の状況《じょうきょう》は？

**関東《かんとう》、近畿《きんき》、中国地方《ちゅうごくちほう》
各地《かくち》に有力武将《ゆうりょくぶしょう》が続々《ぞくぞく》**

ここでは、織田信長《おだのぶなが》が「桶狭間《おけはざま》の戦《たたか》い」で勢力《せいりょく》を伸《の》ばそうとしていた1560年前後《ねんぜんご》を基準《きじゅん》に、おもな大名《だいみょう》の勢力地図《せいりょくちず》を見《み》てみよう。尾張《おわり》（今《いま》の愛知県西部《あいちけんせいぶ》）の織田氏《おだし》の領土《りょうど》はけっして広《ひろ》くない。

このころに勢力《せいりょく》が大《おお》きかったのは、室《むろ》町幕府将軍《まちばくふしょうぐん》を追放《ついほう》し近畿《きんき》を支配《しはい》した三好長慶《みよしながよし》。また関東《かんとう》・中部地方《ちゅうぶちほう》では、武蔵国《むさしのくに》（埼玉県《さいたまけん》、東京都周辺《とうきょうとしゅうへん》）から伊《い》豆《ず》までを支配《しはい》する北条氏《ほうじょうし》、信濃《しなの》・甲斐《かい》（長野県《ながのけん》・山梨県《やまなしけん》）の武田氏《たけだし》、越後《えちご》（新《にい》潟県《がたけん》）の上杉氏《うえすぎし》という、3つの大勢力《だいせいりょく》が国境《こっきょう》を接《せっ》していた。武田信玄《たけだしんげん》と上杉《うえすぎ》謙信《けんしん》による「川中島《かわなかじま》の戦《たたか》い」（1553年以降《ねんいこう》）などの激戦《げきせん》が起《お》こる一方《いっぽう》、北《ほう》条《じょう》、武田《たけだ》と今川氏《いまがわし》が軍事同盟《ぐんじどうめい》を結《むす》ぶといった動《うご》きもあった。今川氏《いまがわし》は駿河《するが》・遠江《とおとうみ》（静岡県《しずおかけん》）の守護《しゅご》を室町時代初期《むろまちじだいしょき》から務《つと》める有力者《ゆうりょくしゃ》で、桶狭間《おけはざま》での信長《のぶなが》の勝利《しょうり》は大金星《だいきんぼし》といえた。

のちに信長《のぶなが》や豊臣秀吉《とよとみひでよし》の強敵《きょうてき》として立《た》ちはだかる、中国地方《ちゅうごくちほう》の毛利氏《もうりし》は、大内氏《おおうちし》を下剋上《げこくじょう》で倒《たお》した陶晴賢《すえはるかた》を1555年《ねん》の「厳島《いつくしま》の戦《たたか》い」で倒《たお》し、周防国《すおうのくに》（山口県《やまぐちけん》）を手《て》に入《い》れ勢力《せいりょく》を拡《かく》大《だい》する。北東《ほくとう》に接《せっ》する尼子氏《あまごし》も約《やく》10年《ねん》後《ご》に滅《ほろ》ぼされる。

▲「川中島《かわなかじま》の戦《たたか》い」も領地《りょうち》をめぐる争《あらそ》い。

有名《ゆうめい》な土佐《とさ》（高知県《こうちけん》）の長宗我部氏《ちょうそかべし》や、戦国後期《せんごくこうき》に奥羽統一《おううとういつ》を果《は》たす伊達氏《だてし》もこの時点《じてん》ではまだ版図《はんと》は広《ひろ》くない。出羽国《でわのくに》の南部《なんぶ》（山形県《やまがたけん》）の最上氏《もがみし》は、伊達氏《だてし》の支配《しはい》から独立《どくりつ》すると勢力《せいりょく》拡大《かくだい》に努《つと》めたが失敗《しっぱい》。伊達氏《だてし》に姫《ひめ》を嫁《とつ》がせ、その子《こ》がのちの伊達政宗《だてまさむね》となった。

九州《きゅうしゅう》は豊後国《ぶんごのくに》（大分県《おおいたけん》）の大友氏《おおともし》、肥前国《ひぜんのくに》（佐賀県《さがけん》）の竜造寺氏《りゅうぞうじし》、薩摩国《さつまのくに》（鹿児島県《かごしまけん》）の島津氏《しまづし》が有力《ゆうりょく》だった。とくに島津氏《しまづし》は江戸時代《えどじだい》にも改易《かいえき》されず、幕末《ばくまつ》まで残《のこ》り島津斉彬《しまづなりあきら》や篤姫《あつひめ》を輩出《はいしゅつ》した。

1560年前後《ねんぜんご》の有力大名《ゆうりょくだいみょう》の勢力《せいりょく》

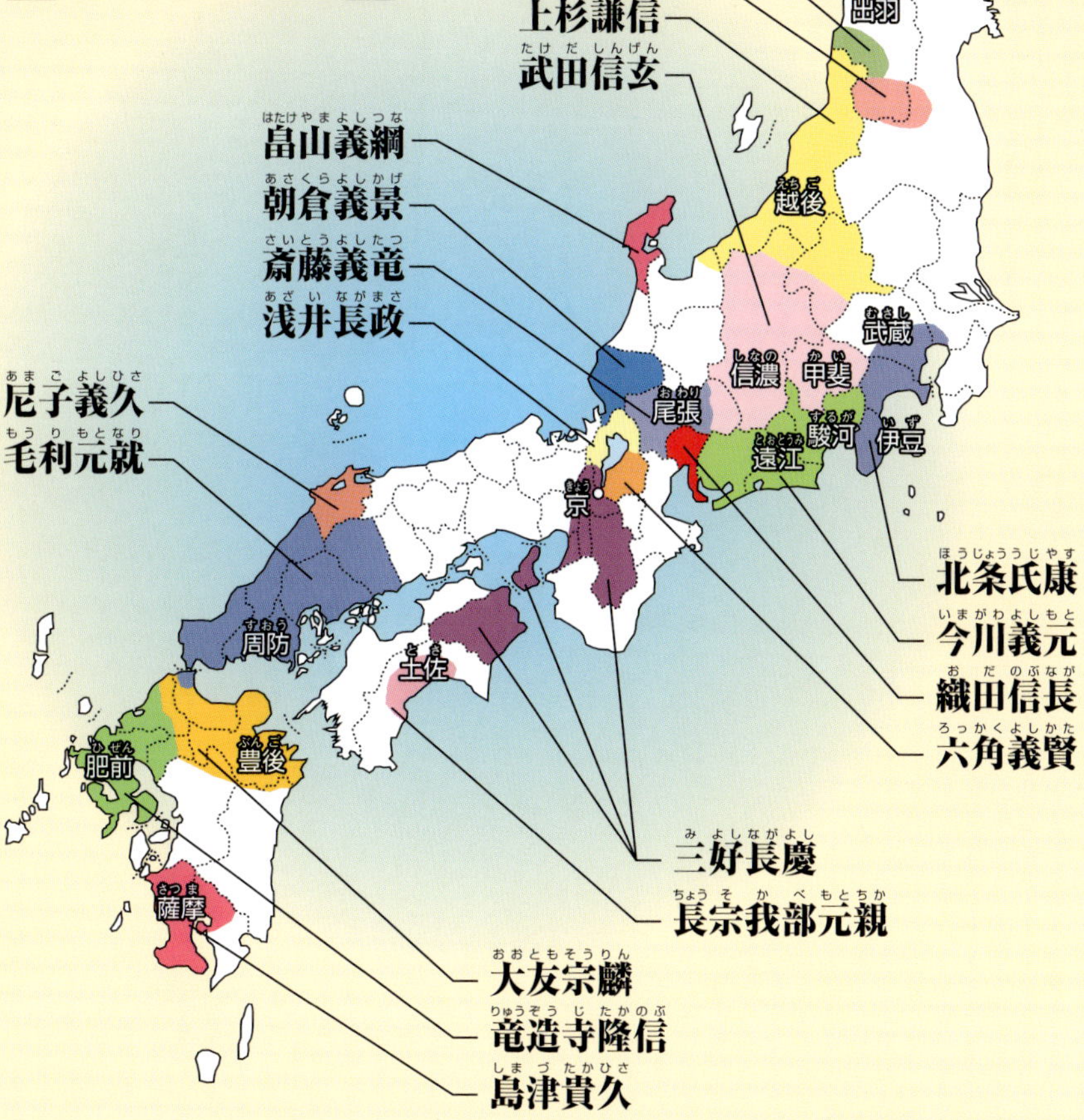

File. 139

武

【ほうじょう　そううん】
北条早雲

おもしろエピソード

◎もとは伊勢氏《いせし》で、北条氏《ほうじょうし》を名《な》のるのは2代目《だいめ》の氏綱《うじつな》から

◎京都《きょうと》で禅《ぜん》を学《まな》び、家訓集《かくんしゅう》「早雲寺殿廿一箇条《そううんじどのにじゅういっかじょう》」の第一条《だいいちじょう》も「仏神《ぶっしん》を信《しん》じよ」

生年《せいねん》 1432年《ねん》
※江戸城《えどじょう》を造《つく》った太田道灌《おおたどうかん》が誕生《たんじょう》

没年《ぼつねん》 1519年《ねん》
※今川義元《いまがわよしもと》が誕生

享年《きょうねん》 88歳《さい》

ここがポイント！

武力《ぶりょく》で伊豆《いず》、相模《さがみ》を手《て》に入《い》れ最初期《さいしょき》の戦国大名《せんごくだいみょう》となる

戦国時代《せんごくじだい》の幕開《まくあ》けを告《つ》げた関東《かんとう》の支配者《しはいしゃ》

北条《ほうじょう》5代《だい》の基礎《きそ》をつくった最初《さいしょ》の戦国大名《せんごくだいみょう》

戦国時代《せんごくじだい》に関東一円《かんとういちえん》を支配《しはい》することになる後北条氏《ごほうじょうし》の祖《そ》。早雲《そううん》、氏綱《うじつな》、氏康《うじやす》、氏政《うじまさ》、氏直《うじなお》と5代続《だいつづ》いたため「北条《ほうじょう》5代《だい》」とも称《しょう》される。北条《ほうじょう》を称《しょう》するのは2代目《だいめ》氏綱《うじつな》からで、早雲《そううん》の本名《ほんみょう》は伊勢長氏《いせながうじ》とされ通称《つうしょう》は新九郎《しんくろう》。また早雲《そううん》という呼《よ》び名《な》は法名《ほうみょう》の「早雲庵宗瑞《そううんあんそうずい》」からきている。1493年《ねん》、室町幕府《むろまちばくふ》第11代《だい》将軍《しょうぐん》・足利義澄《あしかがよしずみ》の命《めい》を受《う》けた早雲《そううん》は、勝手《かって》に2代目《だいめ》堀越公方《ほりこしくぼう》を名《な》のっていた義澄《よしずみ》の異母兄《いぼけい》である茶々丸《ちゃちゃまる》を討《う》つため、駿河《するが》から伊豆《いず》に攻《せ》め込《こ》んだ。早雲《そううん》は数年《すうねん》かけて伊豆《いず》を平定《へいてい》し、韮山城《にらやまじょう》を拠点《きょてん》に伊豆《いず》の支配《しはい》を開始《かいし》した。また関東管領《かんとうかんれい》の山内上杉家《やまのうちうえすぎけ》と扇谷上杉家《おうぎがやつうえすぎけ》が泥沼《どろぬま》の争《あらそ》いを繰《く》り広《ひろ》げる混乱《こんらん》に乗《じょう》じて、小田原城《おだわらじょう》を手《て》に入《い》れ、さらには相模一国《さがみいっこく》（今《いま》の神奈川県《かながわけん》）もその勢力下《せいりょくか》においている。

その後《ご》も、戦国大名《せんごくだいみょう》として初《はつ》の検地《けんち》を行《おこな》ったり、東国《とうごく》で初《はじ》めてとなる分国法《ぶんこくほう》（各領地《かくりょうち》の支配《しはい》のため戦国大名《せんごくだいみょう》が独自《どくじ》につくる法律《ほうりつ》）を定《さだ》めるなど、のちの北条氏《ほうじょうし》発展《はってん》の基礎《きそ》を築《きず》いた。

ゆかりの地《ち》

韮山城《にらやまじょう》

●伊豆平定後《いずへいていご》に建《た》てられた山城《やましろ》で、早雲《そううん》の居城《きょじょう》。静岡《しずおか》県《けん》伊豆《いず》の国市《くにし》。

File. 140

武

武田信玄【たけだ しんげん】

おもしろエピソード

◎信玄《しんげん》の数少《かずすく》ない負《ま》け戦《いくさ》は信濃《しなの》の村上義清《むらかみよしきよ》との戦《たたか》い
◎他国《たこく》に攻《せ》められないよう自分《じぶん》の死《し》を3年隠《ねんかく》せと遺言《ゆいごん》

生年《せいねん》 1521年《ねん》
※ルターがカトリック教会《きょうかい》に破門《はもん》される

没年《ぼつねん》 1573年《ねん》
※お江《ごう》（崇源院《すうげんいん》）誕生《たんじょう》

享年《きょうねん》 53歳《さい》

ここがポイント！
中部日本《ちゅうぶにほん》の甲斐《かい》を中心《ちゅうしん》に大勢力《だいせいりょく》を誇《ほこ》った大名《だいみょう》

天下取《てんかと》りに最《もっと》も近《ちか》かったといわれる戦国《せんごく》の雄《ゆう》

甲斐《かい》の虎《とら》と恐《おそ》れられるも天下取《てんかと》り目前《もくぜん》に病死《びょうし》

甲斐《かい》（今《いま》の山梨県《やまなしけん》）の戦国大名《せんごくだいみょう》。本名《ほんみょう》は武田晴信《たけだはるのぶ》といい、信玄《しんげん》は法《ほう》名《みょう》である。生涯《しょうがい》に70回以上《かいいじょう》戦《たたか》ったが、敗北《はいぼく》はわずか数回《すうかい》という戦上《いくさじょう》手《ず》。一方《いっぽう》で「甲州法度《こうしゅうはっと》」を定《さだ》めて法整備《ほうせいび》を行《おこな》ったり、治水《ちすい》のため「信《しん》玄堤《げんづつみ》」を築《きず》いたり、金山開発《きんざんかいはつ》を行《おこな》うなど内政面《ないせいめん》にも才能《さいのう》を発揮《はっき》した。実力本位《じつりょくほんい》の人材登用《じんざいとうよう》を行《おこな》い、家臣《かしん》から厚《あつ》い信頼《しんらい》を得《え》た。山本勘助《やまもとかんすけ》ら、結束《けっそく》の固《かた》い「武田《たけだ》24将《しょう》」が名高《なだか》い。

1555年《ねん》には信濃《しなの》を勢力下《せいりょくか》におく。それと前後《ぜんご》して1553年《ねん》から1564年《ねん》にかけて5回《かい》、上《うえ》杉謙信《すぎけんしん》との「川中島《かわなかじま》の戦《たたか》い」が起《お》きるが、勝敗《しょうはい》はつかなかった。その後《ご》、駿河《するが》（今《いま》の静岡県《しずおかけん》）、三河《みかわ》（今《いま》の愛知県《あいちけん》）なども領地《りょうち》として一大勢《いちだいせい》力《りょく》を築《きず》き「天下取《てんかと》りに最《もっと》も近《ちか》い男《おとこ》」と目《もく》された。室町幕府《むろまちばくふ》第《だい》15代将軍《だいしょうぐん》・足利義昭《あしかがよしあき》が織田信長《おだのぶなが》討伐《とうばつ》の呼《よ》びかけをするなか、信玄《しんげん》は1572年《ねん》、3万《まん》の兵《へい》を率《ひき》いて京《きょう》に向《む》かう。途《と》中《ちゅう》の「三方ヶ原《みかたがはら》の戦《たたか》い」では、信長《のぶなが》と同盟関係《どうめいかんけい》である徳川家康《とくがわいえやす》を撃退《げきたい》。だが病《やまい》が悪化《あっか》し、やむなく引《ひ》き上《あ》げ、その途中《とちゅう》で亡《な》くなった。

ゆかりの地《ち》

躑躅《つつじ》ヶ《が》崎館《さきやかた》

●甲府盆地《こうふぼんち》の北《きた》にあった武《たけ》田《だ》氏《し》の居城《きょじょう》。城下町《じょうかまち》は甲府《こうふ》市《し》のもととなる。

File. 141

武

上杉謙信【うえすぎ けんしん】

おもしろエピソード

◎仏教《ぶっきょう》の戒律《かいりつ》に従《したが》い生涯独身《しょうがいどくしん》を通《とお》し、後継者《こうけいしゃ》もすべて養子《ようし》のため、女性説《じょせいせつ》まで唱《とな》えられた

義《ぎ》に厚《あつ》い、信玄《しんげん》や信長《のぶなが》のライバル武将《ぶしょう》

毘沙門天《びしゃもんてん》の化身《けしん》にして軍神《ぐんしん》とよばれた男《おとこ》

越後《えちご》（今《いま》の新潟県《にいがたけん》）を治《おさ》める戦《せん》国《ごく》の雄《ゆう》、上杉謙信《うえすぎけんしん》の幼名《ようめい》は虎千代《とらちよ》、元服後《げんぷくご》は長尾景虎《ながおかげとら》。関東管領《かんとうかんれい》の上杉《うえすぎ》憲政《のりまさ》から姓《せい》と官職《かんしょく》を継《つ》ぎ、のちに上杉輝虎《うえすぎてるとら》と改名《かいめい》した。謙信《けんしん》は法名《ほうみょう》。

15歳《さい》で初陣《ういじん》の「栃尾城《とちおじょう》の戦《たたか》い」に勝利《しょうり》した景虎《かげとら》は、直江景綱《なおえかげつな》らに擁《よう》立《りつ》され、兄《あに》の養子《ようし》となる形《かたち》で家督《かとく》を継《つ》ぎ、内乱《ないらん》が続《つづ》いていた越後《えちご》を統《とう》一《いつ》。その後《ご》は他国《たこく》との戦《いくさ》に明《あ》け暮《く》れる生涯《しょうがい》だった。武田信玄《たけだしんげん》との5回《かい》に及《およ》ぶ「川中島《かわなかじま》の戦《たたか》い」をはじめ、北条氏《ほうじょうし》が治《おさ》める関東《かんとう》への十数回《じゅうすうかい》にも及《およ》ぶ侵攻《しんこう》、織田信長《おだのぶなが》を撃破《げきは》した「手取川《てどりがわ》の戦《たたか》い」など、戦歴《せんれき》は数《かぞ》え切《き》れない。

1578年《ねん》、謙信《けんしん》は本拠地《ほんきょち》である春日山城《かすがやまじょう》の厠《かわや》で突然《とつぜん》倒《たお》れ、その数日後《すうじつご》、息《いき》を引《ひ》き取《と》った。酒好《さけず》きだった謙信《けんしん》の死因《しいん》は脳溢血《のういっけつ》だったともいわれる。このときも大遠征《だいえんせい》のための準備《じゅんび》をしている最中《さいちゅう》だった。戦《いくさ》の神《かみ》である毘沙門天《びしゃもんてん》を信仰《しんこう》する謙《けん》信《しん》は、自《みずか》らをその生《う》まれ変《か》わりと信《しん》じ、戦《いくさ》では天才的《てんさいてき》な強《つよ》さをみせた。人々《ひとびと》は彼《かれ》を越後《えちご》の龍《りゅう》、軍神《ぐんしん》などとよび畏敬《いけい》した。

生年《せいねん》 1530年《ねん》
※ 大友宗麟《おおともそうりん》が誕生《たんじょう》

没年《ぼつねん》 1578年《ねん》
※ 前年《ぜんねん》、大名《だいみょう》の松永久秀《まつながひさひで》が死去《しきょ》

享年《きょうねん》 49歳《さい》

ここがポイント！

越後《えちご》を統一《とういつ》し、
中部《ちゅうぶ》・関東《かんとう》への
進出《しんしゅつ》を図《はか》る

ゆかりの地《ち》

春日山城《かすがやまじょう》

●謙信《けんしん》の父《ちち》が改修《かいしゅう》して上杉《うえすぎ》氏《し》4代《だい》の居城《きょじょう》とした。今《いま》の上越市《じょうえつし》にある。

File. 142

武

おもしろエピソード

【おだ のぶなが】織田信長

◎浅井長政《あざいながまさ》らのドクロを盃《さかずき》にした逸話《いつわ》は、当時《とうじ》の風習《ふうしゅう》で敵《てき》の首《くび》を宴《うたげ》に出《だ》したことの誇張《こちょう》

戦《いくさ》でも内政《ないせい》でも先例《せんれい》にとらわれず大躍進《だいやくしん》

常識《じょうしき》をはみ出《だ》すことが戦国《せんごく》の覇者《はしゃ》の条件《じょうけん》!?

大名《だいみょう》・織田信秀《おだのぶひで》の嫡男《ちゃくなん》ながら、若《わか》いころは常識《じょうしき》はずれな言動《げんどう》が多《おお》く「尾張《おわり》の大《おお》うつけ者《もの》」とよばれた信長《のぶなが》。だが家督《かとく》を継《つ》いだ後《あと》は、2万《まん》5000人《にん》ともいわれる今川《いまがわ》義元軍《よしもとぐん》をわずかな手勢《てぜい》で奇襲《きしゅう》して勝利《しょうり》した「桶狭間《おけはざま》の戦《たたか》い」で真価《しんか》を発揮《はっき》した。また1573年《ねん》、室《むろ》町幕府将軍《まちばくふしょうぐん》に擁立《ようりつ》し利用《りよう》していた足利義昭《あしかがよしあき》に反抗《はんこう》されると京都《きょうと》を追《つい》放《ほう》。実質的《じっしつてき》に室町幕府《むろまちばくふ》を滅《ほろ》ぼす。

新兵器《しんへいき》の鉄砲《てっぽう》にいち早《はや》く着目《ちゃくもく》して、戦国最強《せんごくさいきょう》とよばれた武田軍《たけだぐん》を破《やぶ》った「長篠合戦《ながしのかっせん》」でもわかるように、合理性《ごうりせい》と先見性《せんけんせい》を備《そな》えていた信長《のぶなが》は、内政面《ないせいめん》でも斬新《ざんしん》だった。不必要《ふひつよう》な関所《せきしょ》を廃止《はいし》し、楽市《らくいち》・楽座《らくざ》によって商人《しょうにん》に自由《じゆう》な商業活動《しょうぎょうかつどう》をさせるなど、自然《しぜん》と人《ひと》や物資《ぶっし》が集《あつ》まる新《あたら》しい仕組《しく》みをつくり上《あ》げた。また検地《けんち》や枡《ます》の規格統一《きかくとういつ》も行《おこな》っている。

豊臣秀吉《とよとみひでよし》に命《めい》じた中国攻《ちゅうごくぜ》めも進《すす》み、天下統一《てんかとういつ》が見《み》えつつあった1582年《ねん》、「本能寺《ほんのうじ》の変《へん》」が起《お》きる。家臣《かしん》の明智光秀《あけちみつひで》に襲《おそ》われた信長《のぶなが》は、自害《じがい》を余儀《よぎ》なくされた。

生年《せいねん》 1534年《ねん》
※イエズス会結成《かいけっせい》

没年《ぼつねん》 1582年《ねん》
※グレゴリオ暦《れき》が使《つか》われ始《はじ》める

享年《きょうねん》 49歳《さい》

ここがポイント!

先進的《せんしんてき》な戦術《せんじゅつ》や政策《せいさく》で天下統一《てんかとういつ》間近《まぢか》まで迫《せま》る

ゆかりの地《ち》

安土城《あづちじょう》

● 1576年《ねん》に信長《のぶなが》が築《きず》いた大型《おおがた》の天守《てんしゅ》をもつ居城《きょじょう》。滋賀県近江八幡市《しがけんおうみはちまんし》。

File. 143

武

柴田勝家【しばた かついえ】

おもしろエピソード

◎成《な》り上《あ》がりの豊臣秀吉《とよとみひでよし》とは犬猿《けんえん》の仲《なか》
◎籠城戦《ろうじょうせん》で追《お》い詰《つ》められた際《さい》、水瓶《みずがめ》を割《わ》って退路《たいろ》を断《た》ち、打《う》って出《で》る覚悟《かくご》を高《たか》めたという

武勇《ぶゆう》で秀吉《ひでよし》の天下取《てんかと》りに対抗《たいこう》した猛将《もうしょう》

織田家《おだけ》を古《ふる》くから支《ささ》えた勇猛果敢《ゆうもうかかん》な武将《ぶしょう》

織田信長《おだのぶなが》の重臣《じゅうしん》で「鬼柴田《おにしばた》」の異名《いみょう》をもつ。信長《のぶなが》の父《ちち》・織田信秀《おだのぶひで》の代《だい》から仕《つか》え、家督争《かとくあらそ》いでは信長《のぶなが》の弟《おとうと》の信行《のぶゆき》を支《ささ》えたが信長《のぶなが》に敗北《はいぼく》して降伏《こうふく》。以後《いご》は信長《のぶなが》に仕《つか》える。

当初《とうしょ》から信長《のぶなが》に信頼《しんらい》されていたわけではなく、「桶狭間《おけはざま》の戦《たたか》い」など、重要《じゅうよう》な局面《きょくめん》では参陣《さんじん》を許《ゆる》されなかったが、浅井《あざい》・朝倉《あさくら》との戦《たたか》いや、長島一向一揆《ながしまいっこういっき》の鎮圧《ちんあつ》などを経《へ》て活躍《かつやく》。重用《ちょうよう》され北陸方面《ほくりくほうめん》を任《まか》される。

「本能寺《ほんのうじ》の変《へん》」以後《いご》、信長《のぶなが》の後継《こうけい》をめぐり豊臣秀吉《とよとみひでよし》と対立《たいりつ》。織田家《おだけ》の家督《かとく》を決《き》める「清洲会議《きよすかいぎ》」で秀吉《ひでよし》に政治《せいじ》で敗《やぶ》れ、「賤ケ岳《しずがたけ》の戦《たたか》い」でも敗北《はいぼく》。最期《さいご》は城《しろ》を包囲《ほうい》され、夫人《ふじん》である信長《のぶなが》の妹《いもうと》、お市《いち》の方《かた》と自害《じがい》した。

生年《せいねん》	不詳《ふしょう》
没年《ぼつねん》	1583年《ねん》 ※大坂城築城《おおさかじょうちくじょう》
享年《きょうねん》	不詳《ふしょう》

ここがポイント！

信長《のぶなが》の死後《しご》、秀吉《ひでよし》にとって最大《さいだい》のライバル

武

【にわ ながひで】丹羽長秀

おもしろエピソード

◎織田《おだ》信長《のぶなが》を若《わか》い時代《じだい》から支《ささ》える
◎織田家《おだけ》初《はつ》の国持大名《くにもちだいみょう》で、政治《せいじ》センスにも優《すぐ》れる

信長《のぶなが》の快進撃《かいしんげき》を支《ささ》えた「織田四天王《おだしてんのう》」

信長恩顧《のぶながおんこ》の武将《ぶしょう》として織田家《おだけ》の原動力《げんどうりょく》に

柴田勝家《しばたかついえ》と並《なら》び古《ふる》くから織田《おだ》信長《のぶなが》を支《ささ》えた武将《ぶしょう》。「桶狭間《おけはざま》の戦《たたか》い」や「美濃攻《みのぜ》め」といった、主要《しゅよう》な戦《たたか》いに従軍《じゅうぐん》。「姉川《あねがわ》の戦《たたか》い」で、長《なが》秀《ひで》は相手《あいて》から奪《うば》った佐和山《さわやま》の城主《じょうしゅ》に任命《にんめい》され、その後《ご》若狭国《わかさのくに》（今《いま》の福井県《ふくいけん》）を与《あた》えられ、織田家臣《おだかしん》で初《はじ》めての国持大名《くにもちだいみょう》となる。

その後《ご》も武功《ぶこう》を重《かさ》ね、政治面《せいじめん》でも活躍《かつやく》。織田家《おだけ》で柴田勝家《しばたかついえ》に次《つ》ぐ重要《じゅうよう》な家臣《かしん》となったが、「本能寺《ほんのうじ》の変《へん》」後《ご》、信長《のぶなが》の後継者《こうけいしゃ》を決《き》める「清洲会議《きよすかいぎ》」では豊臣秀吉《とよとみひでよし》を支持《しじ》。「賤ケ岳《しずがたけ》の戦《たたか》い」でも秀吉《ひでよし》につき、2年後《ねんご》に51歳《さい》で急死《きゅうし》。病死《びょうし》だったとされ、病巣《びょうそう》は秀吉《ひでよし》の侍医《じい》の竹田法印《たけだほういん》の家《いえ》に伝《つた》えられたともいわれる。

生年《せいねん》 1535年《ねん》
※島津義弘《しまづよしひろ》が生《う》まれる

没年《ぼつねん》 1585年《ねん》
※豊臣秀吉《とよとみひでよし》が関白《かんぱく》になる

享年《きょうねん》 51歳《さい》

ここがポイント！

軍事《ぐんじ》だけでなく
行政《ぎょうせい》にも優《すぐ》れた
信長《のぶなが》の重臣《じゅうしん》

【おだ のぶただ】織田信忠

26歳《さい》の若《わか》さで散《ち》った信長《のぶなが》も認《みと》めた後継者《こうけいしゃ》

生年《せいねん》 1557年《ねん》
没年《ぼつねん》 1582年《ねん》
享年《きょうねん》 26歳《さい》

武

ここがポイント！
有能《ゆうのう》な信長《のぶなが》の後継者《こうけいしゃ》だったが夭折《ようせつ》

織田信長《おだのぶなが》の嫡男《ちゃくなん》。信長《のぶなが》に従《したが》って「石山合戦《いしやまかっせん》」や「長篠合戦《ながしのかっせん》」に参加《さんか》。1575年《ねん》の岩村城《いわむらじょう》の戦《たたか》いでは総大将《そうだいしょう》として武田軍《たけだぐん》の城《しろ》を攻《せ》め落《お》とす武功《ぶこう》を挙《あ》げた。翌年《よくねん》には信長《のぶなが》から織田家《おだけ》の家督《かとく》と領地《りょうち》の一部《いちぶ》を譲《ゆず》られて、岐阜城主《ぎふじょうしゅ》となる。その後《ご》も、戦《いくさ》の総大将《そうだいしょう》を任《まか》され、着実《ちゃくじつ》に信長《のぶなが》の後継者《こうけいしゃ》としての道《みち》を歩《あゆ》む。

1582年《ねん》、中《ちゅう》国攻《ごくぜ》めの応援《おうえん》に備《そな》え信長《のぶなが》とともに京《きょう》に入《はい》ったところに、明智光秀《あけちみつひで》に「本能寺《ほんのうじ》の変《へん》」を起《お》こされ、26歳《さい》で自害《じがい》に追《お》い込《こ》まれた。

【おだ のぶかつ】織田信雄

秀吉《ひでよし》・家康《いえやす》の世《よ》をうまく世渡《よわた》りした「凡才《ぼんさい》」

生年《せいねん》 1558年《ねん》
没年《ぼつねん》 1630年《ねん》
享年《きょうねん》 73歳《さい》

武

ここがポイント！
天下人《てんかびと》の下《した》につき織田《おだ》の血筋《ちすじ》を残《のこ》す

織田信長《おだのぶなが》の次男《じなん》。北畠具房《きたばたけともふさ》の養子《ようし》となるが信長《のぶなが》の死後《しご》、織田姓《おだせい》に戻《もど》り織田信勝《おだのぶかつ》（のちの信雄《のぶかつ》）を名《な》のった。「本能寺《ほんのうじ》の変《へん》」の後《あと》、「清洲会議《きよすかいぎ》」で信長《のぶなが》の後継《こうけい》の座《ざ》を狙《ねら》うも、信雄《のぶかつ》はだれにも推挙《すいきょ》されなかった。家督《かとく》は長男信忠《ちょうなんのぶただ》の子《こ》の三法師《さんぼうし》（秀信《ひでのぶ》）が継《つ》ぐことになった。その後《ご》は三法師《さんぼうし》の後見人《こうけんにん》を降《お》ろされたことをきっかけとする「小牧《こまき》・長久手《ながくて》の戦《たたか》い」での対立《たいりつ》を挟《はさ》みつつも、豊臣秀吉《とよとみひでよし》のもとで生《い》き延《の》びる。徳川政権下《とくがわせいけんか》では5万《まん》石《ごく》を与《あた》えられ、大名《だいみょう》となった。

File. 147

森長可【もり ながよし】

鬼武蔵《おにむさし》とよばれ信長《のぶなが》に可愛《かわい》がられた荒武者《あらむしゃ》

織田信長《おだのぶなが》に仕《つか》えた森可成《もりよしなり》の子《こ》で、森蘭丸《もりらんまる》の兄《あに》。「鬼武蔵《おにむさし》」の異名《いみょう》をもつ槍《やり》の名手《めいしゅ》で、その剛胆《ごうたん》な戦《たたか》いぶりには信長《のぶなが》も一目《いちもく》おいた。長島一向一揆《ながしまいっこういっき》の鎮圧《ちんあつ》で活躍《かつやく》し武田討伐《たけだとうばつ》では先陣《せんじん》として働《はたら》く。その功績《こうせき》から海津城《かいづじょう》(のちの松代城《まつしろじょう》)を与《あた》えられ、旧領《きゅうりょう》と合《あ》わせ、22万石《まんごく》を得《え》る。だが「本能寺《ほんのうじ》の変《へん》」で信長《のぶなが》と弟《おとうと》の蘭丸《らんまる》が死《し》ぬと、信濃《しなの》の国衆《くにしゅう》の裏切《うらぎ》りに遭《あ》い、旧領《きゅうりょう》の美濃金山《みのかねやま》に逃《のが》れる。

その後《ご》は豊臣秀吉《とよとみひでよし》に臣従《しんじゅう》したが、「小牧《こまき》・長久手《ながくて》の戦《たたか》い」で戦死《せんし》した。

生年《せいねん》	1558年《ねん》
没年《ぼつねん》	1584年《ねん》
享年《きょうねん》	27歳《さい》

武

ここがポイント!

弟《おとうと》とともに信長《のぶなが》に仕《つか》え武功《ぶこう》を挙《あ》げる

File. 148

森蘭丸【もり らんまる】

信長《のぶなが》に愛《あい》された聡明美貌《そうめいびぼう》の小姓《こしょう》

森可成《もりよしなり》の子《こ》。本名《ほんみょう》は成利《なりとし》または長定《ながさだ》。父《ちち》の可成《よしなり》が浅井《あざい》・朝倉軍《あさくらぐん》から撤退《てったい》する織田信長《おだのぶなが》を助《たす》けて戦死《せんし》したため、信長《のぶなが》は可成《よしなり》の遺児《いじ》たちを優遇《ゆうぐう》したとされる。蘭丸《らんまる》は幼少《ようしょう》より信長《のぶなが》の小姓《こしょう》として仕《つか》え、その聡明《そうめい》さと美貌《びぼう》によって信長《のぶなが》の寵愛《ちょうあい》を受《う》けたともいう。また、使者役《ししゃやく》など信長《のぶなが》の側仕《そばづか》えとしての仕事《しごと》もこなした。

明智光秀《あけちみつひで》が起《お》こした「本能寺《ほんのうじ》の変《へん》」で、蘭丸《らんまる》は信長《のぶなが》を守《まも》って戦《たたか》ったが討《う》ち取《と》られた。このときに弟《おとうと》二人《ふたり》も、ともに本能寺《ほんのうじ》で戦死《せんし》している。

生年《せいねん》	1565年《ねん》
没年《ぼつねん》	1582年《ねん》
享年《きょうねん》	18歳《さい》

武

ここがポイント!

「本能寺《ほんのうじ》の変《へん》」でも側《そば》で戦《たたか》った信長《のぶなが》の近侍《きんじ》

File. 149

足利義昭

【あしかが よしあき】

織田信長《おだのぶなが》に擁立《ようりつ》された室町幕府《むろまちばくふ》最後《さいご》の将軍《しょうぐん》

生年《せいねん》 1537年《ねん》
没年《ぼつねん》 1597年《ねん》
享年《きょうねん》 61歳《さい》

将

ここがポイント！
足利家《あしかがけ》の正統《せいとう》として室町幕府《むろまちばくふ》再興《さいこう》に挑《いど》む

室町幕府第《むろまちばくふだい》12代将軍《だいしょうぐん》の足利義晴《あしかがよしはる》の次男《じなん》。出家《しゅっけ》していたが、第《だい》13代将軍《だいしょうぐん》で兄《あに》の足利義輝《あしかがよしてる》が、実権《じっけん》を握《にぎ》る松永久秀《まつながひさひで》らに暗殺《あんさつ》され、将軍家再興《しょうぐんけさいこう》のため還俗《げんぞく》する。その後《ご》、織田信長《おだのぶなが》に警護《けいご》されて上洛《じょうらく》、第《だい》15代将軍《だいしょうぐん》となる。だが天下《てんか》を狙《ねら》う信長《のぶなが》との対立《たいりつ》は深《ふか》まり、義昭《よしあき》は武田《たけだ》、本願寺顕如《ほんがんじけんにょ》、浅井《あざい》、朝倉《あさくら》らと信長包囲網《のぶながほういもう》を形成《けいせい》、自身《じしん》も挙兵《きょへい》した。しかし敗北《はいぼく》して追放《ついほう》され、毛利氏《もうりし》のもとに身《み》を寄《よ》せる。豊臣政権下《とよとみせいけんか》では、幕府《ばくふ》の再興《さいこう》は断念《だんねん》し山城国《やましろのくに》に領地《りょうち》を与《あた》えられた。

File. 150

松永久秀

【まつなが ひさひで】

名茶釜《めいちゃがま》「平蜘蛛《ひらぐも》」と爆死《ばくし》？ 2度《ど》も信長《のぶなが》を裏切《うらぎ》った男《おとこ》

生年《せいねん》 1510年《ねん》
没年《ぼつねん》 1577年《ねん》
享年《きょうねん》 68歳《さい》

武

ここがポイント！
畿内《きない》の有力武将《ゆうりょくぶしょう》。茶器《ちゃき》を多数所有《たすうしょゆう》

三好長慶《みよしながよし》に仕《つか》え、その死後《しご》は三好政権《みよしせいけん》の中核《ちゅうかく》となり、将軍親政《しょうぐんしんせい》を目《め》ざした足利義輝《あしかがよしてる》を暗殺《あんさつ》した。1568年、織田信長《おだのぶなが》が足利義昭《あしかがよしあき》を擁《よう》して上洛《じょうらく》すると、茶入《ちゃいれ》「九十九髪茄子《つくもなす》」を差《さ》し出《だ》していち早《はや》く降伏《こうふく》。その後《ご》、信長《のぶなが》に反抗《はんこう》する義昭《よしあき》に協力《きょうりょく》したが、失敗《しっぱい》すると再《ふたた》び信長《のぶなが》に降伏《こうふく》する。だが1577年《ねん》、久秀《ひさひで》は再《ふたた》び信長《のぶなが》を裏切《うらぎ》る。信長《のぶなが》は名茶釜《めいちゃがま》「平蜘蛛《ひらぐも》」を差《さ》し出《だ》せば助《たす》けると申《もう》し出《で》たが、籠城《ろうじょう》した久秀《ひさひで》は、これを拒否《きょひ》。自害《じがい》か、爆死《ばくし》したともいわれる。

File. 151

【あさくら よしかげ】

朝倉義景

名門出身《めいもんしゅっしん》ながら 優柔不断《ゆうじゅうふだん》で好機《こうき》を逃《のが》す

生年 1533年
没年 1573年
享年 41歳
武

ここがポイント！
信長《のぶなが》に敗《やぶ》れた 朝倉氏最後《あさくらしさいご》の当主《とうしゅ》

越前《えちぜん》（今《いま》の福井県《ふくいけん》）の戦国大名《せんごくだいみょう》、朝倉氏《あさくらし》の最後《さいご》の当主《とうしゅ》。名門《めいもん》の子《こ》として連歌《れんが》や茶《ちゃ》の湯《ゆ》を好《この》み、戦《いくさ》は好《す》きではなかった。足利義昭《あしかがよしあき》に上洛《じょうらく》への協力《きょうりょく》を求《もと》められた際《さい》も消極的《しょうきょくてき》で、義昭《よしあき》は織田信長《おだのぶなが》のもとに走《はし》った。「金ケ崎《かねがさき》の戦《たたか》い」では同盟《どうめい》する浅井長政《あざいながまさ》の加勢《かせい》により信長《のぶなが》を撤退《てったい》させるが、討《う》ち取《と》るには至《いた》らず「姉川《あねがわ》の戦《たたか》い」で信長《のぶなが》に敗北《はいぼく》した。次《つぎ》に義景《よしかげ》は、義昭《よしあき》の発《はっ》した信長包囲作戦《のぶながほういさくせん》に呼応《こおう》したものの、逆《ぎゃく》に織田軍《おだぐん》に攻《せ》められてしまう。大敗《たいはい》した義景《よしかげ》は、自害《じがい》して果《は》てた。

File. 152

【あざい ながまさ】

浅井長政

知勇《ちゆう》に優《すぐ》れた 織田信長《おだのぶなが》の妹婿《いもうとむこ》

生年 1545年
没年 1573年
享年 29歳
武

ここがポイント！
織田《おだ》と朝倉《あさくら》の間《あいだ》で 板挟《いたばさ》みとなる

北近江《きたおうみ》（今《いま》の滋賀県北部《しがけんほくぶ》）の戦国大名《せんごくだいみょう》。浅井家《あざいけ》は六角氏《ろっかくし》の配下《はいか》にあったが、家督《かとく》を継《つ》いだ長政《ながまさ》は独立《どくりつ》を目《め》ざして六角氏《ろっかくし》と争《あらそ》い、関係《かんけい》を断《た》つ。また長政《ながまさ》は織田信長《おだのぶなが》と同盟《どうめい》。同《おな》じく同盟《どうめい》の朝倉氏《あさくらし》と織田《おだ》は敵対《てきたい》していたが、信長《のぶなが》の「朝倉家《あさくらけ》を攻《せ》めない」という約束《やくそく》を信《しん》じ、信長《のぶなが》の妹《いもうと》のお市《いち》を妻《つま》に迎《むか》える。しかし3年後《ねんご》、信長《のぶなが》は朝倉《あさくら》を攻《せ》めた。長政《ながまさ》は、悩《なや》んだすえに信長《のぶなが》から離反《りはん》、信長《のぶなが》は退却《たいきゃく》させられた。だが朝倉《あさくら》が滅亡《めつぼう》すると孤立無援《こりつむえん》となり浅井氏《あざいし》も滅《ほろ》びた。

File. 153

武

【もうり もとなり】毛利元就

おもしろエピソード

◎安芸国《あきのくに》の国人衆《こくじんしゅう》から強力《きょうりょく》な大名《だいみょう》になる
◎「三本《さんぼん》の矢《や》」の教訓《きょうくん》は有名《ゆうめい》なエピソード
◎子孫《しそん》は長州藩《ちょうしゅうはん》の藩主《はんしゅ》になる

弱小勢力《じゃくしょうせいりょく》ながら知略《ちりゃく》と武勇《ぶゆう》で成功《せいこう》した立志伝《りっしでん》の人《ひと》

中国地方《ちゅうごくちほう》を平定《へいてい》し一代《いちだい》で権力《けんりょく》を築《きず》く

優《すぐ》れた武勇《ぶゆう》と知謀《ちぼう》により、たった一代《いちだい》で中国地方全域《ちゅうごくちほうぜんいき》を治《おさ》める強大《きょうだい》な領国《りょうごく》を築《きず》きあげた戦国大名《せんごくだいみょう》。

毛利家《もうりけ》は安芸国《あきのくに》（今《いま》の広島県《ひろしまけん》）の小領主《しょうりょうしゅ》であったが、元就《もとなり》が幼《おさな》いころに父《ちち》が急死《きゅうし》し、生活《せいかつ》に困窮《こんきゅう》する。しかし15歳《さい》で元服《げんぷく》すると安芸武田《あきたけだ》氏《し》の侵攻《しんこう》を打《う》ち破《やぶ》る大勝利《だいしょうり》を挙《あ》げるなど、その名《な》を知《し》らしめていく。

その後《ご》、毛利家《もうりけ》を継《つ》いでいた甥《おい》の幸松丸《こうまつまる》が9歳《さい》で病死《びょうし》すると、元就《もとなり》が家督《かとく》を継承《けいしょう》し、反発《はんぱつ》する家臣団《かしんだん》を粛清《しゅくせい》した。

当時《とうじ》の中国地方《ちゅうごくちほう》は、有力大名《ゆうりょくだいみょう》・大内氏《おおうちし》と、勢力《せいりょく》を拡大《かくだい》する出雲《いずも》の尼子氏《あまごし》の対立《たいりつ》が深《ふか》まっていた。元就《もとなり》は、家督相続《かとくそうぞく》の際《さい》に妨害工作《ぼうがいこうさく》を受《う》けたことから尼子経久《あまごつねひさ》との関係《かんけい》が悪化《あっか》したため、大内氏《おおうちし》の傘下《さんか》となった。一方《いっぽう》で元就《もとなり》は有力豪族吉川家《ゆうりょくごうぞくきっかわけ》、小早川家《こばやかわけ》に次男《じなん》、3男《なん》を養子《ようし》に出《だ》し吸収《きゅうしゅう》するなど、勢力《せいりょく》を拡大《かくだい》した。

そして大内家《おおうちけ》の内紛《ないふん》で、家臣《かしん》の陶晴賢《すえはるかた》が実権《じっけん》を握《にぎ》ると「厳島《いつくしま》の戦《たたか》い」で晴賢《はるかた》を破《やぶ》り、大内氏《おおうちし》の旧領《きゅうりょう》と遺産《いさん》を相続《そうぞく》する。さらには尼子氏《あまごし》も滅《ほろ》ぼし、中国地方《ちゅうごくちほう》を平定《へいてい》した。

生年《せいねん》 1497年《ねん》
※ヴァスコ・ダ・ガマがインドへの航海《こうかい》に出《で》る

没年《ぼつねん》 1571年《ねん》
※レパントの海戦《かいせん》

享年《きょうねん》 75歳《さい》

ここがポイント！

中国地方《ちゅうごくちほう》を平定《へいてい》し、毛利氏《もうりし》を有力大名《ゆうりょくだいみょう》とした

ゆかりの地《ち》

吉田郡山城《よしだこおりやまじょう》

●毛利氏《もうりし》の居城《きょじょう》。勢力拡大《せいりょくかくだい》とともに城《しろ》も大規模化《だいきぼか》。広島県《ひろしまけん》安芸高田市《あきたかだし》。

File. 154

武

長宗我部元親

【ちょうそかべ　もとちか】

おもしろエピソード

◎若年期《じゃくねんき》は色白《いろじろ》で温和《おんわ》な性格《せいかく》から「姫若子《ひめわこ》」といわれる

◎愛児《あいじ》・信親《のぶちか》の死後《しご》は意固地《いこじ》な性格《せいかく》に一変《いっぺん》

四国統一《しこくとういつ》を実現《じつげん》した初《はつ》の武将《ぶしょう》

一領具足《いちりょうぐそく》を活用《かつよう》し、四国統一《しこくとういつ》を成《な》し遂《と》げた

長宗我部元親《ちょうそかべもとちか》は、四国統一《しこくとういつ》を成《な》し遂《と》げた武将《ぶしょう》である。だが、直後《ちょくご》に天下《てんか》をほぼ手中《しゅちゅう》に収《おさ》めた豊臣秀吉《とよとみひでよし》と対立《たいりつ》してしまう。

元親《もとちか》の初陣《ういじん》は遅《おそ》く、20歳《さい》を過《す》ぎたころだった。また、色白《いろじろ》でおとなしい性格《せいかく》だったため「姫若子《ひめわこ》」と悪口《わるぐち》をいわれていたが、初陣《ういじん》で大活躍《だいかつやく》し「鬼若子《おにわこ》」と称《たた》えられるようになる。

家督《かとく》を相続《そうぞく》すると武装農民《ぶそうのうみん》や地侍《じざむらい》を中心《ちゅうしん》とした家臣団《かしんだん》「一領具足《いちりょうぐそく》」を活用《かつよう》して勢力《せいりょく》を拡大《かくだい》し、四国《しこく》を統一《とういつ》。だが、豊臣秀吉《とよとみひでよし》と対立《たいりつ》し、土佐《とさ》を除《のぞ》く領地《りょうち》を没収《ぼっしゅう》された。豊臣政権下《とよとみせいけんか》では、九州征伐《きゅうしゅうせいばつ》に従軍《じゅうぐん》。嫡男《ちゃくなん》の長宗我部信親《ちょうそかべのぶちか》が戦死《せんし》すると、大《おお》きなショックを受《う》けたという。

生年《せいねん》　1538年《ねん》
※前田利家《まえだとしいえ》が誕生《たんじょう》

没年《ぼつねん》　1599年《ねん》
※画家《がか》ベラスケス誕生《たんじょう》

享年《きょうねん》　62歳《さい》

ここがポイント！

四国《しこく》を統一《とういつ》するが、すぐさま秀吉《ひでよし》に攻《せ》め入《い》られてしまう

File. 155

武

陶晴賢【すえ はるかた】

おもしろエピソード

◎主君《しゅくん》を倒《たお》して実権《じっけん》を握《にぎ》り、周防国《すおうのくに》の立《た》て直《なお》しに奔走《ほんそう》
◎強《つよ》い武将《ぶしょう》だが、他人《たにん》の進言《しんげん》をあまり聞《き》かなかったとも

文治派《ぶんちは》の主君《しゅくん》に下剋上《げこくじょう》をしかけた

大内家《おおうちけ》を軍事面《ぐんじめん》で支《ささ》え、内紛《ないふん》により実権《じっけん》を掌握《しょうあく》

周防国《すおうのくに》（今《いま》の山口県《やまぐちけん》）の戦国大名《せんごくだいみょう》である大内家《おおうちけ》に仕《つか》えた武将《ぶしょう》。陶氏《すえし》は代々《だいだい》、主君《しゅくん》の大内家《おおうちけ》の当主《とうしゅ》（当時《とうじ》は大内義隆《おおうちよしたか》）から一字《いちじ》を拝領《はいりょう》する習慣《しゅうかん》があり、当初《とうしょ》は陶隆房《すえたかふさ》と名《な》のり、武力《ぶりょく》で大内家《おおうちけ》を支《ささ》えた。

だが月山富田城《がっさんとだじょう》攻《ぜ》めの敗北《はいぼく》を機《き》に、義隆《よしたか》との関係《かんけい》が悪化《あっか》。文化《ぶんか》に傾倒《けいとう》する義隆《よしたか》のもとでは武断派《ぶだんは》の隆房《たかふさ》の立場《たちば》は悪《わる》く、ついに謀反《むほん》を起《お》こして義隆《よしたか》を自害《じがい》に追《お》い込《こ》む。

その後《ご》、義隆《よしたか》の養子《ようし》、大友晴英《おおともはるひで》（のちの大内義長《おおうちよしなが》）を擁立《ようりつ》し、自身《じしん》も晴賢《はるかた》と改名《かいめい》。だが毛利元就《もうりもとなり》と対立《たいりつ》し、敵《てき》の5倍《ばい》の兵力《へいりょく》で「厳島《いつくしま》の戦《たたか》い」に臨《のぞ》むが奇襲《きしゅう》を受《う》けて敗北《はいぼく》、逃走《とうそう》の途中《とちゅう》で自害《じがい》した。

生年《せいねん》 1521年《ねん》
※スペイン、アステカを滅《ほろ》ぼす

没年《ぼつねん》 1555年《ねん》
※ノストラダムスの予言集出版《よげんしゅうしゅっぱん》

享年《きょうねん》 35歳《さい》

ここがポイント！

下剋上《げこくじょう》をなすも
毛利元就《もうりもとなり》に敗《やぶ》れる

File. 156

武

【あけち みつひで】明智光秀

おもしろエピソード

◎織田家《おだけ》の躍進《やくしん》を支《ささ》えるも、信長《のぶなが》は「きんかん頭《あたま》」呼《よ》ばわり

◎側室《そくしつ》をもたなかったといわれ、主君《しゅくん》を裏切《うらぎ》っても妻《つま》は裏切《うらぎ》らなかった

生年《せいねん》 1528年《ねん》?
※ 前年《ぜんねん》、政治思想家《せいじしそうか》マキャベリ死去《しきょ》

没年《ぼつねん》 1582年《ねん》
※ 小早川秀秋《こばやかわひであき》が誕生《たんじょう》

享年《きょうねん》 55歳《さい》?

ここがポイント！

織田信長《おだのぶなが》の天下統一《てんかとういつ》を目前《もくぜん》で阻止《そし》した武将《ぶしょう》

織田信長《おだのぶなが》を討《う》ち、歴史《れきし》に名《な》を残《のこ》す

「本能寺《ほんのうじ》の変《へん》」を起《お》こし織田信長《おだのぶなが》を討《う》った男《おとこ》

織田信長《おだのぶなが》の家臣《かしん》として重用《ちょうよう》されながら、裏切《うらぎ》った武将《ぶしょう》。

美濃国《みののくに》（今《いま》の岐阜県《ぎふけん》）の守護大名《しゅごだいみょう》の土岐氏《ときし》の支流《しりゅう》として斎藤道三《さいとうどうさん》に仕《つか》えたとされ、内紛《ないふん》によって国《くに》を追《お》われ、朝倉義景《あさくらよしかげ》に仕《つか》えた。その後《ご》、朝倉義景《あさくらよしかげ》が足利義昭《あしかがよしあき》と接触《せっしょく》をもっていた縁《えん》で、義昭《よしあき》に仕《つか》え信長《のぶなが》と出会《であ》う。信長《のぶなが》の家臣《かしん》となってからは、数々《かずかず》の戦《いくさ》に従軍《じゅうぐん》。「金《かね》ケ崎《がさき》の戦《たたか》い」の撤退戦《てったいせん》を木下藤吉郎《きのしたとうきちろう》（のちの豊臣秀吉《とよとみひでよし》）などと成功《せいこう》させ、「長篠合戦《ながしのかっせん》」や本願寺《ほんがんじ》、雑賀衆《さいかしゅう》との戦《たたか》いで実績《じっせき》を残《のこ》す。とくに丹波《たんば》平定《へいてい》は、信長《のぶなが》に高《たか》く評価《ひょうか》され、丹波国《たんばのくに》を与《あた》えられ大名《だいみょう》に上《のぼ》りつめた。

しかし、光秀《みつひで》は突然《とつぜん》、信長《のぶなが》を裏切《うらぎ》る。1582年《ねん》、羽柴秀吉《はしばひでよし》の毛利《もうり》討伐《とうばつ》の援軍《えんぐん》を命《めい》じられ出陣《しゅつじん》するも、光秀軍《みつひでぐん》は信長《のぶなが》が宿泊《しゅくはく》している京都《きょうと》の本能寺《ほんのうじ》を急襲《きゅうしゅう》する。その理由《りゆう》は不明《ふめい》だ。

こうして天下人《てんかびと》となった光秀《みつひで》だが、秀吉《ひでよし》が、「中国大返《ちゅうごくおおがえ》し」ですぐさま帰還《きかん》。「山崎《やまざき》の戦《たたか》い」で秀吉《ひでよし》に敗北《はいぼく》。わずか十数日《じゅうすうにち》の天下《てんか》は「三日天下《みっかてんか》」ともいわれる。

ゆかりの地《ち》

本能寺《ほんのうじ》

●京都《きょうと》にある法華宗《ほっけしゅう》の寺《てら》。当時《とうじ》は、現在《げんざい》より二条城《にじょうじょう》寄《よ》りの四条西洞院《しじょうにしのとういん》にあった。

武

豊臣秀吉

【とよとみ ひでよし】

おもしろエピソード

◎美濃《みの》攻《ぜ》めで進軍《しんぐん》の合図《あいず》に瓢箪《ひょうたん》を掲《かか》げて勝利《しょうり》したことをきっかけに、馬印《うまじるし》に瓢箪《ひょうたん》を用《もち》いる

生年《せいねん》 1537年《ねん》

※足利義昭《あしかがよしあき》が誕生《たんじょう》

没年《ぼつねん》 1598年《ねん》

※2年前《ねんまえ》、哲学者《てつがくしゃ》デカルト誕生《たんじょう》

享年《きょうねん》 62歳《さい》

ここがポイント！

低《ひく》い身分《みぶん》から出世《しゅっせ》し天下人《てんかびと》となる

持《も》ち前《まえ》の機《き》転《てん》と社交力《しゃこうりょく》で立身出世譚《りっしんしゅっせたん》の代表《だいひょう》に

戦国一《せんごくいち》の出世頭《しゅっせがしら》 天下人《てんかびと》となったハゲ鼠《ねずみ》

尾張《おわり》（今《いま》の愛知県《あいちけん》）の貧《まず》しい農民《のうみん》の子《こ》（諸説《しょせつ》あり）から一代《いちだい》で関白《かんぱく》、太閤《たいこう》になった、戦国一《せんごくいち》の出世頭《しゅっせがしら》。

家《いえ》を飛《と》び出《だ》し放浪《ほうろう》したのちに織《お》田信長《だのぶなが》に仕《つか》え、頭角《とうかく》を現《あらわ》す。冷《ひ》えた信長《のぶなが》の草履《ぞうり》を懐《ふところ》に入《い》れて温《あたた》めたり、墨俣一夜城《すのまたいちやじょう》を築《きず》いたりというエピソードで知《し》られるが、真偽《しんぎ》は定《さだ》かではない。機転《きてん》と才覚《さいかく》で信長《のぶなが》に気《き》に入《い》られたことは間違《まちが》いなく、さらに「金ケ崎《かねがさき》の戦《たたか》い」で撤退《てったい》する信長《のぶなが》の窮地《きゅうち》を救《すく》った功《こう》により浅井氏《あざいし》の旧《きゅう》領《りょう》を与《あた》えられ、長浜城《ながはまじょう》を築城《ちくじょう》する。

中国攻《ちゅうごくぜ》めの途中《とちゅう》、信長《のぶなが》の急死《きゅうし》を知《し》り、急遽《きゅうきょ》、毛利軍《もうりぐん》と和睦《わぼく》。「中国《ちゅうごく》大返《おおがえ》し」で近畿《きんき》に戻《もど》り明智光秀《あけちみつひで》を討《う》った。これにより織田家臣団内《おだかしんだんない》での発言力《はつげんりょく》を強《つよ》め、さらに「賤ケ岳《しずがたけ》の戦《たたか》い」で柴田勝家《しばたかついえ》にも勝利《しょうり》し、実質的《じっしつてき》な信長《のぶなが》の後継者《こうけいしゃ》となる。その後《ご》、四国《しこく》・九州《きゅうしゅう》や、関東《かんとう》の北条《ほうじょう》氏《し》を下《くだ》し、天下統一《てんかとういつ》を果《は》たした。

だが晩年《ばんねん》は独善的《どくぜんてき》となり、文禄《ぶんろく》・慶長《けいちょう》と2度《ど》にわたる無謀《むぼう》な朝鮮出《ちょうせんしゅっ》兵《ぺい》を行《おこな》うなど諸大名《しょだいみょう》の心《こころ》を離《はな》れさせる。そして「慶長《けいちょう》の役《えき》」の最中《さいちゅう》、病《やまい》により伏見城《ふしみじょう》で没《ぼっ》した。

ゆかりの地《ち》

墨俣城《すのまたじょう》

●秀吉《ひでよし》が一夜《いちや》またはわずかな期間《きかん》に建《た》てたとされる岐《ぎ》阜県大垣市《ふけんおおがきし》の城砦《じょうさい》。

File. 158

武

【いしだ みつなり】石田三成

おもしろエピソード

◎秀吉《ひでよし》の信頼《しんらい》厚《あつ》く、交渉事《こうしょうごと》や物資《ぶっし》の準備《じゅんび》、検地《けんち》でも活躍《かつやく》
◎人望《じんぼう》がなかったとされるが、領民《りょうみん》からは慕《した》われていた

生年《せいねん》　1560年《ねん》
※桶狭間《おけはざま》の戦《たたか》い

没年《ぼつねん》　1600年《ねん》
※イギリス、東《ひがし》インド会社設立《がいしゃせつりつ》

享年《きょうねん》　41歳《さい》

ここがポイント！

家康《いえやす》の天下《てんか》を阻《はば》むため「関ヶ原《せきがはら》の戦《たたか》い」を起《お》こす

豊臣政権《とよとみせいけん》の中心《ちゅうしん》を担《にな》った名官僚《めいかんりょう》

秀吉《ひでよし》の厚《あつ》い信頼《しんらい》を受《う》け、最後《さいご》まで豊臣氏《とよとみし》に尽《つ》くす

石田三成《いしだみつなり》は、豊臣秀吉《とよとみひでよし》の側近《そっきん》であり、「関ヶ原《せきがはら》の戦《たたか》い」では西軍《せいぐん》を主導《しゅどう》し、徳川家康《とくがわいえやす》の東軍《とうぐん》と戦《たたか》った。長浜城主《ながはまじょうしゅ》の時代《じだい》の秀吉《ひでよし》に、父《ちち》と兄《あに》ともども仕官《しかん》することになり、10代後半《だいこうはん》で中国攻《ちゅうごくぜ》めに従軍《じゅうぐん》。「本能寺《ほんのうじ》の変《へん》」ののちに、秀吉《ひでよし》の天下取《てんかと》りが実現《じつげん》に近《ちか》づいていくにつれ、側近《そっきん》として存在感《そんざいかん》を示《しめ》していく。

三成《みつなり》は武功《ぶこう》より、交渉事《こうしょうごと》や兵糧《ひょうろう》や武具《ぶぐ》の準備《じゅんび》など、後方支援《こうほうしえん》での評価《ひょうか》が高《たか》い。だがその官僚的《かんりょうてき》な態《たい》度《ど》が、合戦《かっせん》で実際《じっさい》に戦《たたか》っている武断《ぶだん》派《は》との軋轢《あつれき》につながっていく。とくに朝鮮《ちょうせん》へ出兵《しゅっぺい》した「文禄《ぶんろく》・慶長《けいちょう》の役《えき》」では、加藤清正《かとうきよまさ》、福島正則《ふくしままさのり》、黒田長政《くろだながまさ》ら、武断派《ぶだんは》との意見《いけん》の相違《そうい》が決定的《けっていてき》となり、対立関係《たいりつかんけい》へと発展《はってん》した。秀吉《ひでよし》が没《ぼっ》したあとは五奉行《ごぶぎょう》として豊臣政権《とよとみせいけん》を支《ささ》えるが、五大老《ごたいろう》のひとりで最《もっと》も力《ちから》のあった徳川家康《とくがわいえやす》を危険視《きけんし》。1600年《ねん》、三成《みつなり》は毛利輝元《もうりてるもと》を総大将《そうだいしょう》として、家康《いえやす》に対抗《たいこう》する軍勢《ぐんぜい》を編成《へんせい》。「関ヶ原《せきがはら》の戦《たたか》い」で家康《いえやす》と対峙《たいじ》するが、小早川秀秋《こばやかわひであき》などの裏切《うらぎ》りもあり、敗北《はいぼく》。三成《みつなり》は捕《と》らえられ、処刑《しょけい》された。

ゆかりの地《ち》

佐和山城《さわやまじょう》

●滋賀県彦根市《しがけんひこねし》にあった城《しろ》。三成《みつなり》が城主《じょうしゅ》となり、５層《そう》の天守《てんしゅ》をもつ城《しろ》に改築《かいちく》。

File. 159

武

【まえだ としいえ】
前田利家

おもしろエピソード

◎若《わか》いころは織田信長《おだのぶなが》と同性愛《どうせいあい》の関係《かんけい》だったという
◎信長《のぶなが》の怒《いか》りを買《か》い、一時的《いちじてき》に出奔《しゅっぽん》していた
◎北陸方面《ほくりくほうめん》で活躍《かつやく》し、加賀百万石《かがひゃくまんごく》の基礎《きそ》を築《きず》く

信長《のぶなが》、秀吉《ひでよし》に仕《つか》え、加賀百万石《かがひゃくまんごく》を築《きず》く

信長《のぶなが》に愛《あい》された 槍《やり》の名手《めいしゅ》

織田信長《おだのぶなが》、豊臣秀吉《とよとみひでよし》のもとで活《かつ》躍《やく》した武将《ぶしょう》であり、槍《やり》の名手《めいしゅ》で「槍《やり》の又左《またざ》」の異名《いみょう》をもつ戦国大名《せんごくだいみょう》。

幼《おさな》いころから信長《のぶなが》に小姓《こしょう》として仕《つか》える。一時《いちじ》は同《おな》じ信長《のぶなが》の家臣《かしん》を揉《も》め事《ごと》のすえ斬殺《ざんさつ》し、浪人《ろうにん》に身《み》を落《お》としていたが、柴田勝家《しばたかついえ》などのとりなしや、無断《むだん》で「桶狭間《おけはざま》の戦《たたか》い」などに参戦《さんせん》して手柄《てがら》を挙《あ》げたことで、信長《のぶなが》に帰参《きさん》を許《ゆる》される。青年期《せいねんき》になると、信長《のぶなが》の親衛隊的《しんえいたいてき》な存在《そんざい》、「赤母衣衆《あかほろしゅう》」の筆頭《ひっとう》として武功《ぶこう》を重《かさ》ねていった。

その後《ご》、勝家《かついえ》の与力《よりき》として北陸《ほくりく》地方《ちほう》の一向一揆鎮圧《いっこういっきちんあつ》や上杉軍《うえすぎぐん》との戦《たたか》いで活躍《かつやく》。信長《のぶなが》から能登国《のとのくに》を与《あた》えられて大名《だいみょう》となり、のちの加賀《かが》百万石《ひゃくまんごく》の第一歩《だいいっぽ》を踏《ふ》み出《だ》した。

1582年《ねん》に信長《のぶなが》が「本能寺《ほんのうじ》の変《へん》」で明智光秀《あけちみつひで》に討《う》たれると、利家《としいえ》は、当初《とうしょ》は勝家《かついえ》を支持《しじ》するが、秀吉《ひでよし》とも交流《こうりゅう》があり、両者《りょうしゃ》の板挟《いたばさ》みに苦悩《くのう》する。最終的《さいしゅうてき》に秀吉《ひでよし》を支持《しじ》し、以後《いご》は秀吉《ひでよし》の盟友《めいゆう》として天下統一《てんかとういつ》に尽力《じんりょく》。その後《ご》は五大老《ごたいろう》として豊《とよ》臣政権《とみせいけん》を支《ささ》え、豊臣秀頼《とよとみひでより》の後見人《こうけんにん》も任《まか》された。

生年《せいねん》 1538年《ねん》
※プレヴェザの海戦《かいせん》

没年《ぼつねん》 1599年《ねん》
※前年《ぜんねん》、豊臣秀吉《とよとみひでよし》が死去《しきょ》

享年《きょうねん》 62歳《さい》

ここがポイント！

信長《のぶなが》、秀吉《ひでよし》に重用《ちょうよう》され、北陸《ほくりく》に安定《あんてい》をもたらした

ゆかりの地《ち》

金沢城《かなざわじょう》

●石川県金沢市《いしかわけんかなざわし》。加賀藩《かがはん》の本城《ほんじょう》。防火《ぼうか》・防水効果《ぼうすいこうか》のあるなまこ壁《かべ》が特徴《とくちょう》。

File. 160

武

黒田官兵衛

【くろだ かんべえ】

おもしろエピソード

◎主君《しゅくん》の秀吉《ひでよし》でさえ、その知略《ちりゃく》を怖《おそ》れたという

◎「関ケ原《せきがはら》の戦《たたか》い」では即席《そくせき》の軍《ぐん》で九州《きゅうしゅう》の西軍《せいぐん》を圧倒《あっとう》

秀吉《ひでよし》の天下《てんか》取《と》りに尽《つ》くした天才軍師《てんさいぐんし》

九州平定《きゅうしゅうへいてい》を実現《じつげん》した秀吉《ひでよし》の天才軍師《てんさいぐんし》

黒田官兵衛《くろだかんべえ》は通称《つうしょう》で本名《ほんみょう》は孝高《よしたか》。豊臣秀吉《とよとみひでよし》に仕《つか》えた優《すぐ》れた軍略家《ぐんりゃくか》で、同《おな》じく秀吉《ひでよし》に仕《つか》えた竹中半兵衛《たけなかはんべえ》と並《なら》び、「二兵衛《にへえ》」「両兵衛《りょうべえ》」と称《しょう》される。もともとは播磨《はりま》（今《いま》の兵庫県《ひょうごけん》）の小寺政職《こでらまさもと》に仕《つか》えていたが、織田《おだ》信長《のぶなが》に従《したが》うよう政職《まさもと》に提案《ていあん》、のちに秀吉《ひでよし》のもとで活躍《かつやく》する。中国攻《ちゅうごくぜ》めのさなか「本能寺《ほんのうじ》の変《へん》」が起《お》きると、信長《のぶなが》の仇討《あだう》ちを秀吉《ひでよし》に進言《しんげん》し、毛利輝元《もうりてるもと》との和睦交渉《わぼくこうしょう》をするなど「中国大返《ちゅうごくおおがえ》し」で大《おお》きな働《はたら》きをした。

数々《かずかず》の戦《いくさ》で戦功《せんこう》を挙《あ》げた官兵衛《かんべえ》は、九州《きゅうしゅう》の大名《だいみょう》となる。「関ケ原《せきがはら》の戦《たたか》い」では、九州《きゅうしゅう》の地《ち》で徳川方《とくがわがた》として戦《たたか》い、島津氏《しまづし》を追《お》い込《こ》むなど、晩年《ばんねん》もその知略《ちりゃく》は確《たし》かだった。

生年《せいねん》	1546年《ねん》 ※河越城《かわごえじょう》の戦《たたか》い
没年《ぼつねん》	1604年《ねん》 ※シェイクスピア「オセロー」初演《しょえん》
享年《きょうねん》	59歳《さい》

ここがポイント！

秀吉《ひでよし》の天下取《てんかと》りを、軍事面《ぐんじめん》の中心人物《ちゅうしんじんぶつ》として支《ささ》えた

武

竹中半兵衛

【たけなか はんべえ】

おもしろエピソード

◎主君《しゅくん》の斎藤竜興《さいとうたつおき》を叱《しか》るために、居城《きょじょう》を奪《うば》い取《と》った

◎黒田官兵衛《くろだかんべえ》が裏切《うらぎ》りを疑《うたが》われた際《さい》、彼《かれ》の嫡男《ちゃくなん》を守《まも》る

生年《せいねん》	1544年《ねん》
	※ 翌年《よくねん》、南《みなみ》アメリカでポトシ銀山発見《ぎんざんはっけん》
没年《ぼつねん》	1579年《ねん》
	※ 上杉景勝《うえすぎかげかつ》が上杉氏《うえすぎし》の当主《とうしゅ》となる
享年《きょうねん》	36歳《さい》

ここがポイント!

黒田官兵衛《くろだかんべえ》と並《なら》び活躍《かつやく》した豊臣秀吉《とよとみひでよし》の参謀《さんぼう》

若《わか》き日《ひ》の秀吉《ひでよし》を知謀《ちぼう》で助《たす》け、栄達《えいたつ》の大《おお》きな支《ささ》えに

知略《ちりゃく》と行動力《こうどうりょく》に富《と》むも若《わか》くして病《やまい》に倒《たお》れる

豊臣秀吉《とよとみひでよし》の参謀《さんぼう》。本名《ほんみょう》は重治《しげはる》だが、通称《つうしょう》の半兵衛《はんべえ》で知《し》られる。はじめ美濃《みの》(今《いま》の岐阜県《ぎふけん》)の斎藤氏《さいとうし》に仕《つか》え、織田軍《おだぐん》が迫《せま》るなか政治《せいじ》をおろそかにする当主《とうしゅ》・竜興《たつおき》をいさめるなどした。しかし結局美濃《けっきょくみの》を去《さ》り、隠棲《いんせい》していたところ、信長《のぶなが》の命《めい》を受《う》けた豊臣秀吉《とよとみひでよし》の訪問《ほうもん》を受《う》け、家臣《かしん》となる。「姉川《あねがわ》の戦《たたか》い」の前《まえ》には、浅井《あざい》長政側《ながまさがわ》の城《しろ》を守《まも》る武将《ぶしょう》を説得《せっとく》し、寝返《ねがえ》らせることに成功《せいこう》。また秀吉《ひでよし》が総大将《そうだいしょう》を務《つと》めた中国攻《ちゅうごくぜ》め(毛利輝元討伐《もうりてるもととうばつ》)では、「両兵衛《りょうべえ》」と並《なら》び称《しょう》されるもうひとりの軍師《ぐんし》・黒田官兵衛《くろだかんべえ》と福原城攻略《ふくはらじょうこうりゃく》を行《おこな》う。だが播磨《はりま》(今《いま》の兵庫県《ひょうごけん》)の三木城《みきじょう》を攻《せ》める途中《とちゅう》、肺病《はいびょう》で死去《しきょ》。

File. 162

武

【ふくしま まさのり】
福島正則

おもしろエピソード

◎豊臣家《とよとみけ》の家臣《かしん》でも指折《ゆびお》りの武闘派《ぶとうは》とされる
◎「賤ケ岳《しずがたけ》の七本槍《しちほんやり》」でNo.1の活躍《かつやく》

秀吉《ひでよし》の天下《てんか》取《と》りを支《ささ》えた武勇《ぶゆう》の将《しょう》

秀吉《ひでよし》の躍進《やくしん》に尽力《じんりょく》 武名《ぶめい》をとどろかす

豊臣秀吉《とよとみひでよし》の家臣《かしん》で、武勇《ぶゆう》に長《た》けた武将《ぶしょう》。「賤ケ岳《しずがたけ》の戦《たたか》い」でその名《な》を知《し》らしめた「賤ケ岳《しずがたけ》の七本槍《しちほんやり》」のひとり。正則《まさのり》の母《はは》が秀吉《ひでよし》の叔母《おば》という縁《えん》で、幼少期《ようしょうき》より秀吉《ひでよし》に仕《つか》える。初陣《ういじん》を「三木合戦《みきかっせん》」で飾《かざ》り、「賤ケ《しずが》岳《たけ》の戦《たたか》い」では、一番槍《いちばんやり》として武《ぶ》勲《くん》を挙《あ》げ、以後《いご》も秀吉《ひでよし》の天下統一《てんかとういつ》に尽力《じんりょく》し、大名《だいみょう》に取《と》り立《た》てられた。その後《ご》の朝鮮出兵《ちょうせんしゅっぺい》では、「文禄《ぶんろく》の役《えき》」に参戦《さんせん》。現場指揮官《げんばしきかん》の正則《まさのり》は、後方《こうほう》での連絡係《れんらくがかり》や講和交渉《こうわこうしょう》を担《にな》う石田《いしだ》三成《みつなり》らに不満《ふまん》を溜《た》め、文治派《ぶんちは》との対立《たいりつ》が決定的《けっていてき》となった。秀吉《ひでよし》の死後《しご》、さらに関係《かんけい》は悪化《あっか》して、「関ケ原《せきがはら》の戦《たたか》い」では、東軍《とうぐん》として参加《さんか》している。

生年《せいねん》 1561年《ねん》
※彦根藩主《ひこねはんしゅ》・井伊直政《いいなおまさ》が生《う》まれる

没年《ぼつねん》 1624年《ねん》
※高台院《こうだいいん》（秀吉《ひでよし》の妻《つま》おね）死去《しきょ》

享年《きょうねん》 64歳《さい》

ここがポイント！

秀吉《ひでよし》の躍進《やくしん》を支《ささ》える一方《いっぽう》、「関ヶ原《せきがはら》の戦《たたか》い」では徳川方《とくがわがた》で活躍《かつやく》

File. 163

武

加藤清正【かとう きよまさ】

おもしろエピソード

◎朝鮮出兵《ちょうせんしゅっぺい》では怒涛《どとう》の快進撃《かいしんげき》
◎城《しろ》づくりの名手《めいしゅ》としてその名《な》を残《のこ》す

秀吉恩顧《ひでよしおんこ》の武将《ぶしょう》として、戦《いくさ》でも後方支援《こうほうしえん》でも活躍《かつやく》

秀吉《ひでよし》の天下取《てんかと》りを若《わか》き武将《ぶしょう》たちと支《ささ》える

豊臣秀吉《とよとみひでよし》の家臣《かしん》で、築城《ちくじょう》の名手《めいしゅ》としても有名《ゆうめい》。福島正則《ふくしままさのり》とともに「賤ケ岳《しずがたけ》の七本槍《しちほんやり》」に数《かぞ》えられる。

秀吉《ひでよし》と出身地《しゅっしんち》が同《おな》じで遠縁《とおえん》にあたり、幼少《ようしょう》のころから秀吉《ひでよし》に仕《つか》える。盟友《めいゆう》・福島正則《ふくしままさのり》とともに、「山崎《やまざき》の戦《たたか》い」「賤ケ岳《しずがたけ》の戦《たたか》い」で武功《ぶこう》を挙《あ》げ、のちに肥後国《ひごのくに》の大名《だいみょう》となる。

朝鮮出兵《ちょうせんしゅっぺい》の「文禄《ぶんろく》の役《えき》」で活躍《かつやく》するも、明《みん》・朝鮮《ちょうせん》との講和条件《こうわじょうけん》で小西行長《こにしゆきなが》と対立《たいりつ》。行長《ゆきなが》を支持《しじ》した石田三成《いしだみつなり》との関係《かんけい》も悪化《あっか》し、秀吉《ひでよし》の死後《しご》、徳川家康《とくがわいえやす》との関係《かんけい》を深《ふか》めていく。「関ケ原《せきがはら》の戦《たたか》い」では九州《きゅうしゅう》の西軍《せいぐん》を破《やぶ》る。また、家康《いえやす》に豊臣《とよとみ》秀頼《ひでより》との交渉役《こうしょうやく》を期待《きたい》され、会見《かいけん》を取《と》り持《も》った。

生年《せいねん》	1562年《ねん》 ※フランスでユグノー戦争《せんそう》始《はじ》まる
没年《ぼつねん》	1611年《ねん》 ※真田昌幸《さなだまさゆき》亡《な》くなる
享年《きょうねん》	50歳《さい》

ここがポイント！

九州《きゅうしゅう》の大名《だいみょう》として
秀吉《ひでよし》の朝鮮出兵《ちょうせんしゅっぺい》で
大《おお》きな役割《やくわり》

File. 164

宇喜多秀家

【うきた ひでいえ】

**秀吉《ひでよし》の寵愛《ちょうあい》を受《う》け
最後《さいご》まで豊臣《とよとみ》に尽《つ》くす**

生年《せいねん》 1572年《ねん》
没年《ぼつねん》 1655年《ねん》
享年《きょうねん》 84歳《さい》

武

ここがポイント！
幼少期《ようしょうき》から豊臣一筋《とよとみひとすじ》で活躍《かつやく》し続《つづ》けた

豊臣政権《とよとみせいけん》の中核《ちゅうかく》を担《にな》った武将《ぶしょう》。わずか10歳《さい》ほどで家督《かとく》を相続《そうぞく》した。成長後《せいちょうご》は「小牧《こまき》・長久手《ながくて》の戦《たたか》い」「九州征伐《きゅうしゅうせいばつ》」「四国征伐《しこくせいばつ》」などで戦功《せんこう》を挙《あ》げ、豊臣秀吉《とよとみひでよし》の天下統一《てんかとういつ》に貢献《こうけん》する。1589年《ねん》には、前田利家《まえだとしいえ》の娘《むすめ》で秀吉《ひでよし》の養女《ようじょ》の豪姫《ごうひめ》を正室《せいしつ》に迎《むか》えるなど、秀吉《ひでよし》から気《き》に入《い》られ、五大老《ごたいろう》に上《のぼ》りつめた。秀吉没《ひでよしぼっ》後《ご》、「関ケ原《せきがはら》の戦《たたか》い」では西軍《せいぐん》の副大将《ふくたいしょう》として参戦《さんせん》するも敗北《はいぼく》し薩摩《さつま》へと逃《のが》れた。3年後《ねんご》、江戸幕府《えどばくふ》に出頭《しゅっとう》して、配流先《はいるさき》の八丈島《はちじょうじま》で50年《ねん》を過《す》ごし没《ぼっ》する。

File. 165

上杉景勝

【うえすぎ かげかつ】

**軍神《ぐんしん》の後《あと》を受《う》け継《つ》ぎ
上杉家《うえすぎけ》を存続《そんぞく》させる**

生年《せいねん》 1555年《ねん》
没年《ぼつねん》 1623年《ねん》
享年《きょうねん》 69歳《さい》

武

ここがポイント！
信長《のぶなが》、家康《いえやす》と敵対《てきたい》するも上杉家《うえすぎけ》を存続《そんぞく》させる

長尾政景《ながおまさかげ》と、上杉謙信《うえすぎけんしん》の実姉《じっし》の間《あいだ》に誕生《たんじょう》。謙信《けんしん》の養子《ようし》となる。謙信《けんしん》が急逝《きゅうせい》すると、上杉景虎《うえすぎかげとら》（謙信《けんしん》の養子《ようし》）との家督争《かとくあらそ》い「御館《おたて》の乱《らん》」が勃発《ぼっぱつ》。景勝《かげかつ》は勝利《しょうり》するが、織田家《おだけ》の侵攻《しんこう》を許《ゆる》してしまう。だが折《おり》しも「本能寺《ほんのうじ》の変《へん》」が起《お》き窮地《きゅうち》を脱《だっ》した。そののち、景勝《かげかつ》は豊臣秀吉《とよとみひでよし》に従《したが》い五大老《ごたいろう》に出世《しゅっせ》、会津《あいづ》120万石《まんごく》に加増《かぞう》移封《いほう》される。秀吉《ひでよし》の死後《しご》、徳川家康《とくがわいえやす》と対立《たいりつ》し家康軍《いえやすぐん》が会津征伐《あいづせいばつ》に向《む》かうが、「関ケ原《せきがはら》の戦《たたか》い」が起《お》き直接戦《ちょくせつたたか》うことはなかった。

File. 166

武

【もうり てるもと】

毛利輝元

おもしろエピソード

◎信長《のぶなが》に追放《ついほう》された将軍《しょうぐん》・足利義昭《あしかがよしあき》を保護《ほご》し、領内《りょうない》の鞆《とも》に御所《ごしょ》を提供《ていきょう》。足利家《あしかがけ》の家紋《かもん》を賜《たまわ》る

中国地方《ちゅうごくちほう》の覇者《はしゃ》・毛利家《もうりけ》の穏《おだ》やかな3代目《だいめ》

凡庸《ぼんよう》な3代目《だいめ》ながらもなんとか毛利家《もうりけ》を守《まも》る

毛利隆元《もうりたかもと》の嫡男《ちゃくなん》。父《ちち》が急死《きゅうし》し10代《だい》で家督《かとく》を継《つ》いだ。戦国屈指《せんごくくっし》の謀略家《ぼうりゃくか》・毛利元就《もうりもとなり》の孫《まご》にしては、おっとりしていたといわれる。

織田信長軍《おだのぶながぐん》に攻《せ》められるが、備中高松城攻防戦《びっちゅうたかまつじょうこうぼうせん》の間《あいだ》に「本能寺《ほんのうじ》の変《へん》」が起《お》き、総大将《そうだいしょう》の豊臣秀吉《とよとみひでよし》と和睦《わぼく》を結《むす》ぶ。のちには秀吉《ひでよし》の家臣《かしん》となって、五大老《ごたいろう》のひとりとなる。「関ケ原《せきがはら》の戦《たたか》い」では、西軍《せいぐん》の総大将《そうだいしょう》として豊臣秀頼《とよとみひでより》を守《まも》った。敗戦《はいせん》後《ご》、領地《りょうち》は奪《うば》わないという徳川家康《とくがわいえやす》の言葉《ことば》を信《しん》じ、大坂城《おおさかじょう》から退去《たいきょ》したのだが、結局《けっきょく》112万石《まんごく》から大減封《だいげんぽう》される。続《つづ》く「大坂《おおさか》の陣《じん》」では、病《やまい》をおして徳川方《とくがわがた》に参戦《さんせん》。毛利家《もうりけ》を守《まも》りきった。

生年《せいねん》 1553年《ねん》
※最初《さいしょ》の「川中島《かわなかじま》の戦《たたか》い」

没年《ぼつねん》 1625年《ねん》
※上野《うえの》の寛永寺《かんえいじ》ができる

享年《きょうねん》 73歳《さい》

ここがポイント！

「本能寺《ほんのうじ》の変《へん》」を機《き》に秀吉《ひでよし》と和平《わへい》し五大老《ごたいろう》に

File. 167

【あさの ながまさ】

浅野長政

秀吉《ひでよし》の親類《しんるい》として天下《てんか》取《と》りに尽力《じんりょく》

尾張国宮後城主《おわりのくにみやうしろじょうしゅ》・安井重継《やすいしげつぐ》の子《こ》で、織田信長《おだのぶなが》の家《か》臣《しん》である叔父《おじ》・浅野長勝《あさのながかつ》の婿養子《むこようし》。長勝《ながかつ》の養女《ようじょ》、おねが豊臣秀吉《とよとみひでよし》に嫁《とつ》いでいた縁《えん》で、秀吉《ひでよし》の与力《よりき》となる。「賤ケ岳《しずがたけ》の戦《たたか》い」などで戦功《せんこう》を挙《あ》げ、「小田原征《おだわらせい》伐《ばつ》」にも参戦《さんせん》。また行政手腕《ぎょうせいしゅわん》が評価《ひょうか》され、太閤検地《たいこうけんち》を実施《じっし》。のちに五奉行《ごぶぎょう》になるが、石田三成《いしだみつなり》とは犬猿《けんえん》の仲《なか》だった。「関《せき》ケ《が》原《はら》の戦《たたか》い」では東軍《とうぐん》側《がわ》として参加《さんか》し、徳《とく》川秀忠《がわひでただ》に従《したが》った。戦《せん》後《ご》は江戸《えど》で家康《いえやす》に仕《つか》えた。長男《ちょうなん》の幸長《ゆきなが》は、初代《しょだい》和歌山藩主《わかやまはんしゅ》となった。

生年《せいねん》 1547年《ねん》
没年《ぼつねん》 1611年《ねん》
享年《きょうねん》 65歳《さい》

武

ここがポイント！
豊臣政権《とよとみせいけん》の軍事《ぐんじ》・行政《ぎょうせい》両面《りょうめん》を支《ささ》える

File. 168

【ました ながもり】

増田長盛

五奉行《ごぶぎょう》として豊臣政権《とよとみせいけん》を支《ささ》える

豊臣秀吉《とよとみひでよし》に見《み》いだされて仕《つか》え、関東《かんとう》の大名《だいみょう》への命《めい》令伝達《れいでんたつ》や行政指導《ぎょうせいしどう》を行《おこな》う「奏者《そうじゃ》」役《やく》などで政治手腕《せいじしゅわん》を発揮《はっき》した武将《ぶしょう》。太閤検地《たいこうけんち》では中心《ちゅうしん》となって従事《じゅうじ》し、のち五奉行《ごぶぎょう》に任命《にんめい》された。秀吉《ひでよし》の死後《しご》、徳川家《とくがわいえ》康《やす》と対立《たいりつ》し「伏見城攻《ふしみじょうぜ》め」に参加《さんか》。「関ケ原《せきがはら》の戦《たたか》い」では西軍《せいぐん》ながら家康《いえやす》に内通《ないつう》、兵《へい》を動《うご》かさなかった。戦後《せんご》、長盛《ながもり》は高野《こうや》山《さん》に追放《ついほう》となる。「大坂夏《おおさかなつ》の陣《じん》」では、息子《むすこ》の増田盛次《ましたもりつぐ》が、徳川《とくがわ》の尾張藩《おわりはん》を出《しゅっ》奔《ぽん》して豊臣側《とよとみがわ》で参《さん》戦《せん》。長盛《ながもり》は責任《せきにん》を問《と》われ自害《じがい》した。

生年《せいねん》 1545年《ねん》
没年《ぼつねん》 1615年《ねん》
享年《きょうねん》 71歳《さい》

武

ここがポイント！
行政手腕《ぎょうせいしゅわん》に長《た》けた五奉行《ごぶぎょう》のひとり

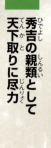

File. 169

前田玄以【まえだ げんい】

僧侶《そうりょ》から頭角《とうかく》を現《あらわ》し五奉行《ごぶぎょう》にまで出世《しゅっせ》

生年 1539年
没年 1602年
享年 64歳

武

ここがポイント！
豊臣政権《とよとみせいけん》の五奉行《ごぶぎょう》
内政《ないせい》や交渉《こうしょう》で活躍《かつやく》

もともとは僧侶《そうりょ》だった。織田信長《おだのぶなが》の嫡男《ちゃくなん》、信忠《のぶただ》に仕《つか》え、「本能寺《ほんのうじ》の変《へん》」では三法師《さんぼうし》（秀信《ひでのぶ》）を救出《きゅうしゅつ》し守役《もりやく》となった。のちに豊臣秀吉《とよとみひでよし》のもとで丹波亀山城《たんばかめやまじょう》主《しゅ》となり、京都《きょうと》の市政《しせい》を担《にな》う京都所司代《きょうとしょしだい》として朝廷《ちょうてい》との交渉役《こうしょうやく》を担当《たんとう》した。秀吉死後《ひでよししご》は遺言《ゆいごん》に従《したが》い五奉行《ごぶぎょう》として豊臣秀頼《とよとみひでより》を補佐《ほさ》、家康《いえやす》の会津征伐《あいづせいばつ》に反対《はんたい》した。「関ヶ原《せきがはら》の戦《たたか》い」では西軍側《せいぐんがわ》だったが、家康《いえやす》にも内通《ないつう》。合戦《かっせん》には参加《さんか》せず、大坂城《おおさかじょう》に残《のこ》る。戦後《せんご》は家康《いえやす》に許《ゆる》され、丹波《たんば》の所領《しょりょう》もそのままになった。

File. 170

長束正家【なつか まさいえ】

優《すぐ》れた算術能力《さんじゅつのうりょく》で豊臣政権《とよとみせいけん》を支《ささ》える

生年 不詳《ふしょう》
没年 1600年
享年 不詳《ふしょう》

武

ここがポイント！
豊臣政権《とよとみせいけん》の財政《ざいせい》を
担《にな》った兵糧奉行《ひょうろうぶぎょう》

近江国《おうみのくに》で生《う》まれ、丹羽長秀《にわながひで》に仕《つか》えた。のちに長秀《ながひで》が亡《な》くなると、優《すぐ》れた算術能力《さんじゅつのうりょく》を買《か》われて秀吉《ひでよし》の家臣《かしん》となり、豊臣政権《とよとみせいけん》の財政管理《ざいせいかんり》などを任《まか》された。「小田原征伐《おだわらせいばつ》」では、小田原周辺《おだわらしゅうへん》で米《こめ》3万石《まんごく》を買《か》い占《し》め、小田原城《おだわらじょう》を兵糧攻《ひょうろうぜ》めにする策《さく》を講《こう》じる。その後《ご》、五奉行《ごぶぎょう》のひとりに昇進《しょうしん》。秀吉《ひでよし》の死後《しご》、石田三成《いしだみつなり》と協力《きょうりょく》し、徳川家康《とくがわいえやす》の打倒《だとう》を画策《かくさく》した。「関ヶ原《せきがはら》の戦《たたか》い」では布陣《ふじん》するも戦《たたか》わず、西軍《せいぐん》の壊滅《かいめつ》とともに戦場《せんじょう》を離脱《りだつ》。その後《ご》、自害《じがい》した。

File. 171

文

おもしろエピソード

千利休【せんのりきゅう】

◎その名《な》は今《いま》も茶道家元《さどういえもと》の「千家《せんけ》」に残《のこ》る
◎密談《みつだん》向《む》きの茶室《ちゃしつ》は重要《じゅうよう》な政治《せいじ》の場《ば》になる

「わび茶《ちゃ》」を追求《ついきゅう》し、豊臣政権《とよとみせいけん》に影響《えいきょう》を与《あた》えた茶人《ちゃじん》

茶《ちゃ》の道《みち》を究《きわ》め、信長《のぶなが》、秀吉《ひでよし》に仕《つか》える

堺《さかい》で高名《こうめい》な商家《しょうか》の子《こ》として生《う》まれ、17歳《さい》のときに茶《ちゃ》の道《みち》に入《はい》る。のちに茶《ちゃ》の湯《ゆ》の第一人者《だいいちにんしゃ》・武野紹鴎《たけのじょうおう》に師事《しじ》。簡素《かんそ》ななかに風流《ふうりゅう》を見《み》いだす「わび茶《ちゃ》」を完成《かんせい》させた。その後《ご》、織田信長《おだのぶなが》が堺《さかい》を直轄地《ちょっかつち》としたことから、信長《のぶなが》とも交流《こうりゅう》を深《ふか》めた。

「本能寺《ほんのうじ》の変《へん》」後《ご》は豊臣秀吉《とよとみひでよし》に仕《つか》える。秀吉《ひでよし》からは重用《ちょうよう》され、茶人《ちゃじん》としてだけではなく、政事《せいじ》も託《たく》される。

だが、1591年《ねん》、利休《りきゅう》は秀吉《ひでよし》から堺《さかい》に謹慎《きんしん》を命《めい》じられる。これには秀吉《ひでよし》が自立《じりつ》の気風《きふう》が強《つよ》い堺《さかい》に課《か》した圧力《あつりょく》に加《くわ》え、派手好《はでごの》みの秀吉《ひでよし》と茶《ちゃ》の方向性《ほうこうせい》が対立《たいりつ》したからともいわれるが、原因《げんいん》は不明《ふめい》。その後《ご》、秀吉《ひでよし》に切腹《せっぷく》を命《めい》じられた。

生年《せいねん》 1522年《ねん》
※ 翌年《よくねん》、「寧波《ニンポー》の乱《らん》」が起《お》こる

没年《ぼつねん》 1591年《ねん》
※ 豊臣秀吉《とよとみひでよし》が太閤《たいこう》になる

享年《きょうねん》 70歳《さい》

ここがポイント！

茶《ちゃ》の道《みち》を究《きわ》めただけではなく、秀吉《ひでよし》に政治的影響《せいじてきえいきょう》を与《あた》えた

File. 172

武

【とよとみ ひでつぐ】

豊臣秀次

おもしろエピソード

◎秀吉《ひでよし》とは違《ちが》ってあまり野心的《やしんてき》ではなかったとされる

◎昔《むかし》の軍記《ぐんき》では切腹《せっぷく》の原因《げんいん》は秀次《ひでつぐ》の乱行《らんぎょう》のせいとされていた

生年《せいねん》 1568年《ねん》

※織田信長《おだのぶなが》が足利義昭《あしかがよしあき》を擁《よう》して京都入《きょうとい》り

没年《ぼつねん》 1595年《ねん》

※蒲生氏郷《がもううじさと》が死去《しきょ》

享年《きょうねん》 28歳《さい》

ここがポイント！

豊臣家《とよとみけ》2代目《だいめ》関白《かんぱく》となるも、跡目争《あとめあらそ》いに巻《ま》き込《こ》まれる

関白《かんぱく》を継承《けいしょう》しながらも、非業《ひごう》の死《し》を遂《と》げる

豊臣家《とよとみけ》の跡目争《あとめあらそ》いで運命《うんめい》を狂《くる》わされる

豊臣秀吉《とよとみひでよし》の姉《あね》の子《こ》で、秀吉《ひでよし》の養子《ようし》に入《はい》る。その後《ご》、三好康長《みよしやすなが》の養子《ようし》となり、三好信吉《みよしのぶよし》を名《な》のり、権力《けんりょく》を得《え》た秀吉《ひでよし》に重用《ちょうよう》されていく。1584年《ねん》に羽柴姓《はしばせい》に戻《もど》る。「小牧《こまき》・長久手《ながくて》の戦《たたか》い」では別働隊《べつどうたい》の大将《たいしょう》に志願《しがん》するも大敗《たいはい》し、秀吉《ひでよし》に叱《しか》られたが、紀州《きしゅう》や四国《しこく》の征伐《せいばつ》では城《しろ》を落《お》とすなど名誉挽回《めいよばんかい》の活躍《かつやく》をした。秀吉《ひでよし》が関白《かんぱく》になると、羽柴秀次《はしばひでつぐ》を名《な》のるようになる。1591年《ねん》、関白《かんぱく》の職《しょく》を譲《ゆず》られるが、秀頼《ひでより》が生《う》まれると、秀吉《ひでよし》との関係《かんけい》に変化《へんか》が生《しょう》じた。1595年《ねん》、秀次《ひでつぐ》は謀反《むほん》の疑《うたが》いで強制的《きょうせいてき》に出家《しゅっけ》させられ、その後切《ごせっ》腹《ぷく》を命《めい》じられた。多《おお》くの近臣《きんしん》も処刑《しょけい》されている。

File. 173

狩野永徳【かのう えいとく】

多《おお》くの権力者《けんりょくしゃ》に重用《ちょうよう》された日本史上《にほんしじょう》、最《もっと》も有名《ゆうめい》な絵師《えし》

文

生年《せいねん》 1543年《ねん》
没年《ぼつねん》 1590年《ねん》
享年《きょうねん》 48歳《さい》

戦国時代《せんごくじだい》の画家《がか》。曽祖父《そうそふ》からの画家《がか》の家系《かけい》で、若《わか》くして将軍足利義輝《しょうぐんあしかがよしてる》に謁見《えっけん》した。躍動感《やくどうかん》ある画風《がふう》を織田信長《おだのぶなが》も気《き》に入《い》り、上杉謙信《うえすぎけんしん》への贈《おく》り物《もの》とするため大作《たいさく》『洛中洛外図屏風《らくちゅうらくがいずびょうぶ》』を依頼《いらい》する。現存《げんそん》しないが、安土城《あづちじょう》や豊臣秀吉《とよとみひでよし》の聚楽第《じゅらくだい》などの障壁画《しょうへきが》（襖《ふすま》や屏風《びょうぶ》、衝立《ついたて》に描《えが》かれた絵《え》）にも携《たずさ》わったという。江戸期《えどき》まで画壇《がだん》の中心《ちゅうしん》となる狩野派《かのうは》を大成《たいせい》し、後世《こうせい》の画家《がか》に大《おお》きな影響《えいきょう》を残《のこ》した。

▶狩野永徳作《かのうえいとくさく》・「唐獅子図《からじしず》」

File. 174

長谷川等伯【はせがわ とうはく】

地方《ちほう》絵師《えし》から出発《しゅっぱつ》し太閤秀吉《たいこうひでよし》に認《みと》められる

文

生年《せいねん》 1539年《ねん》
没年《ぼつねん》 1610年《ねん》
享年《きょうねん》 72歳《さい》

狩野派《かのうは》のライバル、長谷川派《はせがわは》の祖《そ》となる画家《がか》。はじめ能登国《のとのくに》（石川県《いしかわけん》）で仏教関係《ぶっきょうかんけい》の絵《え》を描《か》いていたが、1571年《ねん》ごろに京都《きょうと》に上《のぼ》る。中国《ちゅうごく》の水墨画《すいぼくが》に触《ふ》れ、その経験《けいけん》は水墨障壁画《すいぼくしょうへきが》や代表作《だいひょうさく》のひとつ『松林図屏風《しょうりんずびょうぶ》』（国宝《こくほう》）に生《い》かされた。豊臣秀吉《とよとみひでよし》からの依頼《いらい》を多《おお》く受《う》けて活躍《かつやく》したほか、千利休《せんのりきゅう》との交流《こうりゅう》ももち肖像《しょうぞう》を描《えが》いた。のちに禅僧画家《ぜんそうがか》・雪舟《せっしゅう》の子孫《しそん》を名《な》のり、大寺院《だいじいん》との関係《かんけい》を強《つよ》める。

File. 175

俵屋宗達【たわらや そうたつ】

風神雷神図《ふうじんらいじんず》を描《えが》いた謎多《なぞおお》き町人画家《ちょうにんがか》

文

生年《せいねん》 不詳《ふしょう》
没年《ぼつねん》 不詳《ふしょう》
享年《きょうねん》 不詳《ふしょう》

戦国時代生《せんごくじだいう》まれと推定《すいてい》される、江戸初期《えどしょき》に活躍《かつやく》した画家《がか》。生涯《しょうがい》には不明《ふめい》な点《てん》が多《おお》いが、絵《え》の工房《こうぼう》をもつ町人《ちょうにん》で、1602年《ねん》に広島藩主《ひろしまはんしゅ》・福島正則《ふくしままさのり》の命令《めいれい》で、平清盛《たいらのきよもり》が厳島神社《いつくしまじんじゃ》に奉納《ほうのう》した平家納経《へいけのうきょう》の修復《しゅうふく》をしたことがわかっている。装飾的《そうしょくてき》な画風《がふう》は後水尾天皇《ごみずのおてんのう》や公家《くげ》にも好《この》まれた。大胆《だいたん》な構図《こうず》が印象的《いんしょうてき》な『風神雷神図屏風《ふうじんらいじんずびょうぶ》』（国宝《こくほう》）が代表作《だいひょうさく》で、琳派《りんぱ》の祖《そ》である尾形光琳《おがたこうりん》もこれを模写《もしゃ》して学《まな》んだ。

▶「風神雷神図屏風《ふうじんらいじんずびょうぶ》（複製《ふくせい》）」

File. 176

出雲阿国【いずも の おくに】

じつは出雲《いずも》の人《ひと》かも不明《ふめい》
歌舞伎《かぶき》の源流《げんりゅう》は謎《なぞ》の女性《じょせい》

生年	不詳《ふしょう》
没年	不詳《ふしょう》
享年	不詳《ふしょう》

文

戦国時代《せんごくじだい》の女性芸能者《じょせいげいのうしゃ》。出雲大社《いずもたいしゃ》の巫女《みこ》と名《な》のって（真偽《しんぎ》は不明《ふめい》）、日本各地《にほんかくち》を巡《めぐ》りながら「ややこ踊《おど》り」という歌舞《かぶ》を見《み》せていたところ有名《ゆうめい》に。それが発展《はってん》して物語仕立《ものがたりじた》てになり「歌舞伎踊《かぶきおど》り」とよばれるようになったという。だが扇情的《せんじょうてき》な内容《ないよう》を含《ふく》んだことから、女歌舞伎《おんなかぶき》は風紀《ふうき》を乱《みだ》すと江戸時代《えどじだい》には幕府《ばくふ》から禁止《きんし》される。今《いま》の歌舞伎《かぶき》が、男性《だんせい》しか演《えん》じられないのはこれに由来《ゆらい》している。

File. 177

フランシスコ・ザビエル

大航海時代《だいこうかいじだい》を背景《はいけい》に
極東《きょくとう》への布教《ふきょう》を目《め》ざす

生年	1506年《ねん》
没年	1552年《ねん》
享年	47歳《さい》

宗

ナバーラ王国《おうこく》（今《いま》のスペインの一部《いちぶ》）の貴族《きぞく》の子《こ》で、パリ大学《だいがく》への留学中《りゅうがくちゅう》イエズス会《かい》（カトリック修道士《しゅうどうし》の集団《しゅうだん》）の創立《そうりつ》メンバーとなる。インドを経《へ》て1549年《ねん》、鹿児島《かごしま》に上陸《じょうりく》し日本《にほん》に初《はじ》めてキリスト教《きょう》を伝《つた》えた。九州《きゅうしゅう》を中心《ちゅうしん》に地方大名《ちほうだいみょう》の布教《ふきょう》許可《きょか》を取《と》り付《つ》け、また大友宗麟《おおともそうりん》の保護《ほご》を得《え》て約《やく》2年間《ねんかん》布教活動《ふきょうかつどう》する。日本人《にほんじん》の文化《ぶんか》や知性《ちせい》を高《たか》く評価《ひょうか》したと伝《つた》えられる。中国《ちゅうごく》への入国《にゅうこく》を前《まえ》に病死《びょうし》。

File. 178

ルイス・フロイス

信長《のぶなが》と出会《であ》った宣教師《せんきょうし》
30年《ねん》以上《いじょう》も日本《にほん》で布教《ふきょう》

生年	1532年《ねん》
没年	1597年《ねん》
享年	66歳《さい》

宗

ポルトガル生《う》まれ。16歳《さい》でイエズス会《かい》に入《い》る。拠点《きょてん》であるインドのゴアで教育《きょういく》を受《う》け、1563年《ねん》、日本《にほん》へ布教《ふきょう》に訪《おとず》れる。当初《とうしょ》は仏教徒《ぶっきょうと》の反対《はんたい》を受《う》けうまくいかなかったが、織田信長《おだのぶなが》が台頭《たいとう》すると、珍《めずら》しい献上品《けんじょうひん》の効果《こうか》もあって大《おお》いに気《き》に入《い》られ、布教活動《ふきょうかつどう》に成功《せいこう》する。また文才《ぶんさい》に優《すぐ》れ、日本《にほん》での布教史《ふきょうし》や見聞《けんぶん》をヨーロッパ向《む》けにまとめた『日本史《にほんし》』は、歴史資料《れきししりょう》として価値《かち》がある。

File. 179

武

【だて まさむね】伊達政宗

おもしろエピソード

◎料理《りょうり》が趣味《しゅみ》で、「ずんだ餅《もち》」は政宗《まさむね》に起源《きげん》があるとも
◎軍勢《ぐんぜい》の戦装束《いくさしょうぞく》が派手《はで》で「伊達者《だてもの》」の由来《ゆらい》になる

奥州《おうしゅう》を統一《とういつ》した「遅《おく》れてきた名将《めいしょう》」

生《う》まれるのが遅《おそ》かった 奥州《おうしゅう》の独眼竜《どくがんりゅう》

奥州《おうしゅう》（東北地方《とうほくちほう》）の名門《めいもん》、伊達家《だてけ》17代目当主《だいめとうしゅ》。幼《おさな》いころ病《やまい》で右目《みぎめ》を失《うしな》ったことと、その勇猛《ゆうもう》さからのちに「独眼竜《どくがんりゅう》」と称《しょう》せられる。10代《だい》で家督《かとく》を継《つ》ぐと、反意《はんい》を見《み》せた大《おお》内氏《うちし》の小手森城《おでもりじょう》で「撫《な》で斬《ぎ》り（皆殺《みなごろ》し）」をしたり、拉致《らち》された父《ちち》の輝《てる》宗《むね》ごと敵《てき》の畠山軍《はたけやまぐん》を射殺《しゃさつ》するなど、強攻策《きょうこうさく》で1589年《ねん》に奥羽《おうう》を統一《とういつ》、114万石《まんごく》の大名《だいみょう》となる。

1590年《ねん》の小田原《おだわら》攻《ぜ》めの際《さい》に豊臣秀吉《とよとみひでよし》に恭順《きょうじゅん》の意《い》を示《しめ》したが、豊《とよ》臣政権下《とみせいけんか》では、戦《いくさ》への到着遅《とうちゃくおく》れや、一揆《いっき》を扇動《せんどう》した罪《つみ》などにより減転《げんてん》封《ぽう》されるなど、不遇《ふぐう》だった。

秀吉《ひでよし》の死後《しご》は、徳川家康《とくがわいえやす》に近《ちか》づく。「関ヶ原《せきがはら》の戦《たたか》い」では、家康《いえやす》から旧領《きゅうりょう》49万石《まんごく》を約束《やくそく》する「百万石《ひゃくまんごく》のお墨付《すみつ》き」を与《あた》えられ、東軍《とうぐん》として参戦《さんせん》。上杉景勝《うえすぎかげかつ》と戦《たたか》った（慶《けい》長出羽合戦《ちょうでわかっせん》）。しかしお墨付《すみつ》きは最《さい》終的《しゅうてき》になかったことにされ、領地《りょうち》は一部《いちぶ》しか回復《かいふく》しなかった。江戸《えど》幕府第《ばくふだい》3代将軍《だいしょうぐん》の徳川家光《とくがわいえみつ》の時代《じだい》まで生《い》き、「最後《さいご》の戦国大名《せんごくだいみょう》」として尊敬《そんけい》を受《う》けながら、江戸《えど》の伊達《だて》藩邸内《はんていない》で死亡《しぼう》した。

生年《せいねん》 1567年《ねん》
※前年《ぜんねん》、家康《いえやす》が松平《まつだいら》から徳川《とくがわ》に改姓《かいせい》

没年《ぼつねん》 1636年《ねん》
※このころハーバード大学創立《だいがくそうりつ》

享年《きょうねん》 70歳《さい》

ここがポイント！

奥羽《おうう》を支配《しはい》した後《あと》、秀吉《ひでよし》、家康《いえやす》に従《したが》う

ゆかりの地《ち》

仙台城《せんだいじょう》

●関ヶ原《せきがはら》の戦《たたか》いの後《あと》、政宗《まさむね》が築城《ちくじょう》した仙台藩《せんだいはん》の中心《ちゅうしん》。青葉城《あおばじょう》ともよばれる。

File. 180

将

【とくがわ いえやす】

徳川家康

おもしろエピソード

◎三方ヶ原《みかたがはら》での敗走《はいそう》では恐怖《きょうふ》で失禁《しっきん》したといわれる

◎鷹狩《たかがり》が大好《だいす》きで生涯《しょうがい》1000回以上《かいいじょう》行《おこな》ったという

長《なが》い乱世《らんせい》を終《お》わらせた江戸幕府《えどばくふ》初代将軍《しょだいしょうぐん》

人質《ひとじち》、敗将《はいしょう》、家臣《かしん》……そしてついに天下人《てんかびと》へ

　270年《ねん》の江戸幕府《えどばくふ》、徳川政権《とくがわせいけん》の祖《そ》となった徳川家康《とくがわいえやす》。その人生《じんせい》は苦難《くなん》と忍耐《にんたい》の連続《れんぞく》だった。幼《おさな》いころは、実家《じっか》の松平家《まつだいらけ》が恭順《きょうじゅん》を示《しめ》すための人質《ひとじち》として、織田家《おだけ》や今川家《いまがわけ》に送《おく》られ無為《むい》の日々《ひび》を送《おく》った。元服《げんぷく》した後《あと》は、織田信長《おだのぶなが》と同盟《どうめい》を結《むす》び三河《みかわ》（今《いま》の愛知県《あいちけん》）を手中《しゅちゅう》にするも、「三方ヶ原《みかたがはら》の戦《たたか》い」で武田軍《たけだぐん》によって討《う》ち死《じ》に寸前《すんぜん》まで追《お》いつめられる。また長男《ちょうなん》の信康《のぶやす》が武田《たけだ》への内通《ないつう》を疑《うたが》われ、切腹《せっぷく》させられるなど苦難《くなん》は続《つづ》いたが、着実《ちゃくじつ》に力《ちから》をつけていった。

　信長《のぶなが》の死後《しご》、豊臣秀吉《とよとみひでよし》と「小牧《こまき》・長久手《ながくて》の戦《たたか》い」で覇権《はけん》を争《あらそ》う。戦闘《せんとう》では有利《ゆうり》だったものの、味方《みかた》の織田信雄《おだのぶかつ》が和議《わぎ》に動《うご》き、結局《けっきょく》は秀吉《ひでよし》に臣従《しんじゅう》することに。秀吉《ひでよし》が小田原《おだわら》の北条氏《ほうじょうし》を滅《ほろ》ぼした後《あと》は、旧領《きゅうりょう》の三河《みかわ》から関東《かんとう》に移封《いほう》を命《めい》じられ、江戸《えど》の原型《げんけい》をつくることになる。

　そして秀吉《ひでよし》の死後《しご》、家康《いえやす》の出番《でばん》となる。「関ヶ原《せきがはら》の戦《たたか》い」で石田三成《いしだみつなり》や宇喜多秀家《うきたひでいえ》ら反抗《はんこう》する勢力《せいりょく》を、「大坂《おおさか》の陣《じん》」で豊臣家《とよとみけ》を滅《ほろ》ぼし、ようやく天下《てんか》を手中《しゅちゅう》に収《おさ》めた。

生年《せいねん》 1542年《ねん》
※ 翌年《よくねん》、狩野永徳《かのうえいとく》が生《う》まれる

没年《ぼつねん》 1616年《ねん》
※ 中国東北部《ちゅうごくとうほくぶ》に後金《こうきん》が建国《けんこく》

享年《きょうねん》 75歳《さい》

ここがポイント！

「関ヶ原《せきがはら》の戦《たたか》い」に勝利《しょうり》し、江戸幕府《えどばくふ》を開《ひら》く

ゆかりの地《ち》

江戸《えど》

●今《いま》の東京《とうきょう》。入江《いりえ》を埋《う》め立《た》てるなどの大工事《だいこうじ》で、江戸《えど》城下町《じょうかまち》を整《ととの》えた。

関《せき》ケ《が》原《はら》の戦《たたか》い

戦国時代《せんごくじだい》の終《お》わりを告《つ》げた天下分《てんかわ》け目《め》の戦《たたか》い

豊臣政権《とよとみせいけん》の内紛《ないふん》が新時代《しんじだい》を招《まね》いた

豊臣秀吉《とよとみひでよし》の没後《ぼつご》、政権《せいけん》は浅野長政《あさのながまさ》、石田三成《いしだみつなり》ら五奉行《ごぶぎょう》が支《ささ》えることになった。だが家臣《かしん》の間《あいだ》ではすでに文治派《ぶんちは》（三成《みつなり》ら官僚《かんりょう》グループ）と武断派《ぶだんは》（福島《ふくしま》正則《まさのり》ら武将《ぶしょう》グループ）の対立《たいりつ》が深刻化《しんこくか》しており、後者《こうしゃ》は台頭《たいとう》する徳川家康《とくがわいえやす》に接近《せっきん》。1599年《ねん》には正則《まさのり》、**池田輝政《いけだてるまさ》**、**加藤嘉明《かとうよしあき》**、**細川忠興《ほそかわただおき》**らが三成邸《みつなりてい》を襲《おそ》う事件《じけん》まで起《お》きた。

翌年《よくとし》、ついに美濃《みの》（今《いま》の岐阜県《ぎふけん》）の関《せき》ケ《が》原《はら》で、毛利輝元《もうりてるもと》を総大将《そうだいしょう》とする西《せい》

File. 181

山内一豊

【やまうち かずとよ】

File. 182

細川忠興

【ほそかわ ただおき】

File. 183

池田輝政

【いけだ てるまさ】

File. 184

加藤嘉明

【かとう よしあき】

軍《ぐん》約《やく》8万《まん》5000と、家康《いえやす》らの東軍《とうぐん》約《やく》7万《まん》5000に二分《にぶん》された大名《だいみょう》たちが激突《げきとつ》する。三成《みつなり》の挙兵《きょへい》の知《し》らせに、家康《いえやす》は下野《しもつけ》の小山《おやま》で身近《みぢか》な大名《だいみょう》たちとの軍議《ぐんぎ》を開《ひら》く。このとき、**山内一豊《やまうちかずとよ》**が真《ま》っ先《さき》に居城《きょじょう》の提供《ていきょう》を申《もう》し出《で》、諸侯《しょこう》に家康《いえやす》につく意志《いし》を固《かた》めさせたという。西軍《せいぐん》についた織田信長《おだのぶなが》の孫《まご》・織田秀信《おだひでのぶ》の岐阜城《ぎふじょう》を、輝政《てるまさ》、正則《まさのり》らが一日《いちにち》で落《お》とすなどの前哨戦《ぜんしょうせん》を経《へ》て、9月《がつ》14日《か》、家康《いえやす》が大軍《たいぐん》を率《ひき》いて関東《かんとう》から美濃《みの》に到《とう》着《ちゃく》。三成《みつなり》も拠点《きょてん》の大垣城《おおがきじょう》から出陣《しゅつじん》した。

そして15日朝《にちあさ》、東軍《とうぐん》の井伊直政軍《いいなおまさぐん》が西軍《せいぐん》の宇喜多秀家軍《うきたひでいえぐん》に発砲《はっぽう》し、開戦《かいせん》。また三成《みつなり》の本隊《ほんたい》には、昨年《さくねん》屋敷《やしき》を襲《おそ》った黒田長政《くろだながまさ》、忠興《ただおき》、嘉明《よしあき》らが攻撃《こうげき》した。しかし西軍《せいぐん》も大谷吉継《おおたによしつぐ》や島左近《しまさこん》などの名将《めいしょう》を抱《かか》え、頑強《がんきょう》に抵抗《ていこう》。家康《いえやす》は焦《あせ》り、西軍《せいぐん》から寝返《ねがえ》ると約束《やくそく》したのに一向《いっこう》に動《うご》かない小《こ》早川秀秋軍《ばやかわひであきぐん》に威嚇射撃《いかくしゃげき》した。秀秋《ひであき》が1万以上《まんいじょう》の軍《ぐん》で東軍《とうぐん》として戦《たたか》い始《はじ》めたことでほかの西軍大名《せいぐんだいみょう》も寝返《ねがえ》り、東軍《とうぐん》の勝利《しょうり》が決《き》まった。三成《みつなり》は敗走《はいそう》するが捕《つか》まり、のちに斬首《ざんしゅ》される。

東軍《とうぐん》と西軍《せいぐん》の戦《たたか》いは、関ケ原《せきがはら》だけでなく東北《とうほく》から九州《きゅうしゅう》まで各地《かくち》で起《お》き、まさに日本全国《にほんぜんこく》を巻《ま》き込《こ》んだ戦《たたか》いだった。また、このちの論功行賞《ろんこうこうしょう》により、江戸時代《えどじだい》の各大名《かくだいみょう》の地位《ちい》も決《き》まっていく。

▲石田三成《いしだみつなり》の本陣《ほんじん》の下《した》での乱戦《らんせん》。

File. 185

大谷吉継

【おおたに よしつぐ】

親友《しんゆう》・石田三成《いしだみつなり》のためあえて西軍《せいぐん》に味方《みかた》する

生年《せいねん》 1559年《ねん》
没年《ぼつねん》 1600年《ねん》
享年《きょうねん》 42歳《さい》

武

ここがポイント！
友情《ゆうじょう》に厚《あつ》いがために関《せき》ヶ原《がはら》で敗軍方《はいぐんがた》に

羽柴秀吉《はしばひでよし》（豊臣秀吉《とよとみひでよし》）が長浜城主《ながはまじょうしゅ》となった際《さい》、石田三成《いしだみつなり》らと小姓《こしょう》に召《め》し抱《かか》えられて世《よ》に出《で》る。1589年《ねん》に敦賀城主《つるがじょうしゅ》となり5万石《まんごく》を与《あた》えられる。朝鮮出兵《ちょうせんしゅっぺい》では船奉行《ふなぶぎょう》として手腕《しゅわん》を発揮《はっき》した。秀吉《ひでよし》の死後《しご》、徳川家康《とくがわいえやす》の上杉討伐《うえすぎとうばつ》に応《こた》えて会津《あいづ》へ行《い》く途《と》中《ちゅう》、三成《みつなり》に家康討伐計画《いえやすとうばつけいかく》を打《う》ち明《あ》けられる。吉継《よしつぐ》は止《と》めたが、最後《さいご》は親《しん》友《ゆう》の三成《みつなり》とともに戦《たたか》うことを決意《けつい》。「関《せき》ヶ原《がはら》の戦《たたか》い」では、奮《ふん》闘《とう》するも寝返《ねがえ》った軍《ぐん》勢《ぜい》に耐《た》えきれず大谷《おおたに》軍《ぐん》は壊滅《かいめつ》。吉継《よしつぐ》も自《じ》害《がい》した。

File. 186

島左近

【しま さこん】

「鬼左近《おにさこん》」と恐《おそ》れられた石田三成《いしだみつなり》の優秀《ゆうしゅう》な部下《ぶか》

生年《せいねん》 不詳《ふしょう》
没年《ぼつねん》 1600年《ねん》
享年《きょうねん》 不詳《ふしょう》

武

ここがポイント！
石田三成《いしだみつなり》に仕《つか》え軍勢《ぐんぜい》の要《かなめ》となる

本名《ほんみょう》は島清興《しまきよおき》。大和国《やまとのくに》（今《いま》の奈良県《ならけん》）の大名《だいみょう》・筒《つつ》井《い》氏《し》の家臣《かしん》だったが、のちに出奔《しゅっぽん》、俸給《ほうきゅう》2万石《まんごく》という異例《いれい》の高待遇《こうたいぐう》を持《も》ちかけた石田三成《いしだみつなり》に仕官《しかん》した。秀吉《ひでよし》の死後《しご》、徳川家康《とくがわいえやす》が勢力《せいりょく》を増《ま》すのを危惧《きぐ》した石田三成《いしだみつなり》は、家康《いえやす》を討《う》つことを決意《けつい》。1600年《ねん》、「杭瀬川《くいせがわ》の戦《たたか》い」で勝利《しょうり》した左近《さこん》は、この勢《いきお》いで夜討《よう》ちするよう三成《みつなり》に提案《ていあん》したが容《い》れられず、翌日《よくじつ》、「関《せき》ヶ原《がはら》の戦《たたか》い」が始《はじ》まる。左近《さこん》は自《みずか》ら陣頭《じんとう》に立《た》つも、銃撃《じゅうげき》を受《う》けて戦死《せんし》してしまう。

File.187

【こばやかわ ひであき】

小早川秀秋

関《せき》ヶ原《がはら》の裏切《うらぎ》り者《もの》として 21歳《さい》の若《わか》さで急死《きゅうし》

生年《せいねん》	1582年《ねん》
没年《ぼつねん》	1602年《ねん》
享年《きょうねん》	21歳《さい》

武

ここがポイント！

裏切《うらぎ》りが関《せき》ヶ原《がはら》の勝敗《しょうはい》を決《けっ》した

豊臣秀吉《とよとみひでよし》の正室《せいしつ》、おねの兄《あに》、木下家定《きのしたいえさだ》の5男《なん》。幼《おさな》いころ秀吉《ひでよし》の養子《ようし》となり、跡継《あとつ》ぎ候補《こうほ》としておねに育《そだ》てられた。だが秀吉《ひでよし》に実子《じっし》の秀頼《ひでより》が生《う》まれ、小《こ》早川隆景《ばやかわたかかげ》の養子《ようし》に出《だ》される。「関ヶ原《せきがはら》の戦《たたか》い」には、西軍《せいぐん》として参戦《さんせん》。だが密《ひそ》かに徳川家康《とくがわいえやす》に内通《ないつう》し、戦《たたか》いのさなか裏切《うらぎ》って東軍《とうぐん》を勝利《しょうり》へと導《みちび》いた。戦後《せんご》、50万石《まんごく》を与《あた》えられるものの、わずか2年《ねん》後《ご》、21歳《さい》で急死《きゅうし》。裏《うら》切《ぎ》りを憤《いきどお》って死《し》んだ大谷吉継《おおたによしつぐ》の祟《たた》りともいわれたが、現在《げんざい》は過度《かど》の飲酒《いんしゅ》が原因《げんいん》とされている。

188

【しまづ よしひろ】

島津義弘

歴史《れきし》に残《のこ》る正面突破《しょうめんとっぱ》 薩摩《さつま》の猛将《もうしょう》・鬼島津《おにしまづ》

生年《せいねん》	1535年《ねん》
没年《ぼつねん》	1619年《ねん》
享年《きょうねん》	85歳《さい》

武

ここがポイント！

犠牲《ぎせい》をいとわぬ撤退作戦《てったいさくせん》で有名《ゆうめい》に

戦国屈指《せんごくくっし》の猛将《もうしょう》で「鬼島津《おにしまづ》」とも称《しょう》される薩摩国《さつまのくに》（今《いま》の鹿児島県《かごしまけん》）の大名《だいみょう》。「関ヶ原《せきがはら》の戦《たたか》い」では西軍《せいぐん》につく。だが石田三成《いしだみつなり》に手勢《てぜい》が少《すく》ないと軽《かろ》んじられたことから、怒《おこ》った義弘《よしひろ》は、開戦後《かいせんご》も陣《じん》を動《うご》かなかった。西軍《せいぐん》が総崩《そうくず》れとなると、退路《たいろ》を断《た》たれた義弘《よしひろ》は、敵軍《てきぐん》の中央《ちゅうおう》を突《つ》っ切《き》って退却《たいきゃく》する。足止《あしど》め役《やく》の小部隊《しょうぶたい》を犠牲《ぎせい》にしながら進《すす》む、「捨《す》てがまり」という凄《すさ》まじい作戦《さくせん》で撤退《てったい》は成功《せいこう》する。これは「島津《しまづ》の退《の》き口《ぐち》」とよばれ、一躍名《いちやくな》を知《し》らしめた。

File. 189

【のうひめ（きちょう）】

濃姫（帰蝶）

大名《だいみょう》どうしの和睦《わぼく》のため政略結婚《せいりゃくけっこん》

美濃《みの》（今《いま》の岐阜県《ぎふけん》）の国主《こくしゅ》・斎藤道三《さいとうどうさん》の娘《むすめ》。斎藤《さいとう》氏《し》の台頭《たいとう》を嫌《きら》った隣国《りんごく》・尾張《おわり》（今《いま》の愛知県《あいちけん》）の織田《おだ》信秀《のぶひで》と先《さき》の美濃国守護《みののくにしゅご》の甥《おい》・土岐頼純《ときよりずみ》に攻《せ》め込《こ》まれ、道三《どうさん》は和睦《わぼく》のためにまだ10代前半《だいぜんはん》の濃姫《のうひめ》を嫁《とつ》がせることにする。当初《とうしょ》は信秀《のぶひで》の嫡男《ちゃくなん》（信長《のぶなが》）のもとへ、という約束《やくそく》だったが、翌年《よくとし》、土岐《とき》氏に加勢《かせい》した朝《あさ》倉孝景《くらたかかげ》と和睦《わぼく》するため、嫁《とつ》ぎ先《さき》は頼純《よりずみ》に変《か》えられた。だが間《ま》もなく頼純《よりずみ》が死去《しきょ》、1549年《ねん》に改《あらた》めて信長《のぶなが》に嫁《とつ》ぎ両家《りょうけ》を結《むす》んだ。その後《ご》の消息《しょうそく》は不明《ふめい》である。

生年《せいねん》	不詳《ふしょう》
没年《ぼつねん》	不詳《ふしょう》
享年《きょうねん》	不詳《ふしょう》

奥

ここがポイント！
斎藤道三《さいとうどうさん》の娘《むすめ》として、織田信長《おだのぶなが》に嫁《とつ》ぐ

File. 190

おね

彼女《かのじょ》の手助《てだす》けなくして天下取《てんかと》りはならず

豊臣秀吉《とよとみひでよし》の正室《せいしつ》。「寧《ねい》」「祢《ね》」などと記《しる》され、読《よ》みもほかに「ねね」など諸説《しょせつ》ある。秀吉《ひでよし》がまだ下級《かきゅう》武士《ぶし》であった1561年《ねん》、母《はは》の反対《はんたい》を押《お》し切《き》り嫁《とつ》いだ。子《こ》に恵《めぐ》まれなかったものの、親戚《しんせき》の子《こ》である加藤清正《かとうきよまさ》や福島正則《ふくしままさのり》、小早川秀秋《こばやかわひであき》などを引《ひ》き取《と》り養《よう》育《いく》、のちの豊臣家臣団形成《とよとみかしんだんけいせい》に貢献《こうけん》した。秀吉《ひでよし》が関《かん》白《ぱく》になると北政所《きたのまんどころ》と称《しょう》され官位《かんい》も得《え》る。秀吉《ひでよし》の死後《しご》、出《しゅっ》家《け》して高台院《こうだいいん》を号《ごう》し「関ケ原《せきがはら》の戦《たたか》い」では中立《ちゅうりつ》の立場《たちば》をとった。京都東山《きょうとひがしやま》の屋敷《やしき》で没《ぼっ》する。

生年《せいねん》	1549年《ねん》
没年《ぼつねん》	1624年《ねん》
享年《きょうねん》	76歳《さい》

奥

ここがポイント！
秀吉《ひでよし》の妻《つま》として公私両面《こうしりょうめん》を支《ささ》えた

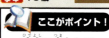

File. 191

【おいち】

お市

数奇《すうき》な運命《うんめい》に翻弄《ほんろう》された織田信長《おだのぶなが》の妹《いもうと》

織田信長《おだのぶなが》の妹《いもうと》。最初《さいしょ》の結婚相手《けっこんあいて》は近江《おうみ》（今《いま》の滋賀《しが》県《けん》）の浅井長政《あざいながまさ》で、政略結婚《せいりゃくけっこん》ながら夫婦仲《ふうふなか》はよく、茶々《ちゃちゃ》、初《はつ》、江《ごう》の3姉妹《しまい》を産《う》んだ。しかし長政《ながまさ》が朝倉《あさくら》氏《し》に味方《みかた》したことから、信長《のぶなが》に本拠《ほんきょ》の小谷城《おだにじょう》を攻《せ》められ、長政《ながまさ》は自害《じがい》。お市《いち》と3人《にん》の娘《むすめ》は救出《きゅうしゅつ》された。信長《のぶなが》死後《しご》は、柴田勝家《しばたかついえ》と再婚《さいこん》。3人《にん》の娘《むすめ》と越前《えちぜん》（今《いま》の福井県《ふくいけん》）に移《うつ》り住《す》む。だが、「賤ケ岳《しずがたけ》の戦《たたか》い」により、居《きょ》城《じょう》が羽柴秀吉《はしばひでよし》の軍《ぐん》に包囲《ほうい》されてしまう。お市《いち》は娘《むすめ》たちを逃《に》がした後《あと》、勝家《かついえ》とともに自害《じがい》した。

生年《せいねん》	不詳《ふしょう》
没年《ぼつねん》	1583年《ねん》
享年《きょうねん》	不詳《ふしょう》

奥

ここがポイント！

信長《のぶなが》の妹《いもうと》。浅井《あざい》3姉妹《しまい》を産《う》む

File. 192

【よど どの】

淀殿

織田信長《おだのぶなが》の姪《めい》にして豊臣秀吉《とよとみひでよし》の妻《つま》

織田信長《おだのぶなが》の妹《いもうと》・お市《いち》と浅井長政《あざいながまさ》の間《あいだ》に生《う》まれた3姉妹《しまい》の長女《ちょうじょ》。名《な》は茶々《ちゃちゃ》。豊臣秀吉《とよとみひでよし》の側室《そくしつ》となり棄《すて》（鶴松《つるまつ》）、拾《ひろい》（秀頼《ひでより》）の二人《ふたり》の息子《むすこ》を産《う》む。棄《すて》を妊娠《にんしん》した際《さい》に京都《きょうと》の山城淀城《やましろよどじょう》を贈《おく》られ、淀殿《よどどの》とよばれるようになった。茶々《ちゃちゃ》は人生《じんせい》で3度《ど》の落城《らくじょう》を経験《けいけん》する。1度目《どめ》は父《ちち》の居城《きょじょう》の小谷城《おだにじょう》。2度目《どめ》は、再《さい》婚《こん》した母《はは》が嫁《とつ》いだ柴田勝家《しばたかついえ》の北ノ庄《きたのしょう》城《じょう》。そして3度目《どめ》は1615年《ねん》の「大坂夏《おおさかなつ》の陣《じん》」である。最後《さいご》は淀自身《よどじしん》も、父《ふ》母《ぼ》と同《おな》じく城《しろ》と運《うん》命《めい》を共《とも》にする。

生年《せいねん》	不詳《ふしょう》
没年《ぼつねん》	1615年《ねん》
享年《きょうねん》	不詳《ふしょう》

奥

ここがポイント！

豊臣家《とよとみけ》に嫁《とつ》ぎ実子《じっし》秀頼《ひでより》に最後《さいご》まで付《つ》き添《そ》う

故事成語《こじせいご》

【敵《てき》に塩《しお》を送《おく》る】

意味《いみ》

敵《てき》の弱《よわ》みにつけこまず、苦境《くきょう》を助《たす》けてあげること

■日本《にほん》のフェアプレイ精神《せいしん》ここにあり!?

武田信玄《たけだしんげん》と上杉謙信《うえすぎけんしん》。「川中島《かわなかじま》の戦《たたか》い」をはじめ、今《いま》も歴史好《れきしず》きならだれもが知《し》る有名《ゆうめい》な戦国《せんごく》の宿敵《しゅくてき》どうしだ。今川《いまがわ》家《け》と北条《ほうじょう》家《け》が塩《しお》の輸出《ゆしゅつ》を止《と》めたことで武田家《たけだけ》は塩不足《しおぶそく》に困窮《こんきゅう》する。それを知《し》った上杉謙信《うえすぎけんしん》は、武田《たけだ》の領民《りょうみん》が困《こま》るだろうと、敵対《てきたい》しながらも塩《しお》を届《とど》けた、という逸話《いつわ》がこの言葉《ことば》を生《う》んだとされる。まさに、日本人《にほんじん》が大好《だいす》きな「義《ぎ》」や「正々堂々《せいせいどうどう》」の鑑《かがみ》のような話《はなし》だが、現実《げんじつ》はもう少《すこ》し「世知辛《せちがら》い」話《はなし》だったとの説《せつ》もある。

当時《とうじ》の国々《くにぐに》の間《あいだ》では、特産物《とくさんぶつ》などの取《と》り引《ひ》きが盛《さか》んに行《おこな》われていた。そんななか、領内《りょうない》に海岸《かいがん》がある今川《いまがわ》と上杉《うえすぎ》は塩《しお》を作《つく》れるが、海《うみ》のない武田《たけだ》にとって塩《しお》は輸入《ゆにゅう》に頼《たよ》るしかないもの。今川《いまがわ》は北条《ほうじょう》とともに武田《たけだ》への塩輸出《しおゆしゅつ》を禁《きん》じたが、上杉《うえすぎ》は塩取《しおと》り引《ひ》きを特《とく》に止《と》めなかったらしい。

当然《とうぜん》のことだが、当時《とうじ》も領民《りょうみん》の年貢《ねんぐ》だけで国《くに》の予算《よさん》をすべてまかなえたわけではない。他国《たこく》との取《と》り引《ひ》きによる収益《しゅうえき》は大切《たいせつ》な財源《ざいげん》のひとつだったのだ。たとえ敵対国《てきたいこく》であっても、有益《ゆうえき》な財源《ざいげん》を維持《いじ》した上杉《うえすぎ》という、なんともビジネスライクな関係《かんけい》の「塩《しお》を売《う》る」が「塩《しお》を送《おく》る」になったということだろう。とはいえ、それで武田《たけだ》の領民《りょうみん》が助《たす》かったことは確《たし》かで、正々堂々《せいせいどうどう》の間柄《あいだがら》に間違《まちが》いはなかったようだ。

【天王山《てんのうざん》】

意味《いみ》 勝敗《しょうはい》が決《き》まる重要《じゅうよう》な分《わ》かれ目《め》

■スポーツ用語《ようご》ではない「天王山《てんのうざん》」

スポーツなどで勝敗《しょうはい》を分《わ》ける重要《じゅうよう》な一戦《いっせん》によく使《つか》われる言葉《ことば》だが、そもそも天王山《てんのうざん》とは京都《きょうと》盆地西側《ぼんちにしがわ》にある、標高《ひょうこう》270メートルの、山《やま》というにはやや低《ひく》い場所《ばしょ》だ。しかし、淀川《よどがわ》の水系《すいけい》の分岐点《ぶんきてん》であり、古来《こらい》から京《きょう》と大坂《おおさか》をつなぐ要所《ようしょ》だった。そのため、ここを押《お》さえることは戦略的《せんりゃくてき》にたいへん重要《じゅうよう》とされた。織田信長《おだのぶなが》を討《う》った明智光秀《あけちみつひで》と、その仇討《あだう》ちに出《で》た羽柴秀吉《はしばひでよし》が戦《たたか》った「山崎《やまざき》の戦《たたか》い」もこの地《ち》を舞台《ぶたい》としており、要所《ようしょ》である天王山《てんのうざん》を制《せい》した秀吉《ひでよし》が勝利《しょうり》し天下《てんか》を治《おさ》めることとなる。そこから「天下分《てんかわ》け目《め》の天《てん》王山《のうざん》」との言葉《ことば》が生《う》まれた。

【元《もと》の木阿弥《もくあみ》】

意味《いみ》 せっかくの苦労《くろう》や努力《どりょく》がむだになること

■綺麗《きれい》な椀《わん》の塗《ぬ》りが剥《は》げ、元《もと》の木椀《もくわん》？

頑張《がんば》ったが、なにがしかのことがあって結局《けっきょく》は元通《もとどお》りの「ああ、元《もと》の木阿弥《もくあみ》だ」。この木阿弥《もくあみ》とは人《ひと》の名前《なまえ》。大和郡山《やまとこおりやま》の城主《じょうしゅ》が没《ぼっ》した折《おり》、跡《あと》継《つ》ぎが幼《おさな》かったので城主《じょうしゅ》の替《か》え玉《だま》になったのが、姿《すがた》や声《こえ》がよく似《に》た木阿弥《もくあみ》だった。やがて跡継《あとつ》ぎが成人《せいじん》して木阿弥《もくあみ》は城主《じょうしゅ》でなくなり「元《もと》の木阿《もくあ》弥《み》」に戻《もど》ったというのだ。また、妻《つま》と離婚《りこん》してまで修行《しゅぎょう》に励《はげ》んだ僧侶《そうりょ》の木阿弥《もくあみ》が歳《とし》をとり、結局《けっきょく》は別《わか》れた妻《つま》の元《もと》に戻《もど》ったから、との説《せつ》もある。ほかにも、お椀《わん》の塗《ぬ》りが剥《は》がれて木地《きじ》が現《あらわ》れ、元《もと》の木椀《もくわん》に戻《もど》ったという説《せつ》まであるからおもしろい。

キリシタン大名《だいみょう》とは?

信仰《しんこう》は南蛮貿易《なんばんぼうえき》での実益《じつえき》に繋《つな》がった

西日本《にしにほん》で活躍《かつやく》した キリシタン大名《だいみょう》たち

16世紀後半以降《せいきこうはんいこう》、西日本《にしにほん》を中心《ちゅうしん》にイエズス会宣教師《かいせんきょうし》が布教活動《ふきょうかつどう》を進《すす》めた。彼《かれ》らは大名《だいみょう》に謁見《えっけん》し保護《ほご》を求《もと》めたが、その際《さい》に鉄砲《てっぽう》などの武器《ぶき》や、南蛮貿易《なんばんぼうえき》の便宜《べんぎ》を提供《ていきょう》した。信仰心以外《しんこうしんいがい》に、それらの利益《りえき》に魅力《みりょく》を感《かん》じキリシタン大《だい》名《みょう》となる場合《ばあい》も多《おお》かった。

最初《さいしょ》のキリシタン大名《だいみょう》は肥前国《ひぜんのくに》の大《おお》村純忠《むらすみただ》とされる。イエズス会《かい》に港《みなと》を使《つか》わせて貿易《ぼうえき》の富《とみ》を集《あつ》め、近隣《きんりん》の大名《だいみょう》の侵略《しんりゃく》に対抗《たいこう》した。長崎港《ながさきこう》を開《ひら》いたのも純忠《すみただ》である。

織田信長《おだのぶなが》・豊臣秀吉《とよとみひでよし》に仕《つか》えた高山右《たかやまう》近《こん》も早《はや》くからのキリスト教徒《きょうと》で、実直《じっちょく》な人柄《ひとがら》や活躍《かつやく》ぶりに影響《えいきょう》を受《う》けてほかの大名《だいみょう》も入信《にゅうしん》。朝鮮出兵《ちょうせんしゅっぺい》で先鋒《せんぽう》を務《つと》め、平壌《へいじょう》まで攻略《こうりゃく》した肥後《ひご》(今《いま》の熊本《くまもと》)の**小西行長**《こにしゆきなが》もその一人《ひとり》だ。「関《せき》ケ《が》原《はら》の戦《たたか》い」に敗《やぶ》れたあと、教義《きょうぎ》に従《したが》って自刃《じじん》(自《じ》殺《さつ》)を拒否《きょひ》。斬首《ざんしゅ》に処《しょ》せられ、キリスト教式《きょうしき》で葬《ほうむ》られたという。

北九州《きたきゅうしゅう》を平定《へいてい》した**大友宗麟**《おおともそうりん》も、代表《だいひょう》的《てき》なキリシタン大名《だいみょう》だ。ザビエルに布《ふ》教許可《きょうきょか》を出《だ》したことからキリスト教《きょう》を知《し》り、南蛮貿易《なんばんぼうえき》を発展《はってん》させ、中国地方《ちゅうごくちほう》の毛利氏《もうりし》などに対抗《たいこう》した。ただキリスト教信仰《きょうしんこう》のあまり、神社仏閣《じんじゃぶっかく》や文化財《ぶんかざい》を破壊《はかい》する行《い》きすぎもあった。軍事《ぐんじ》・経済《けいざい》ともに有利《ゆうり》なキリシタン大名《だいみょう》だったが、秀吉《ひでよし》の天下統一後《てんかとういつご》、キリスト教《きょう》に制限《せいげん》が加《くわ》えられ、1612年《ねん》には徳《とく》川秀忠《がわひでただ》により禁教令《きんきょうれい》が出《だ》され、キリシタン大名《だいみょう》は姿《すがた》を消《け》すことになる。

File. 193

小西行長

【こにし ゆきなが】

File. 194

大友宗麟

【おおとも そうりん】

第《だい》7章《しょう》

江《え》戸《ど》時《じ》代《だい》

●この章《しょう》で扱《あつか》う時代《じだい》

飛鳥《あすか》 → 奈良《なら》 → 平安《へいあん》 → 鎌倉《かまくら》 → 南北朝《なんぼくちょう》 → 室町《むろまち》

戦国《せんごく》 → 安土桃山《あづちももやま》 → **江戸《えど》** → 明治《めいじ》 → 大正《たいしょう》 → 昭和《しょうわ》

File. 195

将

【とくがわ ひでただ】徳川秀忠

おもしろエピソード

◎肝《きも》が据《す》わったところがあり、子《こ》ども時代《じだい》の勉強中《べんきょうちゅう》に暴《あば》れ牛《うし》が来《き》ても、地震《じしん》に遭《あ》っても冷静《れいせい》だったという

派手《はで》さはなくとも太平《たいへい》の世《よ》の礎《いしずえ》を築《きず》く

暗愚《あんぐ》といわれたが じつは優秀《ゆうしゅう》な面《めん》も

徳川家康《とくがわいえやす》の3男《なん》。長男《ちょうなん》の信康《のぶやす》は切腹《せっぷく》させられ、次男《じなん》の秀康《ひでやす》は秀吉《ひでよし》に養子《ようし》に出《だ》されていたため、秀忠《ひでただ》が家康《いえやす》の跡取《あとと》りとなった。しかし、「関ヶ原《せきがはら》の戦《たたか》い」の際《さい》に真田氏《さなだし》の上田城《うえだじょう》を落《お》とせず、肝心《かんじん》の本戦《ほんせん》に遅《おく》れてしまう。さらに「大坂夏《おおさかなつ》の陣《じん》」では、急《いそ》ぎ大坂城《おおさかじょう》に駆《か》けつけるも「兵《へい》を疲《つか》れさせて役《やく》に立《た》たなくした」と家康《いえやす》から叱《しか》られたなどの話《はなし》から、武将《ぶしょう》・秀忠《ひでただ》の評価《ひょうか》はいまひとつだ。しかし家康《いえやす》の死後《しご》、数多《かずおお》くの外様《とざま》大名《だいみょう》を改易《かいえき》したり、武家諸法度《ぶけしょはっと》や禁中並公家諸法度《きんちゅうならびにくげしょはっと》などの法整備《ほうせいび》、キリスト教《きょう》の禁止《きんし》や貿易統制《ぼうえきとうせい》など、江戸幕府《えどばくふ》が末永《すえなが》く続《つづ》く基礎《きそ》を固《かた》めたのはほかならぬ秀忠《ひでただ》であった。

生年《せいねん》 1579年《ねん》
※このころ、秀吉《ひでよし》が播磨三木城《はりまみきじょう》を攻める

没年《ぼつねん》 1632年《ねん》
※画家《がか》フェルメール誕生《たんじょう》

享年《きょうねん》 54歳《さい》

ここがポイント！

第《だい》2代将軍《だいしょうぐん》として
江戸幕府《えどばくふ》の体制整備《たいせいせいび》に
力《ちから》を発揮《はっき》

File. 196

武

豊臣秀頼

【とよとみ ひでより】

おもしろエピソード

◎非常《ひじょう》に身体《しんたい》が大《おお》きく太《ふと》っていたとする文書《ぶんしょ》が残《のこ》る
◎正室《せいしつ》の千姫《せんひめ》は徳川秀忠《とくがわひでただ》の娘《むすめ》で大坂城《おおさかじょう》から救出《きゅうしゅつ》される

もう少《すこ》し早《はや》く生《う》まれれば豊臣《とよとみ》の世《よ》は続《つづ》いた?

天下人《てんかびと》の息子《むすこ》に生《う》まれ翻弄《ほんろう》された悲劇《ひげき》の生涯《しょうがい》

豊臣秀吉《とよとみひでよし》と、織田《おだ》の血《ち》を引《ひ》く淀殿《よどどの》の子《こ》。順当《じゅんとう》にいけば、秀頼《ひでより》は次《つぎ》の天下人《てんかびと》になるはずだった。だが秀頼《ひでより》が幼《おさな》いうちに、秀吉《ひでよし》が病死《びょうし》。勢力《せいりょく》を増《ま》した家康《いえやす》が「関ヶ原《せきがはら》の戦《たたか》い」に勝利《しょうり》すると、秀頼《ひでより》は位《くらい》の高《たか》い公家《くげ》としての権力《けんりょく》と65万石《まんごく》の領地《りょうち》は残《のこ》ったが天下《てんか》を失《うしな》う。家康《いえやす》は権勢《けんせい》を確立《かくりつ》したかに見《み》えたが、やがて元服《げんぷく》した秀頼《ひでより》の聡明《そうめい》さに驚《おどろ》き、豊臣《とよとみ》への警戒感《けいかいかん》を強《つよ》め1614年《ねん》に「大坂《おおさか》の陣《じん》」を起《お》こした。冬《ふゆ》の陣《じん》では優勢《ゆうせい》だった大坂方《おおさかがた》も、次《つぎ》の夏《なつ》の陣《じん》では大坂城内《おおさかじょうない》にまで攻《せ》め込《こ》まれる。秀頼《ひでより》は土倉《つちぐら》に逃《のが》れるが、最後《さいご》はそこも徳川軍《とくがわぐん》に包囲《ほうい》され、母《はは》の淀殿《よどどの》とともに自害《じがい》した。

生年《せいねん》 1593年《ねん》
※「文禄《ぶんろく》の役《えき》」が休戦《きゅうせん》

没年《ぼつねん》 1615年《ねん》
※武家諸法度《ぶけしょはっと》制定《せいてい》

享年《きょうねん》 23歳《さい》

ここがポイント!

秀吉《ひでよし》の後継《こうけい》となるはずが徳川《とくがわ》に討《う》たれる

File. 197

武

【さなだ　ゆきむら】

真田幸村

おもしろエピソード

◎幸村《ゆきむら》の家臣《かしん》とされた猿飛佐助《さるとびさすけ》などの「真田十勇士《さなだじゅうゆうし》」はあくまで創作《そうさく》

◎関ヶ原後《せきがはらご》の流罪《るざい》は約《やく》14年《ねん》に及《およ》ぶ。嫡男《ちゃくなん》はこの間《あいだ》に誕生《たんじょう》

生年《せいねん》	1567年《ねん》 ※織田信長《おだのぶなが》が岐阜《ぎふ》に入城《にゅうじょう》
没年《ぼつねん》	1615年《ねん》 ※武将《ぶしょう》・茶人《ちゃじん》の古田織部《ふるたおりべ》が死去《しきょ》
享年《きょうねん》	49歳《さい》

ここがポイント！

「大坂夏《おおさかなつ》の陣《じん》」で突撃《とつげき》、家康《いえやす》に死《し》を覚悟《かくご》させる

読《よ》み物《もの》などで江戸期《えどき》から人気《にんき》の六文銭《ろくもんせん》の英雄《えいゆう》

あの真田丸《さなだまる》の指揮官《しきかん》で家康《いえやす》を少数《しょうすう》で追《お》いつめた

真田幸村《さなだゆきむら》の名《な》で広《ひろ》く知《し》られているが、本名《ほんみょう》は信繁《のぶしげ》。幸村《ゆきむら》の名《な》が有名《ゆうめい》なのは、のちの世《よ》に書《か》かれた軍《ぐん》記物《きもの》の影響《えいきょう》が大《おお》きいようだ。

名将《めいしょう》である父《ちち》・真田昌幸《さなだまさゆき》の陰《かげ》に隠《かく》れがちだった幸村《ゆきむら》の名《な》を一躍《いちやく》世《よ》に知《し》らしめたのは、「大坂《おおさか》の陣《じん》」である。「関ヶ原《せきがはら》の戦《たたか》い」で西軍《せいぐん》に味方《みかた》し、高野山《こうやさん》に流罪《るざい》となり、九度山《くどやま》に軟禁《なんきん》された幸村《ゆきむら》だったが、豊臣秀頼《とよとみひでより》の要請《ようせい》を受《う》け、密《ひそ》かに脱出《だっしゅつ》。大坂城《おおさかじょう》に入《はい》って豊臣方《とよとみがた》に味方《みかた》した。

最初《さいしょ》の冬《ふゆ》の陣《じん》では、籠城《ろうじょう》する大坂《おおさか》城《じょう》の南《みなみ》に真田丸《さなだまる》という出城《でじろ》を築《きず》き、わずか数千《すうせん》の兵《へい》で徳川方《とくがわがた》の大軍勢《だいぐんぜい》を退《しりぞ》けた。しかしこの冬《ふゆ》の陣《じん》では、豊臣《とよとみ》と徳川《とくがわ》の間《あいだ》で和議《わぎ》が成《な》ったため、真田丸《さなだまる》は取《と》り壊《こわ》されてしまう。

翌年《よくとし》の夏《なつ》の陣《じん》では、大坂城《おおさかじょう》の堀《ほり》が埋《う》められてしまったため、城《しろ》の外《そと》に打《う》って出《で》る。手勢《てぜい》の少《すく》ない幸村《ゆきむら》には、死《し》を覚悟《かくご》して大将《たいしょう》の家康《いえやす》の首《くび》を取《と》るしか勝機《しょうき》はない。そして3度《ど》も家康《いえやす》の本陣《ほんじん》に突撃《とつげき》し、家康《いえやす》を自害寸前《じがいすんぜん》にまで追《お》い込《こ》んでみせた。結果的《けっかてき》には退《しりぞ》けられ、傷《きず》つき休《やす》んでいるところを討《う》たれた。

ゆかりの地《ち》

上田城《うえだじょう》

●支城《しじょう》ながら、２度《ど》も徳川《とくがわ》軍《ぐん》との戦《たたか》いの舞台《ぶたい》となる。長野県上田市《ながのけんうえだし》。

大《お》坂《おさか》の陣《じん》

豊臣方《とよとみがた》の猛将《もうしょう》、真田幸村《さなだゆきむら》が活躍《かつやく》した最後《さいご》の大戦《おおいくさ》

豊臣家《とよとみけ》と徳川家《とくがわけ》が天下《てんか》をかけた最後《さいご》の戦《たたか》い

1600年《ねん》の「関ヶ原《せきがはら》の戦《たたか》い」に勝《か》った徳川家康《とくがわいえやす》は天下《てんか》をとったかにみえたが、すべてが終《お》わったわけではなかった。豊臣秀吉《とよとみひでよし》の子《こ》、豊臣秀頼《とよとみひでより》が健《けん》在《ざい》だったからだ。1603年《ねん》には家康《いえやす》が征夷大将軍《せいいたいしょうぐん》に任命《にんめい》され、江戸《えど》に幕府《ばくふ》を開《ひら》く。しかし家康《いえやす》はわずか2年《ねん》で将《しょう》軍《ぐん》の座《ざ》を息子《むすこ》の徳川秀忠《とくがわひでただ》に譲《ゆず》った。これは、以降《いこう》は徳川家《とくがわけ》が代々将軍《だいだいしょうぐん》となるという意思表示《いしひょうじ》だ。

もう力関係《ちからかんけい》は逆転《ぎゃくてん》していたが、豊臣《とよとみ》家《け》当主《とうしゅ》、秀頼《ひでより》の母《はは》としての実権《じっけん》を握《にぎ》っていた淀殿《よどどの》は、その事実《じじつ》を受《う》け入《い》れられない。家康《いえやす》も最初《さいしょ》はやんわり徳川家《とくがわけ》の家臣《かしん》になるよう交渉《こうしょう》したが、うまくいかなかった。そこで家康《いえやす》は実力行使《じつりょくこうし》を考《かんが》える。秀頼《ひでより》が再建《さいこん》した方広寺《ほうこうじ》の鐘《かね》の刻印《こくいん》が徳川家《とくがわけ》に仇《あだ》なす内容《ないよう》だといって、挑発《ちょうはつ》したのだ。

冬《ふゆ》の陣《じん》（1614年《ねん》11月《がつ》）

豊臣《とよとみ》

約《やく》9万《まん》

［真田幸村《さなだゆきむら》、毛利勝永《もうりかつなが》、後藤基次《ごとうもとつぐ》、明石全登《あかしてるずみ》、長宗我部盛親《ちょうそかべもりちか》 など］

徳川《とくがわ》

約《やく》20万《まん》

［松平忠直《まつだいらただなお》、井伊直孝《いいなおたか》、本多忠政《ほんだただまさ》、前田利常《まえだとしつね》、伊達政宗《だてまさむね》 など］

夏《なつ》の陣《じん》（1615年《ねん》5月《がつ》）

豊臣《とよとみ》

約《やく》5万《まん》5000

徳川《とくがわ》

約《やく》15万《まん》5000

こうして1614年《ねん》から「大坂《おおさか》の陣《じん》」が始《はじ》まった。最初《さいしょ》の戦《たたか》いは冬《ふゆ》に起《お》きたので「大坂冬《おおさかふゆ》の陣《じん》」とよばれる。大坂《おおさか》城《じょう》にたてこもる豊臣軍《とよとみぐん》を、大砲《たいほう》を備《そな》えた徳川軍《とくがわぐん》が攻《せ》める構図《こうず》だが、戦《たたか》いの中《ちゅう》心《しん》は本陣《ほんじん》の南《みなみ》に造《つく》られた真田幸村《さなだゆきむら》の出《で》城《じろ》・真田丸《さなだまる》となった。徳川方《とくがわがた》は火縄銃《ひなわじゅう》による狙撃《そげき》に苦《くる》しめられ、さらに火薬《かやく》の暴発事故《ぼうはつじこ》を内通者《ないつうしゃ》からの合図《あいず》と勘違《かんちが》いして攻《せ》め込《こ》み、大打撃《だいだげき》を受《う》けて引《ひ》き揚《あ》げた。その後《ご》の和議《わぎ》では、秀頼《ひでより》と淀《よど》殿《どの》の安全《あんぜん》を保証《ほしょう》することや、大坂城《おおさかじょう》の外堀《そとぼり》を埋《う》めることなどを取《と》り決《き》めたが、家康《いえやす》は内堀《うちぼり》までも埋《う》めてしまう。結局《けっきょく》和議《わぎ》は破《やぶ》れ、翌年《よくとし》の夏《なつ》には再《ふた》び幕府軍《ばくふぐん》が西《にし》へ進軍《しんぐん》、「大坂夏《おおさかなつ》の陣《じん》」が起《お》きる。

とはいえ、今《いま》や真田丸《さなだまる》も堀《ほり》もない大《おお》坂城《さかじょう》に防御力《ぼうぎょりょく》はなく、豊臣軍《とよとみぐん》は各個撃《かっこげき》破《は》されていく。天王寺口《てんのうじぐち》を守《まも》る毛利軍《もうりぐん》と真田幸村《さなだゆきむら》は、このままでは勝《か》てないと悟《さと》り、正面《しょうめん》から家康《いえやす》の軍勢《ぐんぜい》に突撃《とつげき》をしかけた。家康《いえやす》の首《くび》を獲《と》って一《いっ》発逆転《ぱつぎゃくてん》を狙《ねら》ったのだ。この突撃《とつげき》は徳川本陣《とくがわほんじん》にまで切《き》り込《こ》むほどの壮烈《そうれつ》なものだったが、ついに家康《いえやす》を仕留《しと》めることはできず敗死《はいし》した。やがて圧倒的《あっとうてき》な兵力《へいりょく》の前《まえ》に豊臣軍《とよとみぐん》は敗《はい》北《ぼく》、大坂城天守閣《おおさかじょうてんしゅかく》も炎上《えんじょう》した。秀頼《ひでより》と淀殿《よどどの》は自害《じがい》することとなり豊臣家《とよとみけ》は滅亡《めつぼう》。徳川体制《とくがわたいせい》は盤石《ばんじゃく》となった。

▲「大坂夏《おおさかなつ》の陣《じん》」

File. 198

将

【とくがわ いえみつ】

徳川家光

おもしろエピソード

◎家康《いえやす》を非常《ひじょう》に尊敬《そんけい》しており、歴代将軍《れきだいしょうぐん》の諱《いみな》に「家《いえ》」を用《もち》いる慣例《かんれい》ができたのも家光《いえみつ》から

徳川三百年体制《とくがわさんびゃくねんたいせい》を完成《かんせい》させた「生《う》まれながらの将軍《しょうぐん》」

参勤交代《さんきんこうたい》に鎖国《さこく》など江戸時代《えどじだい》の秩序《ちつじょ》をつくる

徳川《とくがわ》第《だい》3代将軍《だいしょうぐん》で、第《だい》2代秀忠《だいひでただ》の嫡男《ちゃくなん》。将軍《しょうぐん》に就《つ》いたのは20歳《さい》のとき（1623年《ねん》）だが、しばらくは、将軍《しょうぐん》の座《ざ》は退《しりぞ》いたものの「大御所《おおごしょ》」として実権《じっけん》を握《にぎ》っていた秀忠《ひでただ》とともに政治《せいじ》をした。秀忠《ひでただ》の死後《しご》は政治《せいじ》の中心《ちゅうしん》となり、武家諸法度《ぶけしょはっと》を改正《かいせい》し参勤交代《さんきんこうたい》を大名《だいみょう》に義務《ぎむ》づけた（それ以前《いぜん》は任意《にんい》だった）。これに象徴《しょうちょう》されるように家光《いえみつ》は、下剋上《げこくじょう》の戦国《せんごく》の世《よ》を終《お》わらせた江戸幕府《えどばくふ》の強《つよ》い権力《けんりょく》を諸大名《しょだいみょう》に改《あらた》めて認識《にんしき》させ、以後約《いごやく》270年続《ねんつづ》く幕藩体制《ばくはんたいせい》の基礎《きそ》を固《かた》めたとされる。そのほか、日本人《にほんじん》の海外渡航《かいがいとこう》を禁《きん》じ、キリスト教国《きょうこく》との貿易《ぼうえき》を制限《せいげん》して、鎖国《さこく》を完成《かんせい》させた。

生年《せいねん》 1604年《ねん》
※黒田官兵衛《くろだかんべえ》が死去《しきょ》

没年《ぼつねん》 1651年《ねん》
※浄瑠璃語《じょうるりがた》りの竹本義太夫《たけもとぎだゆう》が誕生《たんじょう》

享年《きょうねん》 48歳《さい》

ここがポイント！

第《だい》3代将軍《だいしょうぐん》として江戸幕府《えどばくふ》の体制《たいせい》を固《かた》める

政

保科正之【ほしな まさゆき】

おもしろエピソード

◎明暦《めいれき》の大火《たいか》で失《うしな》われた江戸城《えどじょう》の天守閣《てんしゅかく》を「むだだから造《つく》り直《なお》さなくていい」と言《い》った実利《じつり》の人《ひと》

生年《せいねん》 1611年《ねん》
※ 慶長三陸地震《けいちょうさんりくじしん》

没年《ぼつねん》 1672年《ねん》
※ 翌年《よくとし》、越後屋《えちごや》（三越百貨店《みつこしひゃっかてん》の前身《ぜんしん》）開業《かいぎょう》

享年《きょうねん》 62歳《さい》

ここがポイント！

幕府《ばくふ》の政治的路線《せいじてきろせん》を転換《てんかん》、江戸《えど》の世《よ》を安定《あんてい》させる政策《せいさく》をとった

第《だい》4代《だい》将軍《しょうぐん》家綱《いえつな》をサポートし善政《ぜんせい》を行《おこな》った

初代《しょだい》会津藩《あいづはん》藩主《はんしゅ》にして文治政治《ぶんじせいじ》の実行者《じっこうしゃ》

第《だい》2代《だい》将軍《しょうぐん》徳川秀忠《とくがわひでただ》の子《こ》で、第《だい》3代《だい》家光《いえみつ》にとっては異母弟《いぼてい》にあたる。身分《みぶん》の低《ひく》い側室《そくしつ》の子《こ》だったため、正之《まさゆき》の存在《そんざい》（正体《しょうたい》）は長《なが》く公《おおやけ》にされていなかったが、家光《いえみつ》のはからいで会津藩《あいづはん》の初代藩主《しょだいはんしゅ》となった。家光《いえみつ》の信任《しんにん》は厚《あつ》く、家光《いえみつ》の死後《しご》は遺言《ゆいごん》で第《だい》4代将軍《だいしょうぐん》・家綱《いえつな》を後見人《こうけんにん》として補佐《ほさ》し、明暦《めいれき》の大火後《たいかご》は江戸《えど》の復興《ふっこう》に力《ちから》を注《そそ》いだ。また、大名家《だいみょうけ》取《と》り潰《つぶ》しの手《て》を緩《ゆる》め、当主《とうしゅ》が死《し》ぬ直前《ちょくぜん》に養子《ようし》を定《さだ》める末期養子《まつごようし》を認《みと》めた。それまでは跡継《あとつ》ぎがないために取《と》り潰《つぶ》される大名家《だいみょうけ》が多《おお》かったのだ。そのほか、玉川上水《たまがわじょうすい》の整備《せいび》や新田《しんでん》開発《かいはつ》を行《おこな》い、社会基盤《しゃかいきばん》の整備《せいび》にも努《つと》めた。

徳川《とくがわ》家《け》の将軍《しょうぐん》系図《けいず》

江戸幕府《えどばくふ》270年《ねん》の繁栄《はんえい》を築《きず》いた家康《いえやす》の「家《いえ》」観《かん》

「御三家《ごさんけ》」（分家《ぶんけ》）の設立《せつりつ》で徳川《とくがわ》の血《ち》を残《のこ》しやすくした

初代《しょだい》の徳川家康《とくがわいえやす》は11男《なん》5女《じょ》という子《こ》だくさんだったが、第《だい》2代将軍《だいしょうぐん》を継《つ》いだのは3男《なん》の徳川秀忠《とくがわひでただ》。残《のこ》りの子《こ》どもたちはというと、9男《なん》の徳川義直《とくがわよしなお》、10男《なん》の徳川頼宣《とくがわよりのぶ》、11男《なん》の徳川頼《とくがわより》房《ふさ》はそれぞれ尾張徳川家《おわりとくがわけ》、紀伊徳川家《きいとくがわけ》、水戸徳川家《みととくがわけ》の祖《そ》となった。徳川御三家《とくがわごさんけ》だ。将軍《しょうぐん》の実子《じっし》が将軍《しょうぐん》となれる場合《ばあい》はいいが、江戸時代《えどじだい》は医療《いりょう》も未発達《みはったつ》。子《こ》どもができなかったり、若死《わかじ》にすることも多《おお》かった。そんなときは御三家《ごさんけ》から将軍《しょうぐん》を出《だ》すのだ。ドラマでおなじみの第《だい》8代将軍徳川吉宗《だいしょうぐんとくがわよしむね》は紀伊徳川家《きいとくがわけ》の出身《しゅっしん》だ。水戸徳川家出身者《みととくがわけしゅっしんしゃ》では江戸幕府最後《えどばくふさいご》の将軍徳川《しょうぐんとくがわ》

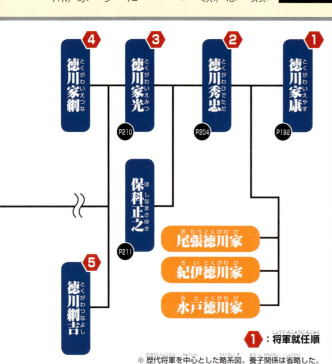

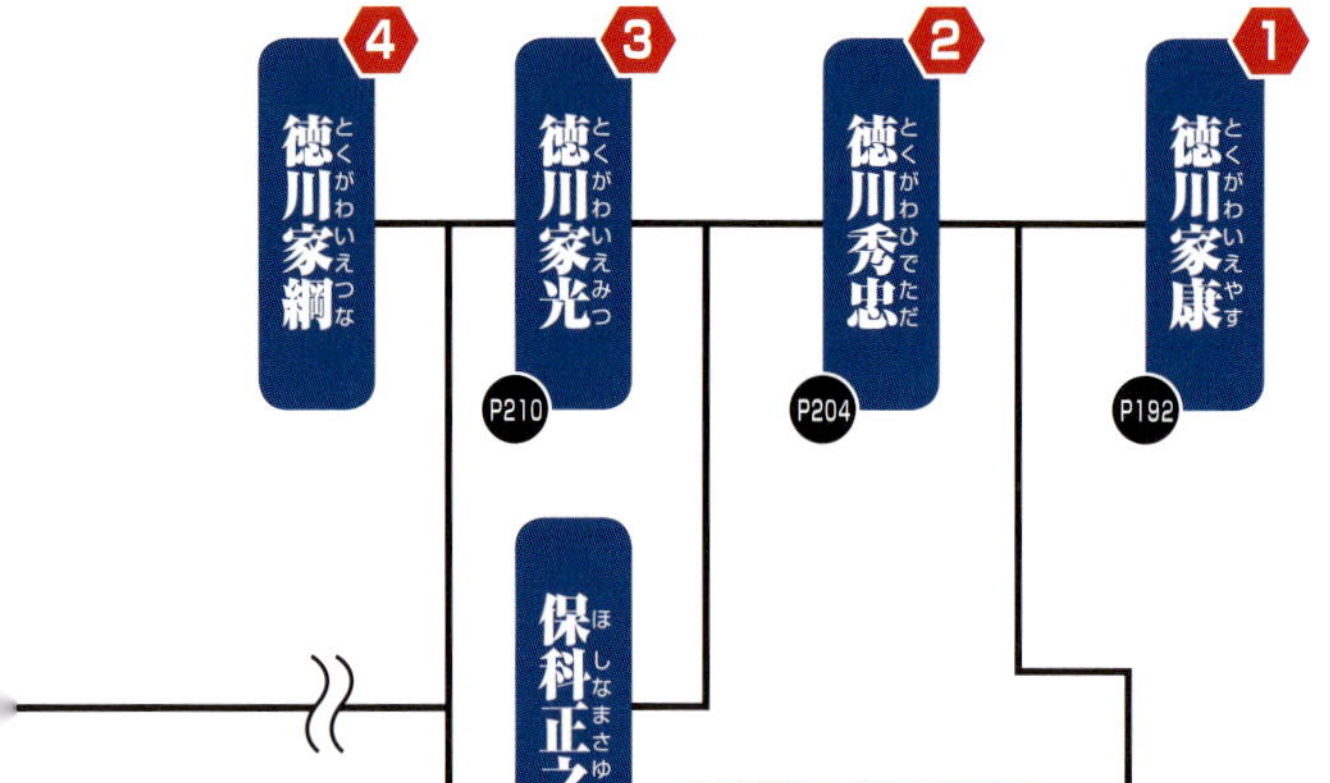

1：将軍就任順《しょうぐんしゅうにんじゅん》

※ 歴代将軍《れきだいしょうぐん》を中心《ちゅうしん》とした略系図《りゃくけいず》。養子関係《ようしかんけい》は省略《しょうりゃく》した。

慶喜《よしのぶ》や、水戸黄門《みとこうもん》こと徳川光圀《とくがわみつくに》が有名《ゆうめい》だ。なおドラマで名《な》のる「副将軍《ふくしょうぐん》」という役職《やくしょく》は実在《じつざい》せず、光圀《みつくに》は幕府《ばくふ》の役職《やくしょく》にはなにもついてない。

家康《いえやす》は、外様大名《とざまだいみょう》（関ヶ原《せきがはら》の戦《たたか》い以後《いご》に徳川《とくがわ》についた大名《だいみょう》）と親藩《しんぱん》（徳川御三家《とくがわごさんけ》など徳川氏一門《とくがわしいちもん》の大名《だいみょう》）の者《もの》が幕府《ばくふ》の要職《ようしょく》に就《つ》くことを禁《きん》じた。役職《やくしょく》に就《つ》けるのは譜代大名《ふだいだいみょう》（関ヶ原以前《せきがはらいぜん》からの徳川《とくがわ》の家臣《かしん》）だけ。ふつうは血族《けつぞく》で重臣《じゅうしん》を固《かた》めそうだが、室町幕府《むろまちばくふ》の足利氏《あしかがし》はそのせいで本家《ほんけ》の力《ちから》が失《うしな》われた。家康《いえやす》はその反省《はんせい》を踏《ふ》まえたのだろう。さらに家康《いえやす》は家《いえ》ごとに別《べつ》の家訓《かくん》を定《さだ》め、水戸徳川家《みととくがわけ》なら幕府《ばくふ》より朝廷《ちょうてい》を重視《じゅうし》するのが家訓《かくん》だ。親《した》しい勢力《せいりょく》を各家《かくいえ》で分《わ》ければ、大《おお》きな動乱《どうらん》が起《お》こってもどこかが生《い》き残《のこ》るはず、と考《かんが》えたようだ。

一方《いっぽう》で家康《いえやす》は後継将軍《こうけいしょうぐん》の選《えら》び方《かた》をはっきり決《き》めておらず、たびたび跡継《あとつ》ぎ争《あらそ》いが起《お》きている。とくに第13代家定《だいだいいえさだ》の継嗣《けいし》問題《もんだい》は有名《ゆうめい》だ。だがこれも、その時代《じだい》に合《あ》う実力者《じつりょくしゃ》が将軍《しょうぐん》に選《えら》ばれるのがよい、という考《かんが》えだったのかもしれない。

江戸幕府《えどばくふ》270年《ねん》の時代《じだい》の基礎《きそ》をつくった家康恐《いえやすおそ》るべし、である。

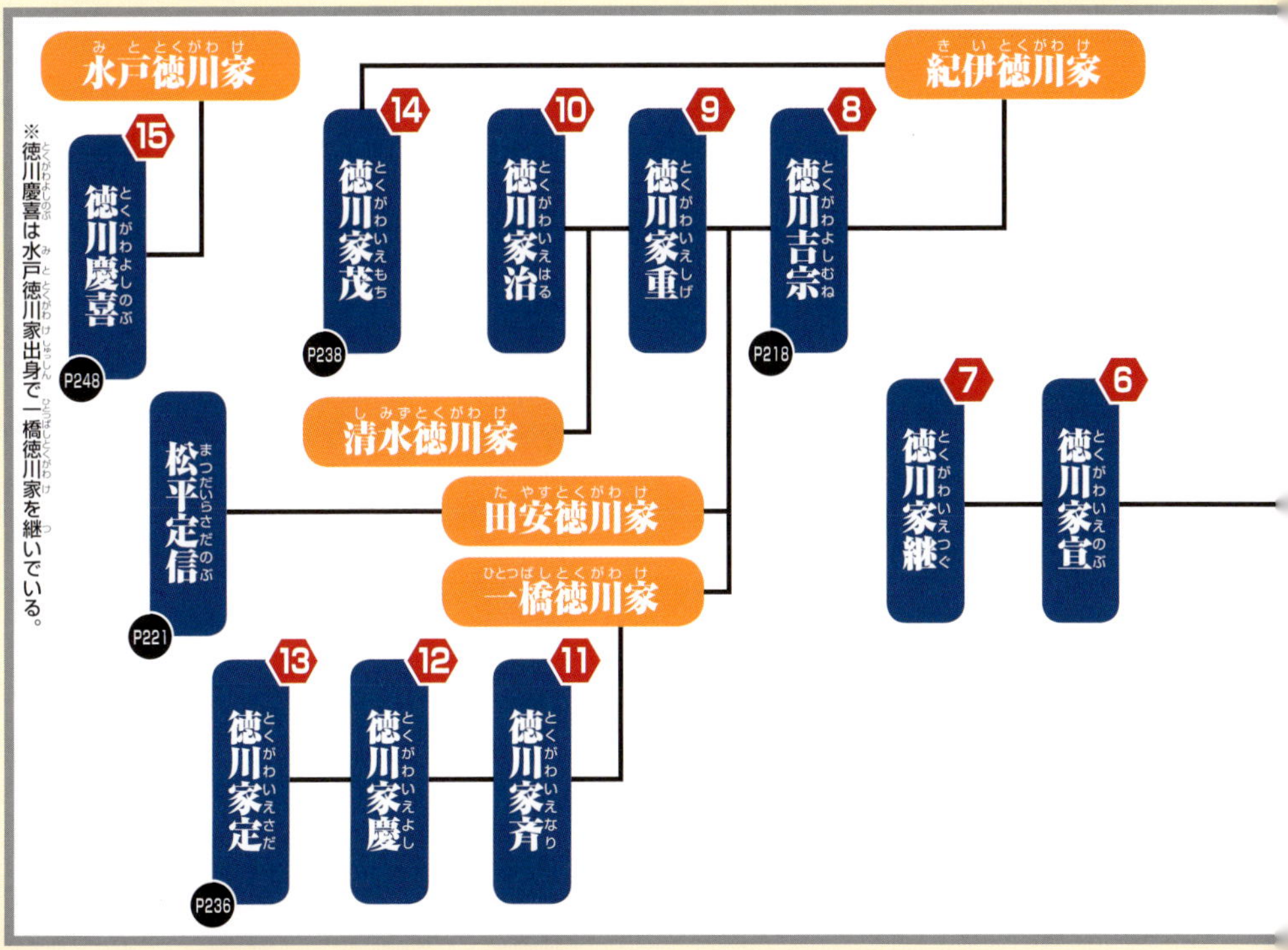

武

宮本武蔵
【みやもと　むさし】

おもしろエピソード

◎水墨画《すいぼくが》や庭園造《ていえんづく》りなど、芸術《げいじゅつ》にも強《つよ》い

◎剣豪《けんごう》も飛《と》び道具《どうぐ》は苦手《にがて》？　農民《のうみん》の投石《とうせき》で怪我《けが》をした

二天一流《にてんいちりゅう》を開《ひら》いた日本一《にほんいちゆうめい》有名な剣豪《けんごう》

60数回《すうかい》の勝負《しょうぶ》で無敗《むはい》　巌流島《がんりゅうじま》でも小次郎《こじろう》に勝利《しょうり》

江戸初期《えどしょき》の剣豪《けんごう》で、二天一流《にてんいちりゅう》の開祖《かいそ》。若《わか》いころに「関ヶ原《せきがはら》の戦《たたか》い」に参加《さんか》したとの説《せつ》もある。のちに記《しる》した『五輪書《ごりんのしょ》』によると、20代《だい》のころに60数回《すうかい》の勝負《しょうぶ》を行《おこな》ったが負《ま》けたことはない。武蔵《むさし》の決闘遍歴《けっとうへんれき》では、京都《きょうと》の名門流派《めいもんりゅうは》・吉岡流《よしおかりゅう》の面々《めんめん》を打《う》ち倒《たお》した話《はなし》が有名《ゆうめい》だが、これは作《つく》り話《ばなし》の部分《ぶぶん》が多《おお》いとみられる。佐々木小次郎《ささきこじろう》との巌流島《がんりゅうじま》での決闘《けっとう》はあったとされるが、事実《じじつ》どおりに伝《つた》わっているかはわからない（ちなみに、わざと遅《おく》れていって小次郎《こじろう》をイラつかせた話《はなし》は創作《そうさく》）。細《こま》かいところは後世《こうせい》の創作《そうさく》が多《おお》い人物《じんぶつ》だが、それでも当時随一《とうじずいいち》の兵法家《へいほうか》だったのはほんとうだ。

生年《せいねん》　1584年《ねん》

※小牧《こまき》・長久手《ながくて》の戦《たたか》い

没年《ぼつねん》　1645年《ねん》

※オスマン帝国《ていこく》に対抗《たいこう》しヴェネツィアが海上封鎖《かいじょうふうさ》

享年《きょうねん》　62歳《さい》

ここがポイント！

数々《かずかず》の決闘《けっとう》に勝利《しょうり》、後年《こうねん》『五輪書《ごりんのしょ》』を著《あらわ》した

File. 201

武

【ささき こじろう】

佐々木小次郎

おもしろエピソード

◎武蔵《むさし》の弟子《でし》によると、刃渡《はわた》り約《やく》90センチもある「物干《ものほ》し竿《ざお》」とよばれる長《なが》い刀《かたな》を愛用《あいよう》

生年《せいねん》	不詳《ふしょう》
没年《ぼつねん》	1612年《ねん》 ※2年後《ねんご》、大阪冬《おおさかふゆ》の陣《じん》
享年《えいねん》	不詳《ふしょう》

ここがポイント！

宮本武蔵《みやもとむさし》と巌流島《がんりゅうじま》で決闘《けっとう》、敗《やぶ》れるも芝居化《しばいか》などで名《な》が残《のこ》る

「つばめ返《がえ》し」と「物干《ものほ》し竿《ざお》」で武蔵《むさし》に挑《いど》む

じつは巌流《がんりゅう》という名《な》しかわかっていない!?

江戸初期《えどしょき》の剣客《けんかく》。生《う》まれや遍歴《へんれき》については宮本武蔵《みやもとむさし》以上《いじょう》にわからないが、後年記《こうねんしる》された武蔵《むさし》の伝記《でんき》『二天記《にてんき》』では、中条流《ちゅうじょうりゅう》の剣士《けんし》である冨田勢源《とだせいげん》の弟子《でし》となり、諸国《しょこく》を武者修行《むしゃしゅぎょう》して秘剣《ひけん》「つばめ返《がえ》し」を編《あ》み出《だ》したとされている。

有名《ゆうめい》なエピソードは宮本武蔵《みやもとむさし》との巌流島《がんりゅうじま》の決闘《けっとう》だが、このとき小次郎《こじろう》は「巌流《がんりゅう》」としか名《な》のっておらず、佐々木小次郎《ささきこじろう》という名《な》は後世《こうせい》に書《か》かれた本《ほん》や芝居《しばい》から広《ひろ》まったと考《かんが》えられている。なお、宮本武蔵《みやもとむさし》の弟子《でし》であり養子《ようし》であった宮本伊織《みやもといおり》の記述《きじゅつ》によると、木刀《ぼくとう》を持《も》った武蔵《むさし》の電光《でんこう》のような一撃《いちげき》で倒《たお》されたようである。

File. 202

政

新井白石【あらい はくせき】

おもしろエピソード

◎学者肌《がくしゃはだ》で筋《すじ》を通《とお》さないと気《き》がすまず、さらに気性《きしょう》が激《はげ》しいので疎《うと》まれたことも

幕府《ばくふ》と江戸《えど》の財政《ざいせい》を切《き》り盛《も》りした朱子学者《しゅしがくしゃ》

よい師匠《ししょう》のおかげで将軍補佐《しょうぐんほさ》の大役《たいやく》に！

幼少《ようしょう》のころより儒学《じゅがく》に励《はげ》み、30歳《さい》のときに幕府《ばくふ》の御用学者《ごようがくしゃ》であった木下順庵《きのしたじゅんあん》に弟子《でし》入り、順庵《じゅんあん》のつてで甲府徳川家《こうふとくがわけ》に仕官《しかん》する。甲府徳《こうふとく》川家《がわけ》の徳川綱豊《とくがわつなとよ》が改名《かいめい》して第《だい》6代《だい》将軍家宣《しょうぐんいえのぶ》になると、白石《はくせき》が引《ひ》き立《た》てられ、家宣《いえのぶ》のもとで「正徳《しょうとく》の治《ち》」とよばれる改革《かいかく》を行《おこな》った。

まずは第《だい》5代綱吉《だいつなよし》による行《ゆ》きすぎた動物愛護法《どうぶつあいごほう》「生類憐《しょうるいあわれ》みの令《れい》」を廃止《はいし》。さらに貨幣《かへい》の質《しつ》を戻《もど》し流《りゅう》通量《つうりょう》を減《へ》らしてインフレを抑《おさ》えた。また、莫大《ばくだい》な費用《ひよう》がかかる朝鮮通《ちょうせんつう》信使《しんし》の接待《せったい》を簡素化《かんそか》したりもしている。ただ、白石《はくせき》の改革《かいかく》が力《ちから》をもった期間《きかん》は短《みじか》く、第《だい》8代吉宗《だいよしむね》の治世《ちせい》で多《おお》くの修正《しゅうせい》が加《くわ》えられた。

生年《せいねん》 1657年《ねん》

※明暦《めいれき》の大火《たいか》

没年《ぼつねん》 1725年《ねん》

※前年《ぜんねん》、浄瑠璃作家《じょうるりさっか》の近松門左衛門《ちかまつもんざえもん》が死去《しきょ》

享年《きょうねん》 69歳《さい》

ここがポイント！

将軍家宣《しょうぐんいえのぶ》に仕《つか》え、「正徳《しょうとく》の治《ち》」を行《おこな》った

File. 203

武

大石内蔵助【おおいし くらのすけ】

おもしろエピソード

◎非常時《ひじょうじ》の指揮《しき》能力《のうりょく》は優《すぐ》れていたが、普段《ふだん》は平凡《へいぼん》な家老《かろう》

◎浅野家《あさのけ》取《と》り潰《つぶ》し後《ご》に遊《あそ》び歩《ある》き、仇討《あだう》ちの気《き》がないフリ

現代《げんだい》でもドラマ化《か》される「忠臣蔵《ちゅうしんぐら》」四十七士《しじゅうしちし》のリーダー

死《し》を覚悟《かくご》して主君《しゅくん》の無念《むねん》を晴《は》らそうとした

赤穂藩《あこうはん》（今《いま》の兵庫県《ひょうごけん》）の家老《かろう》で本名《ほんみょう》は良雄《よしお》。藩主《はんしゅ》の浅野内匠頭《あさのたくみのかみ》が朝廷《ちょうてい》の使者《ししゃ》のもてなし役《やく》になった際《さい》、高家《こうけ》肝煎《きもいり》・吉良上野介《きらこうずけのすけ》の嫌《いや》がらせに堪《た》えかね、松《まつ》の廊下《ろうか》で刃傷沙汰《にんじょうざた》を起《お》こしたことが彼《かれ》の運命《うんめい》を変《か》えた。当時《とうじ》の通例《つうれい》である「喧嘩両成敗《けんかりょうせいばい》」ではなく浅野《あさの》だけが切腹《せっぷく》を命《めい》じられ、お家《いえ》は取《と》り潰《つぶ》しに。内蔵助《くらのすけ》は藩《はん》の混乱《こんらん》を収《おさ》めお家再興《いえさいこう》に努《つと》めるが、不可能《ふかのう》と悟《さと》ると有志《ゆうし》の赤穂浪士《あこうろうし》たちと江戸《えど》の吉良邸《きらてい》へ討《う》ち入《い》り、上野介《こうずけのすけ》を討《う》ち取《と》った。これは主君《しゅくん》のための仇討《あだう》ちであり（当時《とうじ》としては）立派《りっぱ》だと助命《じょめい》を求《もと》める声《こえ》もあったが、結局《けっきょく》は四十七士全員《しじゅうしちしぜんいん》が切腹《せっぷく》を命《めい》じられた。

生年《せいねん》 1659年《ねん》

※ 隅田川《すみだがわ》の両国橋《りょうごくばし》がかかる

没年《ぼつねん》 1703年《ねん》

※ 江戸《えど》で元禄大地震《げんろくおおじしん》

享年《きょうねん》 45歳《さい》

ここがポイント！

赤穂浪士《あこうろうし》たちと吉良邸《きらてい》に討《う》ち入《い》り、主君《しゅくん》の仇《あだ》を討《う》った

File. 204

将

徳川吉宗【とくがわ よしむね】

おもしろエピソード

◎将軍《しょうぐん》でも木綿《もめん》の服《ふく》を着《き》て質素《しっそ》な食事《しょくじ》をする有言実行《ゆうげんじっこう》ぶり
◎鷹狩《たかがり》を奨励《しょうれい》。「武士《ぶし》らしさ」を取《と》り戻《もど》すためといわれる
◎身長《しんちょう》180センチと江戸《えど》時代《じだい》の人《ひと》にしては大柄《おおがら》

生年《せいねん》 1684年《ねん》
※ロシア女帝《じょてい》エカテリーナ1世《せい》生《う》まれる

没年《ぼつねん》 1751年《ねん》
※米沢藩《よねざわはん》の改革者《かいかくしゃ》・上杉鷹山《うえすぎようざん》生《う》まれる

享年《きょうねん》 68歳《さい》

ここがポイント！

「享保《きょうほう》の改革《かいかく》」によって幕府《ばくふ》を再建《さいけん》、中興《ちゅうこう》の祖《そ》といわれる

原点《げんてん》に立《た》ち返《かえ》る改革《かいかく》を行《おこな》った第《だい》8代《だい》将軍《しょうぐん》

「暴《あば》れん坊将軍《ぼうしょうぐん》」も経済政策《けいざいせいさく》には苦労《くろう》した

紀州徳川家《きしゅうとくがわけ》の第《だい》2代当主《だいとうしゅ》である徳川光貞《とくがわみつさだ》の4男《なん》として生《う》まれる。1716年《ねん》には第8代将軍《だいだいしょうぐん》に就任《しゅうにん》し、「享保《きょうほう》の改革《かいかく》」を行《おこな》った。

改革《かいかく》の基本《きほん》は倹約《けんやく》と増税《ぞうぜい》。武士《ぶし》は武士《ぶし》らしく、農民《のうみん》は農民《のうみん》らしかった家康《いえやす》のころの質実剛健《しつじつごうけん》な世《よ》に戻《もど》すということだ。吉宗《よしむね》は年貢《ねんぐ》の率《りつ》を一定《いってい》にしたため収入《しゅうにゅう》は安定《あんてい》したが、とくに凶作《きょうさく》の年《とし》の農民《のうみん》への負担《ふたん》は大《おお》きかった。このほか新田《しんでん》の開発《かいはつ》を行《おこな》ったり、大名《だいみょう》に米《こめ》を差《さ》し出《だ》させる代《か》わりに参勤交代《さんきんこうたい》を楽《らく》にする上《あ》げ米《まい》の制《せい》を制定《せいてい》。新《あたら》しい農作物《のうさくもつ》を作《つく》ることにも積極的《せっきょくてき》で、さつまいも（甘藷《かんしょ》）やサトウキビの栽培《さいばい》が吉《よし》宗《むね》の時代《じだい》に広《ひろ》まった。また、目安《めやす》箱《ばこ》を設《もう》けて庶民《しょみん》の声《こえ》を直接聞《ちょくせつき》こうとした（投書《とうしょ》をもとに無料《むりょう》の病院《びょういん》、小石川養生所《こいしかわようじょうしょ》ができた）。

改革《かいかく》は一定《いってい》の成功《せいこう》をおさめたが、経済政策的《けいざいせいさくてき》には倹約《けんやく》と米《こめ》を軸《じく》にした古《ふる》い考《かんが》え方《かた》であった。のちに「享《きょう》保《ほう》の改革《かいかく》」を真似《まね》た「寛政《かんせい》の改革《かいかく》」や「天保《てんぽう》の改革《かいかく》」はあまりうまくいっていない。吉宗《よしむね》の力量《りきりょう》があってこその成功《せいこう》といえよう。

ゆかりの地《ち》

和歌山城《わかやまじょう》

●吉宗《よしむね》の出身《しゅっしん》である紀州徳《きしゅうとく》川家《がわけ》の居城《きょじょう》。和歌山市《わかやまし》の中心部《ちゅうしんぶ》に建《た》つ。

File. 205

政

田沼意次【たぬま おきつぐ】

おもしろエピソード

◎火事防止《かじぼうし》には念入《ねんい》りで、領内《りょうない》の家《いえ》を瓦葺《かわらぶ》きにさせたり屋内《おくない》での天《てん》ぷら作《づく》りを禁止《きんし》した

活躍《かつやく》する時代《じだい》が早《はや》すぎた(?)「穢《けが》れた老中《ろうじゅう》」

「米《こめ》の時代《じだい》」に貨幣経済《かへいけいざい》をもたらそうとしたが……

徳川吉宗《とくがわよしむね》の身《み》の回《まわ》りの世話《せわ》をする小姓《こしょう》から身《み》を立《た》てた旗本《はたもと》の子《こ》で、自身《じしん》も、のちの第《だい》9代将軍徳川家重《だいしょうぐんとくがわいえしげ》の小姓《こしょう》となる。家重《いえしげ》と次代《じだい》の家治《いえはる》に仕《つか》え、相良藩主《さがらはんしゅ》から老中《ろうじゅう》にまで上《のぼ》り詰《つ》めた。田沼《たぬま》は学問《がくもん》に優《すぐ》れたタイプではないが金銭感覚《きんせんかんかく》は鋭《するど》く、年《ねん》貢《ぐ》=米《こめ》をベースに財政《ざいせい》をまかなうより商売《しょうばい》(貨幣《かへい》)を重視《じゅうし》するという、当時《とうじ》としては先進的《せんしんてき》な政策《せいさく》をとり幕府《ばくふ》の財政《ざいせい》を改善《かいぜん》させた。しかし農村《のうそん》が荒廃《こうはい》し、都市《とし》に人《ひと》が流入《りゅうにゅう》して治安《ちあん》が悪化《あっか》、さらに経済《けいざい》の隆盛《りゅうせい》にはつきものの賄賂《わいろ》(当時《とうじ》では普《ふ》通《つう》の習慣《しゅうかん》だが)への批判《ひはん》、ダメ押《お》しに保守勢力《ほしゅせいりょく》の反発《はんぱつ》や嫉妬《しっと》も招《まね》き、失脚《しっきゃく》してしまった。

生年《せいねん》	1719年《ねん》 ※『ロビンソン・クルーソー』出版《しゅっぱん》
没年《ぼつねん》	1788年《ねん》 ※モーツァルトが最後《さいご》の交響曲《こうきょうきょく》を発表《はっぴょう》
享年《きょうねん》	70歳《さい》

ここがポイント!

老中《ろうじゅう》としてさまざまな改革《かいかく》を断行《だんこう》、田沼時代《たぬまじだい》を築《きず》く

File. 206

政

松平定信《まつだいら さだのぶ》

【まつだいら さだのぶ】

おもしろエピソード

◎白河藩《しらかわはん》では産業《さんぎょう》を育《そだ》て経済《けいざい》を発展《はってん》させ、名君《めいくん》といわれる
◎浮世絵《うきよえ》や戯作《げさく》好《ず》きで個人《こじん》としては俗《ぞく》っぽいところもある

生年《せいねん》 1758年《ねん》
※ 翌年《よくとし》、大英博物館《だいえいはくぶつかん》が開館《かいかん》

没年《ぼつねん》 1829年《ねん》
※イギリス警察《けいさつ》のスコットランドヤード発足《ほっそく》

享年《きょうねん》 72歳《さい》

ここがポイント！

田沼《たぬま》とは対照的《たいしょうてき》な厳《きび》しい統制《とうせい》による寛政《かんせい》の改革《かいかく》を断行《だんこう》

田沼《たぬま》の後《あと》に老中《ろうじゅう》となった清《きよ》き白河《しらかわ》の老中《ろうじゅう》

田沼憎《たぬまにく》しから対照的《たいしょうてき》な政策《せいさく》をとったが……

第《だい》8代将軍吉宗《だいしょうぐんよしむね》の次男《じなん》である徳川宗武《とくがわむねたけ》の7男《なん》。将来《しょうらい》の将軍候補《しょうぐんこうほ》だったが、老中《ろうじゅう》・田沼意次《たぬまおきつぐ》を批判《ひはん》したせいで一橋徳川家《ひとつばしとくがわけ》の徳川治済《とくがわはるさだ》によって白河藩松平家《しらかわはんまつだいらけ》の養子《ようし》にされた。このため田沼《たぬま》を恨《うら》んでいたが、白河藩《しらかわはん》での功績《こうせき》が認《みと》められ、田沼失脚《たぬましっきゃく》後《ご》に老中《ろうじゅう》となる。松平《まつだいら》の政策《せいさく》は「寛政《かんせい》の改革《かいかく》」とよばれた。儒学《じゅがく》、とくに朱子学《しゅしがく》に傾倒《けいとう》し、憎《にく》んでいた田沼《たぬま》とは逆《ぎゃく》の保守的《ほしゅてき》な緊縮財政《きんしゅくざいせい》に舵《かじ》を切《き》る。賄賂《わいろ》を取《と》り締《し》まり、武《ぶ》士《し》はおろか庶民《しょみん》にも贅沢《ぜいたく》を禁止《きんし》し、倹約《けんやく》を強制《きょうせい》。これには「白河《しらかわ》の清《きよ》きに魚《うお》も住《す》みかねてもとの濁《にご》りの田沼恋《たぬまこい》しき」と不満《ふまん》が噴出《ふんしゅつ》し失敗《しっぱい》、結果的《けっかてき》に6年《ねん》で老中《ろうじゅう》を退《しりぞ》いた。

武

大塩平八郎【おおしお へいはちろう】

おもしろエピソード

◎かなり短気《たんき》で厳《きび》しく、私塾生《しじゅくせい》はビクビクしながら受講《じゅこう》
◎遺体《いたい》の身元《みもと》がはっきりしなかったので大塩生存説《おおしおせいぞんせつ》もあった

生年《せいねん》	1793年《ねん》 ※フランス革命《かくめい》でルイ16世処刑《せいしょけい》
没年《ぼつねん》	1837年《ねん》 ※大英帝国《だいえいていこく》のヴィクトリア女王即位《じょおうそくい》
享年《きょうねん》	45歳《さい》

ここがポイント！

天保《てんぽう》の飢饉《ききん》で「大塩平八郎《おおしおへいはちろう》の乱《らん》」を起《お》こす

飢饉《ききん》にあえぐ大坂《おおさか》の民《たみ》を思《おも》い武装決起《ぶそうけっき》した元与力《もとよりき》

己《おのれ》にも他人《たにん》にも厳《きび》しいストイックな学問人《がくもんじん》

大坂町奉行《おおさかまちぶぎょう》の与力《よりき》（現代《げんだい》の警察《けいさつ》・検察《けんさつ》に近《ちか》い仕事《しごと》）。与力《よりき》としての大塩《おおしお》はその清廉潔白《せいれんけっぱく》さで組織《そしき》の腐敗《ふはい》を摘発《てきはつ》、庶民《しょみん》の支持《しじ》を集《あつ》めた。また、儒学《じゅがく》の一種《いっしゅ》である陽明学《ようめいがく》を研究《けんきゅう》、自宅《じたく》に私塾《しじゅく》・洗心洞《せんしんどう》を開《ひら》いた。

天保《てんぽう》の飢饉《ききん》（後期《こうき》）のころには与力《よりき》を辞《や》めて隠居《いんきょ》していたが、大坂東町奉行所《おおさかひがしまちぶぎょうしょ》が対策《たいさく》をせず、豪商《ごうしょう》が米《こめ》を買《か》い占《し》め暴利《ぼうり》を貪《むさぼ》っているのを目《め》にして民衆《みんしゅう》を助《たす》けるよう献策《けんさく》する。しかし受《う》け入《い》れられず、武力《ぶりょく》でもって豪商《ごうしょう》と奉行《ぶぎょう》の跡部良弼《あとべよしすけ》を討《う》ち正《ただ》すしかないと考《かんが》え、1837年《ねん》に大坂《おおさか》で軍事行動《ぐんじこうどう》に出《で》た。しかし計画《けいかく》は失敗《しっぱい》、潜伏《せんぷく》した大塩《おおしお》も発見《はっけん》され、大塩《おおしお》は自決《じけつ》している。

File. 208

学

【にのみや そんとく】

二宮尊徳

おもしろエピソード

◎大人《おとな》になると身長《しんちょう》180センチ以上《いじょう》の大男《おおおとこ》に

◎茄子《なす》の味《あじ》の異変《いへん》で冷害《れいがい》を察《さつ》したといわれる

小学校《しょうがっこう》の銅像《どうぞう》で知《し》られる勤労《きんろう》の農政家《のうせいか》

実体験《じったいけん》をもとにした報徳思想《ほうとくしそう》で農村《のうそん》を改革《かいかく》

小田原藩《おだわらはん》の農民《のうみん》の子《こ》として生《う》まれる。河川《かせん》の氾濫《はんらん》で生家《せいか》や田畑《たはた》を失《うしな》い、貧《まず》しさのなか、尊徳《そんとく》（当時《とうじ》は金次郎《きんじろう》という名《な》だった）が14歳《さい》のとき父《ちち》が病死《びょうし》。家族《かぞく》の生計《せいけい》を立《た》てるため草鞋《わらじ》づくりや薪集《まきあつ》めで懸《けん》命《めい》に働《はたら》き、本《ほん》を読《よ》んで勉学《べんがく》に励《はげ》んだ。

このときの姿《すがた》が薪《まき》を背負《せお》って本《ほん》を読《よ》みながら歩《ある》く姿《すがた》の銅像《どうぞう》になっている。家《いえ》を再興《さいこう》してからも田畑《たはた》の経《けい》営《えい》や武家奉公人《ぶけほうこうにん》を続《つづ》け、その名《な》が小《お》田原藩《だわらはん》に知《し》られるようになると藩《はん》から各地《かくち》の農村《のうそん》の立《た》て直《なお》しや飢饉《ききん》の対策《たいさく》を命《めい》じられ、見事成《みごとな》し遂《と》げる。尊徳《そんとく》の考《かんが》えは勤労《きんろう》（経済活動《けいざいかつどう》）と道《どう》徳《とく》が一体《いったい》となった独自《どくじ》のモットー、報徳思想《ほうとくしそう》として伝《つた》わっている。

生年《せいねん》	1787年《ねん》 ※松平定信《まつだいらさだのぶ》の「寛政《かんせい》の改革《かいかく》」始《はじ》まる
没年《ぼつねん》	1856年《ねん》 ※パリでクリミア戦争《せんそう》の講和会議《こうわかいぎ》
享年《きょうねん》	70歳《さい》

ここがポイント！

小田原藩《おだわらはん》の農業基盤《のうぎょうきばん》を独自《どくじ》の哲学《てつがく》で改善《かいぜん》
勤勉《きんべん》の象徴《しょうちょう》

File. 209

松尾芭蕉【まつお ばしょう】

俳句《はいく》を芸術《げいじゅつ》に高《たか》めた 旅《たび》のしすぎで忍者説《にんじゃせつ》も!?

生年《せいねん》 1644年《ねん》
没年《ぼつねん》 1694年《ねん》
享年《きょうねん》 51歳《さい》

文

名字帯刀《みょうじたいとう》を許《ゆる》された農民《のうみん》の家《いえ》に生《う》まれ、青年期《せいねんき》から俳諧《はいかい》の道《みち》を志《こころざ》す。芭蕉《ばしょう》は言葉遊《ことばあそ》び的《てき》なものだった俳句《はいく》（俳諧《はいかい》）を革新《かくしん》し、芸術性《げいじゅつせい》を高《たか》めた。旅《たび》のなかで俳句《はいく》をつくることが多《おお》く、東北地方《とうほくちほう》をめぐった際《さい》の紀行文《きこうぶん》『おくのほそ道《みち》』はよく知《し》られる。移動距離《いどうきょり》や日程《にってい》から、目的《もくてき》は諸国《しょこく》の諜報《ちょうほう》活動《かつどう》で芭蕉《ばしょう》は忍者《にんじゃ》だった？という説《せつ》もある。

File. 210

井原西鶴【いはら さいかく】

江戸《えど》時代《じだい》の大衆《たいしゅう》に 喜《よろこ》ばれた人気作家《にんきさっか》

生年《せいねん》 1642年《ねん》
没年《ぼつねん》 1693年《ねん》
享年《きょうねん》 52歳《さい》

文

大坂《おおさか》の浮世草子作者《うきよぞうしさくしゃ》、俳人《はいじん》。若《わか》いころは俳人《はいじん》として活躍《かつやく》したが、40歳頃《さいごろ》から浮世草子《うきよぞうし》（当時《とうじ》の風俗小説《ふうぞくしょうせつ》）を書《か》く。その第《だい》1作《さく》が『好色一代男《こうしょくいちだいおとこ》』。タイトルどおりに（？）主人公《しゅじんこう》の世之介《よのすけ》が多《おお》くの女性《じょせい》と関係《かんけい》をもつという内容《ないよう》。これが大《だい》ヒットし、浮世草子《うきよぞうし》ブームをつくった。仇討《あだう》ち、経済《けいざい》ものも書《か》き、明治《めいじ》になって再評価《さいひょうか》された。

File. 211

近松門左衛門【ちかまつ もんざえもん】

心中《しんじゅう》ものの浄瑠璃《じょうるり》などで 義理人情《ぎりにんじょう》を描《えが》いた

生年《せいねん》 1653年《ねん》
没年《ぼつねん》 1724年《ねん》
享年《きょうねん》 72歳《さい》

文

三味線《しゃみせん》を演奏《えんそう》しながら歌《うた》うようにストーリーを語《かた》る浄瑠璃《じょうるり》や、歌舞伎《かぶき》の脚本家《きゃくほんか》。語《かた》り手《て》の竹本義太夫《たけもとぎだゆう》と組《く》んで大坂《おおさか》で活躍《かつやく》した。近松《ちかまつ》が作《つく》ったとされる浄瑠璃《じょうるり》は110作以上《さくいじょう》にも及《およ》ぶが、若《わか》い男女《だんじょ》が悲恋《ひれん》のすえに心中《しんじゅう》するという『曽根崎心中《そねざきしんじゅう》』はとくに有名《ゆうめい》。人気《にんき》が過熱《かねつ》し、真似《まね》て心中《しんじゅう》する男女《だんじょ》が多発《たはつ》するという事件《じけん》まで起《お》きた。

File. 212

尾形光琳【おがた こうりん】

きらびやかな屏風《びょうぶ》絵《え》は海外《かいがい》でも評価《ひょうか》が高い

生年《せいねん》 1658年《ねん》
没年《ぼつねん》 1716年《ねん》
享年《きょうねん》 59歳《さい》

文

画家《がか》。生家《せいか》は京都《きょうと》の呉服商《ごふくしょう》で光琳《こうりん》は遺産《いさん》で遊《あそ》んで暮《く》らしていた（店《みせ》は兄《あに》が継《つ》いだ）が、困窮《こんきゅう》して40代《だい》から本格的《ほんかくてき》に絵《え》を描《か》き始《はじ》めたという。代表作《だいひょうさく》は『紅白梅図《こうはくばいず》』や『燕子花図《かきつばたず》』。金《きん》を駆使《くし》した装《そう》飾性《しょくせい》やデザイン性《せい》の高《たか》さは後世《こうせい》に受《う》け継《つ》がれ、「琳派《りんぱ》」が生《う》まれた。印象派《いんしょうは》などヨーロッパの画壇《がだん》にも大《おお》きな影響《えいきょう》を与《あた》えたという。

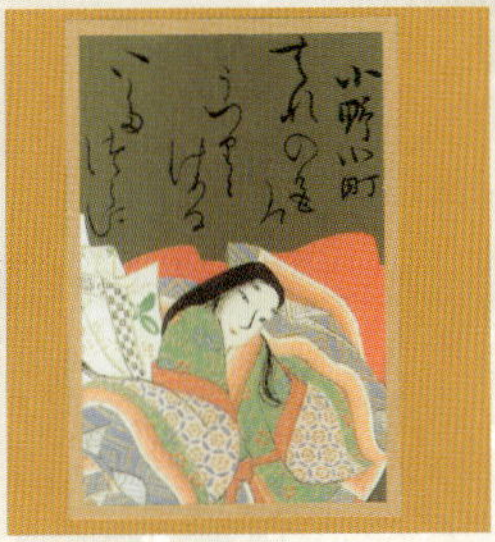

▶光琳《こうりん》かるた（復刻《ふっこく》）

File. 213

菱川師宣【ひしかわ もろのぶ】

絵《え》を身近《みぢか》な芸術《げいじゅつ》にした最初《さいしょ》の浮世《うきよ》絵《え》師《し》

生年《せいねん》 1618年《ねん》？
没年《ぼつねん》 1694年《ねん》
享年《きょうねん》 77歳《さい》？

文

画家《がか》・浮世絵師《うきよえし》。着物《きもの》の刺繍《ししゅう》を営《いとな》む家《いえ》に生《う》まれ、自身《じしん》も手伝《てつだ》いとして刺繍《ししゅう》の下絵《したえ》を描《か》いたり、さまざまな絵《え》の技法《ぎほう》を学《まな》び研鑽《けんさん》を積《つ》む。その後《ご》は木版《もくはん》刷《ず》りの絵本《えほん》などの挿絵《さしえ》を描《か》きつつ、独自《どくじ》の様式《ようしき》を追求《ついきゅう》し、文章《ぶんしょう》に頼《たよ》らず絵《え》のみで、大衆芸術《たいしゅうげいじゅつ》としての絵《え》を成立《せいりつ》させた。これが浮世絵《うきよえ》の始《はじ》まりとなった。代表作《だいひょうさく》は『見返《みかえ》り美人図《びじんず》』。

File. 214

市川団十郎【いちかわ だんじゅうろう】

歌舞伎《かぶき》の荒事《あらごと》を考案《こうあん》した江戸《えど》の大《だい》スター

生年《せいねん》 1660年《ねん》
没年《ぼつねん》 1704年《ねん》
享年《きょうねん》 45歳《さい》

文

現代《げんだい》まで続《つづ》く名跡《みょうせき》（芸名《げいめい》）「市川《いちかわ》団十郎《だんじゅうろう》」の初代《しょだい》。幼名《ようめい》は海老蔵《えびぞう》。江戸《えど》歌舞伎《かぶき》にすでにあった「荒《あら》武者事《むしゃごと》（役者《やくしゃ》が暴《あば》れる演出《えんしゅつ》）」と、当時《とうじ》江戸《えど》で人気《にんき》だった金平浄瑠璃《こんぴらじょうるり》（人形劇《にんぎょうげき》）のアクションを融合《ゆうごう》させて「荒事《あらごと》」という新《あたら》しい演出《えんしゅつ》を考案《こうあん》。これが大《おお》ウケして、団十郎《だんじゅうろう》は江戸《えど》の大《だい》人気役者《にんきやくしゃ》となる。なお、別名《べつめい》で台本《だいほん》も書《か》いている。

File. 215

お江（崇源院）

【おごう（すうげんいん）】

数奇《すうき》な運命《うんめい》をたどった
徳川秀忠《とくがわひでただ》の姉《あね》さん女房《にょうぼう》

戦国武将《せんごくぶしょう》・浅井長政《あざいながまさ》の3女《じょ》。伯父《おじ》にあたる織田《おだ》信長《のぶなが》に攻《せ》められ長政《ながまさ》は自害《じがい》、信長《のぶなが》の弟《おとうと》・信包《のぶかね》に預《あず》けられたという。その後《ご》は織田家《おだけ》の家臣《かしん》・佐治一成《さじかずなり》に嫁《とつ》ぐが離縁《りえん》させられ、次《つぎ》は豊臣秀吉《とよとみひでよし》の養子《ようし》の羽柴《はしば》秀勝《ひでかつ》に嫁《とつ》ぐも死別《しべつ》、1595年《ねん》には徳川秀忠《とくがわひでただ》と再《さい》婚《こん》。最終的《さいしゅうてき》に将軍家《しょうぐんけ》の正室《せいしつ》となった。お江《ごう》は秀忠《ひでただ》より年上《としうえ》で気《き》も強《つよ》かったが、夫婦仲《ふうふなか》はよく、家光《いえみつ》、忠長《ただなが》ら7子《し》をもうけた。次男《じなん》の忠長《ただなが》をかわいがり、後継者争《こうけいしゃあらそ》いで家光《いえみつ》の乳母《うば》の春日局《かすがのつぼね》と対立《たいりつ》したと伝《つた》えられる。

生年《せいねん》　1573年《ねん》
没年《ぼつねん》　1626年《ねん》
享年《きょうねん》　54歳《さい》

奥

ここがポイント！
浅井《あざい》3姉妹《しまい》のひとり
豊臣《とよとみ》、徳川両家《とくがわりょうけ》に嫁《とつ》ぐ

File. 216

春日局

【かすがのつぼね】

将軍家《しょうぐんけ》の血筋《ちすじ》のために
大奥《おおおく》をつくった家光《いえみつ》の乳母《うば》

美濃斎藤氏《みのさいとうし》の生《う》まれで、本名《ほんみょう》は斎藤福《さいとうふく》。見《み》た目《め》は不美人《ふびじん》とされる。小早川秀秋《こばやかわひであき》の家臣《かしん》・稲葉正成《いなばまさなり》の妻《つま》となり、その後《ご》は徳川家光《とくがわいえみつ》の乳母《うば》となる。この取《と》り立《た》てには「関ヶ原《せきがはら》の戦《たたか》い」で徳川軍《とくがわぐん》との内通《ないつう》を促《うなが》した正成《まさなり》の功績《こうせき》が考慮《こうりょ》されたという。大御所《おおごしょ》の家康《いえやす》に口添《くちぞ》えを頼《たの》んで家光《いえみつ》を将軍《しょうぐん》にすると、将軍様御局《しょうぐんさまおつぼね》として老中《ろうじゅう》をも超《こ》える実権《じっけん》を手《て》に入《い》れ、公務《こうむ》を取《と》り仕切《しき》った。また、徳川家《とくがわけ》の血《ち》を絶《た》やさぬよう家光好《いえみつごの》みの女性《じょせい》を集《あつ》め、これが大《おお》奥《おく》の源流《げんりゅう》となった。

生年《せいねん》　1579年《ねん》
没年《ぼつねん》　1643年《ねん》
享年《きょうねん》　65歳《さい》

奥

ここがポイント！
3代将軍《だいしょうぐん》の乳母《うば》
大奥《おおおく》をつくる

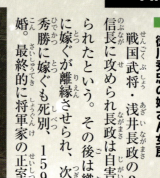

File. 217

桂昌院【けいしょういん】

八百屋《やおや》の娘《むすめ》から将軍《しょうぐん》の嫁《よめ》に！「玉《たま》の輿《こし》」の語源説《ごげんせつ》も納得《なっとく》

生年《せいねん》 1627年《ねん》
没年《ぼつねん》 1705年《ねん》
享年《きょうねん》 79歳《さい》

奥

ここがポイント！
江戸時代《えどじだい》のシンデレラ？将軍綱吉《しょうぐんつなよし》の母《はは》は町娘《まちむすめ》

本名《ほんみょう》は玉《たま》。京都《きょうと》商人《しょうにん》の娘《むすめ》だったが、父《ちち》の死《し》で母《はは》ともども奉公人《ほうこうにん》となる。だが武士《ぶし》の養女《ようじょ》になる縁《えん》に恵《めぐ》まれ、公家出身《くげしゅっしん》の尼僧《にそう》の侍女《じじょ》となり江戸城《えどじょう》に付《つ》き添《そ》っていった際《さい》、第《だい》3代将軍徳川家光《だいしょうぐんとくがわいえみつ》がこの尼僧《にそう》に一目惚《ひとめぼ》れ。尼僧《にそう》の大奥入《おおおくい》りに従《したが》ったお玉《たま》も見初《みそ》められ、家光《いえみつ》の子《こ》を身《み》ごもった。その子《こ》が第《だい》5代将軍《だいしょうぐん》綱吉《つなよし》だ。綱吉《つなよし》には跡《あと》継《つ》ぎがなく、その解《かい》決《けつ》のため「生類憐《しょうるいあわれ》みの令《れい》」を出《だ》すにあたり影響《えいきょう》を与《あた》えた。出《しゅっ》世《せ》ぶりから玉《たま》の輿《こし》の「玉《たま》」の由来《ゆらい》だという俗説《ぞくせつ》もある。

File. 218

絵島【えじま】

不義密通《ふぎみっつう》を疑《うたが》われるも毅然《きぜん》とした態度《たいど》を通《とお》す

生年《せいねん》 1681年《ねん》
没年《ぼつねん》 1741年《ねん》
享年《きょうねん》 61歳《さい》

奥

ここがポイント！
大奥《おおおく》の権力争《けんりょくあらそ》いからスキャンダルを仕立《した》てられる

甲府藩士《こうふはんし》の娘《むすめ》。仕《つか》える甲府徳川家《こうふとくがわけ》の徳川家宣《とくがわいえのぶ》が第《だい》6代将軍《だいしょうぐん》になり、大奥入《おおおくい》りする。大奥《おおおく》では家宣《いえのぶ》の側《そく》室《しつ》（第《だい》7代家継《だいいえつぐ》の母《はは》）の月光院《げっこういん》に仕《つか》えた。寺参《てらまい》りの後《あと》、芝居《しばい》に寄《よ》って門限《もんげん》に遅《おく》れ、歌舞伎役者《かぶきやくしゃ》生島新五《いくしましんご》郎《ろう》との密通《みっつう》を疑《うたが》われ座敷《ざしき》に幽閉《ゆうへい》されてしまう。これは一説《いっせつ》に家宣《いえのぶ》の正室《せいしつ》・天英院《てんえいいん》の画策《かくさく》とされる。側室《そくしつ》ながら嫡男《ちゃくなん》を産《う》んだ月光院《げっこういん》と天英院《てんえいいん》は不仲《ふなか》で、勢力《せいりょく》を削《そ》ぎたかったのだ。絵島《えじま》は尋問《じんもん》で大奥《おおおく》や生島《いくしま》のことを一《いっ》切話《さいはな》さなかったという。

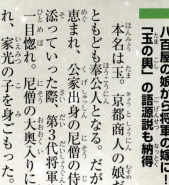

File. 219

【おみよのかた】

お美代の方

おねだり大好《だいす》きの側室《そくしつ》
最後《さいご》は追放《ついほう》の憂《う》き目《め》に

生年《せいねん》	不詳《ふしょう》
没年《ぼつねん》	1872年《ねん》
享年《きょうねん》	不詳《ふしょう》

奥

ここがポイント！
身内《みうち》びいきが過《す》ぎて大奥《おおおく》を追《お》われる

破戒僧《はかいそう》の子《こ》で旗本《はたもと》の中野清茂《なかのきよしげ》の養女《ようじょ》だったが、清《きよ》茂《しげ》の出世《しゅっせ》のために大奥《おおおく》に奉公《ほうこう》に出《だ》され、そのまま第《だい》11代将軍徳川家斉《だいしょうぐんとくがわいえなり》の側室《そくしつ》となる。娘《むすめ》らは加賀藩《かがはん》や広《ひろ》島藩《しまはん》へ嫁《とつ》いだ。家斉《いえなり》の寵愛《ちょうあい》をいいことに、実父《じっぷ》のために感応寺《かんのうじ》を建《た》てさせたり、加賀藩《かがはん》に生《う》まれた孫《まご》を将軍《しょうぐん》にしてほしいとねだったり（家斉《いえなり》の遺言《ゆいごん》の偽造《ぎぞう》までしたとも）、やりたい放題《ほうだい》。しかし徳《とく》川家慶《がわいえよし》が第《だい》12代将軍《だいしょうぐん》になると、水野忠邦《みずのただくに》の「天保《てんぽう》の改革《かいかく》」で悪事《あくじ》がばれ、江戸城《えどじょう》を追放《ついほう》されてしまう。法号《ほうごう》は専行院《せんこういん》。

File. 220

【うたはし】

歌橋

病弱《びょうじゃく》な家定《いえさだ》の面倒《めんどう》を
よく見《み》た乳母《うば》の鑑《かがみ》

生年《せいねん》	不詳《ふしょう》
没年《ぼつねん》	不詳《ふしょう》
享年《きょうねん》	不詳《ふしょう》

奥

ここがポイント！
将軍家定《しょうぐんいえさだ》の支《ささ》えとなり
次代家茂《じだいいえもち》を擁立《ようりつ》

第《だい》13代将軍徳川家定《だいしょうぐんとくがわいえさだ》の乳母《うば》を務《つと》めた大奥《おおおく》の女中《じょちゅう》。出自《しゅつじ》などはよくわかっていない。家定《いえさだ》の生母《せいぼ》である美津《みつ》（本寿院《ほんじゅいん》）が養育《よういく》を乳母《うば》の歌橋《うたはし》にまかせっきりにし、また家定自身《いえさだじしん》が病弱《びょうじゃく》で内気《うちき》な性格《せいかく》であったので、歌橋《うたはし》にしか心《こころ》を開《ひら》かなかったともいわれる。家《いえ》定《さだ》が慕《した》うゆえに実質的《じっしつてき》な大奥《おおおく》の最高権力者《さいこうけんりょくしゃ》となった。家定《いえさだ》の跡継《あとつ》ぎ問題《もんだい》では大奥《おおおく》の利《り》害《がい》を代表《だいひょう》して積極《せっきょく》的《てき》に動《うご》き、候補《こうほ》だった一橋慶喜《ひとつばしよしのぶ》の就任《しゅうにん》に反対《はんたい》、家定《いえさだ》の従《い》兄弟《とこ》の家茂《いえもち》を将軍《しょうぐん》にした。

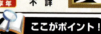

File. 221

【じつじょういん】実成院

篤姫《あつひめ》と和宮《かずのみや》の間《あいだ》で権勢《けんせい》を奪《うば》われた？

紀州藩出身《きしゅうはんしゅっしん》。本名《ほんみょう》は美佐《みさ》という。紀州徳川家《きしゅうとくがわけ》に仕《つか》え、藩主徳川斉順《はんしゅとくがわなりゆき》の側室《そくしつ》となった。斉順《なりゆき》との間《あいだ》にできた子《こ》がのちの第《だい》14代将軍徳川家茂《だいしょうぐんとくがわいえもち》となる。将軍《しょうぐん》の生母《せいぼ》として大奥《おおおく》に入《はい》ったが、第《だい》13代徳川家定《だいとくがわいえさだ》の正室《せいしつ》かつ「徳川宗家《とくがわそうけ》の母《はは》」である天璋院《てんしょういん》（篤姫《あつひめ》）や、家茂《いえもち》の正室《せいしつ》・和宮《かずのみや》などとほぼ同時期《どうじき》に大奥《おおおく》にいたため、肩身《かたみ》は狭《せま》かったようだ。ただ、性格《せいかく》は派手《はで》好きで、宴会《えんかい》を開《ひら》いては大酒《おおざけ》を飲《の》んだともいう。江戸《えど》城無血開城後《じょうむけつかいじょうご》は和宮《かずのみや》とともに田安徳川邸《たやすとくがわてい》へ移《うつ》った。

生年《せいねん》	1821年《ねん》
没年《ぼつねん》	1904年《ねん》
享年《きょうねん》	84歳《さい》

奥

ここがポイント！
将軍《しょうぐん》の生母《せいぼ》だが最後《さいご》までよそ者扱《ものあつか》い

File. 222

【いちじょう みかこ】一条美賀子

一度《いちど》も大奥《おおおく》に行《い》かなかった最後《さいご》の将軍《しょうぐん》の正室《せいしつ》

公家《くげ》の出身《しゅっしん》。第《だい》15代《だい》にして最後《さいご》の将軍徳川慶喜《しょうぐんとくがわよしのぶ》の正室《せいしつ》だが、本来嫁《ほんらいとつ》ぐはずだった千代姫《ちよひめ》が病気《びょうき》になったため代役《だいやく》として結婚《けっこん》したという経緯《けいい》がある。加《くわ》えて幕末《ばくまつ》の動乱期《どうらんき》に慶喜《よしのぶ》は京都《きょうと》におり、ともに暮《く》らした時間《じかん》はほとんどなかった（江戸城《えどじょう》に行《い》ってもいない）。そのため、あまり仲《なか》はよくなかったといわれる。明治《めいじ》に入《はい》ると静岡《しずおか》に落《お》ち着《つ》いた慶喜《よしのぶ》のもとを訪《おとず》れ、その後《ご》は慶喜《よしのぶ》の側室《そくしつ》の子《こ》を育《そだ》てたりしながらも、ようやく夫婦《ふうふ》ともに暮《く》らしたという。

生年《せいねん》	1835年《ねん》
没年《ぼつねん》	1894年《ねん》
享年《きょうねん》	60歳《さい》

奥

ここがポイント！
朝廷《ちょうてい》の意向《いこう》で最後《さいご》の将軍《しょうぐん》徳川慶喜《とくがわよしのぶ》の妻《つま》となる

File. 223

滝沢馬琴

【たきざわ　ばきん】

八犬士《はっけんし》の活躍《かつやく》を描《えが》く『南総里見八犬伝《なんそうさとみはっけんでん》』の著者《ちょしゃ》

生年《せいねん》 1767年《ねん》
没年《ぼつねん》 1848年《ねん》
享年《きょうねん》 82歳《さい》

文

江戸時代中期《えどじだいちゅうき》の作家《さっか》。活躍当《かつやくとう》時《じ》は曲亭馬琴《きょくていばきん》と名《な》のった。旗本《はたもと》の御用人《ごようにん》の家《いえ》に生《う》まれる。少年時代《しょうねんじだい》から俳諧《はいかい》をたしなみ、20代《だい》で戯作《げさく》者《しゃ》・山東京伝《さんとうきょうでん》に学《まな》ぶ。作家《さっか》としての出発後《しゅっぱつご》は活発《かっぱつ》に作品《さくひん》を発表《はっぴょう》、8人《にん》の若者《わかもの》を主人公《しゅじんこう》とした伝奇冒険《でんきぼうけん》活劇《かつげき》『南総里見八犬伝《なんそうさとみはっけんでん》』を48歳《さい》で書《か》き始《はじ》めて、これは28年《ねん》の歳月《さいげつ》をかけた大《だい》長編《ちょうへん》となった。

File. 224

大田南畝

【おおた　なんぽ】

別名《べつめい》は蜀山人《しょくさんじん》狂歌《きょうか》を流行《りゅうこう》させた

生年《せいねん》 1749年《ねん》
没年《ぼつねん》 1823年《ねん》
享年《きょうねん》 75歳《さい》

文

随筆《ずいひつ》など著述活動《ちょじゅつかつどう》を盛《さか》んにした。和歌形式《わかけいしき》で世相《せそう》を皮肉《ひにく》る狂歌《きょうか》をつくり、江戸《えど》に狂歌《きょうか》ブームを巻《ま》き起《お》こす。「恐《おそ》れ入谷《いりや》の鬼子母神《きしもじん》」というシャレも、南畝《なんぽ》が考《かんが》えた。だが松平定信《まつだいらさだのぶ》の「文武振興策《ぶんぶしんこうさく》」批《ひ》判《はん》の狂歌《きょうか》「世《よ》の中《なか》に蚊《か》ほどうるさきものはなし　ぶんぶ（文武《ぶんぶ》）といひて夜《よる》もねられず」の作者《さくしゃ》と疑《うたが》われ、狂歌《きょうか》づくりを離《はな》れた。

File. 225

小林一茶

【こばやし　いっさ】

ユーモアと慈愛《じあい》に満《み》ちた独自《どくじ》の目《め》をもつ俳人《はいじん》

生年《せいねん》 1763年《ねん》
没年《ぼつねん》 1827年《ねん》
享年《きょうねん》 65歳《さい》

文

江戸時代後期《えどじだいこうき》の俳人《はいじん》。信濃《しなの》の農《のう》家《か》に生《う》まれる。作風《さくふう》は「やせ蛙《がえる》負《ま》けるな一茶《いっさ》これにあり」といったユーモラスなもので、芭蕉《ばしょう》のように雅《みやび》ではないため当時《とうじ》はあまり受《う》けなかった。だが明治《めいじ》に正岡子《まさおかし》規《き》が新時代《しんじだい》の俳句《はいく》を模索《もさく》するなかで、一茶《いっさ》の斬新《ざんしん》な切《き》り口《くち》や対象《たいしょう》（子《こ》どもや小《ちい》さな生《い》き物《もの》）、身近《みぢか》なテーマ性《せい》に注目《ちゅうもく》し、再《さい》評価《ひょうか》した。

File. 226

平賀源内【ひらが げんない】

多彩《たさい》な才能《さいのう》をもつ江戸《えど》時代《じだい》の発明家《はつめいか》

生年《せいねん》 1728年《ねん》
没年《ぼつねん》 1779年《ねん》
享年《きょうねん》 52歳《さい》

学

江戸《えど》時代中期《じだいちゅうき》に活躍《かつやく》した文化人《ぶんかじん》。天才《てんさい》、奇才《きさい》と称《しょう》せられ、蘭学《らんがく》に通《つう》じ多《おお》くの発明《はつめい》や、浄瑠璃《じょうるり》の創作《そうさく》、今《いま》のコピーライター的《てき》な仕事《しごと》もしたマルチな才能《さいのう》の持《も》ち主《ぬし》。オランダ製《せい》のエレキテル(静電気《せいでんき》を発生《はっせい》させる装置《そうち》)を直《なお》して見世物《みせもの》にしたり、石綿《いしわた》で「燃《も》えない布《ぬの》」を作《つく》ったりなどした。また、「土用《どよう》の丑《うし》の日《ひ》」の発案者《はつあんしゃ》ともいわれる。

File. 227

杉田玄白【すぎた げんぱく】

『解体新書《かいたいしんしょ》』を通《つう》じて西洋医学《せいよういがく》を日本《にほん》に紹介《しょうかい》

生年《せいねん》 1733年《ねん》
没年《ぼつねん》 1817年《ねん》
享年《きょうねん》 85歳《さい》

学

江戸時代《えどじだい》の蘭学医《らんがくい》。死刑囚《しけいしゅう》の遺体《いたい》の解剖《かいぼう》に立《た》ち会《あ》った際《さい》に、西洋《せいよう》の医学書《いがくしょ》の正確《せいかく》さに感動《かんどう》し、『ターヘル・アナトミア』のオランダ語版《ごばん》(大元《おおもと》はドイツ語《ご》の本《ほん》)を前野良沢《まえのりょうたく》とともに日本語《にほんご》に翻訳《ほんやく》、『解体新書《かいたいしんしょ》』を著《あらわ》した。東洋医学《とうよういがく》が全盛《ぜんせい》の当時《とうじ》、西洋医学《せいよういがく》を広《ひろ》める礎《いしずえ》になった人物《じんぶつ》だ。蘭学会《らんがくかい》を通《つう》じて平賀源内《ひらがげんない》とも親交《しんこう》があった。

File. 228

葛飾北斎【かつしか ほくさい】

国内外《こくないがい》に影響《えいきょう》を与《あた》えた浮世絵《うきよえ》の巨星《きょせい》

生年《せいねん》 1760年《ねん》
没年《ぼつねん》 1849年《ねん》
享年《きょうねん》 90歳《さい》

文

江戸時代後期《えどじだいこうき》を代表《だいひょう》する浮世絵師《うきよえし》。『富嶽三十六景《ふがくさんじゅうろっけい》』や『北斎漫画《ほくさいまんが》』などで知《し》られる。大胆《だいたん》な描写《びょうしゃ》と独自《どくじ》の色彩感覚《しきさいかんかく》に溢《あふ》れた北斎《ほくさい》の浮世絵《うきよえ》は、のちにゴッホやドガら西洋画家《せいようがか》に衝撃《しょうげき》を与《あた》え、ジャポニスムを巻《ま》き起《お》こした。晩年《ばんねん》まで創作意欲《そうさくいよく》は衰《おとろ》えず、生涯《しょうがい》で3万点《まんてん》以上《いじょう》を描《えが》いた。93回《かい》も引《ひ》っ越《こ》しをした引《ひ》っ越《こ》し魔《ま》としても有名《ゆうめい》。

故事成語《こじせいご》

【風《かぜ》が吹《ふ》けば桶屋《おけや》が儲《もう》かる】

意味《いみ》

ひとつの出来事《できごと》が、最終的《さいしゅうてき》に思《おも》わぬ結果《けっか》をもたらす

■突飛《とっぴ》な理屈《りくつ》の裏側《うらがわ》には、当時《とうじ》の職業事情《しょくぎょうじじょう》もあり

「風《かぜ》が吹《ふ》けば桶屋《おけや》が儲《もう》かる」とは、ある事柄《ことがら》が思《おも》いもよらないことに対《たい》して影響《えいきょう》を与《あた》えるという故事成語《こじせいご》だ。一匹《いっぴき》の蝶《ちょう》の羽《は》ばたきが別《べつ》の国《くに》で竜巻《たつまき》を起《お》こすという「バタフライ効果《こうか》」が、現《げん》代《だい》では似《に》た意味《いみ》の言葉《ことば》になる。

だが、どうして風《かぜ》が吹《ふ》いたら桶屋《おけや》が儲《もう》かるのか。その理屈《りくつ》はこうだ。風《かぜ》が吹《ふ》くと埃《ほこり》や砂《すな》が舞《ま》い上《あ》がって、人々《ひとびと》の目《め》に入《はい》って目《め》を痛《いた》める。目《め》を痛《いた》めると見《み》えなくなる人《ひと》が増《ふ》える。目《め》の見《み》えない人《ひと》は、当時《とうじ》は三味線弾《しゃみせんひ》きや按摩師《あんまし》（マッサージ師《し》）になることが多《おお》かったので、三味線《しゃみせん》がたくさん作《つく》られる。当時《とうじ》の三味《しゃみ》線《せん》の材料《ざいりょう》には猫《ねこ》の皮《かわ》を使《つか》うので、猫《ねこ》がいなくなる。するとネズミが増《ふ》えて、桶《おけ》をかじる。だからみなが桶《おけ》を買《か》いにきて桶屋《おけや》が儲《もう》かる、というのだ。

目《め》が見《み》えなくても弾《ひ》ける三味《しゃみ》線《せん》というのはわかるが、按摩《あんま》はなぜかというと、江戸時代《えどじだい》（第《だい》5代将軍徳川綱吉《だいしょうぐんとくがわつなよし》のころ）に杉《すぎ》山和一《やまわいち》という盲目《もうもく》の按摩師《あんまし》が江《え》戸《ど》で開業《かいぎょう》して大流行《だいりゅうこう》し、杉山流《すぎやまりゅう》鍼治導引稽古所《しんちどういんけいこじょ》という按摩《あんま》と鍼《はり》の学校《がっこう》を開《ひら》いたためだ。だからいちばん儲《もう》かったのは桶屋《おけや》よりはこの稽古所《けいこじょ》かもしれない。

なお、この故事成語《こじせいご》の初出《しょしゅつ》は江戸時代中期《えどじだいちゅうき》に書《か》かれた『世《せ》間学者気質《けんがくしゃかたぎ》』という浮世草子《うきよぞうし》とされるが、ここでは桶《おけ》ではなく「箱《はこ》」と書《か》かれていた。

▲瞽女《ごぜ》とよばれる、目《め》の見《み》えない三味線弾《しゃみせんひ》きの女性《じょせい》

【坊主《ぼうず》憎《にく》けりゃ袈裟《けさ》まで憎《にく》い】

意味《いみ》

ある人《ひと》が憎《にく》いと、それに関《かか》わるもの すべてが憎《にく》く感《かん》じられる

■憎《にく》まれるほど権威《けんい》が大《おお》きかった江戸期《えどき》の僧侶《そうりょ》

「坊主《ぼうず》憎《にく》けりゃ袈裟《けさ》まで憎《にく》い」というのは、ある対象《たいしょう》が憎《にく》らしくなればそれに関連《かんれん》する物《もの》や、思《おも》い起《お》こさせる物《もの》まで憎《にく》らしく感《かん》じてくるという故事成語《こじせいご》である。つまり坊主《ぼうず》が憎《にく》たらしいあまり、身《み》にまとう袈裟《けさ》を見《み》ただけでも憎《にく》い気持《きも》ちがわき起《お》こってくるということだ。

ではなぜ「憎《にく》たらしい」相手《あいて》として坊主《ぼうず》が挙《あ》げられるのだろうか？　一説《いっせつ》には、この故事成《こじせい》語《ご》ができた江戸時代《えどじだい》の僧侶《そうりょ》の社《しゃ》会的地位《かいてきちい》にあるとされる。当時《とうじ》は幕府《ばくふ》が禁《きん》じるキリスト教《きょう》などを信仰《しんこう》させないため、幕府《ばくふ》が寺《てら》請制度《うけせいど》をつくり、人々《ひとびと》はいずれかの寺《てら》の檀家《だんか》になって、仏教《ぶっきょう》の信徒《しんと》であるという証明《しょうめい》を寺《てら》から受《う》けなければならなかった。この証明台帳《しょうめいだいちょう》は、のちには徴税資《ちょうぜいし》料《りょう》にも使《つか》われた。こうなると僧《そう》侶《りょ》は幕府《ばくふ》の威光《いこう》のもとで権力《けんりょく》をもち、証明《しょうめい》を受《う》けられなければひどい目《め》にあうぞ、ということで、寺《てら》と信徒《しんと》の力関係《ちからかんけい》は一方的《いっぽうてき》なものとなる。そのため人々《ひとびと》は、（破戒《はかい》）坊主《ぼうず》を憎《にく》く思《おも》っていた、というわけである。今《いま》でも戒名《かいみょう》料《りょう》やお布施《ふせ》をたっぷり払《はら》わされるとちょっと袈裟《けさ》が憎《にく》く感《かん》じたりする……かもしれない。

江戸《えど》の暮《く》らし

じつは男《おとこ》ばっかりだった江戸《えど》の町《まち》

大江戸《おおえど》八百八町《はっぴゃくやちょう》に 男《おとこ》たちの歓声《かんせい》がこだまする

それまでは地方《ちほう》の小都市《しょうとし》だった地《ち》に徳川家康《とくがわいえやす》が幕府《ばくふ》を開《ひら》いて以来《いらい》、アジアの大都市《だいとし》となった江戸《えど》。人口《じんこう》も1700～1800年代《ねんだい》の都市《とし》としては世界的《せかいてき》にもかなり多《おお》かったが、その人口《じんこう》には大《おお》きな偏《かたよ》りがあった。おおよそ男性二人《だんせいふたり》に対《たい》し女性一人《じょせいひとり》の割合《わりあい》だったのである。この理由《りゆう》には参勤交代《さんきんこうたい》で地方《ちほう》の武士《ぶし》が大勢江戸《おおぜいえど》にやってきたことや、奉公人《ほうこうにん》として農村《のうそん》から多《おお》くの若《わか》い働《はたら》き手《て》が来《き》たことがあげられる。

江戸《えど》には独《ひと》り者《もの》の男《おとこ》があふれ、結果《けっか》として二八《にはち》そばや天《てん》ぷら（当時《とうじ》は庶民《しょみん》的《てき》な食《た》べ物《もの》だった）などの外食産業《がいしょくさんぎょう》も発達《はったつ》することになった。一人分《ひとりぶん》の食事《しょくじ》を用意《ようい》するのは面倒《めんどう》だし、火事《かじ》を出《だ》す恐《おそ》れのある火《ひ》を使《つか》うのは隣家《りんか》と隙間《すきま》のない長屋《ながや》暮《ぐ》らしではためらわれた。

そんななかで、吉原《よしわら》を筆頭《ひっとう》とする遊《ゆう》郭《かく》は夢《ゆめ》の別世界《べっせかい》。毎晩大《まいばんおお》いに賑《にぎ》わい、評判《ひょうばん》の美女《びじょ》を紹介《しょうかい》する今《いま》でいうガイドブックや、花魁《おいらん》の浮世絵《うきよえ》なども人気《にんき》だった。なお江戸《えど》の娯楽《ごらく》といえば寄席《よせ》に歌《か》舞伎《ぶき》が代表格《だいひょうかく》だが、当時《とうじ》は落語家《らくごか》に女《じょ》性《せい》はいないし、歌舞伎《かぶき》も風紀《ふうき》を乱《みだ》してはいけないという幕府《ばくふ》の命令《めいれい》で、役者《やくしゃ》は男《おとこ》ばかり。若手役者《わかてやくしゃ》のなかには、兼《けん》業《ぎょう》で売春《ばいしゅん》をする者《もの》がおり、以前《いぜん》は武士《ぶし》や僧侶《そうりょ》の間《あいだ》の習俗《しゅうぞく》だった男色《だんしょく》が町人層《ちょうにんそう》にも広《ひろ》がった。江戸《えど》の暮《く》らしは思《おも》った以上《いじょう》に男《おとこ》くさかった。なお幕末《ばくまつ》には男《だん》女《じょ》の人口比率《じんこうひりつ》が半々《はんはん》に近《ちか》づくものの基《き》本的《ほんてき》には男性中心《だんせいちゅうしん》の文化《ぶんか》だった。

▲二八《にはち》そばの店《みせ》に集《あつ》まる人々《ひとびと》

第《だい》8章《しょう》

幕末維新期《ばくまついしんき》

●この章《しょう》で扱《あつか》う時代《じだい》

飛鳥《あすか》 ＞ 奈良《なら》 ＞ 平安《へいあん》 ＞ 鎌倉《かまくら》 ＞ 南北朝《なんぼくちょう》 ＞ 室町《むろまち》

戦国《せんごく》 ＞ 安土桃山《あづちももやま》 ＞ **江戸《えど》** ＞ **明治《めいじ》** ＞ 大正《たいしょう》 ＞ 昭和《しょうわ》

File. 229

将

【とくがわ いえさだ】徳川家定

おもしろエピソード

◎趣味《しゅみ》はカステラ作《づく》りに料理《りょうり》！ 女子力高《じょしりょくたか》し!?

◎病気《びょうき》のせいで将軍《しょうぐん》ながら人前《ひとまえ》に出《で》るのはキライ

幕末《ばくまつ》に運悪《うんわる》く（？）役《やく》に就《つ》いた病弱将軍《びょうじゃくしょうぐん》

ペリー来航時《らいこうじ》の徳川将軍《とくがわしょうぐん》でも激務《げきむ》はちょっと……

第《だい》13代将軍《だいしょうぐん》。ペリー来航《らいこう》の1853年《ねん》に父《ちち》・家慶《いえよし》が病死《びょうし》したことを受《う》け、将軍《しょうぐん》に就任《しゅうにん》。翌《よく》1854年《ねん》のペリー再来航時《さいらいこうじ》には日米和親《にちべいわしん》条約《じょうやく》に調印《ちょういん》した。家定《いえさだ》は生《う》まれつき病弱《びょうじゃく》だったが、このような動乱《どうらん》の時代《じだい》に将軍《しょうぐん》に就《つ》いた負担《ふたん》もあったのか、将軍《しょうぐん》となった後《あと》はさらに体《たい》調不良《ちょうふりょう》に悩《なや》まされていたといわれる。そのためもあり、将軍《しょうぐん》として自《みずか》らリーダーシップをとるようなことはほとんどなく、ダメな将軍《しょうぐん》と評価《ひょうか》されることもある。妻《つま》が相《あい》次《つ》いで早死《はやじ》にし、その後薩摩《ごさつま》（今《いま》の鹿児島県《かごしまけん》）から篤姫《あつひめ》が嫁《とつ》いだが世継《よつ》ぎは生《う》まれず、本人《ほんにん》も将軍《しょうぐん》に就《つ》いて5年《ねん》で病死《びょうし》した。

生年《せいねん》 1824年《ねん》
※ベートヴェン「第九《だいく》」初演《しょえん》

没年《ぼつねん》 1858年《ねん》
※安政《あんせい》の大獄《たいごく》

享年《きょうねん》 35歳《さい》

ここがポイント！

日本《にほん》の代表《だいひょう》として日米和親条約《にちべいわしんじょうやく》に調印《ちょういん》

File. 230

奥

篤姫【あつひめ】

おもしろエピソード

◎維新後《いしんご》の大奥解体時《おおおくかいたいじ》には関係者《かんけいしゃ》の面倒《めんどう》をみた

◎将軍家《しょうぐんけ》入《い》りして以降《いこう》、一度《いちど》も薩摩《さつま》の地《ち》を踏《ふ》まなかった

激動《げきどう》の幕末《ばくまつ》、嫁《とつ》いだ徳川家《とくがわけ》の一員《いちいん》として最後《さいご》まで行動《こうどう》

かつての実家《じっか》が攻《せ》め入《い》るも その心《こころ》に揺《ゆ》らぎなし！

今和泉島津家《いまいずみしまづけ》に生《う》まれ、17歳《さい》のときに従兄弟《いとこ》であり薩摩藩藩主《さつまはんはんしゅ》であった島津斉彬《しまづなりあきら》の養女《ようじょ》となった。1856年《ねん》、21歳《さい》で第《だい》13代将軍徳川家定《だいしょうぐんとくがわいえさだ》の正室《せいしつ》として江戸《えど》へ。2年《ねん》弱《じゃく》で家定《いえさだ》が亡《な》くなった後《あと》は出家《しゅっけ》し、天璋院《てんしょういん》を名《な》のる。

薩長軍《さっちょうぐん》が倒幕《とうばく》に動《うご》き、いわば実家《じっか》に攻《せ》められたわけだが、天璋院《てんしょういん》は徳川家《とくがわけ》の人間《にんげん》として行動《こうどう》する。以《い》前《ぜん》は嫁姑《よめしゅうとめ》で仲《なか》の悪《わる》かった14代将軍《だいしょうぐん》家茂《いえもち》の正室《せいしつ》・和宮《かずのみや》（静寛院宮《せいかんいんのみや》）とも共同《きょうどう》して嘆願書《たんがんしょ》を書《か》き、徳川家《とくがわけ》の存続《そんぞく》と慶喜《よしのぶ》の助命《じょめい》に努《つと》めた。維《い》新後《しんご》は徳川宗家邸《とくがわそうけやしき》で暮《く》らし、薩摩《さつま》に戻《もど》ることも薩摩《さつま》の援助《えんじょ》を受《う》けることもなかった。

生年《せいねん》 1836年《ねん》

※エトワール凱旋門《がいせんもん》が完成《かんせい》

没年《ぼつねん》 1883年《ねん》

※ 鳩山一郎《はとやまいちろう》が生《う》まれる

享年《きょうねん》 48歳《さい》

ここがポイント！

徳川将軍家《とくがわしょうぐんけ》と
大奥《おおおく》のため力《ちから》を尽《つ》くし
幕末《ばくまつ》を乗《の》り切《き》る

File. 231

将

【とくがわ いえもち】

徳川家茂

おもしろエピソード

◎お菓子《かし》が大好《だいす》き！ ゆえに虫歯《むしば》だらけ
◎勝海舟《かつかいしゅう》も褒《ほ》める人柄《ひとがら》と有能《ゆうのう》さ
◎書《しょ》の先生《せんせい》の粗相《そそう》を優《やさ》しくフォロー

公武合体《こうぶがったい》を推進《すいしん》した第《だい》14代徳川将軍《だいとくがわしょうぐん》

体《からだ》は弱《よわ》いが人望《じんぼう》、能力《のうりょく》はなかなかのものだった

第《だい》14代将軍《だいしょうぐん》。前将軍家定《ぜんしょうぐんいえさだ》の従兄弟《いとこ》にあたり、彼《かれ》に子《こ》がなかったため幕臣《ばくしん》が後継者選《こうけいしゃえら》びで派閥争《はばつあらそ》いをしたすえ、紀州徳川家《きしゅうとくがわけ》から就任《しゅうにん》した。朝廷《ちょうてい》（天皇《てんのう》）と幕府《ばくふ》が協力《きょうりょく》し、政治体制《せいじたいせい》を立《た》て直《なお》そうという公武《こうぶ》合体《がったい》の推進《すいしん》のため、1862年《ねん》に皇女《こうじょ》である和宮《かずのみや》と結婚《けっこん》した。

体《からだ》は強《つよ》くないが暗愚《あんぐ》なタイプではなく、13歳《さい》で将軍《しょうぐん》に就任《しゅうにん》してからは文武両道《ぶんぶりょうどう》に努《つと》めた。人柄《ひとがら》もよく、勝海舟《かつかいしゅう》をはじめ幕臣《ばくしん》にも信頼《しんらい》されていたほか、政略結婚《せいりゃくけっこん》である和宮《かずのみや》との夫婦仲《ふうふなか》も良好《りょうこう》だった。しかしわずか21歳《さい》にして病死《びょうし》し、その後《あと》は以前《いぜん》から将軍候補《しょうぐんこうほ》だった徳川《とくがわ》慶喜《よしのぶ》が継《つ》いでいる。

生年《せいねん》 1846年《ねん》
※アメリカ・メキシコ戦争始《せんそうはじ》まる

没年《ぼつねん》 1866年《ねん》
※薩長同盟成立《さっちょうどうめいせいりつ》

享年《きょうねん》 21歳《さい》

ここがポイント！

人望厚《じんぼうあつ》く若《わか》い将軍《しょうぐん》ながら幕臣《ばくしん》たちに受《う》け入《い》れられた

File. 232

奥

【かずのみや】和宮

おもしろエピソード

◎和宮《かずのみや》の墓《はか》には家茂《いえもち》らしき写真《しゃしん》が入《い》れられていたが、翌日《よくじつ》には写真《しゃしん》の画像《がぞう》が消《き》えてしまった

政略結婚《せいりゃくけっこん》の道具《どうぐ》におさまらず幕末明治《ばくまつめいじ》を駆《か》ける

将軍家《しょうぐんけ》へ嫁《とつ》いだ皇女様《こうじょさま》は夫《おっと》の死後《しご》も姑《しゅうとめ》と頑張《がんば》った

仁孝天皇《にんこうてんのう》の第《だい》8皇女《こうじょ》で、孝明天皇《こうめいてんのう》の異母妹《いぼまい》にあたる。17歳《さい》のとき（1862年《ねん》）には将軍《しょうぐん》の徳川家茂《とくがわいえもち》と結婚《けっこん》。これは朝廷《ちょうてい》と幕府《ばくふ》の繋《つな》がりを強《つよ》める公武合体《こうぶがったい》のための政略《せいりゃく》結婚《けっこん》だったが、家茂《いえもち》との夫婦仲《ふうふなか》はとてもよく、家茂《いえもち》も側室《そくしつ》をもたなかったとされる。姑《しゅうとめ》の天璋院《てんしょういん》（篤《あつ》姫《ひめ》）とは、皇族《こうぞく》と武家《ぶけ》という習慣《しゅうかん》の違《ちが》いもあり、大奥時代《おおおくじだい》は仲《なか》が悪《わる》かったようだ。しかし、戊辰戦争《ぼしんせんそう》と江戸《えど》開城《かいじょう》という危機《きき》に際《さい》し協力《きょうりょく》して徳《とく》川《がわ》家《け》の存続《そんぞく》に尽《つ》くしたこともあってか、明治《めいじ》に入《はい》ってからは親《した》しく交流《こうりゅう》もあった。なお、夫《おっと》・家茂《いえもち》の死後《しご》は出家《しゅっけ》して静寛院宮《せいかんいんのみや》を名《な》のり、そばに葬《ほうむ》られることを望《のぞ》んだ。

生年《せいねん》 1846年《ねん》
※海王星《かいおうせい》の発見《はっけん》

没年《ぼつねん》 1877年《ねん》
※西南戦争《せいなんせんそう》

享年《きょうねん》 32歳《さい》

ここがポイント！

天皇家《てんのうけ》から徳川将軍家《とくがわしょうぐんけ》へ降嫁《こうか》、徳川存続《とくがわそんぞく》のために行動《こうどう》する

File. 233

政

阿部正弘【あべ まさひろ】

おもしろエピソード

◎体型《たいけい》はかなり肥満《ひまん》で、正座《せいざ》が苦手《にがて》だったという
◎さまざまな人《ひと》の話《はなし》を聞《き》くのは失敗《しっぱい》しないためらしい

鎖《さ》国《こく》崩壊《ほうかい》の一大事《いちだいじ》に、あれこれ対策《たいさく》したが力及《ちからおよ》ばず……

着実《ちゃくじつ》に外国対策《がいこくたいさく》を練《ね》ったがスピード感《かん》が足《た》りなかった

福山藩主《ふくやまはんしゅ》。1843年《ねん》、25歳《さい》のときに老中《ろうじゅう》となる。1853年《ねん》のペリー来航《らいこう》に接《せっ》して、大名《だいみょう》はおろか幕臣以外《ばくしんいがい》からも広《ひろ》く意見《いけん》を募集《ぼしゅう》したりした。だが結局《けっきょく》は有効《ゆうこう》な解《かい》決策《けっさく》を見《み》つけられず、翌年《よくとし》のペリー再来航時《さいらいこうじ》には、なし崩《くず》しに日米和《にちべいわ》親条約《しんじょうやく》を結《むす》ぶこととなる。このことから無能《むのう》よばわりされることもあったが、実際《じっさい》はペリー来航《らいこう》を機《き》に江川英龍《えがわひでたつ》に指揮《しき》させて品川《しながわ》や台《だい》場《ば》に沿岸砲台《えんがんほうだい》を増設《ぞうせつ》したり、長崎《ながさき》に海軍伝習所《かいぐんでんしゅうじょ》を開設《かいせつ》したほか、勝《かつ》海舟《かいしゅう》などの人材《じんざい》を、対外問題《たいがいもんだい》の対《たい》策立案機関《さくりつあんきかん》といえる海防掛《かいぼうがかり》に登用《とうよう》するなど、「安政《あんせい》の改革《かいかく》」ではさまざまな対策《たいさく》を行《おこな》っていた。

生年《せいねん》 1819年《ねん》
※画家《がか》のクールベ生《う》まれる

没年《ぼつねん》 1857年《ねん》
※インドでセポイの乱《らん》

享年《きょうねん》 39歳《さい》

ここがポイント！

黒船来航《くろふねらいこう》の大事《だいじ》に、欧米列強《おうべいれっきょう》にどう対応《たいおう》するか悪戦苦闘《あくせんくとう》した

軍

マシュー・ペリー

おもしろエピソード

◎痛風《つうふう》にリウマチと晩年《ばんねん》の健康状態《けんこうじょうたい》は悲惨《ひさん》
◎アメリカ海軍初《かいぐんはつ》の蒸気船《じょうきせん》を建造《けんぞう》
◎身長《しんちょう》190センチ以上《いじょう》で巨体《きょたい》。日本人《にほんじん》は当然怖《とうぜんおそ》れた

日本《にほん》に「世界《せかい》とその現在《げんざい》」を叩《たた》きつけ目《め》を覚《さ》まさせる

大統領《だいとうりょう》の手紙《てがみ》を持《も》ってきた生粋《きっすい》の海軍軍人《かいぐんぐんじん》

アメリカ海軍《かいぐん》の軍人《ぐんじん》。15歳《さい》で海《かい》軍士官候補生《ぐんしかんこうほせい》になってからは海軍《かいぐん》一筋《ひとすじ》。米英戦争《べいえいせんそう》やメキシコとの戦《せん》争《そう》にも参加《さんか》した。日本《にほん》に来《き》たときの役職《やくしょく》は東《ひがし》インド艦隊司令長官《かんたいしれいちょうかん》で、かなり高《たか》い地位《ちい》だ。アメリカでは「蒸気船海軍《じょうきせんかいぐん》の父《ちち》」とよばれる。

1853年《ねん》、日本《にほん》に開国《かいこく》を求《もと》めるアメリカ大統領《だいとうりょう》の親書《しんしょ》を携《たずさ》え、4隻《せき》の砲艦《ほうかん》を引《ひ》き連《つ》れ浦賀《うらが》に来航《らいこう》。1年《ねん》の猶予《ゆうよ》を与《あた》えて再《ふたた》び来航《らいこう》し、捕鯨《ほげい》船《せん》への補給《ほきゅう》を中心《ちゅうしん》に高《たか》い便宜《べんぎ》を提《てい》供《きょう》させる日米和親条約《にちべいわしんじょうやく》に調印《ちょういん》させ、任務《にんむ》を果《は》たす。なお、来航以前《らいこういぜん》に本人《ほんにん》も独自《どくじ》の開国《かいこく》プランを考《かん》えていたが、それもどちらかというと強硬策《きょうこうさく》であったという。

生年《せいねん》 1794年《ねん》
※フランスでテルミドールのクーデター

没年《ぼつねん》 1858年《ねん》
※慶応義塾《けいおうぎじゅく》が創立《そうりつ》

享年《きょうねん》 65歳《さい》

ここがポイント！

4隻《せき》の軍艦《ぐんかん》を見《み》せて脅《おど》し、日本《にほん》に開国《かいこく》を迫《せま》った

江戸幕府《えどばくふ》の動揺《どうよう》

黒船来航《くろふねらいこう》と将軍《しょうぐん》の跡継《あとつ》ぎ問題《もんだい》で幕府《ばくふ》が分裂《ぶんれつ》

幕府《ばくふ》の権威《けんい》を失墜《しっつい》させ
江戸幕府《えどばくふ》の終末《しゅうまつ》を招《まね》く

江戸《えど》時代《じだい》、長《なが》らく鎖国政策《さこくせいさく》をとって外国《がいこく》との関係《かんけい》を制限《せいげん》していた江戸幕府《えどばくふ》。しかし欧米《おうべい》で産業革命《さんぎょうかくめい》が起《お》こると、そんな状況《じょうきょう》も一変《いっぺん》する。欧米列強《おうべいれっきょう》は、直《ちょく》接的《せってき》あるいは間接的《かんせつてき》（経済的《けいざいてき》）な手段《しゅだん》と支配方法《しはいほうほう》でアジアやアフリカに植民《しょくみん》地《ち》を求《もと》めだした。日本《にほん》にも、１８５３年《ねん》にアメリカのマシュー・ペリーが黒《くろ》船《ふね》で来航《らいこう》、開国《かいこく》をせまった。

幕府《ばくふ》は大騒動《おおそうどう》となり、幕臣《ばくしん》は外国《がいこく》を追《お》い払《はら》おうという攘夷派《じょういは》と、要求《ようきゅう》をのむべきという開国派《かいこくは》に分《わ》かれて争《あらそ》い始《はじ》める。加《くわ》えて病弱《びょうじゃく》な第《だい》13代《だい》将軍《しょうぐん》家定《いえさだ》には子《こ》がなかったため、後継者《こうけいしゃ》を徳川《とくがわ》慶喜《よしのぶ》にするか徳川慶福《とくがわよしとみ》（のちの家茂《いえもち》）にするかの争《あらそ》いまで持《も》ちあがった。いわゆる将軍継嗣問題《しょうぐんけいしもんだい》だ。

家茂《いえもち》（紀伊徳川家《きいとくがわけ》）を推《お》す保守派《ほしゅは》の大物《おおもの》は彦根藩主《ひこねはんしゅ》の井伊直弼《いいなおすけ》だった。彼

幕末《ばくまつ》の幕府内対立《ばくふないたいりつ》

保守派《ほしゅは》（南紀派《なんきは》）

次《つぎ》の将軍《しょうぐん》
徳川家茂《とくがわいえもち》

井伊直弼《いいなおすけ》（大老《たいろう》）、松平容保《まつだいらかたもり》（会津藩主《あいづはんしゅ》）、松平忠固《まつだいらただかた》（老中《ろうじゅう》）、大奥《おおおく》など

VS

改革派《かいかくは》（一橋派《ひとつばしは》）

次《つぎ》の将軍《しょうぐん》
徳川慶喜《とくがわよしのぶ》

松平慶永《まつだいらよしなが》（福井藩主《ふくいはんしゅ》）、島津《しまづ》斉彬《なりあきら》（薩摩藩主《さつまはんしゅ》）、徳川斉昭《とくがわなりあき》（水戸徳川家《みととくがわけ》）、橋本左内《はしもとさない》（福井藩士《ふくいはんし》）

は、後継者《こうけいしゃ》は家系重視《かけいじゅうし》で家茂《いえもち》をと考《かんが》えていた。一方《いっぽう》、改革派《かいかくは》（一橋派《ひとつばしは》）の水《み》戸藩《とはん》・徳川斉昭《とくがわなりあき》や親藩《しんぱん》福井藩《ふくいはん》の松平《まつだいら》慶永《よしなが》は能力重視《のうりょくじゅうし》で慶喜《よしのぶ》（水戸徳川家《みととくがわけ》の生《う》まれで分家《ぶんけ》の一橋家《ひとつばしけ》の養子《ようし》）を推《お》す。慶永《よしなが》は、蘭学医《らんがくい》で西洋事情《せいようじじょう》に詳《くわ》しい改《かい》革派《かくは》の福井藩士《ふくいはんし》・**橋本左内《はしもとさない》**に、慶喜《よしのぶ》を将軍《しょうぐん》にするよう公家《くげ》への説得工作《せっとくこうさく》をさせた。

一方《いっぽう》、井伊《いい》はアメリカ外交官《がいこうかん》で駐日《ちゅうにち》領事《りょうじ》の**タウンゼント・ハリス**と通商条《つうしょうじょう》約《やく》の交渉《こうしょう》を行《おこな》っており、大老就任後《たいろうしゅうにんご》の1858年《ねん》には日米修好通商条約《にちべいしゅうこうつうしょうじょうやく》を結《むす》んだ。そして、その数日後《すうじつご》には家茂《いえもち》が将軍《しょうぐん》に決定《けってい》。当然慶喜派《とうぜんよしのぶは》は納得《なっとく》せず、とくに日米修好通商条約《にちべいしゅうこうつうしょうじょうやく》の件《けん》は朝廷《ちょうてい》の許可《きょか》を得《え》ずに踏《ふ》み切《き》ったため、慶喜派《よしのぶは》は朝廷《ちょうてい》に訴《うった》えた。結果《けっか》、朝廷《ちょうてい》は事情説《じじょうせつ》明《めい》や幕政改革《ばくせいかいかく》をするよう命令《めいれい》を出《だ》すのだが、幕府《ばくふ》と同時《どうじ》に水戸藩《みとはん》にも「直接《ちょくせつ》」通達《つうたつ》を出《だ》した。これは幕府《ばくふ》を軽視《けいし》する行為《こうい》だ。井伊《いい》はこのような事《じ》態《たい》が続《つづ》けば現在《げんざい》の幕藩体制《ばくはんたいせい》が崩壊《ほうかい》するとみて、自身《じしん》の施策《しさく》に反対《はんたい》したものを大量《たいりょう》に弾圧《だんあつ》した。これが「安政《あんせい》の大獄《たいごく》」であり、慶永《よしなが》は謹慎《きんしん》、橋本左《はしもとさ》内《ない》は死刑《しけい》となった。

しかし、井伊《いい》の行動《こうどう》も虚《むな》しく、外国《がいこく》への対応《たいおう》や将軍選《しょうぐんえら》びに右往左往《うおうさおう》した幕府《ばくふ》の権威《けんい》は失墜《しっつい》。有力諸藩《ゆうりょくしょはん》は独自《どくじ》に攘夷《じょうい》や佐幕《さばく》（幕府《ばくふ》に味方《みかた》すること）に動《うご》き始《はじ》め、これが幕末《ばくまつ》の動《どう》乱《らん》に繋《つな》がっていく。

File. 235

橋本左内

【はしもと さない】

File. 236

タウンゼント・ハリス

File.237

徳川斉昭

【とくがわ なりあき】

井伊直弼《いいなおすけ》と衝突《しょうとつ》した水戸徳川家《みとくがわけ》の当主《とうしゅ》

生年《せいねん》 1800年《ねん》
没年《ぼつねん》 1860年《ねん》
享年《きょうねん》 61歳《さい》

政

ここがポイント！
幕末《ばくまつ》の水戸《みと》で藩政改《はんせいかい》革《かく》、幕府《ばくふ》にもの申《もう》す

水戸藩第《みとはんだい》9代藩主《だいはんしゅ》。藩《はん》の領地《りょうち》の検分《けんぶん》をやり直《なお》し、財政《ざいせい》を改善《かいぜん》したほか、学校《がっこう》の開設《かいせつ》、西洋《せいよう》の近代兵器《きんだいへいき》の製造《せいぞう》や大型船《おおがたせん》の建造《けんぞう》などに努《つと》め藩《はん》を強化《きょうか》。水野《みずの》忠邦《ただくに》とは仲《なか》がよく、「天保《てんぽう》の改革《かいかく》」にも影響《えいきょう》を与《あた》えたとされる。幕末《ばくまつ》には尊王攘夷派《そんのうじょういは》として朝廷《ちょうてい》に働《はたら》きかける。徳川家定《とくがわいえさだ》の後継将軍《こうけいしょうぐん》を家茂《いえもち》・慶喜《よしのぶ》のどちらにするかでも対立《たいりつ》していた井伊直弼《いいなおすけ》により、蟄居《ちっきょ》を命《めい》じられ、そのまま病死《びょうし》する。斉昭《なりあき》は側室《そくしつ》の子《こ》を含《ふく》め37人《にん》の子《こ》どもがおり、第《だい》15代将軍慶喜《だいしょうぐんよしのぶ》の実父《じっぷ》でもある。

File.238

島津斉彬

【しまづ なりあきら】

幕末《ばくまつ》を動《うご》かした薩摩《さつま》の遅《おく》れてきた賢君《けんくん》

生年《せいねん》 1809年《ねん》
没年《ぼつねん》 1858年《ねん》
享年《きょうねん》 50歳《さい》

政

ここがポイント！
西欧《せいおう》の新技術《しんぎじゅつ》を取《と》り入《い》れ、若《わか》い才能《さいのう》を育《そだ》てる

薩摩藩第《さつまはんだい》11代藩主《だいはんしゅ》。幼少《ようしょう》から蘭学《らんがく》に興味《きょうみ》をもつなど賢《かしこ》かったが、これが西欧《せいおう》にかぶれ財政《ざいせい》を破綻《はたん》させた曽祖父《そうそふ》重豪《しげひで》の姿《すがた》と重《かさ》なり、跡継《あとつ》ぎ騒動《そうどう》が起《お》きるも40歳《さい》を越《こ》えて家督《かとく》を継《つ》いだ。その後《ご》は培《つちか》った高《たか》い見識《けんしき》をもって近代的《きんだいてき》な欧州《おうしゅう》の武器《ぶき》や道具《どうぐ》の工場群《こうじょうぐん》「集成館《しゅうせいかん》」を造《つく》ったり、西郷隆盛《さいごうたかもり》や大久保利通《おおくぼとしみち》ら下級武士《かきゅうぶし》に目《め》をかけて重用《ちょうよう》し藩《はん》の力《ちから》を強《つよ》くした。幕府《ばくふ》には外国《がいこく》の脅威《きょうい》に対抗《たいこう》する公武合体《こうぶがったい》を推進《すいしん》すべきと進言《しんげん》した。篤姫《あつひめ》の父《ちち》でもある。

File. 239

山内豊信
【やまうち とよしげ】

幕府《ばくふ》と朝廷《ちょうてい》の間《あいだ》で揺《ゆ》れつつ幕末《ばくまつ》の動乱《どうらん》を乗《の》り切《き》る

生年《せいねん》 1827年《ねん》
没年《ぼつねん》 1872年《ねん》
享年《きょうねん》 46歳《さい》

政

ここがポイント！
大政奉還《たいせいほうかん》の実現《じつげん》に一役買《ひとやくか》った土佐藩主《とさはんしゅ》

土佐藩第《とさはんだい》15代藩主《だいはんしゅ》。容堂《ようどう》の名《な》でも知《し》られる。22歳《さい》のときに藩主《はんしゅ》となり、改革派《かいかくは》の吉田東洋《よしだとうよう》を重用《ちょうよう》し海《うみ》の守《まも》りの強化《きょうか》や財政改革《ざいせいかいかく》などを断行《だんこう》した。政治的《せいじてき》には公武合体派《こうぶがったいは》だが、朝廷《ちょうてい》と幕府《ばくふ》の両方《りょうほう》の間《あいだ》で揺《ゆ》れ、土佐藩《とさはん》の勤皇《きんのう》の志士《しし》を弾圧《だんあつ》したりと行動《こうどう》に一貫性《いっかんせい》を欠《か》きがちな人物《じんぶつ》でもあった。中道的《ちゅうどうてき》な立場《たちば》で酒《さけ》が大《だい》好《す》きなことから、「酔《よ》えば勤皇《きんのう》、覚《さ》めれば佐幕《さばく》」と揶揄《やゆ》された。坂本龍馬《さかもとりょうま》の「船中八《せんちゅうはっ》策《さく》」を知《し》り、幕府《ばくふ》に対《たい》し大政奉還《たいせいほうかん》の建白《けんぱく》をしたのが最大《さいだい》の功《こう》績《せき》といえる。

File. 240

松平慶永
【まつだいら よしなが】

幕末《ばくまつ》の四賢侯《しけんこう》に数《かぞ》えられる福井藩主《ふくいはんしゅ》

生年《せいねん》 1828年《ねん》
没年《ぼつねん》 1890年《ねん》
享年《きょうねん》 63歳《さい》

政

ここがポイント！
討幕運動《とうばくうんどう》はしなかったが維新《いしん》に大《おお》きな貢献《こうけん》

第《だい》16代《だい》福井藩主《ふくいはんしゅ》。「春嶽《しゅんがく》」の号《ごう》をよく用《もち》いた。田《た》安徳川家《やすとくがわけ》から養子《ようし》に入《はい》り、10代前半《だいぜんはん》で藩主《はんしゅ》に。藩士《はんし》の給料《きゅうりょう》と自身《じしん》の出費《しゅっぴ》を減《へ》らすことで財政《ざいせい》を改善《かいぜん》、洋《よう》学所《がくしょ》も設置《せっち》した。島津斉彬《しまづなりあきら》、山内豊信《やまうちとよしげ》、宇和島藩《うわじまはん》の伊達宗城《だてむねなり》とともに幕末《ばくまつ》の四賢侯《しけんこう》といわれる。強硬《きょうこう》に幕府《ばくふ》を倒《たお》すよりは穏健《おんけん》な体制変更《たいせいへんこう》を望《のぞ》み、豊信《とよしげ》の大《たい》政奉還《せいほうかん》の案《あん》に賛成《さんせい》した。維新後《いしんご》も一《いち》時《じ》は大蔵卿《おおくらきょう》など要《よう》職《しょく》に就《つ》いている。なお、「明治《めいじ》」を元《げん》号候補《ごうこうほ》として朝廷《ちょうてい》に提案《ていあん》したのは慶《よし》永《なが》だったという。

File. 241

政

井伊直弼【いい なおすけ】

おもしろエピソード

◎36歳《さい》で「棚《たな》からぼた餅《もち》」的《てき》に藩主《はんしゅ》になる
◎多《おお》くの人《ひと》に恨《うら》まれ「井伊《いい》の赤鬼《あかおに》」とあだ名《な》される

開国《かいこく》を断行《だんこう》し暗殺《あんさつ》されるほどに恨《うら》まれた

実行力《じっこうりょく》に優《すぐ》れるもののやりすぎて不興《ふきょう》を買《か》う

彦根藩主《ひこねはんしゅ》。藩主時代《はんしゅじだい》は名君《めいくん》とよばれる。ペリー来航《らいこう》の余波《よは》が残《のこ》る1858年《ねん》に大老《たいろう》に就任《しゅうにん》。日米修好通商条約《にちべいしゅうこうつうしょうじょうやく》を結《むす》ぶが、このとき朝廷《ちょうてい》の許可《きょか》を得《え》なかったため大問題《だいもんだい》となった（直弼《なおすけ》は許可《きょか》を得《え》るべきと主張《しゅちょう》していた）。とくに歴史的《れきしてき》に朝廷寄《ちょうていよ》りの水戸藩《みとはん》からの反発《はんぱつ》は大《おお》きく、直弼《なおすけ》は幕府《ばくふ》に反対《はんたい》する藩士《はんし》や学者《がくしゃ》を厳《きび》しく罰《ばっ》した。これは「安政《あんせい》の大獄《たいごく》」とよばれ（吉田松陰《よしだしょういん》も死刑《しけい》になった）、恨《うら》みを買《か》った直弼《なおすけ》は1860年《ねん》、「桜田門外《さくらだもんがい》の変《へん》」で水戸藩士《みとはんし》に暗殺《あんさつ》されてしまった。おかげで悪役《あくやく》にされがちだが、直弼《なおすけ》の行動《こうどう》は幕府《ばくふ》の秩序《ちつじょ》を守《まも》るためという側面《そくめん》もあった。

生年《せいねん》 1815年《ねん》
※ナポレオンの百日天下《ひゃくにちてんか》

没年《ぼつねん》 1860年《ねん》
※咸臨丸《かんりんまる》、アメリカに到着《とうちゃく》

享年《きょうねん》 46歳《さい》

ここがポイント！

ペリー来航《らいこう》の混乱《こんらん》の最中《さいちゅう》、苦渋《くじゅう》の決断《けつだん》で日米修好通商条約締結《にちべいしゅうこうつうしょうじょうやくていけつ》

File. 242

学

吉田松陰【よしだしょういん】

おもしろエピソード

◎小舟《こぶね》でペリーの船《ふね》に潜《もぐ》り込《こ》み、密航《みっこう》しようとする

◎「諸君《しょくん》、狂《くる》いたまえ！」と喧伝《けんでん》。とても激《はげ》しい行動者《こうどうしゃ》

維新《いしん》志士《しし》や政治家《せいじか》に大成《たいせい》する人材《じんざい》を育成《いくせい》

松下村塾《しょうかそんじゅく》で後進《こうしん》を指導《しどう》 激《はげ》しくも偉大《いだい》な教師《きょうし》

長州藩士《ちょうしゅうはんし》の次男《じなん》として生《う》まれる。叔父《おじ》である玉木文之進《たまきぶんのしん》が開《ひら》いた松下村塾《しょうかそんじゅく》で学《まな》ぶが、のちに自身《じしん》が松下村塾《しょうかそんじゅく》で指導《しどう》する立場《たちば》となる。その教《おし》え子《ご》には高杉晋作《たかすぎしんさく》や山県有朋《やまがたありとも》、伊藤博文《いとうひろぶみ》といった、のちの日本《にほん》をリードする人材《じんざい》が多《おお》い。

教《おし》え子《ご》の優秀《ゆうしゅう》さからもわかるように非常《ひじょう》に先進的《せんしんてき》な考《かんが》えの持《も》ち主《ぬし》で、天皇《てんのう》（＝君主《くんしゅ》）を頂点《ちょうてん》としてその下《した》の者《もの》はすべて平等《びょうどう》とする「一君万民論《いっくんばんみんろん》」を展開《てんかい》。ただ、幕府《ばくふ》の対外政策《たいがいせいさく》を批判《ひはん》し、老中襲撃計画《ろうじゅうしゅうげきけいかく》まで企《くわだ》てたため、幕府《ばくふ》からは危険《きけん》分子《ぶんし》とみなされた。松陰《しょういん》は「安政《あんせい》の大獄《たいごく》」で投獄《とうごく》、30歳《さい》のときに斬首刑《ざんしゅけい》に処《しょ》せられる。

生年《せいねん》 1830年《ねん》
※フランス7月革命《がつかくめい》

没年《ぼつねん》 1859年《ねん》
※スエズ運河起工《うんがきこう》

享年《きょうねん》 30歳《さい》

ここがポイント！

松下村塾《しょうかそんじゅく》で教《おし》え
明治維新《めいじいしん》の
立役者《たてやくしゃ》を多数輩出《たすうはいしゅつ》

File. 243

将

【とくがわ よしのぶ】

徳川慶喜

おもしろエピソード

◎新《あたら》しいもの好《ず》きで、カメラと自転車《じてんしゃ》を愛好《あいこう》

◎歴代徳川将軍《れきだいとくがわしょうぐん》としては最《もっと》も長生《ながい》きした

家康以来《いえやすいらい》の敏腕《びんわん》!? 徳川将軍家《とくがわしょうぐんけ》のしんがりを見事《みごと》務《つと》める

幕府《ばくふ》の火《ひ》を消《け》さないために必死《ひっし》に立《た》ち回《まわ》るが……

徳川御三家《とくがわごさんけ》のひとつ、水戸徳川《みととくがわ》藩《はん》に生《う》まれる（のちに一橋徳川家《ひとつばしとくがわけ》を継《つ》ぐ）。1866年《ねん》には、徳川家《とくがわけ》最後《さいご》の将軍《しょうぐん》（第《だい》15代将軍《だいしょうぐん》）となった。

幕末《ばくまつ》には、朝廷《ちょうてい》を頂点《ちょうてん》とする新《あたら》しい政治制度《せいじせいど》を目《め》ざした勢力《せいりょく》が二《ふた》つあった。一《ひと》つは薩摩《さつま》・長州《ちょうしゅう》で、これらは武力《ぶりょく》により完全《かんぜん》に幕府《ばくふ》を倒《たお》そうと考《かんが》えていた。もう一《ひと》つは、政権《せいけん》を維持《いじ》しつつ国難《こくなん》を乗《の》り切《き》りたい江戸幕府《えどばくふ》だ。両者《りょうしゃ》は当然対立《とうぜんたいりつ》。

そこで慶喜《よしのぶ》が絶妙《ぜつみょう》なタイミングで大政奉還《たいせいほうかん》し、政権《せいけん》を朝廷《ちょうてい》に返《かえ》したため、薩長《さっちょう》は幕府《ばくふ》と戦《たたか》う理由《りゆう》を失《うしな》う。大政奉還《たいせいほうかん》は大《おお》きな内乱《ないらん》を防《ふせ》ぎ、かつ慶喜《よしのぶ》にすれば徳川政権《とくがわせいけん》を長《なが》らえさせるための方策《ほうさく》だった。

しかし結局《けっきょく》、一種《いっしゅ》のクーデターである王政復古《おうせいふっこ》とそれに続《つづ》く戊辰戦《ぼしんせん》争《そう》によって幕府《ばくふ》は消滅《しょうめつ》。戊辰戦争《ぼしんせんそう》では慶喜《よしのぶ》は早々《そうそう》に撤退《てったい》したが、これも結果的《けっかてき》には、江戸城無血開城《えどじょうむけつかいじょう》とあわせ内乱《ないらん》の拡大《かくだい》を防《ふせ》いだといえなくもない。その後《ご》、慶喜《よしのぶ》は水戸《みと》（のちに静岡《しずおか》）に退去《たいきょ》し、明治政府樹立《めいじせいふじゅりつ》後《ご》は政治《せいじ》にかかわることもなくおおむね平穏《へいおん》に暮《く》らした。

生年《せいねん》 1837年《ねん》
※大塩平八郎《おおしおへいはちろう》の乱《らん》

没年《ぼつねん》 1913年《ねん》
※日本海軍《にほんかいぐん》の巡洋戦艦《じゅんようせんかん》「金剛《こんごう》」竣工《しゅんこう》

享年《きょうねん》 76歳《さい》

ここがポイント！

明治維新《めいじいしん》のスムーズな達成《たっせい》に（結果的《けっかてき》に）貢献《こうけん》

ゆかりの地《ち》

浮月楼《ふげつろう》

●静岡市《しずおかし》。将軍職《しょうぐんしょく》を退《しりぞ》いた慶喜《よしのぶ》が約《やく》20年間《ねんかん》暮《く》らした屋敷《やしき》。現在《げんざい》は結婚式場《けっこんしきじょう》。

File. 244

武

勝海舟【かつかいしゅう】

おもしろエピソード

◎咸臨丸《かんりんまる》で福沢諭吉《ふくざわゆきち》と一緒《いっしょ》に渡米《とべい》、しかし仲《なか》は悪《わる》かった

◎子《こ》どものころに犬《いぬ》に噛《か》まれ大怪我《おおけが》、子犬《こいぬ》でさえ怖《こわ》がった

生年《せいねん》	1823年《ねん》
	※アメリカ、モンロー主義《しゅぎ》（欧州不干渉政策《おうしゅうふかんしょうせいさく》）をとる
没年《ぼつねん》	1899年《ねん》
	※第《だい》58～60代総理大臣池田勇人誕生《だいそうりだいじんいけだはやとたんじょう》
享年《きょうねん》	77歳《さい》

ここがポイント！

幕臣《ばくしん》だったが明治維新《めいじいしん》に貢献《こうけん》。日本海軍《にほんかいぐん》設立《せつりつ》の父《ちち》でもある

西欧列強《せいおうれっきょう》の脅威《きょうい》を意識《いしき》し、近代的海軍《きんだいてきかいぐん》を育《そだ》てた先見《せんけん》の明《めい》！

いち早《はや》く世界《せかい》を視野《しや》に入《い》れ日本《にほん》の近代化《きんだいか》をすすめた

幕末期《ばくまつき》に活躍《かつやく》した幕臣《ばくしん》。青年期《せいねんき》は直心影流道場《じきしんかげりゅうどうじょう》で剣術《けんじゅつ》を学《まな》び、21歳《さい》で免許皆伝《めんきょかいでん》を受《う》け、さらに剣《けん》の師匠《ししょう》の勧《すす》めで蘭学《らんがく》を修《おさ》めた。33歳《さい》のとき長崎海軍伝習所《ながさきかいぐんでんしゅうじょ》に入所《にゅうしょ》。オランダ人教官《じんきょうかん》カッテンディーケに学《まな》んだ。38歳《さい》のとき（1860年《ねん》）には、咸臨丸《かんりんまる》で日米修好通商条約《にちべいしゅうこうつうしょうじょうやく》批准《ひじゅん》の使節団《しせつだん》の一員《いちいん》として渡米《とべい》。

その後《ご》は「藩《はん》」や「幕府《ばくふ》」ではなく「日本国《にほんこく》」の海軍《かいぐん》を設立《せつりつ》するために奔走《ほんそう》する。西郷隆盛《さいごうたかもり》や坂本龍馬《さかもとりょうま》も勝《かつ》の視野《しや》の広《ひろ》さと知見《ちけん》を尊敬《そんけい》した。大《おお》きな目的《もくてき》（諸外国《しょがいこく》に対抗《たいこう》するなど）のため、日本全体《にほんぜんたい》としてものを考《かんが》える大切《たいせつ》さに気《き》づいていた最初期《さいしょき》のひとりといえる。西郷《さいごう》に長州藩《ちょうしゅうはん》と手《て》を結《むす》ぶように進言《しんげん》したり、薩長対幕府《さっちょうたいばくふ》の決戦《けっせん》を避《さ》けて江戸城《えどじょう》を無血開城《むけつかいじょう》へと導《みちび》くといった歴史的活躍《れきしてきかつやく》をする。

明治維新後《めいじいしんご》は高官《こうかん》の地位《ちい》に落《お》ち着《つ》くことなく、西郷《さいごう》と同《おな》じく民間《みんかん》へ。それだけに思《おも》うところがあったのか、西南戦争後《せいなんせんそうご》は反逆者《はんぎゃくしゃ》とされた西郷《さいごう》を弁護《べんご》し、上野《うえの》の西郷像建立《さいごうぞうこんりゅう》にも尽力《じんりょく》している。

ゆかりの地《ち》

長崎海軍伝習所《ながさきかいぐんでんしゅうじょ》

●幕府《ばくふ》が長崎湾《ながさきわん》に設置《せっち》した西洋航海術《せいようこうかいじゅつ》や科学《かがく》の学校《がっこう》。海舟《かいしゅう》も入門《にゅうもん》。

File. 245

武

近藤勇 【こんどう いさみ】

おもしろエピソード

◎口《くち》が大《おお》きく、拳骨《げんこつ》が口《くち》に入《はい》るという妙《みょう》な特技《とくぎ》がある

◎剣《けん》の腕《うで》は天然理心流《てんねんりしんりゅう》4代目宗家《だいめそうけ》になるほどかなり強《つよ》い

尊王攘夷派《そんのうじょういは》の取《と》り締《し》まりで恐《おそ》れられた

野心《やしん》をもって幕府《ばくふ》に仕《つか》えるも最期《さいご》は斬首《ざんしゅ》

新撰組局長《しんせんぐみきょくちょう》として知《し》られる。出《しゅっ》身《しん》は農民《のうみん》（ただし名字帯刀《みょうじたいとう》を許《ゆる》されていた）で、天然理心流道場《てんねんりしんりゅうどうじょう》・試《し》衛館《えいかん》で剣術《けんじゅつ》を学《まな》ぶ。最初《さいしょ》に参加《さんか》した浪士組《ろうしぐみ》が紆余曲折《うよきょくせつ》を経《へ》て新撰組《しんせんぐみ》となったあとは、トップの芹沢鴨《せりざわかも》や新見錦《にいみにしき》を殺《ころ》し（新見《にいみ》は切腹《せっぷく》に追《お》い込《こ》んだ）、自身《じしん》が局長《きょくちょう》になるという、ちょっと闇《やみ》が深《ふか》い部分《ぶぶん》もある出世欲《しゅっせよく》が旺盛《おうせい》な男《おとこ》だった。

新撰組局長《しんせんぐみきょくちょう》として池田屋事件《いけだやじけん》や禁門《きんもん》の変《へん》を幕府側《ばくふがわ》で戦《たたか》ったが、戊《ぼ》辰戦争《しんせんそう》では今《いま》の千葉県流山市《ちばけんながれやまし》に潜《せん》伏中《ぷくちゅう》に新政府軍《しんせいふぐん》に見《み》つかって、捕《と》らえられて打《う》ち首《くび》に。京都三条河《きょうとさんじょうがわ》原《ら》でさらし首《くび》にされたが、その後《ご》彼《かれ》の首《くび》がどう葬《ほうむ》られたかは不明《ふめい》。

生年《せいねん》 1834年《ねん》

※画家《がか》のドガが生《う》まれる

没年《ぼつねん》 1868年《ねん》

※第《だい》42代総理大臣《だいそうりだいじん》・鈴木貫太郎誕生《すずきかんたろうたんじょう》

享年《きょうねん》 35歳《さい》

ここがポイント！

新撰組《しんせんぐみ》を率《ひき》いて倒幕《とうばく》を目《め》ざす薩長軍《さっちょうぐん》と戦《たたか》い続《つづ》けた

File. 246

武

【ひじかた としぞう】

土方歳三

おもしろエピソード

◎規律違反《きりついはん》で切腹《せっぷく》を命《めい》じた数《かず》のほうが敵《てき》を斬《き》った数《かず》より多《おお》い!?

◎俳句《はいく》をよく詠《よ》み、風流人《ふうりゅうじん》なところがある

新撰組《しんせんぐみ》を実質的《じっしつてき》に率《ひき》いた「武士《ぶし》になりたかった男《おとこ》」

最後《さいご》まで武士《ぶし》らしく戦《たたか》った新撰組《しんせんぐみ》の実質的《じっしつてき》トップ

豪農《ごうのう》の家《いえ》に生《う》まれるが、子《こ》どものころから「武士《ぶし》になりたい」と思《おも》っていた。天然理心流《てんねんりしんりゅう》・試衛館《しえいかん》で剣術《けんじゅつ》を学《まな》び、新撰組《しんせんぐみ》発足《ほっそく》後《ご》は副《ふく》長《ちょう》となった。性格《せいかく》は冷静《れいせい》かつ厳《きび》しく、隊規《たいき》を守《まも》らない隊員《たいいん》は容赦《ようしゃ》なく粛《しゅく》清《せい》し「鬼《おに》の副長《ふくちょう》」とよばれた。

池田屋事件《いけだやじけん》では建物《たてもの》の外《そと》を固《かた》め、佐幕側《さばくがわ》の会津《あいづ》の戦力《せんりょく》さえ中《なか》に入《い》れず手柄《てがら》を完全《かんぜん》に新撰組《しんせんぐみ》のものとすることに成功《せいこう》。この結果《けっか》、新撰組《しんせんぐみ》の名声《めいせい》が大《おお》いに上《あ》がった。戊辰戦《ぼしんせん》争《そう》では近藤勇《こんどういさみ》の死後《しご》も箱館《はこだて》（函館《はこだて》）の五稜郭《ごりょうかく》に立《た》てこもって抵抗《ていこう》したが、最後《さいご》は籠城《ろうじょう》をやめ、自分《じぶん》から打《う》って出《で》て指揮《しき》をしていたところに銃弾《じゅうだん》を受《う》け、戦死《せんし》している。

生年《せいねん》 1835年《ねん》
※清《しん》の西太后《せいたいこう》が生まれる

没年《ぼつねん》 1869年《ねん》
※スエズ運河開通《うんがかいつう》

享年《きょうねん》 35歳《さい》

ここがポイント！

幕府軍指揮官《ばくふぐんしきかん》として
戊辰戦争《ぼしんせんそう》を戦《たたか》い抜《ぬ》き
最後《さいご》は戦死《せんし》

File. 247

武

【さいごう たかもり】西郷隆盛

おもしろエピソード

◎じつは本名《ほんみょう》は隆永《たかなが》。間違《まちが》って父親《ちちおや》の名《な》が政府《せいふ》に伝《つた》えられた。のちに改名《かいめい》して辻褄合《つじつまあ》わせをした

◎狩《か》りが好《す》きで、上野公園《うえのこうえん》の西郷像《さいごうぞう》も猟犬《りょうけん》ツンと一緒《いっしょ》

生年《せいねん》 1827年《ねん》

※翌年《よくとし》、『海底二万里《かいていにまんり》』の作家《さっか》ヴェルヌ誕生《たんじょう》

没年《ぼつねん》 1877年《ねん》

※東京大学《とうきょうだいがく》ができる

享年《きょうねん》 51歳《さい》

ここがポイント！

明治維新三傑《めいじいしんさんけつ》のひとりとして活躍《かつやく》し、維新成《いしんせい》功《こう》の原動力《げんどうりょく》となる

多《おお》くの人《ひと》に慕《した》われた維新《いしん》のヒーロー「西郷《さいごう》どん」

国《くに》と民衆《みんしゅう》と士族《しぞく》の明日《あす》を考《かんが》え続《つづ》けた維新志士《いしんしし》

薩摩《さつま》（今《いま》の鹿児島県《かごしまけん》）出身《しゅっしん》の軍人《ぐんじん》・政治家《せいじか》。20代半《だいなか》ばにして、名君《めいくん》として知《し》られる薩摩藩藩主《さつまはんはんしゅ》・島津斉彬《しまづなりあきら》に見《み》いだされ、頭角《とうかく》を現《あらわ》していく。幕末《ばくまつ》の混乱《こんらん》のなか、斉彬《なりあきら》が志《こころざし》半《なか》ばで病死《びょうし》した後《あと》は「薩摩《さつま》、ひいては日本《にほん》を導《みちび》く」という斉彬《なりあきら》の志《こころざし》を継《つ》ぎ、明治維新《めいじいしん》を推《お》し進《すす》めた。

明治新政府《めいじしんせいふ》においては、最大級《さいだいきゅう》の功労者《こうろうしゃ》にもかかわらず薩摩《さつま》に帰郷《ききょう》し、素朴《そぼく》な暮《く》らしを営《いとな》んでいた。しかし新政府《しんせいふ》への士族《しぞく》や民衆《みんしゅう》の不満《ふまん》が高《たか》まるなかで政治《せいじ》の場《ば》に復帰《ふっき》、廃藩置県《はいはんちけん》を行《おこな》い、外遊《がいゆう》へ出《で》た大久保《おおくぼ》利通《としみち》らの代《か》わりに新政府《しんせいふ》を主導《しゅどう》した（役割《やくわり》を終《お》えた後《あと》に再《ふたた》び下野《げや》する）。大久保利通《おおくぼとしみち》や木戸孝允《きどたかよし》とともに維新三傑《いしんさんけつ》に数《かぞ》えられるが、ほかの二人《ふたり》にはない西郷《さいごう》の人望《じんぼう》や実行力《じっこうりょく》は、維新《いしん》と新政府《しんせいふ》に不可欠《ふかけつ》だった。

1877年《ねん》、西郷《さいごう》は明治政府《めいじせいふ》に対《たい》し西南戦争《せいなんせんそう》を起《お》こす。真意《しんい》は不明《ふめい》だが、旧武士階級《きゅうぶしかいきゅう》に同情《どうじょう》し、武装《ぶそう》反乱《はんらん》には否定的《ひていてき》だったものの、やむをえず行《おこな》ったのではという見方《みかた》もある。この西南戦争《せいなんせんそう》で西郷《さいごう》は自害《じがい》し、51歳《さい》の生涯《しょうがい》を終《お》えた。

ゆかりの地《ち》

城山《しろやま》

●鹿児島市《かごしまし》。西南戦争《せいなんせんそう》の最《さい》終決戦《しゅうけっせん》「城山《しろやま》の戦《たたか》い」の舞《ぶ》台《たい》で、隆盛《たかもり》の最期《さいご》の地《ち》。

File. 248

武

【たかすぎ しんさく】高杉晋作

おもしろエピソード

◎独断《どくだん》で蒸気船《じょうきせん》「丙寅丸《へいいんまる》」を（長州藩《ちょうしゅうはん》の金《かね》で）購入《こうにゅう》！
◎「おもしろきこともなき世《よ》をおもしろく」など和歌《わか》も得意《とくい》

生年《せいねん》 1839年《ねん》
※画家《がか》のセザンヌ誕生《たんじょう》

没年《ぼつねん》 1867年《ねん》
※大政奉還《たいせいほうかん》

享年《きょうねん》 29歳《さい》

ここがポイント！

身分不問《みぶんふもん》の奇兵隊《きへいたい》など斬新《ざんしん》な発想《はっそう》で明治維新《めいじいしん》の基礎《きそ》をつくる

危機《きき》にあたって実力《じつりょく》を発揮《はっき》！ 常識《じょうしき》はずれの若《わか》き志士《しし》

幕府《ばくふ》に外国《がいこく》、八方塞《はっぽうふさ》がりの長州《ちょうしゅう》を破天荒《はてんこう》な行動《こうどう》で救《すく》う

19歳《さい》で吉田松陰《よしだしょういん》の松下村塾《しょうかそんじゅく》に入塾《にゅうじゅく》。攘夷思想《じょういしそう》に目覚《めざ》め、1862年《ねん》、久坂玄瑞《くさかげんずい》らと品川《しながわ》に建設中《けんせつちゅう》の英国公使館《えいこくこうしかん》を焼《や》き討《う》ちした。翌年《よくねん》、会津《あいづ》・薩摩《さつま》が長州《ちょうしゅう》を京都《きょうと》から追放《ついほう》すると、潜伏《せんぷく》し活動《かつどう》するため脱藩《だっぱん》、のちに藩《はん》によって投獄《とうごく》される。

しかし長州藩《ちょうしゅうはん》が「禁門《きんもん》の変《へん》」をきっかけに幕府《ばくふ》の討伐対象《とうばつたいしょう》となり、さらに外国《がいこく》との戦《たたか》いに負《ま》け下関《しものせき》の砲台《ほうだい》が占拠《せんきょ》された危機《きき》に際《さい》し、恩赦《おんしゃ》を受《う》け事態《じたい》の収拾《しゅうしゅう》にあたる。まずは外国《がいこく》との和平《わへい》を結《むす》び（『古事記《こじき》』を暗唱《あんしょう》し場《ば》を混乱《こんらん》させ領土《りょうど》の租借《そしゃく》だけは免《まぬが》れたという）、さらに功山寺《こうざんじ》では約《やく》80名《めい》の兵力《へいりょく》で挙兵《きょへい》。数《かず》で圧《あっ》倒的《とうてき》に勝《まさ》る幕府《ばくふ》への恭順派《きょうじゅんは》を蹴散《けち》らし、藩《はん》の実権《じっけん》を握《にぎ》る。この戦《たたか》いには、武士《ぶし》や農民《のうみん》などの身分《みぶん》を超《こ》えて人材《じんざい》を集《あつ》めた「奇兵隊《きへいたい》」も加《くわ》わった。続《つづ》く幕府《ばくふ》との戦《たたか》いでは「丙寅丸《へいいんまる》」で幕府艦《ばくふかん》に夜戦《やせん》をしかけるなど斬新《ざんしん》な戦《たたか》い方《かた》で長州藩《ちょうしゅうはん》を勝利《しょうり》に導《みちび》いた。これは幕府《ばくふ》に力《ちから》がないことを示《しめ》し、倒幕《とうばく》につながる事件《じけん》でもあった。だが高杉《たかすぎ》は明治《めいじ》を待《ま》たずに、29歳《さい》の若《わか》さで結核《けっかく》により死亡《しぼう》。

ゆかりの地《ち》

功山寺《こうざんじ》

●下関市長府《しものせきしちょうふ》。尊王攘夷派《そんのうじょういは》の公卿《くぎょう》の亡命地《ぼうめいち》で、高杉《たかすぎ》の挙兵《きょへい》の場《ば》となる。

File. 249

武

坂本龍馬【さかもと りょうま】

おもしろエピソード

◎北辰一刀流免許皆伝《ほくしんいっとうりゅうめんきょかいでん》とされるが、じつは薙刀《なぎなた》の免許《めんきょ》だった説《せつ》も
◎龍馬《りょうま》愛用《あいよう》のピストルはアメリカのS&W社製《しゃせい》モデル2

生年《せいねん》 1835年《ねん》
※翌年《よくねん》、パリの凱旋門完成《がいせんもんかんせい》

没年《ぼつねん》 1867年《ねん》
※大政奉還《たいせいほうかん》

享年《きょうねん》 33歳《さい》

浪士《ろうし》の身《み》でありながら、維新志士《いしんしし》の仲立《なかだ》ちに貿易《ぼうえき》にと大活躍《だいかつやく》！

薩摩《さつま》と長州《ちょうしゅう》の手《て》を組《く》ませ明治維新《めいじいしん》を後押《あとお》しする

土佐藩《とさはん》の郷士《ごうし》（下級武士《かきゅうぶし》）の次《じ》男《なん》として生《う》まれ、3人《にん》の姉《あね》をもつ。少年時《しょうねんじ》は剣術《けんじゅつ》を学《まな》び、剣術修行《けんじゅつしゅぎょう》で江戸《えど》へ赴《おもむ》いたときにペリーが来航《らいこう》する（1853年《ねん》）。龍馬《りょうま》は尊皇攘《そんのうじょう》夷《い》を掲《かか》げ土佐勤王党《とさきんのうとう》に入《はい》るが、その後脱藩《ごだっぱん》し、勝海舟《かつかいしゅう》と会《あ》って感服《かんぷく》し弟子《でし》となった。以後《いご》は幕府《ばくふ》を倒《たお》すために薩摩《さつま》藩《はん》と長州藩《ちょうしゅうはん》が手《て》を結《むす》ぶように裏《うら》から奔走《ほんそう》し、さらに平和裏《へいわり》の政権交代《せいけんこうたい》をうながすため、土佐藩《とさはん》を通《つう》じて幕府《ばくふ》に大政奉還《たいせいほうかん》を進言《しんげん》（倒幕《とうばく》といっても、薩長《さっちょう》と幕府《ばくふ》が大規模《だいきぼ》な戦《たたか》いを起《お》こし犠牲《ぎせい》が増《ふ》えるのはよくないと龍馬《りょうま》は考《かんが》えていた）。徳川慶喜《とくがわよしのぶ》はこれを受《う》け入《い》れ大政奉還《たいせいほうかん》が実現《じつげん》し、形式的《けいしきてき》には徳川幕府《とくがわばくふ》はなくなった。

また、維新志士《いしんしし》としての顔《かお》のほかに、「海援隊《かいえんたい》」を結成《けっせい》し一種《いっしゅ》の近代的貿《きんだいてきぼう》易商社《えきしょうしゃ》を起《お》こすという、豪商《ごうしょう》の末《まつ》裔《えい》らしい商売人《しょうばいにん》な面《めん》もある。

龍馬《りょうま》は1867年《ねん》の大政奉還直《たいせいほうかんちょく》後《ご》、近江屋事件《おうみやじけん》で暗殺《あんさつ》されてしまう。実行犯《じっこうはん》は京都見廻組《きょうとみまわりぐみ》とされるが、ほんとうの犯人《はんにん》や暗殺《あんさつ》の目的《もくてき》は今《いま》なお明《あき》らかではない。

ここがポイント！

長州《ちょうしゅう》、薩摩《さつま》、幕府《ばくふ》の間《あいだ》を取《と》り持《も》ち、犠牲《ぎせい》の少《すく》ない政権交代《せいけんこうたい》に導《みちび》く

ゆかりの地《ち》

高知城下《こうちじょうか》

●今《いま》の高知市《こうちし》。土佐藩《とさはん》の中《ちゅう》心市街《しんしがい》。龍馬《りょうま》は下級武士《かきゅうぶし》が暮《く》らす上町《かみまち》の生《う》まれ。

File. 250

商

岩崎弥太郎

【いわさき やたろう】

おもしろエピソード

◎気性《きしょう》が激《はげ》しく、若《わか》いころに喧嘩《けんか》で投獄《とうごく》された父《ちち》の処遇《しょぐう》に不服《ふふく》を申《もう》し立《た》て、それが過激《かげき》すぎたため自分《じぶん》も投獄《とうごく》された

生年《せいねん》 1834年《ねん》

※近藤勇誕生《こんどういさみたんじょう》

没年《ぼつねん》 1885年《ねん》

※アメリカでワシントン記念塔《きねんとう》ができる

享年《きょうねん》 52歳《さい》

ここがポイント！

日本三大財閥《にほんさんだいざいばつ》のひとつ、三菱財閥《みつびしざいばつ》の礎《いしずえ》を一代《いちだい》で築《きず》いた

両替《りょうがえ》と海運《かいうん》で莫大《ばくだい》な財産《ざいさん》を得《え》た明治《めいじ》の巨商《きょしょう》

土佐藩《とさはん》の貿易担当《ぼうえきたんとう》から東洋《とうよう》の海運王《かいうんおう》に上《のぼ》りつめる

明治時代《めいじじだい》の政商《せいしょう》。土佐藩《とさはん》の出身《しゅっしん》で、三菱財閥《みつびしざいばつ》の創設者《そうせつしゃ》。私塾《しじゅく》で勉学《べんがく》した後《あと》、土佐藩《とさはん》の開成館《かいせいかん》（富国強兵《ふこくきょうへい》を目的《もくてき》にさまざまな事業《じぎょう》を行《おこな》う組織《そしき》）の長崎商会《ながさきしょうかい》で主任《しゅにん》となる。明治《めいじ》に入《はい》ると土佐藩《とさはん》の海運商社《かいうんしょうしゃ》である九十九商会《つくもしょうかい》を預《あず》かり、のちに民間企業化《みんかんきぎょうか》されると社長《しゃちょう》になり、1874年《ねん》には社名《しゃめい》を三菱蒸汽船《みつびしじょうきせん》会社《がいしゃ》とした。岩崎家《いわさきけ》と土佐藩主《とさはんしゅ》の家紋《かもん》に由来《ゆらい》する「スリーダイヤマーク」は初《はじ》め船《ふね》の旗《はた》に使《つか》われたが、このころ社《しゃ》のマークとなる。明治時代《めいじじだい》は江戸時代《えどじだい》と違《ちが》い、国家《こっか》が一《ひと》つになりヒト・モノ・カネが全国《ぜんこく》を回《まわ》る時代《じだい》となった。トラックも鉄道《てつどう》もない当時《とうじ》、大量《たいりょう》に輸送《ゆそう》するには船《ふね》しかない。岩崎《いわさき》はその海運《かいうん》をほぼ独占《どくせん》し、また政府有力《せいふゆうりょく》者《しゃ》から情報《じょうほう》を流《なが》してもらうパイプをもつことで、巨万《きょまん》の富《とみ》を築《きず》いたのである。死後《しご》はアメリカ留学帰《りゅうがくがえ》りの弟《おとうと》・弥之助《やのすけ》が社長《しゃちょう》を継《つ》ぎ、銀行《ぎんこう》や保険《ほけん》など事業《じぎょう》の多角化《たかくか》に成功《せいこう》。自身《じしん》も貴族院議員《きぞくいんぎいん》となった。今《いま》も三菱《みつびし》が日本有数《にほんゆうすう》の企業《きぎょう》グループなのはご存《ぞん》じのとおり。

ゆかりの地《ち》

西長堀《にしながほり》

●大阪市《おおさかし》。岩崎《いわさき》が責任者《せきにんしゃ》を務《つと》めた土佐藩邸《とさはんてい》や九十九《つくも》商会《しょうかい》の所在地《しょざいち》。

File. 251

渋沢栄一 【しぶさわ えいいち】

社会《しゃかい》と経済《けいざい》の発展《はってん》を願《ねが》った日本《にほん》の資本主義《しほんしゅぎ》の父《ちち》

商

生年《せいねん》 1840年《ねん》
没年《ぼつねん》 1931年《ねん》
享年《きょうねん》 91歳《さい》

ここがポイント！
明治《めいじ》の経済《けいざい》を支《ささ》えた大実業家《だいじつぎょうか》

幕末《ばくまつ》の幕臣《ばくしん》であり、パリへの渡航経験《とこうけいけん》をもつ。この際《さい》に欧州諸国《おうしゅうしょこく》の経済《けいざい》や産業《さんぎょう》、そして社会《しゃかい》を見《み》て大《おお》きく影響《えいきょう》を受《う》けた。帰国《きこく》してからは明治政府《めいじせいふ》の大《おお》蔵省官僚《くらしょうかんりょう》となり、銀行《ぎんこう》づくりを指揮《しき》。退官後《たいかんご》は実《じつ》業家《ぎょうか》として今《いま》も残《のこ》る多《おお》くの企業《きぎょう》（500社以上《しゃいじょう》とも）の立《た》ち上《あ》げにかかわったので、日本資本主義《にほんしほんしゅぎ》の父《ちち》と称《しょう》されることもある。また、教育《きょういく》にも力《ちから》を入《い》れ、経済発展《けいざいはってん》を通《つう》じ社会《しゃかい》に奉仕《ほうし》する姿勢《しせい》をもっており、単《たん》なる「労働者《ろうどうしゃ》の敵《てき》」とは異《こと》なる実《じつ》業家《ぎょうか》であった。

File. 252

前島密 【まえじま ひそか】

郵便制度《ゆうびんせいど》を確立《かくりつ》、一円切手《いちえんきって》の顔《かお》にも

政

生年《せいねん》 1835年《ねん》
没年《ぼつねん》 1919年《ねん》
享年《きょうねん》 84歳《さい》

ここがポイント！
日本全国《にほんぜんこく》を結《むす》ぶ郵便網《ゆうびんもう》をつくる

越後《えちご》の豪農《ごうのう》の出身《しゅっしん》。江戸《えど》で蘭学《らんがく》を学《まな》び、薩摩藩《さつまはん》の洋学校《ようがっこう》で講師《こうし》をしていた。明治維新後《めいじいしんご》は政府《せいふ》から請《こ》われて出仕《しゅっし》。鉄道敷設《てつどうふせつ》の費用見積《ひようみつ》もりを担当《たんとう》したり、日本全国《にほんぜんこく》に近代的《きんだいてき》な郵便《ゆうびん》システムをつくる事業《じぎょう》に尽《じん》力《りょく》。また郵便《ゆうびん》ネットワークを活用《かつよう》して各地《かくち》のニュースを集《あつ》める『郵便報知新聞《ゆうびんほうちしんぶん》』（現《げん》『スポーツ報知《ほうち》』）や、ひらがなによる教育的《きょういくてき》な新聞《しんぶん》を創刊《そうかん》した。「情報《じょうほう》の伝達《でんたつ》」という側面《そくめん》から、明治初期《めいじしょき》の日本《にほん》の発展《はってん》をうながした人物《じんぶつ》といえるだろう。

File. 253

トーマス・グラバー

明治維新《めいじいしん》の成立《せいりつ》を大砲《たいほう》と
蒸気船《じょうきせん》で陰《かげ》から支援《しえん》

生年《せいねん》 1838年《ねん》
没年《ぼつねん》 1911年《ねん》
享年《きょうねん》 73歳《さい》

商

ここがポイント！
薩長《さっちょう》に武器《ぶき》を売《う》り
幕末《ばくまつ》の政局《せいきょく》に関与《かんよ》

イギリスの貿易商《ぼうえきしょう》（出身《しゅっしん》はスコットランド）。1861年《ねん》、開港《かいこう》すぐの長崎《ながさき》に貿易会社《ぼうえきがいしゃ》グラバー商会《しょうかい》を設立《せつりつ》。茶《ちゃ》や絹糸《きぬいと》を取《と》り引《ひ》きしていたが、幕末《ばくまつ》の揺《ゆ》れる政局《せいきょく》をみて西欧《せいおう》の銃器《じゅうき》や大砲《たいほう》、蒸気船《じょうきせん》を薩《さつ》摩《ま》や長州《ちょうしゅう》といった雄藩《ゆうはん》に販売《はんばい》した。その商売《しょうばい》を通《つう》じて坂本龍馬《さかもとりょうま》ら幕末《ばくまつ》の志士《しし》とも深《ふか》くかかわる。なお、明治維新後《めいじいしんご》は平和《へいわ》な世《よ》になり会社《かいしゃ》は倒産《とうさん》したが、グラバー自《じ》身《しん》は日本《にほん》に残《のこ》り、三《み》菱財閥《びしざいばつ》の顧問《こもん》となった。キリンビールの基礎《きそ》づくりにもかかわっている。

File. 254

五代友厚

【ごだい　ともあつ】

「天下《てんか》の台所《だいどころ》」大阪《おおさか》の経済《けいざい》を
立《た》て直《なお》した実業家《じつぎょうか》

生年《せいねん》 1835年《ねん》
没年《ぼつねん》 1885年《ねん》
享年《きょうねん》 51歳《さい》

商

ここがポイント！
明治《めいじ》の大阪経済《おおさかけいざい》を
復活《ふっかつ》させた

薩摩藩出身《さつまはんしゅっしん》。幕末《ばくまつ》は薩摩藩《さつまはん》の会計係《かいけいがかり》を務《つと》め、グラバーと合弁《ごうべん》で長崎《ながさき》に船舶《せんぱく》ドックをつくるなどした。明治維新後《めいじいしんご》は外交担当《がいこうたんとう》として政府《せいふ》に出仕《しゅっし》するが、短《たん》期《き》で辞《や》め実業家《じつぎょうか》として活動《かつどう》。日本《にほん》に流通《りゅうつう》する通貨《つうか》の質《しつ》を統一《とういつ》するために金銀分析所《きんぎんぶんせきじょ》を設立《せつりつ》。さらに金山《きんざん》や銀山《ぎんざん》などの経営《けいえい》に乗《の》り出《だ》した。その一方《いっぽう》で、明治《めいじ》維新後《いしんご》に低迷《ていめい》した大阪《おおさか》の経済《けいざい》を再建《さいけん》するため、現在《げんざい》の大阪《おおさか》取引所《とりひきじょ》や大阪《おおさか》商工会議所《しょうこうかいぎしょ》のもととなる組織《そしき》をつくり、大阪《おおさか》の発展《はってん》に貢献《こうけん》した。

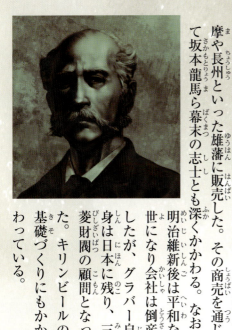

武

【なかおか しんたろう】中岡慎太郎

おもしろエピソード

◎じつは龍馬《りょうま》と知《し》り合《あ》ったのは死《し》の約《やく》2年前《ねんまえ》
◎龍馬《りょうま》と相談《そうだん》し京都《きょうと》を本拠地《ほんきょち》に浪士集団《ろうししゅうだん》の「陸援隊《りくえんたい》」を結成《けっせい》

生年《せいねん》 1838年《ねん》
※イギリス、第《だい》1次《じ》アフガン戦争開始《せんそうかいし》

没年《ぼつねん》 1867年《ねん》
※前年《ぜんねん》、徳川慶喜《とくがわよしのぶ》が将軍《しょうぐん》に就《つ》く

享年《きょうねん》 30歳《さい》

ここがポイント！

歴史的転機《れきしてきてんき》となった薩長同盟《さっちょうどうめい》の成立《せいりつ》に大《おお》きく貢献《こうけん》

龍馬《りょうま》と並《なら》び活躍《かつやく》した、土佐出身《とさしゅっしん》のもうひとりの雄《ゆう》

脱藩《だっぱん》して戦《たたか》い続《つづ》けた武闘派維新志士《ぶとうはいしんしし》

土佐《とさ》の庄屋《しょうや》の家系《かけい》に生《う》まれたが、少年期《しょうねんき》には学問《がくもん》や剣術《けんじゅつ》を学《まな》ぶ。土佐勤王党《とさきんのうとう》に入《はい》り、尊皇攘夷活動《そんのうじょういかつどう》を行《おこな》った。しかし、クーデターである「八月十八日《はちがつじゅうはちにち》の政変《せいへん》」で尊王攘夷派《そんのうじょういは》の長州藩《ちょうしゅうはん》が会津《あいづ》・薩摩《さつま》ら公武合体派《こうぶがったいは》に京都《きょうと》から追放《ついほう》されると、尊王《そんのう》攘夷派《じょういは》への弾圧《だんあつ》が加速《かそく》。土佐《とさ》にもその影響《えいきょう》が及《およ》んだため脱藩《だっぱん》し、長州藩《ちょうしゅうはん》へ身《み》を寄《よ》せた。その後《ご》は長州藩《ちょうしゅうはん》の逆襲《ぎゃくしゅう》ともいえる「禁門《きんもん》の変《へん》」や、列強《れっきょう》との下関戦争《しものせきせんそう》でも脱藩《だっぱん》した志士《しし》を率《ひき》いて長州側《ちょうしゅうがわ》で戦《たたか》ったが、どちらの戦《たたか》いでも敗退《はいたい》する。

このことで限界《げんかい》を感《かん》じた中岡《なかおか》は、尊王攘夷《そんのうじょうい》から雄藩《ゆうはん》による倒幕《とうばく》に路線《ろせん》を変更《へんこう》。坂本龍馬《さかもとりょうま》とともに、薩摩《さつま》と長州《ちょうしゅう》に手《て》を結《むす》ばせるために奔走《ほんそう》した。長州《ちょうしゅう》とともに死線《しせん》をくぐってきた仲間《なかま》といえる中岡《なかおか》による説得《せっとく》は、龍馬以上《りょうまいじょう》に長州《ちょうしゅう》の考《かんが》えを動《うご》かす力《ちから》があっただろう。その結果《けっか》、成立《せいりつ》した薩長同盟《さっちょうどうめい》は、明治維新達成《めいじいしんたっせい》への大《おお》きな転機《てんき》となる。しかし、翌《よく》1867年《ねん》の近江屋事件《おうみやじけん》で何者《なにもの》かに襲《おそ》われ、龍馬《りょうま》ともども命《いのち》を落《お》としてしまった。

ゆかりの地《ち》

近江屋《おうみや》

●京都《きょうと》河原町《かわらまち》の醤油屋《しょうゆや》。中岡《なかおか》と坂本龍馬《さかもとりょうま》が滞在《たいざい》し、ここで殺《ころ》される。

File. 256

政

大久保利通

【おおくぼ　としみち】

おもしろエピソード

◎公共事業費《こうきょうじぎょうひ》などを私財《しざい》で穴埋《あなう》めし借金《しゃっきん》だらけだった！

◎幕末志士《ばくまつしし》には珍《めずら》しく剣《けん》の心得《こころえ》なし。でも勉強《べんきょう》は得意《とくい》！

◎西郷隆盛《さいごうたかもり》とは3歳差《さいさ》の幼馴染《おさななじ》みとされる

生年《せいねん》	1830年《ねん》 ※フランスのブルボン王家《おうけ》倒《たお》れる
没年《ぼつねん》	1878年《ねん》 ※エジソンが蓄音機《ちくおんき》の特許取得《とっきょしゅとく》
享年《きょうねん》	49歳《さい》

ここがポイント！

明治新政府《めいじしんせいふ》をいっさいの私情《しじょう》を挟《はさ》まず運営《うんえい》。近代日本《きんだいにほん》の基礎《きそ》をつくる

身《み》びいきせず大改革《だいかいかく》を行《おこな》うが、反発《はんぱつ》も大《おお》きく……

外国《がいこく》と肩《かた》を並《なら》べる日本《にほん》をつくるためにすべてを捧《ささ》ぐ

薩摩藩《さつまはん》の下級藩士《かきゅうはんし》の子《こ》として生《う》まれる。一時《いちじ》は幕府《ばくふ》と朝廷《ちょうてい》の結《むす》びつきを強《つよ》めて政権《せいけん》を強化《きょうか》する「公武合体《こうぶがったい》」を目《め》ざしていたが、西郷隆盛《さいごうたかもり》とともに長州《ちょうしゅう》と手《て》を結《むす》んで倒幕《とうばく》に力《ちから》を注《そそ》ぐことになった。

維新志士《いしんしし》には倒幕《とうばく》までに活躍《かつやく》した者《もの》と、明治政府確立《めいじせいふかくりつ》に活躍《かつやく》した者《もの》がいるが、大久保《おおくぼ》はどちらかといえば後者《こうしゃ》だ。初代内務卿《しょだいないむきょう》となり、地租改正《ちそかいせい》、殖産興業《しょくさんこうぎょう》など近代的《きんだいてき》な経済《けいざい》システムを整《ととの》えた。大久保《おおくぼ》の施策《しさく》は日本《にほん》の未来《みらい》を第一《だいいち》に考《かんが》えてのことではあったが、江戸時代《えどじだい》までの社会《しゃかい》の仕組《しく》みとあまりに異《こと》なり、さらに維新功労者《いしんこうろうしゃ》である薩摩《さつま》や長州《ちょうしゅう》の者《もの》をとくにひいきすることもないという、見方《みかた》によっては冷《つめ》たいものだった（対照的《たいしょうてき》に西郷隆盛《さいごうたかもり》は人情家《にんじょうか》の面《めん》があり、それゆえ人気《にんき》もあった）。このため旧士族《きゅうしぞく》の反発《はんぱつ》を招《まね》くこととなり、石川県《いしかわけん》の士族《しぞく》ら6人《にん》に「紀尾井坂《きおいざか》の変《へん》」で暗殺《あんさつ》されてしまう。しかし大久保《おおくぼ》のように冷静《れいせい》・大胆《だいたん》に政治《せいじ》を動《うご》かせる者《もの》がいなければ、明治政府《めいじせいふ》は立《た》ち行《ゆ》かなかったことだろう。

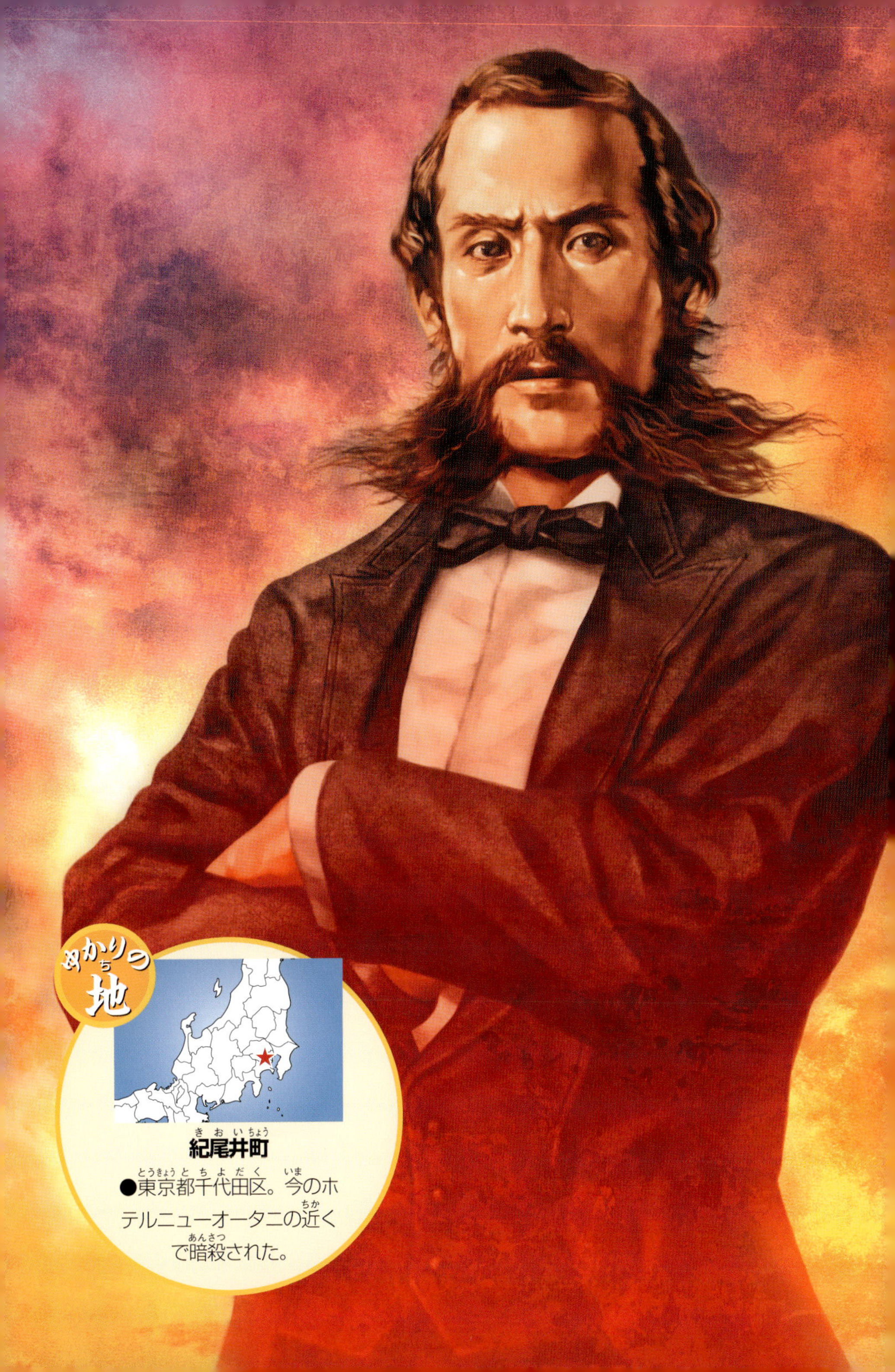

ゆかりの地《ち》

紀尾井町《きおいちょう》

●東京都千代田区《とうきょうとちよだく》。今《いま》のホテルニューオータニの近《ちか》くで暗殺《あんさつ》された。

File. 257

政

木戸孝允【きど たかよし】

おもしろエピソード

◎あまりにも命《いのち》を狙《ねら》われすぎて桂小五郎《かつらこごろう》から改名《かいめい》

◎池田屋事件《いけだやじけん》では、偶然《ぐうぜん》別《べつ》の場所《ばしょ》にいて命拾《いのちびろ》いした

「逃《に》げの小五郎《こごろう》」として幕末《ばくまつ》を生《い》き延《の》び、新時代《しんじだい》に才覚《さいかく》を発揮《はっき》

薩長同盟《さっちょうどうめい》を成立《せいりつ》させ明治政府《めいじせいふ》を動《うご》かす英才《えいさい》

長州藩《ちょうしゅうはん》の藩医《はんい》の子《こ》として生《う》まれる。青年期《せいねんき》は神道無念流剣術《しんとうむねんりゅうけんじゅつ》を身《み》につけ免許皆伝《めんきょかいでん》の腕前《うでまえ》まで達《たっ》したほか、吉田松陰《よしだしょういん》に兵学《へいがく》を学《まな》んだ（松下村塾門下《しょうかそんじゅくもんか》ではなかった）。ほかにも最新《さいしん》の学問《がくもん》を修《おさ》め、長州藩《ちょうしゅうはん》の中心的《ちゅうしんてき》な人物《じんぶつ》となっていく。

長州藩《ちょうしゅうはん》の危機《きき》のひとつである「禁《きん》門《もん》の変《へん》」以降《いこう》は、身《み》の危険《きけん》が迫《せま》り潜伏生活《せんぷくせいかつ》をしていたが、高杉晋作《たかすぎしんさく》の活躍《かつやく》で打開《だかい》の道《みち》が開《ひら》けてからは長州藩《ちょうしゅうはん》の政治的《せいじてき》リーダーとして迎《むか》えられ、西郷隆盛《さいごうたかもり》や大久保利通《おおくぼとしみち》との会談《かいだん》を通《とお》し薩長同盟《さっちょうどうめい》を成立《せいりつ》させた。同《おな》じ長州《ちょうしゅう》の高杉《たかすぎ》が戦闘的《せんとうてき》なのに比《くら》べると、木戸《きど》はむしろ政治家向《せいじかむ》きのタイプで、彼《かれ》の適性《てきせい》は幕末乱世《ばくまつらんせい》よりはむしろ明治政府樹立後《めいじせいふじゅりつご》に開《かい》花《か》したといえる。木戸《きど》は「五箇条《ごかじょう》の御誓文《ごせいもん》」の起草《きそう》にかかわったほか、版籍奉還《はんせきほうかん》や廃藩置県《はいはんちけん》など、徳川《とくがわ》の時代《じだい》と明治以後《めいじいご》の大《おお》きな区切《くぎ》りとなる近代的《きんだいてき》な制度《せいど》づくりに貢献《こうけん》しており、先見《せんけん》の明《めい》に優《すぐ》れた人物《じんぶつ》であった。その功績《こうせき》から大久保利通《おおくぼとしみち》、西郷隆盛《さいごうたかもり》（この2名《めい》は薩摩藩《さつまはん》）と並《なら》び明治維新三傑《めいじいしんさんけつ》と称《しょう》される。

生年《せいねん》 1833年《ねん》

※ダイナマイト発明者《はつめいしゃ》ノーベル誕生《たんじょう》

没年《ぼつねん》 1877年《ねん》

※西南戦争《せいなんせんそう》

享年《きょうねん》 45歳《さい》

ここがポイント！

長州藩《ちょうしゅうはん》の政治的中心《せいじてきちゅうしん》となって幕末《ばくまつ》を引《ひ》っぱり、明治維新《めいじいしん》を実現《じつげん》

ゆかりの地《ち》

萩城下町《はぎじょうかまち》

●木戸《きど》の出身地《しゅっしんち》。文久期《ぶんきゅうき》に政庁《せいちょう》が山口《やまぐち》に移《うつ》るまで長州藩《ちょうしゅうはん》の中心《ちゅうしん》だった。

File. 258

政

岩倉具視【いわくら ともみ】

おもしろエピソード

◎肖像《しょうぞう》が五百円《ごひゃくえん》紙幣《しへい》に採用《さいよう》された

◎日本人初《にほんじんはつ》のガン告知《こくち》を外国人医師《がいこくじんいし》から受《う》けたと記録《きろく》が残《のこ》る

生年《せいねん》　1825年《ねん》
※南米《なんべい》のボリビアが独立《どくりつ》

没年《ぼつねん》　1883年《ねん》
※鹿鳴館《ろくめいかん》が開館《かいかん》

享年《きょうねん》　59歳《さい》

ここがポイント！

公家《くげ》とは思《おも》えない（？）胆力《たんりょく》で立《た》ち回《まわ》り、明治《めいじ》政府樹立《せいふじゅりつ》に貢献《こうけん》

低《ひく》い家格《かかく》から自力《じりき》で立身出世《りっしんしゅっせ》した幕末《ばくまつ》を象徴《しょうちょう》するお公家様《くげさま》

朝廷《ちょうてい》と雄藩《ゆうはん》をわたり歩《ある》き 幕末《ばくまつ》・明治《めいじ》を生《い》き抜《ぬ》く

京都《きょうと》の公家《くげ》の出身《しゅっしん》。幼《おさな》くして才覚《さいかく》を見込《みこ》まれ、岩倉家《いわくらけ》の養子《ようし》となった。さらに29歳《さい》で当時《とうじ》の関白《かんぱく》・鷹司政通《たかつかさまさみち》の歌道《かどう》の弟子《でし》に入《はい》る。これを出世《しゅっせ》に利用《りよう》し、朝廷改革《ちょうていかいかく》の意見《いけん》を政道《まさみち》に提出《ていしゅつ》したり、天皇《てんのう》の近《ちか》くに仕《つか》えることができた。朝廷内《ちょうていない》では当初《とうしょ》、幕府《ばくふ》と手《て》を結《むす》ぶ公武合体《こうぶがったい》の立場《たちば》をとり、和宮《かずのみや》の将軍《しょうぐん》への嫁入《よめい》りに賛成《さんせい》して尊王派《そんのうは》に責《せ》められ謹慎《きんしん》の身《み》になってしまう。しかしその後《ご》は江戸幕府《えどばくふ》を倒《たお》し、朝廷《ちょうてい》（天皇《てんのう》）を中心《ちゅうしん》とした体制《たいせい》とするため、薩長《さっちょう》の行動《こうどう》に朝廷側《ちょうていがわ》から協力《きょうりょく》した。徳川慶喜《とくがわよしのぶ》（幕府《ばくふ》）を完全《かんぜん》に政治《せいじ》の場《ば》から追《お》い出《だ》す王政復古《おうせいふっこ》の実現《じつげん》に貢献《こうけん》している。明治政府樹立後《めいじせいふじゅりつご》は、大久保利通《おおくぼとしみち》や木戸孝允《きどたかよし》とともに政府要職《せいふようしょく》につく。1871年《ねん》から始《はじ》まった政府首脳《せいふしゅのう》の大規模《だいきぼ》な外遊《がいゆう》では、外務卿《がいむきょう》の岩倉《いわくら》が全権大使《ぜんけんたいし》となった。これは岩倉使節団《いわくらしせつだん》として知《し》られ、欧米《おうべい》の鉄道技術《てつどうぎじゅつ》を見《み》た驚《おどろ》きは国内《こくない》での鉄道会社設立《てつどうがいしゃせつりつ》につながった。なお、公家《くげ》の出《で》のためかのちに立憲《りっけん》君主制《くんしゅせい》には反対《はんたい》し、華族《かぞく》の擁護《ようご》に努《つと》めた。

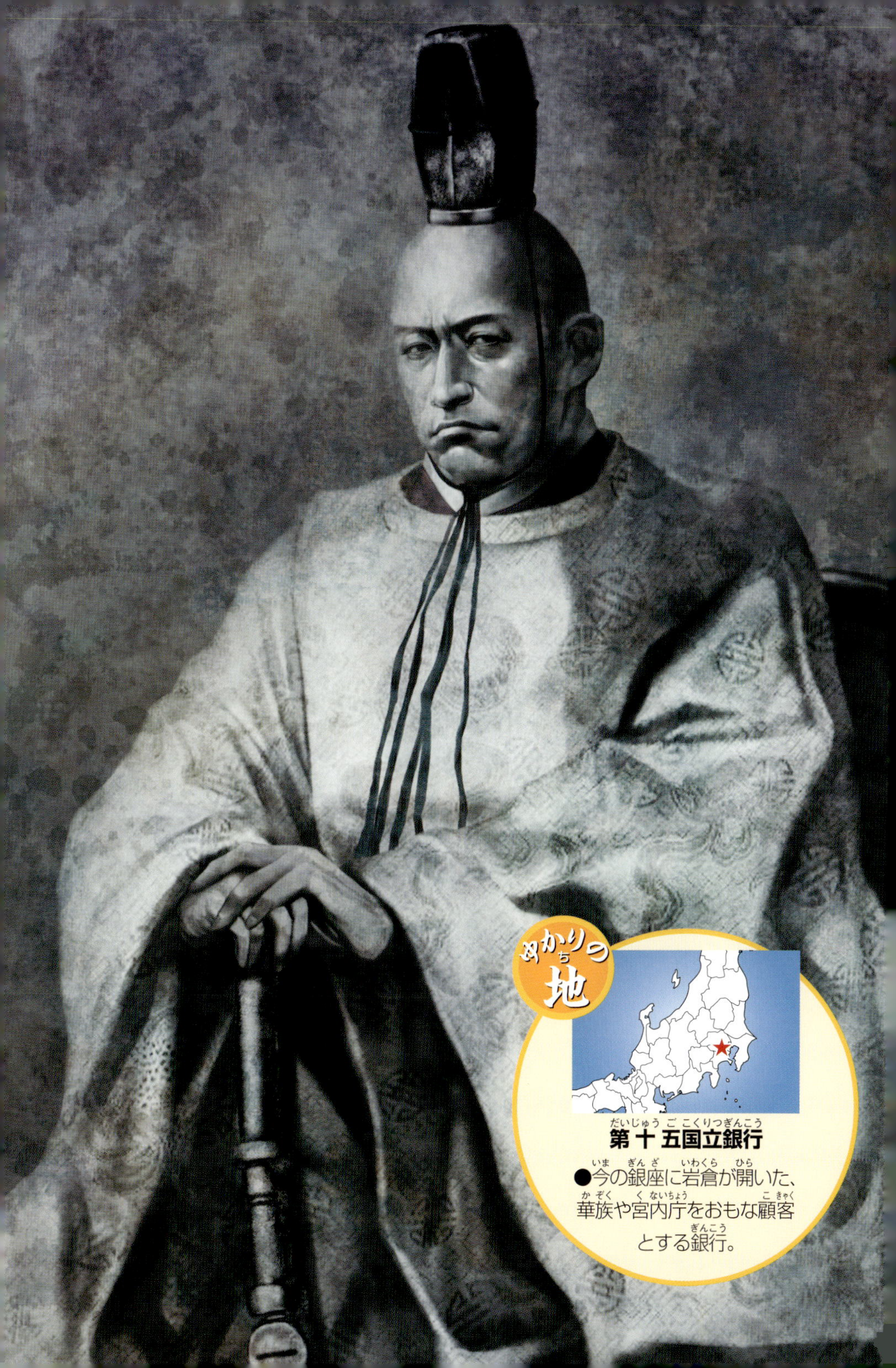

ゆかりの地《ち》

第《だい》十《じゅう》五《ご》国立銀行《こくりつぎんこう》

●今《いま》の銀座《ぎんざ》に岩倉《いわくら》が開《ひら》いた、華族《かぞく》や宮内庁《くないちょう》をおもな顧客《こきゃく》とする銀行《ぎんこう》。

File. 259

武

榎本武揚【えのもと たけあき】

おもしろエピソード
◎敵軍《てきぐん》の将《しょう》、黒田清隆《くろだきよたか》とはのちに親友《しんゆう》に
◎晩年《ばんねん》に隕石《いんせき》から刀《かたな》を作《つく》らせる

旧幕府艦隊提督《きゅうばくふかんたいていとく》として最後《さいご》まで戦《たたか》い抜《ぬ》いた江戸《えど》っ子《こ》

国内外《こくないがい》で積《つ》んだ見識《けんしき》が幕末《ばくまつ》・明治《めいじ》で活《い》かされる

直参旗本《じきさんはたもと》（幕府直属《ばくふちょくぞく》の武士《ぶし》）の家系《かけい》に生《う》まれる。昌平坂学問所《しょうへいざかがくもんじょ》で学問《がくもん》を学《まな》び、20歳《さい》のときに長崎海《ながさきかい》軍伝習所《ぐんでんしゅうじょ》に入門《にゅうもん》。その後《ご》は留学生《りゅうがくせい》としてヨーロッパに渡《わた》り、オランダやプロイセン、イギリス、フランスなどさまざまな国《くに》を回《まわ》った。

1867年《ねん》に幕府《ばくふ》の軍艦《ぐんかん》「開陽《かいよう》丸《まる》」に乗《の》り帰国《きこく》し、「開陽丸《かいようまる》」の艦《かん》長《ちょう》になる。その翌年《よくとし》、戊辰戦争《ぼしんせんそう》が勃発《ぼっぱつ》。榎本《えのもと》は幕府《ばくふ》の艦隊《かんたい》を指揮《しき》し、江戸開城後《えどかいじょうご》も新政府軍《しんせいふぐん》の艦船《かんせん》引《ひ》き渡《わた》しにも応《おう》じず抵抗《ていこう》し続《つづ》ける。旧《きゅう》幕府海軍《ばくふかいぐん》として戦《たたか》いつつ北方《ほっぽう》へ落《お》ち延《の》びていき、箱館戦争《はこだてせんそう》（今《いま》の函《はこ》館《だて》で起《お》きた）に臨《のぞ》むが新政府軍《しんせいふぐん》に降伏《こうふく》した。

戦後《せんご》、一時投獄《いちじとうごく》されるも、恩赦《おんしゃ》で自由《じゆう》の身《み》となった後《あと》は、明治新《めいじしん》政府《せいふ》のもとで逓信大臣《ていしんだいじん》や文部大臣《もんぶだいじん》、外務大臣《がいむだいじん》などを歴任《れきにん》し活躍《かつやく》した。海《かい》外経験《がいけいけん》が豊富《ほうふ》なこと、義理堅《ぎりがた》く（そうでなければ幕府側《ばくふがわ》で最後《さいご》まで戦《たたか》おうとはしない）根《ね》にもたない江《え》戸《ど》っ子《こ》な性格《せいかく》によるものかもしれない。私財《しざい》で困窮《こんきゅう》する旧幕臣《きゅうばくしん》を援《えん》助《じょ》した逸話《いつわ》にも彼《かれ》の気質《きしつ》がみえる。

生年《せいねん》 1836年《ねん》
※会津藩主《あいづはんしゅ》・松平容保《まつだいらかたもり》が生《う》まれる

没年《ぼつねん》 1908年《ねん》
※溥儀《ふぎ》が清《しん》の皇帝《こうてい》に即位《そくい》

享年《きょうねん》 72歳《さい》

ここがポイント！

幕臣《ばくしん》として戦《たたか》い続《つづ》け、
なおかつ
新政府首脳入《しんせいふしゅのうい》り

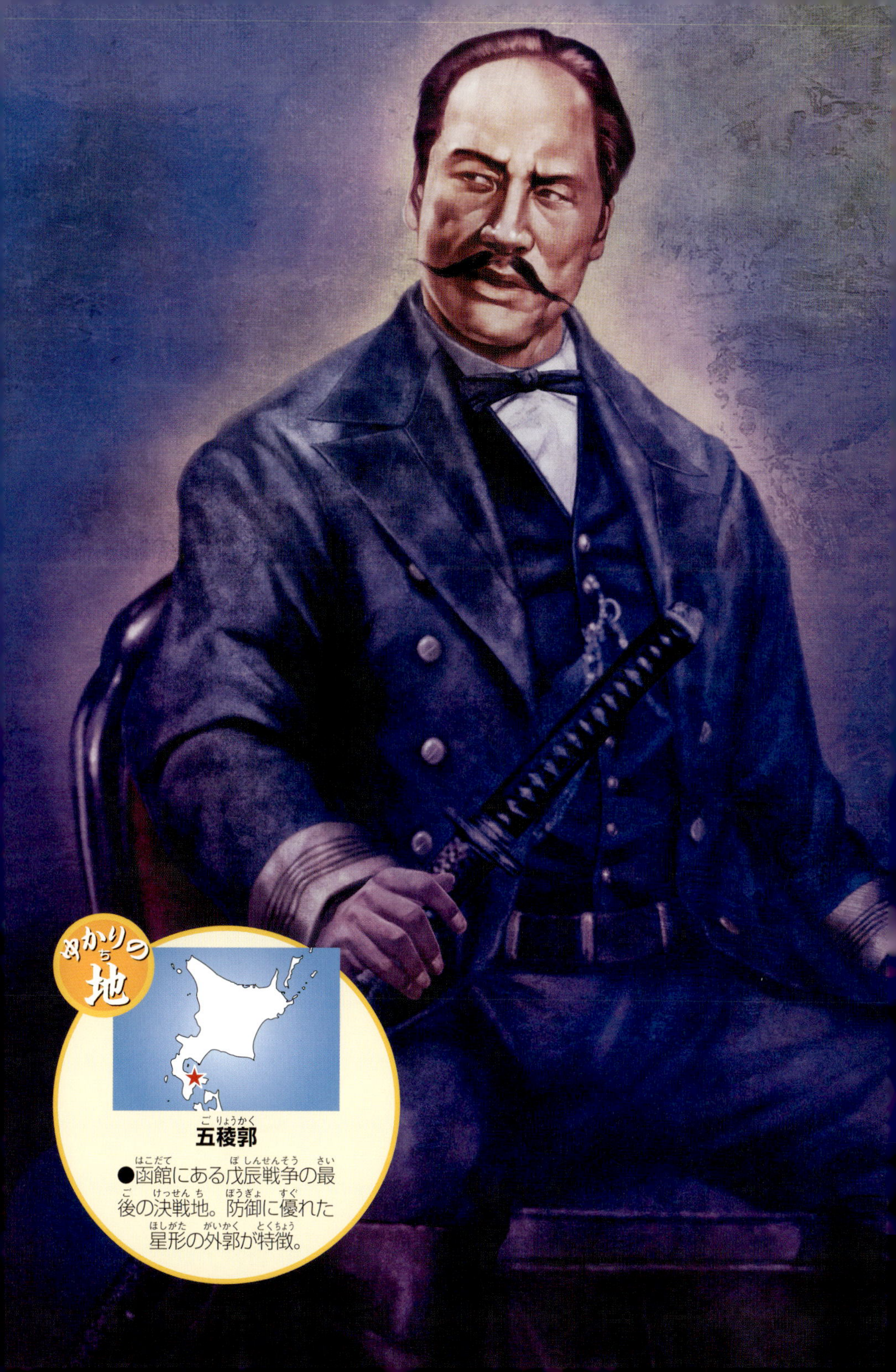

ゆかりの地《ち》

五稜郭《ごりょうかく》

●函館《はこだて》にある戊辰戦争《ぼしんせんそう》の最《さい》後《ご》の決戦地《けっせんち》。防御《ぼうぎょ》に優《すぐ》れた星形《ほしがた》の外郭《がいかく》が特徴《とくちょう》。

戊辰戦争《ぼしんせんそう》

薩摩《さつま》・長州《ちょうしゅう》の新政府軍《しんせいふぐん》と旧幕府軍《きゅうばくふぐん》の最後《さいご》の戦《たたか》い

File. 260
松平容保【まつだいら かたもり】

File. 261
大村益次郎【おおむら ますじろう】

京都《きょうと》から北海道《ほっかいどう》まで 日本《にほん》の半分《はんぶん》を巻《ま》き込《こ》む内戦《ないせん》

幕末《ばくまつ》も大詰《おおづ》めを迎《むか》え、1868年《ねん》1月《がつ》から1869年《ねん》5月《がつ》まで行《おこな》われた、新政府軍《しんせいふぐん》と旧幕府軍《きゅうばくふぐん》との戦《たたか》いを戊辰戦争《ぼしんせんそう》とよぶ。開戦直前《かいせんちょくぜん》の状況《じょうきょう》を見《み》てみよう。1867年《ねん》10月《がつ》にはすでに江戸幕《えどばく》府《ふ》第《だい》15代将軍《だいしょうぐん》の徳川慶喜《とくがわよしのぶ》が大政奉還《たいせいほうかん》をしており、新政府側《しんせいふがわ》が旧幕府軍《きゅうばくふぐん》と戦《たたか》う名目《めいもく》はなくなった。だが慶喜《よしのぶ》は大政奉《たいせいほう》還後《かんご》も残務処理《ざんむしょり》などを理由《りゆう》に粘《ねば》り強《づよ》く権力《けんりょく》を確保《かくほ》。新政府側《しんせいふがわ》、旧幕府側《きゅうばくふがわ》それぞれの内部《ないぶ》であいまいな現状《げんじょう》に不満《ふまん》をためる者《もの》が増《ふ》え、江戸城《えどじょう》で薩摩藩《さつまはん》の工《こう》作員《さくいん》が破壊活動《はかいかつどう》を行《おこな》うなどの小競《こぜ》り合《あ》いが生《う》まれていた。

下《した》からの突《つ》き上《あ》げもあり、慶喜《よしのぶ》は朝廷《ちょうてい》に「不届《ふとど》き者《もの》」たる薩摩藩《さつまはん》を討《う》つと表明《ひょうめい》。こうして、会津藩《あいづはん》や桑名藩《くわなはん》を中心《ちゅうしん》とした幕府軍《ばくふぐん》と、薩摩《さつま》・長州《ちょうしゅう》の新政府軍《しんせいふぐん》は1868年《ねん》1月《がつ》、京《きょう》で激突《げきとつ》する。戦場《せんじょう》の名《な》から「鳥《と》羽《ば》・伏見《ふしみ》の戦《たたか》い」とよばれたこの戦《いくさ》で

4 1869年《ねん》5月《がつ》 五稜郭《ごりょうかく》の戦《たたか》い

は、旧幕府軍《きゅうばくふぐん》が数《かず》や装備《そうび》に勝《まさ》っていたが、戦術《せんじゅつ》や指揮《しき》がまずく、さらに朝廷《ちょうてい》から敵軍《てきぐん》と名《な》ざしされて動揺《どうよう》したこともあり敗北《はいぼく》。慶喜《よしのぶ》は大坂《おおさか》から江戸《えど》へ脱出《だっしゅつ》し、幕府軍《ばくふぐん》の中心《ちゅうしん》だった会津藩主《あいづはんしゅ》の**松平容保**《まつだいらかたもり》も会津《あいづ》へ戻《もど》った。

新政府軍《しんせいふぐん》は関東《かんとう》に軍《ぐん》を進《すす》めたが、勝海舟《かつかいしゅう》と西郷隆盛《さいごうたかもり》の会談《かいだん》の甲斐《かい》あり江戸城《えどじょう》は1868年《ねん》4月《がつ》に無血開城《むけつかいじょう》する。しかし、いまだ旧幕府側残党《きゅうばくふがわざんとう》の反攻《はんこう》の気配《けはい》があった。そこで長州軍《ちょうしゅうぐん》を束《たば》ねる兵学者《へいがくしゃ》の**大村益次郎**《おおむらますじろう》が指揮《しき》をとり、最新《さいしん》のアームストロング砲《ほう》なども投入《とうにゅう》して上野寛永寺《うえのかんえいじ》にこもる彰義隊《しょうぎたい》らを一日《いちにち》で制圧《せいあつ》する（上野戦争《うえのせんそう》）。

だが戦《たたか》いはこれで終《お》わらない。朝敵《ちょうてき》となった会津藩《あいづはん》と庄内藩《しょうないはん》の許《ゆる》しを請《こ》うために、仙台《せんだい》・米沢藩《よねざわはん》を中心《ちゅうしん》に東北《とうほく》31藩《ばん》で奥羽越列藩同盟《おううえつれっぱんどうめい》が組《く》まれる。しかし許《ゆる》しは出《で》ず、新政府軍《しんせいふぐん》が侵攻《しんこう》し、今度《こんど》は東北《とうほく》が戦場《せんじょう》となった。会津藩《あいづはん》と庄内藩《しょうないはん》の降伏《こうふく》により、この「会津《あいづ》の戦《たたか》い」は終結《しゅうけつ》したが、会津《あいづ》の少年兵《しょうねんへい》・白虎隊《びゃっこたい》の集団自決《しゅうだんじけつ》が起《お》きるなど戦《たたか》いは熾烈《しれつ》であった。

一方《いっぽう》、ほかの旧幕府勢力《きゅうばくふせいりょく》は東北《とうほく》の敗色《はいしょく》が濃厚《のうこう》になると北海道《ほっかいどう》に移《うつ》り、箱館《はこだて》の五稜郭《ごりょうかく》が最終決戦《さいしゅうけっせん》の地《ち》となる。元新撰組《もとしんせんぐみ》の土方歳三《ひじかたとしぞう》が戦死《せんし》、幕府軍《ばくふぐん》の指揮官《しきかん》・榎本武揚《えのもとたけあき》が降伏《こうふく》し、約《やく》1年半《ねんはん》におよんだ内戦《ないせん》・戊辰戦争《ぼしんせんそう》もようやく終結《しゅうけつ》した。

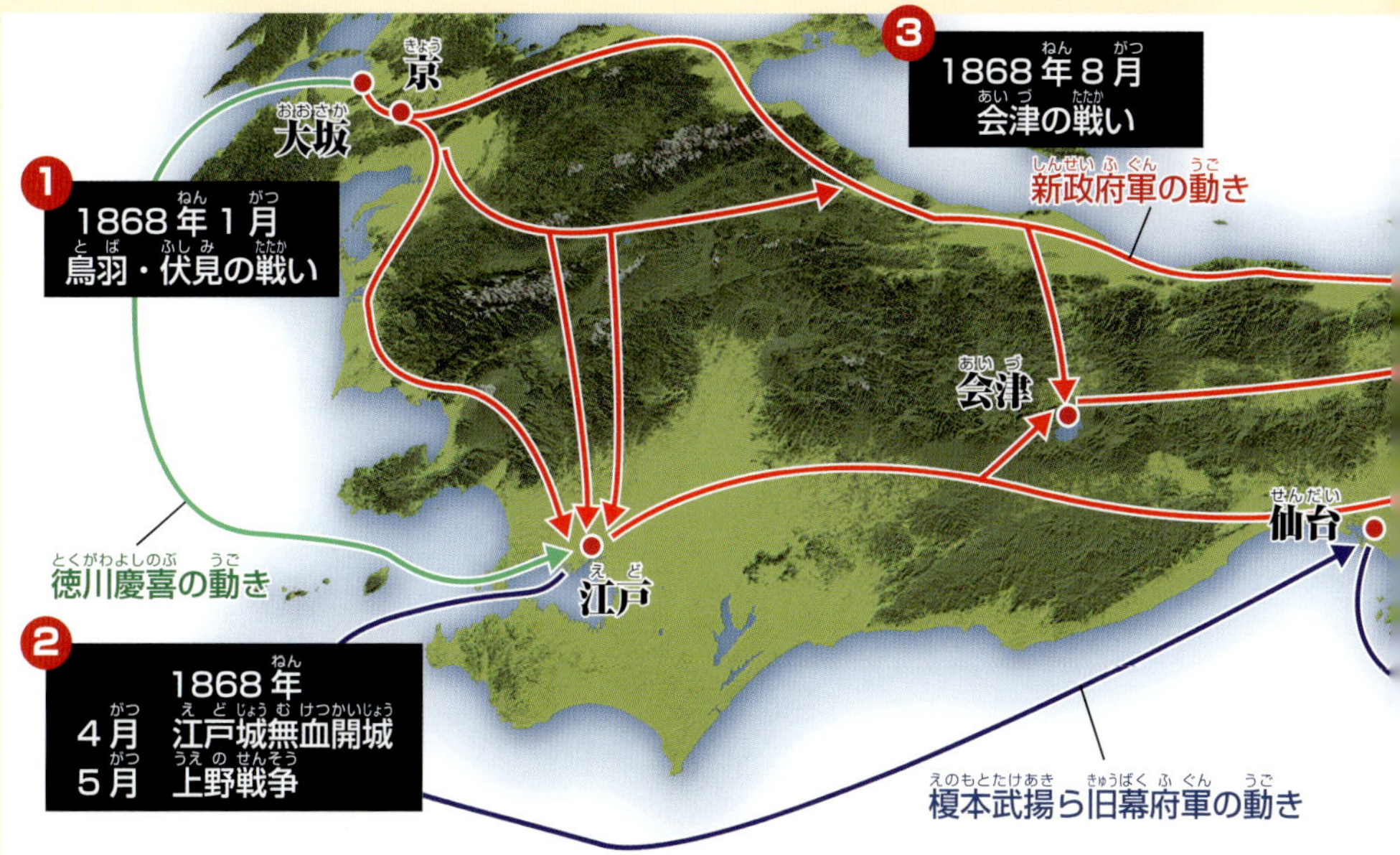

新撰組《しんせんぐみ》

史上最《しじょうもっと》も有名《ゆうめい》な剣客集団《けんかくしゅうだん》

File. 262
沖田総司
【おきた そうじ】

File. 263
永倉新八
【ながくら しんぱち】

幕末《ばくまつ》に京都《きょうと》で活躍《かつやく》した
幕府側《ばくふがわ》の治安維持部隊《ちあんいじぶたい》

浅葱色《あさぎいろ》（薄《うす》い青緑《あおみどり》）と白《しろ》の羽織姿《はおりすがた》や、隊《たい》の規律《きりつ》「局中法度《きょくちゅうはっと》」の厳《きび》しさで知《し》られる新撰組《しんせんぐみ》は、京都市中《きょうとしじゅう》を警備《けいび》するための組織《そしき》だ。第《だい》14代将軍家茂《だいしょうぐんいえもち》が上洛《じょうらく》する際《さい》に、幕府《ばくふ》はその警護《けいご》を行《おこな》う「浪士組《ろうしぐみ》」を募集《ぼしゅう》する。腕《うで》が立《た》てば身分《みぶん》は問《と》わないというので、近藤勇《こんどういさみ》のように侍《さむらい》になりたい非武士階級《ひぶしかいきゅう》の若者《わかもの》も多《おお》く応《おう》募《ぼ》した。この浪士組《ろうしぐみ》がのちに新撰組《しんせんぐみ》となる。尊王攘夷派《そんのうじょういは》の志士《しし》を京都《きょうと》の旅館《りょかん》で斬《き》り殺《ころ》した池田屋事件《いけだやじけん》など、血《ち》なまぐさい話《はなし》が多《おお》い新撰組《しんせんぐみ》だが、当時《とうじ》の治《ち》安維持《あんいじ》には必要《ひつよう》だった。

▲新撰組《しんせんぐみ》の近藤勇《こんどういさみ》（左《ひだり》）と土方歳三《ひじかたとしぞう》（右《みぎ》）

新撰組《しんせんぐみ》は一番《いちばん》から十番《じゅうばん》までの隊《たい》があり、それぞれに組長《くみちょう》（なぜか隊長《たいちょう》とはよばれない）がいる。とくに一番《いちばん》から三番隊《さんばんたい》の組長《くみちょう》は腕《うで》が立《た》つ人物《じんぶつ》だった。一番隊《いちばんたい》は剣《けん》の天才《てんさい》といわれた**沖田総司**《おきたそうじ》、二番隊《にばんたい》の**永倉新八**《ながくらしんぱち》と三番隊《さんばんたい》の斎藤一《さいとうはじめ》は隊《たい》の剣撃師範《けんげきしはん》も務《つと》める剣豪《けんごう》だ。沖田《おきた》は肺病《はいびょう》で若《わか》くして亡《な》くなったが、永倉《ながくら》や斎藤《さいとう》は幕府側《ばくふがわ》で戦《たたか》い続《つづ》けてなお、生《い》きて明治《めいじ》の時代《じだい》を迎《むか》えている。それだけでも強《つよ》さはうかがえるが、永倉《ながくら》は日清《にっしん》戦争《せんそう》でも、当時《とうじ》55歳《さい》という高齢《こうれい》ながら抜刀隊《ばっとうたい》に志願《しがん》したというから驚《おどろ》きだ。

新撰組《しんせんぐみ》は大政奉還後《たいせいほうかんご》の戊辰戦争《ぼしんせんそう》まで幕府側《ばくふがわ》で戦《たたか》い続《つづ》けたが、方針《ほうしん》の違《ちが》いで永倉《ながくら》は離隊《りたい》、斎藤《さいとう》は会津戦争後《あいづせんそうご》に当地《とうち》に残《のこ》る。土方歳三《ひじかたとしぞう》が決戦地《けっせんち》・箱館《はこだて》で戦《せん》死《し》すると新撰組《しんせんぐみ》は降伏《こうふく》、役割《やくわり》を終《お》えた。

第《だい》9章《しょう》
近現代《きんげんだい》

●この章《しょう》で扱《あつか》う時代《じだい》

飛鳥《あすか》 ＞ 奈良《なら》 ＞ 平安《へいあん》 ＞ 鎌倉《かまくら》 ＞ 南北朝《なんぼくちょう》 ＞ 室町《むろまち》 ＞ 戦国《せんごく》 ＞ 安土桃山《あづちももやま》 ＞ 江戸《えど》 ＞ 明治《めいじ》 ＞ 大正《たいしょう》 ＞ 昭和《しょうわ》

File. 264

天

明治天皇【めいじてんのう】

おもしろエピソード

◎明治《めいじ》の初《はじ》めに全国《ぜんこく》を巡幸《じゅんこう》し国民《こくみん》を一《ひと》つにしようとした
◎写真《しゃしん》が大嫌《だいきら》い。御真影《ごしんえい》もじつは絵《え》を写真《しゃしん》に撮《と》った物《もの》
◎散髪《さんぱつ》や肉食《にくしょく》を率先《そっせん》して行《おこな》い文明開化《ぶんめいかいか》の手本《てほん》を示《しめ》す

新日本《しんにほん》の最高責任者《さいこうせきにんしゃ》として国民《こくみん》をリード

明治《めいじ》の新《あたら》しい世《よ》を体現《たいげん》する存在《そんざい》として君臨《くんりん》

孝明天皇《こうめいてんのう》の第《だい》2皇子《おうじ》として京都《きょうと》に生《う》まれる。1867年《ねん》、14歳《さい》で天皇《てんのう》に即位《そくい》。幕府《ばくふ》が倒《たお》れ新《あたら》しい世《よ》になると、東京《とうきょう》に移《うつ》り、政治家《せいじか》たちに政策《せいさく》の実行《じっこう》を許可《きょか》する（勅許《ちょっきょ》）かどうか決《き》める立場《たちば》になる。日清《にっしん》戦争《せんそう》、日露戦争《にちろせんそう》のように、気《き》が進《すす》まない勅許《ちょっきょ》を出《だ》すこともあったが、政治家《せいじか》の言《い》いなりにはならず、ほんとうに必要《ひつよう》な政策《せいさく》か何度《なんど》も確《たし》かめる聡明《そうめい》さがあり、初代首相《しょだいしゅしょう》・伊藤《いとう》博文《ひろぶみ》も手強《てごわ》いと評《ひょう》した。また、富国《ふこく》強兵《きょうへい》のため牛肉食《ぎゅうにくしょく》を奨励《しょうれい》する際《さい》は、皇室《こうしつ》の伝統《でんとう》を破《やぶ》って肉《にく》を食《た》べ、国《こく》民《みん》に模範《もはん》を示《しめ》した。よく尊敬《そんけい》を集《あつ》め、崩御《ほうぎょ》後《ご》は東京《とうきょう》市民《しみん》の運動《うんどう》で明治《めいじ》神宮《じんぐう》がつくられた。

生年《せいねん》　1852年《ねん》
※フランスでナポレオン3世が即位《そくい》

没年《ぼつねん》　1912年《ねん》
※孫文《そんぶん》が中華民国《ちゅうかみんこく》成立《せいりつ》を宣言《せんげん》

享年《きょうねん》　60歳《さい》

ここがポイント！

新時代《しんじだい》の天皇《てんのう》として
国家《こっか》づくりに貢献《こうけん》

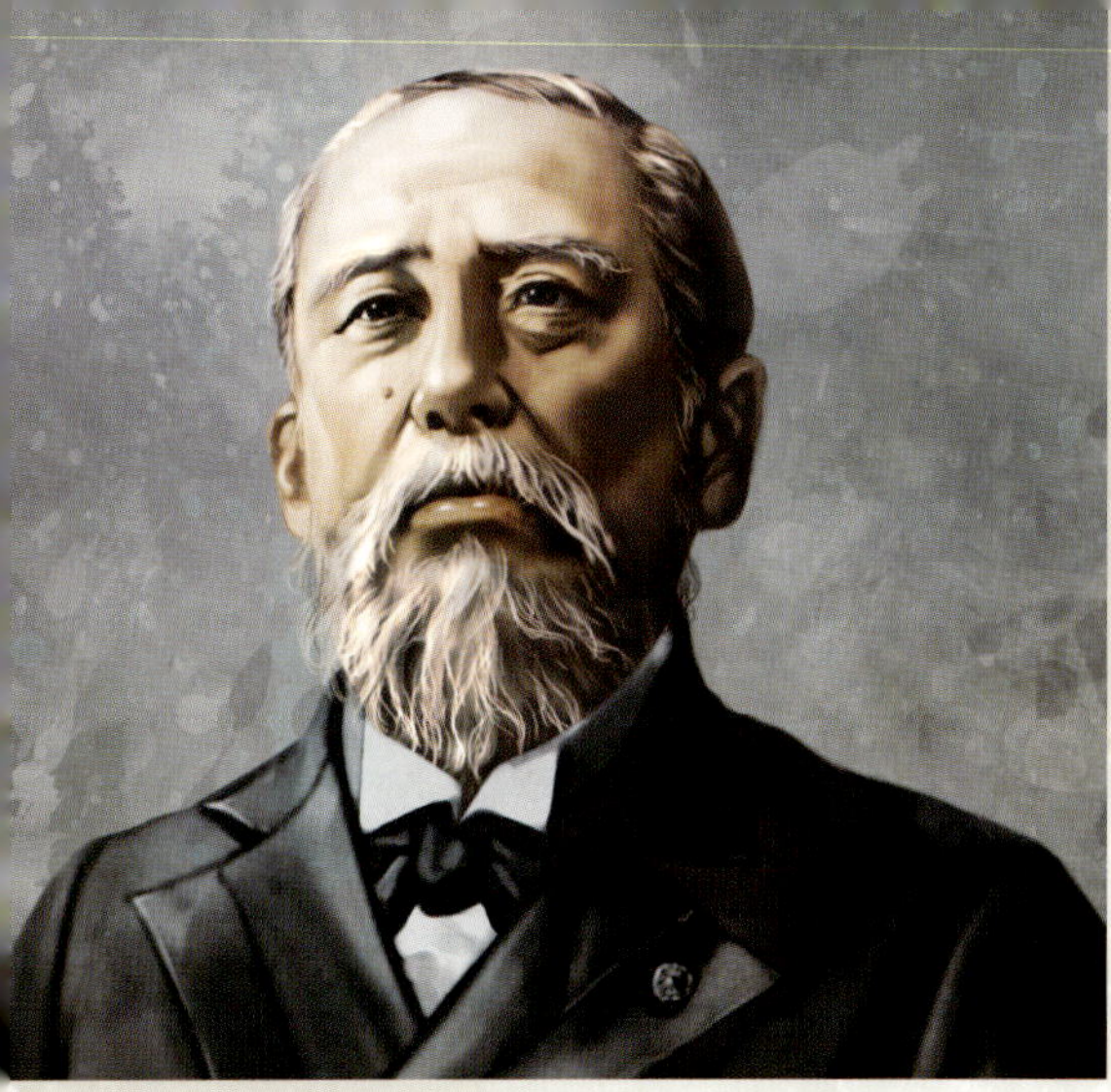

File. 265

政

伊藤博文

【いとう ひろぶみ】

おもしろエピソード

◎芸者遊《げいしゃあそ》びが大好《だいす》き。明治天皇《めいじてんのう》に怒《おこ》られてしまったほど

◎私腹《しふく》を肥《こ》やさず正直《しょうじき》なので、政治家《せいじか》からの信頼《しんらい》は厚《あつ》い

明治維新《めいじいしん》をすすめ近代国家《きんだいこっか》・日本《にほん》の礎《いしずえ》をつくる

明治《めいじ》の日本《にほん》を形《かたち》づくった日本《にほん》で最初《さいしょ》の総理大臣《そうりだいじん》

長州《ちょうしゅう》の農民《のうみん》の家《いえ》に生《う》まれ、松下《しょうか》村塾《そんじゅく》に入《はい》る。幕末《ばくまつ》には政治的《せいじてき》に目《め》立《だ》った活躍《かつやく》をしなかったが、イギリスに留学《りゅうがく》して英語《えいご》と西欧事情《せいおうじじょう》の知識《ちしき》を身《み》につけ、明治政府《めいじせいふ》では長《ちょう》州藩《しゅうはん》の実力者《じつりょくしゃ》木戸孝允《きどたかよし》を後《うし》ろ盾《だて》に出世《しゅっせ》した。木戸《きど》や大久保利通《おおくぼとしみち》亡《な》き後《あと》は政治《せいじ》の中枢《ちゅうすう》で殖産興業《しょくさんこうぎょう》や女子《じょし》教育《きょういく》に力《ちから》を入《い》れたり、外国《がいこく》の憲法《けんぽう》を学《まな》んで大日本帝国憲法《だいにっぽんていこくけんぽう》をつくる中心《ちゅうしん》となる。1885年《ねん》には初代《しょだい》内閣総理大臣《ないかくそうりだいじん》に就任《しゅうにん》し、計《けい》4度《ど》総《そう》理大臣《りだいじん》となった。日露戦争後《にちろせんそうご》、日《に》本《ほん》が韓国《かんこく》を事実上《じじつじょう》の保護国《ほごこく》にした際《さい》には初代韓国統監《しょだいかんこくとうかん》に就任《しゅうにん》するも、中国東北部《ちゅうごくとうほくぶ》のハルビン駅《えき》で韓国《かんこく》の民族運動家《みんぞくうんどうか》に暗殺《あんさつ》された。

生年《せいねん》　1841年《ねん》

※作曲家《さっきょくか》ドヴォルザーク誕生《たんじょう》

没年《ぼつねん》　1909年《ねん》

※両国国技館《りょうごくこくぎかん》ができる

享年《きょうねん》　68歳《さい》

ここがポイント！

憲法《けんぽう》をまとめ日本《にほん》を
アジア初《はつ》の立憲君主制《りっけんくんしゅせい》
近代国家《きんだいこっか》に

File. 266

政

【むつ むねみつ】陸奥宗光

おもしろエピソード

◎有能《ゆうのう》だが、明治天皇《めいじてんのう》にはあまり好《この》まれていなかった
◎頭《あたま》がよいためか、他人《たにん》を小馬鹿《こばか》にするタイプ

「カミソリ外相《がいしょう》」として辣腕《らつわん》を振《ふ》るう

坂本龍馬《さかもとりょうま》も認《みと》めた切《き》れ者《もの》ぶりを明治《めいじ》に発揮《はっき》

紀州藩士《きしゅうはんし》の第《だい》6子《し》として生《う》まれる。江戸《えど》で遊学中《ゆうがくちゅう》、坂本龍馬《さかもとりょうま》や木戸孝允《きどたかよし》、伊藤博文《いとうひろぶみ》らと知《し》り合《あ》い、特《とく》に坂本龍馬《さかもとりょうま》とは親《した》しくなって、「海援隊《かいえんたい》」に入《はい》って行動《こうどう》を共《とも》にした。

明治《めいじ》の世《よ》では、西南戦争《せいなんせんそう》の際《さい》、政《せい》府《ふ》転覆《てんぷく》をはかった土佐《とさ》の自由民権《じゆうみんけん》運動団体《うんどうだんたい》・立志社《りっししゃ》の面々《めんめん》と通《つう》じていたため5年間《ねんかん》の獄中生活《ごくちゅうせいかつ》を送《おく》ったが、その後《ご》は伊藤博文《いとうひろぶみ》のつてでイギリスに留学《りゅうがく》、第二次伊藤博文内《だいにじいとうひろぶみない》閣《かく》では外相《がいしょう》となり、その真《しん》の才覚《さいかく》を発揮《はっき》する。当時《とうじ》は、日本《にほん》が欧米《おうべい》に肩《かた》を並《なら》べるべく奮闘《ふんとう》していた時《じ》代《だい》であった。アメリカ・イギリスなどと幕末《ばくまつ》に結《むす》んだ不平等条約《ふびょうどうじょうやく》は、「遅《おく》れた日本《にほん》」の象徴《しょうちょう》であり、その改正《かいせい》は明治政府《めいじせいふ》の悲願《ひがん》だった。陸《む》奥《つ》は外交交渉《がいこうこうしょう》で、まずは治外法権《ちがいほうけん》（条約締結国《じょうやくていけつこく》の外国人《がいこくじん》が日本《にほん》の法《ほう》で裁《さば》かれない権利《けんり》）を撤廃《てっぱい》させた。また日清戦争《にっしんせんそう》ではイギリスと関係《かんけい》を強化《きょうか》したうえで開戦《かいせん》し、有利《ゆうり》な講《こう》和《わ》に持《も》ち込《こ》む。仏《ふつ》・独《どく》・露《ろ》による三《さん》国干渉《ごくかんしょう》が起《お》きると、厳《きび》しい要求《ようきゅう》を防《ふせ》いで確実《かくじつ》に戦勝利益《せんしょうりえき》を得《え》るため、遼東半島《りょうとうはんとう》を諦《あきら》める決断《けつだん》をした。

生年《せいねん》 1844年《ねん》
※黄埔条約《こうほじょうやく》でフランスが清国《しんこく》に経済進出《けいざいしんしゅつ》

没年《ぼつねん》 1897年《ねん》
※インドの独立指導者《どくりつしどうしゃ》ボースが誕生《たんじょう》

享年《きょうねん》 54歳《さい》

ここがポイント！

日本《にほん》が結《むす》ばされた不平等条約《ふびょうどうじょうやく》を「陸奥外交《むつがいこう》」で解消《かいしょう》

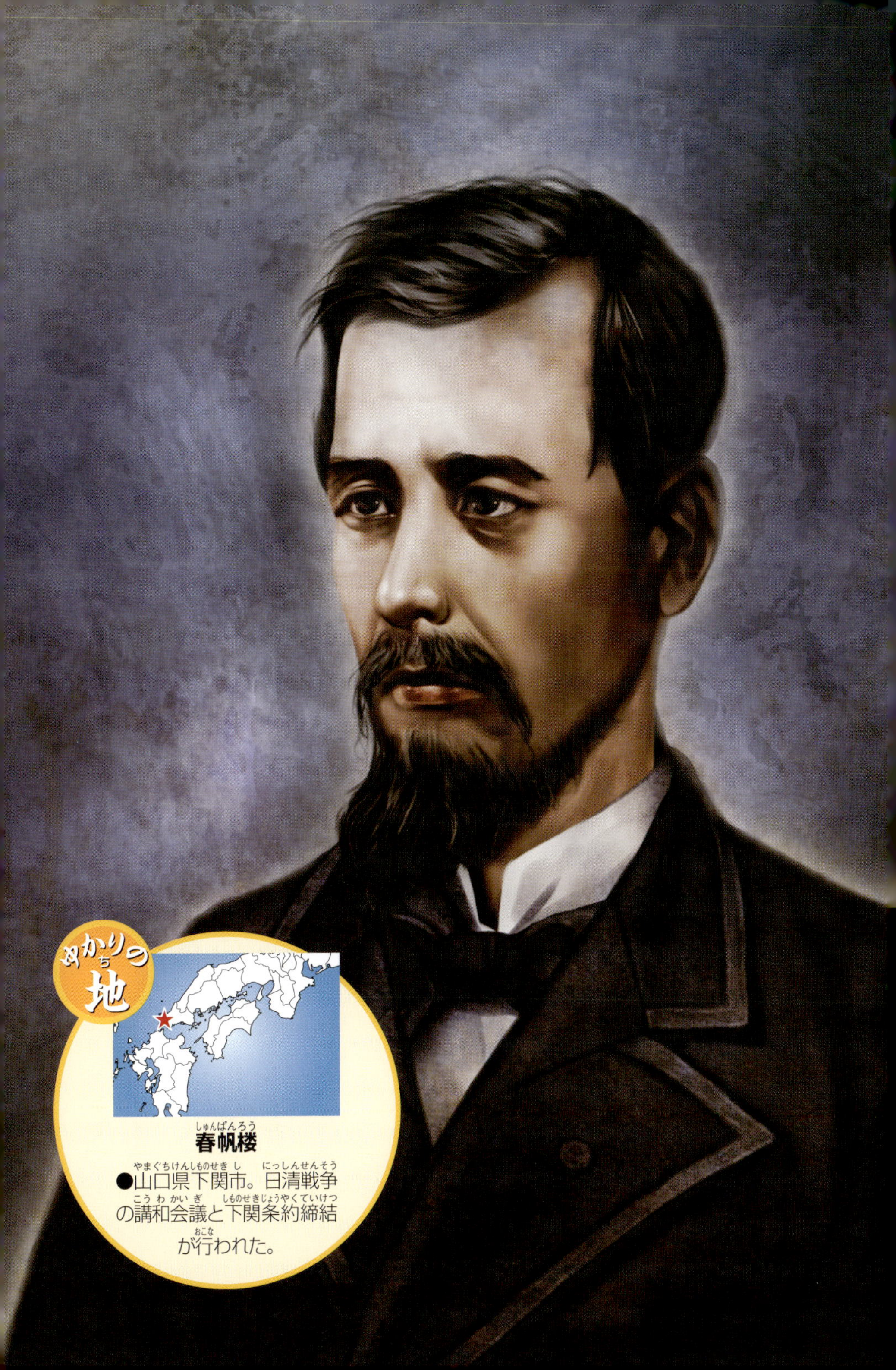

ゆかりの地《ち》

春帆楼《しゅんぱんろう》

●山口県《やまぐちけん》下関《しものせき》市《し》。日清戦争《にっしんせんそう》の講和《こうわ》会議《かいぎ》と下関《しものせき》条約《じょうやく》締結《ていけつ》が行《おこな》われた。

日清戦争《にっしんせんそう》

朝鮮半島進出《ちょうせんはんとうしんしゅつ》をめぐる日本《にほん》と清《しん》の戦《たたか》い

「眠《ねむ》れる獅子《しし》」大国清《たいこくしん》を打《う》ち破《やぶ》る

明治維新《めいじいしん》により、「近代的《きんだいてき》」な国家《こっか》へと変貌《へんぼう》をとげようとしていた日本《にほん》。しかし日本《にほん》を含《ふく》むアジアにも、欧米《おうべい》の帝国主義《ていこくしゅぎ》の手《て》が伸《の》びてくる。北方《ほっぽう》からはロシアが進出《しんしゅつ》を狙《ねら》っていたし、南方《なんぽう》にはフランスやイギリス、アメリカが迫《せま》っていた。だが清《しん》や朝鮮《ちょうせん》は日本以上《にほんいじょう》に有効《ゆうこう》な対策《たいさく》を取《と》れていなかった。

そこで日本《にほん》は朝鮮半島《ちょうせんはんとう》を支配下《しはいか》におくことを考《かんが》えたが、清《しん》は朝鮮《ちょうせん》を属国《ぞっこく》と考《かんが》えており、また格下《かくした》の島国《しまぐに》である日《に》本《ほん》にそんなことを許《ゆる》すわけにはいかなかった。日清戦争《にっしんせんそう》は、日本《にほん》と清《しん》との朝《ちょう》鮮《せん》をめぐる戦《たたか》いであり、当時《とうじ》の外務大《がいむだい》臣《じん》、陸奥宗光《むつむねみつ》もそのようにこの戦争《せんそう》をとらえていた。また、日本《にほん》にとっては明治維新後初《めいじいしんごはつ》の対外戦争《たいがいせんそう》である。

1894年《ねん》3月《がつ》、朝鮮《ちょうせん》で農民《のうみん》が蜂起《ほうき》し（甲午農民戦争《こうごのうみんせんそう》）、清《しん》が出兵《しゅっぺい》したことを受《う》け、時《とき》の総理大臣《そうりだいじん》伊藤博文《いとうひろぶみ》は朝鮮《ちょうせん》出兵《しゅっぺい》を決定《けってい》。戦端《せんたん》が開《ひら》かれた。戦《たたか》いは海《うみ》と陸両方《りくりょうほう》で行《おこな》われ、同年《どうねん》9月《がつ》15日《にち》の「平壌《へいじょう》の戦《たたか》い」では日本軍《にほんぐん》が勝利《しょうり》。つづいて17日《にち》の「黄海《こうかい》の海戦《かいせん》」においても、当時東洋一《とうじとうよういち》を誇《ほこ》ったドイツ製《せい》の巨《きょ》艦《かん》「定遠《ていえん》」「鎮遠《ちんえん》」を有《ゆう》する清《しん》の北洋艦《ほくようかん》

日本軍《にほんぐん》

陸軍《りくぐん》 約《やく》24万人《まんにん》　海軍《かいぐん》 軍艦《ぐんかん》28隻《せき》

VS

清国軍《しんこくぐん》

陸軍《りくぐん》 約《やく》63万人《まんにん》　海軍《かいぐん》 軍艦《ぐんかん》82隻《せき》

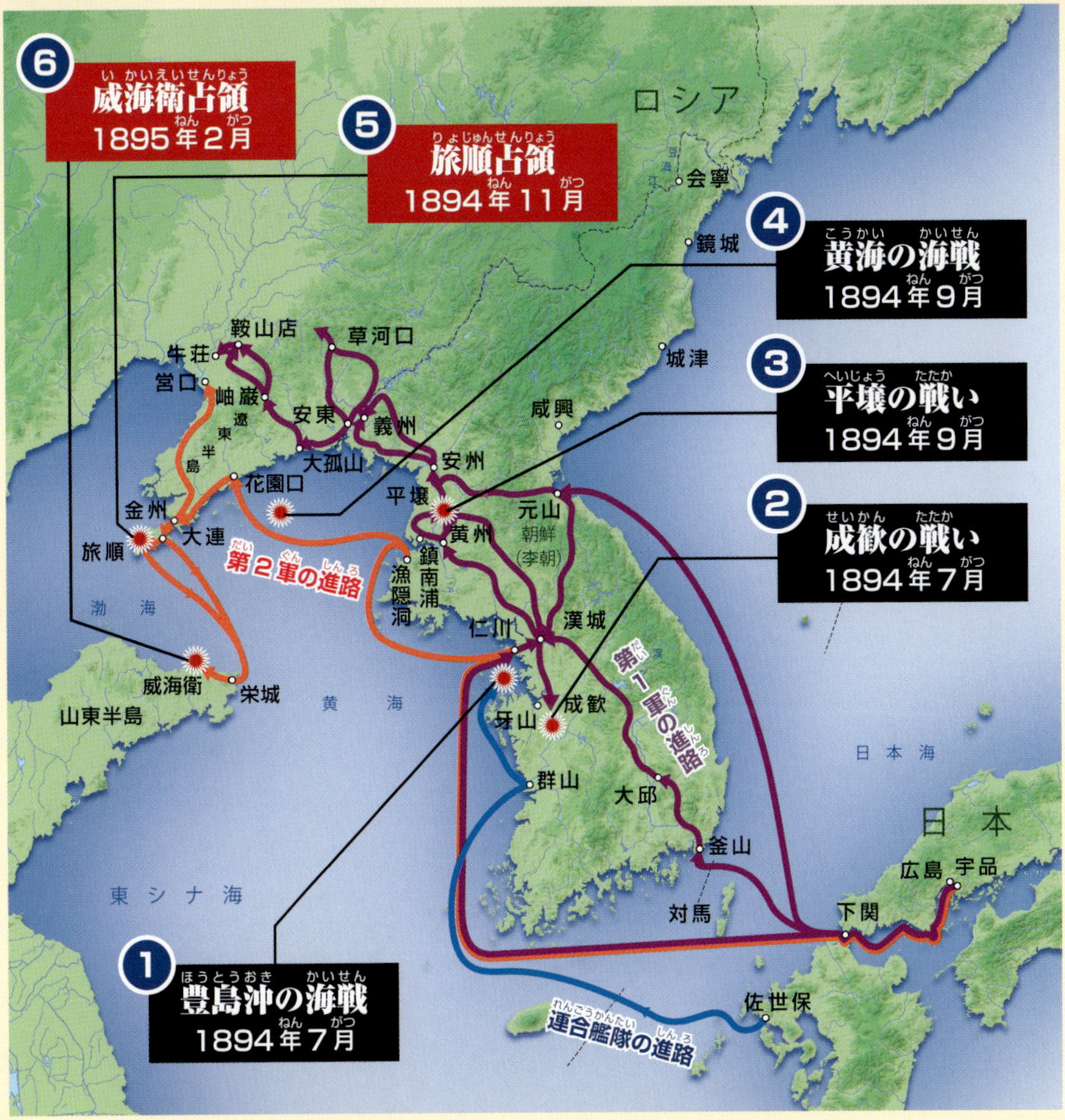

隊《たい》に対《たい》し、日本《にほん》の連合艦隊《れんごうかんたい》は沈没艦《ちんぼつかん》を出《だ》すことなく勝《か》ちを収《おさ》めた。

日本《にほん》は清《しん》の領土内《りょうどない》まで進軍《しんぐん》。有利《ゆうり》な条件《じょうけん》で講和《こうわ》に持《も》ち込《こ》み、遼東半島割譲《りょうとうはんとうかつじょう》や朝鮮独立《ちょうせんどくりつ》などを含《ふく》む下関条約《しものせきじょうやく》を結《むす》ぶ。だが、この内容《ないよう》を知《し》ったロシア・ドイツ・フランスは三国干渉《さんごくかんしょう》を行《おこな》い、日本《にほん》の利益独占《りえきどくせん》を妨害《ぼうがい》。日本《にほん》はこれ以《い》上《じょう》の列強《れっきょう》の口出《くちだ》しを危《あや》ぶみ、金銭《きんせん》と引《ひ》きかえに遼東半島《りょうとうはんとう》を清《しん》に返《かえ》した。

近代化《きんだいか》が遅《おく》れていたとはいえ、清《しん》は国力《こくりょく》では日本《にほん》を上回《うわまわ》っており、「眠《ねむ》れる獅子《しし》」たる清《しん》の敗北《はいぼく》は欧米列強《おうべいれっきょう》にも意《い》外《がい》なことだった。これを機《き》に欧米《おうべい》の清《しん》への干渉《かんしょう》は強《つよ》まり、事実上《じじつじょう》の分割支配《ぶんかつしはい》が進《すす》んでいく。また、日本《にほん》では利益《りえき》を奪《うば》った列強《れっきょう》、とくにロシアへの感情《かんじょう》が悪化《あっか》し、日露戦争《にちろせんそう》の遠因《えんいん》となった。

File. 267

学

福沢諭吉【ふくざわ ゆきち】

おもしろエピソード

◎居合《いあい》の達人《たつじん》。立身新流《たつみしんりゅう》を中津藩《なかつはん》で学《まな》んだ

◎幕末《ばくまつ》に同《おな》じ船《ふね》で渡米《とべい》した勝海舟《かつかいしゅう》とは生涯仲悪《しょうがいなかわる》し

西洋文明《せいようぶんめい》の見習《みなら》うべき点《てん》を広《ひろ》く啓蒙《けいもう》

日本国民《にほんこくみん》を賢《かしこ》くするため私塾《しじゅく》をつくり、書《しょ》を著《あらわ》す

中津藩《なかつはん》（今《いま》の大分県《おおいたけん》）藩士《はんし》の家《いえ》に生《う》まれ、幼少時《ようしょうじ》は漢学《かんがく》、青年時《せいねんじ》代《だい》は蘭学《らんがく》を学《まな》び、欧米渡航《おうべいとこう》もした。1868年《ねん》、自分《じぶん》の蘭学塾《らんがくじゅく》を当時《とうじ》の元号《げんごう》「慶応《けいおう》」をとって慶應義塾《けいおうぎじゅく》に改名《かいめい》する。福沢《ふくざわ》は学校《がっこう》の設立《せつりつ》に熱心《ねっしん》で、一橋大学《ひとつばしだいがく》や専修大学《せんしゅうだいがく》（の前身《ぜんしん》）の設立《せつりつ》にもかかわった。維《い》新後《しんご》は役人《やくにん》にはならず、一般大衆《いっぱんたいしゅう》に向《む》けて自由《じゆう》・平等《びょうどう》・独立《どくりつ》を説《と》き、日本《にほん》にはない西洋的《せいようてき》な考《かんが》え方《かた》を学《まな》ぶよう勧《すす》める『学問《がくもん》のすすめ』を著《あらわ》し、これは当時《とうじ》のベストセラー（国民《こくみん》10人《にん》に一人《ひとり》が読《よ》むほど）となった。なお「経済《けいざい》」など、今日《こんにち》よく使《つか》う言葉《ことば》には西洋《せいよう》の概念《がいねん》を福沢《ふくざわ》が漢語《かんご》に訳《やく》したものも多《おお》い。

生年《せいねん》 1834年《ねん》
※ドイツ関税同盟成立《かんぜいどうめいせいりつ》

没年《ぼつねん》 1901年《ねん》
※オーストラリア連邦成立《れんぽうせいりつ》

享年《きょうねん》 68歳《さい》

ここがポイント！

慶應義塾《けいおうぎじゅく》の塾長《じゅくちょう》を務《つと》め、名著《めいちょ》『学問《がくもん》のすすめ』を出版《しゅっぱん》

文

夏目漱石【なつめ そうせき】

おもしろエピソード

◎俳人《はいじん》の正岡子規《まさおかしき》と仲《なか》がよく、「漱石《そうせき》」は子規《しき》が使《つか》っていたペンネームのひとつを譲《ゆず》り受《う》けた。意味《いみ》は「頑固者《がんこもの》」

生年《せいねん》 1867年《ねん》
※大政奉還《たいせいほうかん》

没年《ぼつねん》 1916年《ねん》
※ユトランド沖海戦《おきかいせん》（第一次世界大戦《だいいちじせかいたいせん》）

享年《きょうねん》 49歳《さい》

ここがポイント！

新《あたら》しい口語文体《こうごぶんたい》を大成《たいせい》、のちに影響《えいきょう》を与《あた》える多《おお》くの小説《しょうせつ》を書《か》く

今《いま》なお愛読《あいどく》される「明治《めいじ》の文豪《ぶんごう》」の代表《だいひょう》

『猫《ねこ》』のおかげで教職《きょうしょく》から華麗《かれい》な転身《てんしん》!?

東京《とうきょう》の大名主《おおなぬし》の家《いえ》に生《う》まれる。小説家《しょうせつか》として知《し》られるが、もとは英語《えいご》や英文学《えいぶんがく》の教師《きょうし》であった。イギリス留学後《りゅうがくご》、文学仲間《ぶんがくなかま》の勧《すす》めで『吾輩《わがはい》は猫《ねこ》である』を執筆《しっぴつ》、これがヒットし朝日新聞社専属《あさひしんぶんしゃせんぞく》の小説家《しょうせつか》となる。

明治時代《めいじじだい》は、古《ふる》めかしい文章《ぶんしょう》語《ご》ではない新《あたら》しい文体《ぶんたい》をつくろうと多《おお》くの作家《さっか》が試行錯誤《しこうさくご》していたが、漱石《そうせき》の小説《しょうせつ》は話《はな》し言葉《ことば》に近《ちか》い生《い》き生《い》きした口語文《こうごぶん》の確立《かくりつ》に貢献《こうけん》した。作風《さくふう》は『坊《ぼ》っちゃん』など青春《せいしゅん》の楽《たの》しいもの、悲劇《ひげき》を描《えが》き出《だ》す『こころ』、また禅《ぜん》を取《と》り入《い》れた『門《もん》』など多彩《たさい》。若《わか》き芥川龍之介《あくたがわりゅうのすけ》の才能《さいのう》をいち早《はや》く評価《ひょうか》するなど、日本近代文学《にほんきんだいぶんがく》の発展《はってん》に寄与《きよ》。

明治時代《めいじじだい》の文化《ぶんか》 1

新《あたら》しい時代《じだい》に突入《とつにゅう》して生《う》まれた新《あたら》しい概念《がいねん》とその運動《うんどう》

近代的《きんだいてき》な自我《じが》の発達《はったつ》が女性《じょせい》の表現《ひょうげん》や運動《うんどう》をよぶ

封建的《ほうけんてき》な江戸時代《えどじだい》が終《お》わり、近代国家《きんだいこっか》への仲間入《なかまい》りを果《は》たそうとする明治日本《めいじにほん》。西欧《せいおう》の考《かんが》え方《かた》や技術《ぎじゅつ》の導入《どうにゅう》で、蒸気機関車《じょうききかんしゃ》や電話《でんわ》と身《み》の回《まわ》りにあるモノも大《おお》きく変化《へんか》したが、それ以上《いじょう》に新《あたら》しくなったのが人《ひと》の心《こころ》だ。封建社会《ほうけんしゃかい》では、人《ひと》は生《う》まれたときから身分《みぶん》が定《さだ》められ、仕事《しごと》や家庭《かてい》での役割《やくわり》もほぼ決《き》まっていた。そんななかでは「わたしとは何者《なにもの》か?」などと考《かんが》える必要《ひつよう》はなかった。しかし明治《めいじ》に入《はい》ると、少《すこ》しずつとはいえ努力《どりょく》による立身出世《りっしんしゅっせ》の道《みち》ができ、「わたしとは何者《なにもの》か?」という問《と》いが日本人《にほんじん》の間《あいだ》にも生《う》まれる。いわゆる近代的自我《きんだいてきじが》だ。それに文章《ぶんしょう》で迫《せま》ったのが明治時代《めいじじだい》の近代小説《きんだいしょうせつ》といえる。

男性以上《だんせいいじょう》に自由《じゆう》な意思表示《いしひょうじ》が制限《せいげん》されていた女性《じょせい》のなかから、実《じつ》

File. 269

与謝野晶子
【よさの あきこ】

File. 270

樋口一葉
【ひぐち いちよう】

力《りょく》ある作家《さっか》が多《おお》く出《で》たのも明治時代《めいじじだい》だ。歌集《かしゅう》『みだれ髪《がみ》』を出《だ》した歌《か》人《じん》の**与謝野晶子**《よさのあきこ》は、女性《じょせい》ならではの感覚《かんかく》や性《せい》を自由《じゆう》に表現《ひょうげん》し、明治《めいじ》の人々《ひとびと》を驚《おどろ》かせた。五千円札《ごせんえんさつ》の肖像《しょうぞう》でおなじみの小説家《しょうせつか》、**樋口一葉**《ひぐちいちよう》は、父《ちち》を亡《な》くし苦《くる》しい家計《かけい》を支《ささ》えた苦労人《くろうにん》。『たけくらべ』で少年《しょうねん》と少女《しょうじょ》の心《こころ》を詩情《しじょう》たっぷりに描《えが》き、『十三夜《じゅうさんや》』では家制度《いえせいど》にしばられた明治女性《めいじじょせい》の哀《かな》しみを表現《ひょうげん》した。

文学《ぶんがく》より直接的《ちょくせつてき》に、社会運動家《しゃかいうんどうか》として活動《かつどう》した女性《じょせい》も出《で》た。**津田梅子**《つだうめこ》は幼《おさな》くして岩倉使節団《いわくらしせつだん》についてアメリカに留学《りゅうがく》、津田塾大学《つだじゅくだいがく》を創立《そうりつ》して女子教育《じょしきょういく》の先駆者《せんくしゃ》となった。キリスト教宣教師《きょうせんきょうし》だった**新島襄**《にいじまじょう》と**新島**《にいじま》**（山本《やまもと》）八重**《やえ》の夫婦《ふうふ》は、今《いま》の同志社大学《どうししゃだいがく》の前身《ぜんしん》を開《ひら》き、良心《りょうしん》ある国《こく》際人《さいじん》を育《そだ》てようとした。

また、**平塚《ひらつか》らいてう**（読《よ》みは〝らいちょう〟）は文芸誌《ぶんげいし》『青鞜《せいとう》』を創《そう》刊《かん》して、女性解放《じょせいかいほう》を掲《かか》げる評論家《ひょうろんか》として活躍《かつやく》。「新《あたら》しい女《おんな》」として有名《ゆうめい》になる。与謝野《よさの》も『青鞜《せいとう》』にかかわっており、女性《じょせい》の自立《じりつ》のあり方《かた》に関《かん》して平塚《ひらつか》と論争《ろんそう》もした。その後《ご》、平塚《ひらつか》は**市川房枝**《いちかわふさえ》らと日本初《にほんはつ》の婦人《ふじん》会《かい》「新婦人協会《しんふじんきょうかい》」を結成《けっせい》。婦人参政権《ふじんさんせいけん》など女性《じょせい》の自由《じゆう》と権利《けんり》を獲得《かくとく》しようと奮闘《ふんとう》した。なお市川《いちかわ》は第二次世界大戦後《だいにじせかいたいせんご》、通算《つうさん》25年《ねん》もの間《あいだ》、参《さん》議院議員《ぎいんぎいん》を務《つと》めた。

File. 271

平塚らいてう

【ひらつか らいちょう】

File. 272

市川房枝

【いちかわ ふさえ】

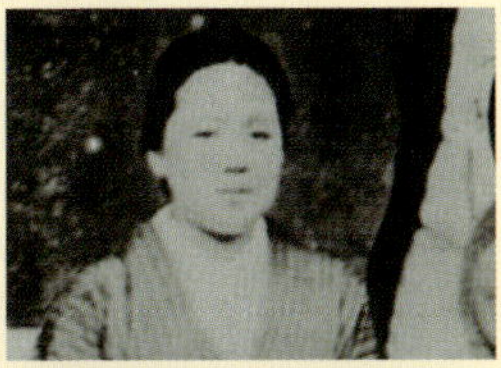

File. 273

新島八重

【にいじま やえ】

File. 274

津田梅子

【つだ うめこ】

File. 275

新島襄

【にいじま じょう】

明治時代《めいじじだい》の文化《ぶんか》 2

西欧化《せいおうか》が進《すす》む日本《にほん》の思想《しそう》と宗教観《しゅうきょうかん》

明治《めいじ》の進歩的文化人《しんぽてきぶんかじん》はクリスチャンが多《おお》い!?

明治《めいじ》の世《よ》に新《あたら》しい概念《がいねん》が日本《にほん》に入《はい》り、それによって新《あたら》しい文化《ぶんか》が花開《はなひら》いた(286～287ページ参照)。しかし西欧《せいおう》に触《ふ》れたことをきっかけに、日本古来《にほんこらい》の文化《ぶんか》や芸術《げいじゅつ》を見直《みなお》す動《うご》きも同時《どうじ》に起《お》きた。**岡倉天心**《おかくらてんしん》は御雇外国人《おやといがいこくじん》のフェノロサとともに、法隆寺夢殿《ほうりゅうじゆめどの》をはじめ古《ふる》い寺院《じいん》を調査《ちょうさ》。日本《にほん》の伝統美術《でんとうびじゅつ》の価値《かち》を見直《みなお》し、保護《ほご》と振興《しんこう》に努《つと》めた。文学《ぶんがく》では**正岡子規**《まさおかしき》が、西洋美術《せいようびじゅつ》の写生《しゃせい》にヒントを得《え》て、和歌《わか》や俳諧《はいかい》を刷新《さっしん》した。軍医《ぐんい》と作家《さっか》の両方《りょうほう》で活躍《かつやく》した**森鴎外**《もりおうがい》は、『舞姫《まいひめ》』でも描《えが》かれたようにドイツに留学《りゅうがく》し西欧知識《せいおうちしき》に通《つう》じる一方《いっぽう》、幼《おさな》いころから『論語《ろんご》』などの和漢《わかん》の古典《こてん》も身《み》につけていた。明治《めいじ》の日本文化《にほんぶんか》は、西欧《せいおう》とアジアの教養《きょうよう》が交《まじ》わるところに隆盛《りゅうせい》したともいえる。

File. 276

岡倉天心

【おかくら てんしん】

File. 277

森鴎外

【もり おうがい】

一方《いっぽう》、明治《めいじ》に入《はい》ったばかりの時点《じてん》では日本《にほん》にほとんどみられないものもあった。はっきりした宗教意識《しゅうきょういしき》と、それにもとづく道徳《どうとく》である。現代《げんだい》もそうだが、日本《にほん》では寺参《てらまい》りなどさえ世間《せけん》の習《なら》わしのようにとらえられ、宗教心《しゅうきょうしん》にもとづく行《おこな》いとは意識《いしき》されにくい。宗教《しゅうきょう》を信《しん》じ、行動指針《こうどうししん》とする西欧人《せいおうじん》には、これはとても奇異《きい》に映《うつ》ったという。札幌農学校出身《さっぽろのうがっこうしゅっしん》の教育者《きょういくしゃ》、**新渡戸稲造**《にとべいなぞう》はこのことを知《し》ると英語《えいご》で『武士道《ぶしどう》』を執筆《しっぴつ》。これは日本《にほん》の環境《かんきょう》や歴史《れきし》につちかわれた武士《ぶし》の心得《こころえ》や生活態度《せいかつたいど》を説明《せつめい》したもので、日本《にほん》には宗教《しゅうきょう》とは別《べつ》の道徳《どうとく》があることを外国《がいこく》に対《たい》して示《しめ》した。その一方《いっぽう》、**内村鑑三**《うちむらかんぞう》（新渡戸《にとべ》とは札幌農学校《さっぽろのうがっこう》の同級生《どうきゅうせい》）は日本人《にほんじん》のためのキリスト教《きょう》を広《ひろ》めるべく、独自《どくじ》に活動《かつどう》を行《おこな》った。教会《きょうかい》や司祭《しさい》など権力《けんりょく》に結《むす》びついてしまう要素《ようそ》を排《はい》し、純粋《じゅんすい》に教《おし》えを広《ひろ》めるのが彼《かれ》のスタイルだった。

彼《かれ》らの努力《どりょく》や、西欧思想《せいおうしそう》を学《まな》べば必然的《ひつぜんてき》にキリスト教《きょう》にも触《ふ》れるという事情《じじょう》もあって、明治日本《めいじにほん》の文化人《ぶんかじん》にはクリスチャンが多《おお》かった。黄熱病《おうねつびょう》の研究《けんきゅう》で知《し》られる科学者《かがくしゃ》、**野口英世**《のぐちひでよ》もじつはそのひとりである。西欧的《せいおうてき》な自由民権運動《じゆうみんけんうんどう》の中心人物《ちゅうしんじんぶつ》であり、「板垣死《いたがきし》すとも自由《じゆう》は死《し》せず」の言葉《ことば》（彼自身《かれじしん》が言《い》ったわけではないが）で有名《ゆうめい》な**板垣退助**《いたがきたいすけ》もクリスチャン（プロテスタント）であった。

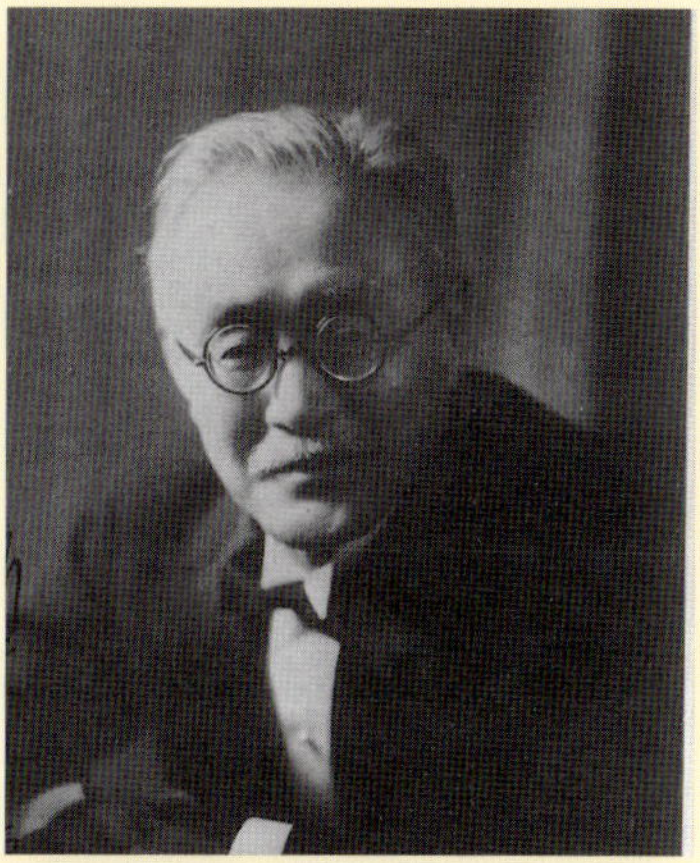

File. 278

新渡戸稲造

【にとべ いなぞう】

File. 279

内村鑑三

【うちむら かんぞう】

File. 280

正岡子規

【まさおか しき】

File. 281

板垣退助

【いたがき たいすけ】

File. 282

野口英世

【のぐち ひでよ】

御雇外国人《おやといがいこくじん》

厚待遇《こうたいぐう》で招《まね》かれた欧米《おうべい》の「先生《せんせい》」たち

高給《こうきゅう》をもらい日本《にほん》の近代化《きんだいか》を指導《しどう》した

幕末《ばくまつ》から明治《めいじ》になり、「世界《せかい》のなかの日本《にほん》」として開国《かいこく》を果《は》たした日《に》本《ほん》。進《すす》んだ西欧文明《せいおうぶんめい》に触《ふ》れ、日本《にほん》も西欧《せいおう》に負《ま》けない国《くに》になるべく近代《きんだい》化《か》を図《はか》るため、外国《がいこく》から技術者《ぎじゅつしゃ》や講師《こうし》を招《まね》き入《い》れた。これが「御雇外《おやといがい》国人《こくじん》」だ。これは当時《とうじ》の正式《せいしき》な呼《よ》び方《かた》であり、厚待遇《こうたいぐう》をもって迎《むか》え入《い》れられた。人《ひと》にもよるが、明治政府《めいじせいふ》の高官《こうかん》よりも高《たか》い給料《きゅうりょう》をもらっていた者《もの》もいた。たとえば、右大臣《うだいじん》の岩倉具視《いわくらともみ》の月給《げっきゅう》が６００円《えん》、政府《せいふ》指導者集団《しどうしゃしゅうだん》である参議《さんぎ》の板垣退助《いたがきたいすけ》が５００円《えん》といったなかで、イギリスから招《まね》いたトーマス・キンダーという通貨《つうか》の製造《せいぞう》を指導《しどう》した造幣寮《ぞうへいりょう》首長《しゅちょう》は、およそ倍《ばい》の１０４５円《えん》であった。現在《げんざい》の貨幣価値《かへいかち》をもとに換《かん》算《さん》すると、明治初期《めいじしょき》の１０４５円《えん》は現在《げんざい》の７００万円《まんえん》くらい。破格《はかく》の高給取《こうきゅうと》りといってもいいだろう。

File. 283

ウィリアム・クラーク

File. 284

小泉八雲（ラフカディオ・ハーン）【こいずみ やくも】

明治元年《めいじがんねん》（1868年《ねん》）から明治《めいじ》22年《ねん》（1889年《ねん》）までで御雇外国《おやといがいこく》人《じん》の数《かず》は約《やく》2700人《にん》。割合《わりあい》は当時《とうじ》の先進国家《せんしんこっか》であるイギリス人《じん》が最《もっと》も多《おお》く、アメリカやフランスがそれに続《つづ》く。今日《こんにち》でもよく知《し》られる御《お》雇外国人《やといがいこくじん》としては、まずアメリカの**ウィリアム・クラーク**博士《はかせ》が挙《あ》げられる。札幌農学校《さっぽろのうがっこう》の初代教頭《しょだいきょうとう》（実質的《じっしつてき》には校長《こうちょう》）として招《まね》かれ、植《しょく》物学《ぶつがく》などを教《おし》えた。クラークは学問《がくもん》だけではなくキリスト教《きょう》にもとづく道徳《どうとく》も教《おし》え、当時《とうじ》の生徒《せいと》の人格形成《じんかくけいせい》に大《おお》きく寄与《きよ》。8か月《げつ》しか札幌《さっぽろ》農学校《のうがっこう》にいなかったが、「青年《せいねん》よ大志《たいし》を抱《いだ》け！」という言葉《ことば》とともに強《きょう》烈《れつ》なインパクトを残《のこ》している。

ラフカディオ・ハーン（英《えい》）も御雇外国人《おやといがいこくじん》で、英語教師《えいごきょうし》をしていた。だが、のちに帰化《きか》して**小泉八雲**《こいずみやくも》を名《な》のり、日本《にほん》の神秘的物語《しんぴてきものがたり》『怪談《かいだん》』や『雨月物語《うげつものがたり》』を外国向《がいこくむ》けに記《しる》した作家《さっか》としてのほうが有名《ゆうめい》だ。**アーネスト・フェノロサ**（米《べい》）も哲学《てつがく》や政治学《せいじがく》の教師《きょうし》であったが、教《おし》え子《ご》の岡倉天心《おかくらてんしん》とともに絵画《かいが》など日本《にほん》の美術品《びじゅつひん》を再発見《さいはっけん》、保護《ほご》に努《つと》めた。その他《た》、「文明国日本《ぶんめいこくにほん》」のアピールに一役買《ひとやくか》った鹿鳴館《ろくめいかん》を設計《せっけい》した建築《けんちく》家《か》の**ジョサイア・コンドル**（英《えい》）や、新橋《しんばし》〜横浜間《よこはまかん》の鉄道建設《てつどうけんせつ》の指導《しどう》をしたエドモンド・モレル（英《えい》）など、学問《がくもん》のほか建築《けんちく》や鉄道《てつどう》、軍備《ぐんび》に関《かん》しても多《おお》くの御雇外国人《おやといがいこくじん》が尽力《じんりょく》している。

File. 285

アーネスト・フェノロサ

File. 286

ジョサイア・コンドル

File. 287

政

【かつら たろう】桂太郎

おもしろエピソード

◎あだ名《な》は「ニコポン」。ニコニコ笑《わら》って肩《かた》をポンと叩《たた》くところから。親《した》しみやすく人心掌握《じんしんしょうあく》に長《た》ける

日露戦争前後《にちろせんそうぜんご》の舵取《かじと》りをした宰相《さいしょう》

長州閥《ちょうしゅうばつ》を生《い》かし活躍《かつやく》 日露講和《にちろこうわ》では難《むずか》しい立場《たちば》に

長州藩士《ちょうしゅうはんし》（馬廻役《うままわりやく》）で戊辰戦争《ぼしんせんそう》に参加《さんか》した。明治維新後《めいじいしんご》は木戸孝允《きどたかよし》に目《め》をかけられ、陸軍卿《りくぐんきょう》の山県有朋《やまがたありとも》と太《ふと》いパイプを築《きず》いた。

1901年《ねん》には第《だい》11代内閣総理大臣《だいないかくそうりだいじん》となり、以後《いご》は西園寺公望《さいおんじきんもち》と持《も》ち回《まわ》りのように総理《そうり》になった（桂園時代《けいえんじだい》）。任期中《にんきちゅう》に日露戦争《にちろせんそう》が勃発《ぼっぱつ》、戦況《せんきょう》は日本優勢《にほんゆうせい》に推移《すいい》した。だが長《なが》く戦《たたか》うほど不利《ふり》になる日本《にほん》は講和《こうわ》を急《いそ》がなければならず、ポーツマス条約《じょうやく》では賠償金《ばいしょうきん》を諦《あきら》めたため、これを不満《ふまん》に思《おも》った民衆《みんしゅう》が暴動《ぼうどう》を起《お》こす騒《さわ》ぎになった。日本《にほん》を列強《れっきょう》から一目置《いちもくお》かれる立場《たちば》にしたわりに評価《ひょうか》されにくい、少々気《しょうしょうき》の毒《どく》な首相《しゅしょう》といえそうだ。

生年《せいねん》 1847年《ねん》
※翌年《よくとし》、滝沢馬琴《たきざわばきん》が死去《しきょ》

没年《ぼつねん》 1913年《ねん》
※第二次《だいにじ》バルカン戦争《せんそう》

享年《きょうねん》 66歳《さい》

ここがポイント！

日露戦争《にちろせんそう》に勝利《しょうり》して日本《にほん》を一等国《いっとうこく》に！

File. 288

政

後藤新平【ごとう しんぺい】

おもしろエピソード

◎ボーイスカウト日本連盟《にほんれんめい》の初代総長《しょだいそうちょう》を務《つと》めた

◎NHK《エヌエイチケー》の前身《ぜんしん》である東京放送局《とうきょうほうそうきょく》の初代総裁《しょだいそうさい》

関東大震災《かんとうだいしんさい》後《ご》の東京《とうきょう》をスクラップ&ビルド！

医者《いしゃ》から政治家《せいじか》へ 異色《いしょく》の経歴《けいれき》をもつ

仙台藩士《せんだいはんし》の長男《ちょうなん》に生《う》まれ、医者《いしゃ》となる。実力《じつりょく》が認《みと》められ内務省衛生局《ないむしょうえいせいきょく》に入《はい》りドイツ留学《りゅうがく》を経《へ》て局長《きょくちょう》に就任《しゅうにん》、官僚《かんりょう》・政治家《せいじか》の道《みち》を歩《あゆ》む。台湾総督府民政長官《たいわんそうとくふみんせいちょうかん》になると、アヘン乱用問題《らんようもんだい》に対《たい》し、総督府《そうとくふ》の専売《せんばい》にしてコントロールし、収益《しゅうえき》は公《こう》衆衛生財源《しゅうえいせいざいげん》にあてる奇策《きさく》を実行《じっこう》した。関東大震災《かんとうだいしんさい》後《ご》、組閣《そかく》された内《ない》閣《かく》で内務大臣《ないむだいじん》として復興事業《ふっこうじぎょう》に尽《じん》力《りょく》。震災《しんさい》による破壊《はかい》を機《き》に大胆《だいたん》な区画整理《くかくせいり》や道路整備《どうろせいび》を行《おこな》い、東京《とうきょう》を近代都市《きんだいとし》につくり変《か》えた。予算《よさん》縮小《しゅくしょう》で実現《じつげん》しなかった案《あん》もあるが、靖国通《やすくにどお》りや隅田公園《すみだこうえん》などは後藤《ごとう》の構想《こうそう》を今《いま》に伝《つた》える。レンガ造《づく》りの東京駅《とうきょうえき》も後藤《ごとう》の命《めい》で造《つく》られた。

生年《せいねん》 1857年《ねん》

※インドでセポイの乱起《らんお》きる

没年《ぼつねん》 1929年《ねん》

※世界恐慌始《せかいきょうこうはじ》まる

享年《きょうねん》 72歳《さい》

ここがポイント！

先進的《せんしんてき》な都市計画《としけいかく》で東京《とうきょう》を近代都市《きんだいとし》にしようとした

File. 289

軍

乃木希典【のぎ まれすけ】

おもしろエピソード

◎人格者《じんかくしゃ》で、投降《とうこう》した敵将《てきしょう》にも礼儀《れいぎ》を尽《つ》くした
◎学習院院長《がくしゅういんいんちょう》を務《つと》め、のちの昭和天皇《しょうわてんのう》を教育《きょういく》

旧居近《きゅうきょちか》くの坂《さか》の名前《なまえ》にも残《のこ》る陸軍大将《りくぐんたいしょう》

日清《にっしん》、日露戦争《にちろせんそう》を戦《たたか》った明治陸軍《めいじりくぐん》の第一人者《だいいちにんしゃ》

陸軍軍人《りくぐんぐんじん》。長州出身《ちょうしゅうしゅっしん》で幕末《ばくまつ》は「奇兵隊《きへいたい》」とともに幕府軍《ばくふぐん》と戦《たたか》った。明治《めいじ》に入《はい》って陸軍少佐《りくぐんしょうさ》となる。西《せい》南戦争《なんせんそう》で軍旗《ぐんき》を奪《うば》われる屈辱《くつじょく》を受《う》けたが、1894年《ねん》の日清戦争《にっしんせんそう》では大活躍《だいかつやく》。そして1904年《ねん》からの日露戦争《にちろせんそう》において、息子《むすこ》二人《ふたり》を失《うしな》うも、非常《ひじょう》に強固《きょうこ》な旅順要塞《りょじゅんようさい》を攻略《こうりゃく》したことで、一躍《いちやく》名《な》が知《し》られた。戦車《せんしゃ》も飛行機《ひこうき》もない時代《じだい》、要塞《ようさい》を攻《こう》略《りゃく》するのはとても難《むずか》しかったのだ。また、ロシアと日本軍総勢《にほんぐんそうぜい》60万人《まんにん》が激突《げきとつ》した、歴史的《れきしてき》にも大《おお》きな戦《たたか》いである奉天会戦《ほうてんかいせん》でも軍《ぐん》を率《ひき》いて戦《たたか》った。明治天皇《めいじてんのう》とは互《たが》いに信頼《しんらい》が厚《あつ》く、明治天皇崩御《めいじてんのうほうぎょ》の際《さい》は妻《つま》とともに殉死《じゅんし》している。

生年《せいねん》 1849年《ねん》
※「パブロフの犬《いぬ》」の生理学者《せいりがくしゃ》パブロフ誕生《たんじょう》

没年《ぼつねん》 1912年《ねん》
※イギリス人《じん》スコットが南極点《なんきょくてん》に到達《とうたつ》

享年《きょうねん》 63歳《さい》

ここがポイント！

ロシア勢力下《せいりょくか》の旅順要塞《りょじゅんようさい》を陥落《かんらく》させ戦争勝利《せんそうしょうり》に貢献《こうけん》

File. 290

軍

東郷平八郎【とうごう へいはちろう】

おもしろエピソード

◎肉《にく》じゃがは東郷《とうごう》がイギリスで食《た》べたビーフシチューの味《あじ》を再現《さいげん》させようとして偶然《ぐうぜん》できた！

バルチック艦隊《かんたい》を大胆《だいたん》な回頭戦術《かいとうせんじゅつ》で撃破《げきは》！

ロシア艦隊《かんたい》を破《やぶ》った日本海軍《にほんかいぐん》の名提督《めいていとく》

大日本帝国海軍《だいにっぽんていこくかいぐん》の大将《たいしょう》。幕末《ばくまつ》には戊辰戦争《ぼしんせんそう》で薩摩藩《さつまはん》の軍艦《ぐんかん》に乗艦《じょうかん》した。明治《めいじ》の世《よ》では海軍士官《かいぐんしかん》となりイギリスへ留学《りゅうがく》。帰国後《きこくご》は日清戦争《にっしんせんそう》に従軍《じゅうぐん》、日露戦争《にちろせんそう》では連合艦隊旗艦《れんごうかんたいきかん》の司令長官《しれいちょうかん》となり、ロシアのバルチック艦隊《かんたい》を相手《あいて》にする日本海《にほんかい》海戦《かいせん》を指揮《しき》した。隊列《たいれつ》を組《く》む敵《てき》の前《まえ》で自分《じぶん》の艦隊《かんたい》を方向転換《ほうこうてんかん》、艦隊《かんたい》の全砲門《ぜんほうもん》で敵先頭艦《てきせんとうかん》に集中攻撃《しゅうちゅうこうげき》する「丁字戦法《ていじせんぽう》」で、当時最強《とうじさいきょう》クラスのバルチック艦隊《かんたい》に勝利《しょうり》。乃木《のぎ》の陸軍《りくぐん》ともども強国《きょうこく》ロシアを破《やぶ》った東郷《とうごう》の功績《こうせき》は、ロシアの圧迫《あっぱく》を受《う》けていたトルコなどでも歓迎《かんげい》され、西欧以外《せいおういがい》で「一等国《いっとうこく》」になりつつある日本《にほん》の存在《そんざい》を世界《せかい》に示《しめ》した。

生年《せいねん》 1847年《ねん》
※桂太郎《かつらたろう》が誕生《たんじょう》

没年《ぼつねん》 1934年《ねん》
※スターリンの大粛清始《だいしゅくせいはじ》まる

享年《えいねん》 87歳《さい》

ここがポイント！

大日本帝国海軍《だいにっぽんていこくかいぐん》を率《ひき》いて日本海海戦《にほんかいかいせん》を勝利《しょうり》に導《みちび》く

日《に》露《ろ》戦《せん》争《そう》

大国《たいこく》ロシアに大金星《だいきんぼし》をあげ、東《ひがし》アジアで勢力《せいりょく》を伸《の》ばした日本《にほん》

File. 291

大山巌

【おおやま いわお】

File. 292

児玉源太郎

【こだま げんたろう】

旅順攻略《りょじゅんこうりゃく》、日本海海戦《にほんかいかいせん》と陸海《りくかい》の激戦《げきせん》を制《せい》する

日露戦争《にちろせんそう》は１９０４年《ねん》２月《がつ》から１９０５年《ねん》９月《がつ》にわたって大日本帝国《だいにっぽんていこく》とロシア帝国《ていこく》の間《あいだ》で行《おこな》われた戦争《せんそう》だ。欧米《おうべい》の帝国主義《ていこくしゅぎ》は当時最盛期《とうじさいせいき》を迎《むか》え、列強各国《れっきょうかっこく》は労働力《ろうどうりょく》や資源《しげん》、市場《しじょう》を確保《かくほ》するためにアフリカやアジアの国々《くにぐに》に進出《しんしゅつ》し植民地《しょくみんち》を広《ひろ》げていた。当時最強《とうじさいきょう》クラスの国《くに》のひとつはイギリス（大英《だいえい》帝国《ていこく》）だが、その利権《りけん》を脅《おびや》かすのがロシアであった。１８９９年《ねん》には清《しん》で欧《おう》米《べい》を排斥《はいせき》しようとする「義和団《ぎわだん》の乱《らん》」が起《お》き、各国《かっこく》が軍《ぐん》を送《おく》るが、ロシアはこれを口実《こうじつ》に清《しん》の領内《りょうない》に進出《しんしゅつ》。この動《うご》きに危機感《ききかん》を強《つよ》めていたイギリスと日《に》本《ほん》は日英同盟《にちえいどうめい》を結《むす》ぶ。日本《にほん》はロシアとの融和策《ゆうわさく》を捨《す》て、１９０４年《ねん》の開戦《かいせん》に向《む》かうことになる。

アジアの新興小国《しんこうしょうこく》である日本《にほん》が大《たい》国《こく》ロシアに勝《か》つのは不可能《ふかのう》とほとんどの国《くに》はみていた。だが、いざ戦争《せんそう》が始《はじ》まると、日本《にほん》は多《おお》くの犠牲《ぎせい》を出《だ》しつつも大陸《たいりく》を進軍《しんぐん》。遼東半島《りょうとうはんとう》にある重要拠《じゅうようきょ》点《てん》、旅順《りょじゅん》の攻略《こうりゃく》は厳《きび》しかったが、満州《まんしゅう》軍総司令官《ぐんそうしれいかん》を務《つと》めた**大山巌**《おおやまいわお》陸軍大将《りくぐんたいしょう》と**児玉源太郎**《こだまげんたろう》総参謀長《そうさんぼうちょう》の指揮《しき》のもと、年《とし》明《あ》け１９０５年《ねん》１月《がつ》についに陥落《かんらく》させた。さらに陸軍側《りくぐんがわ》の決戦《けっせん》といえる３月《がつ》

の奉天会戦《ほうてんかいせん》では、旅順《りょじゅん》を落《お》とした乃木《のぎ》希典《まれすけ》の軍団《ぐんだん》をロシア軍《ぐん》が強《つよ》く恐《おそ》れたこともあり、戦力差《せんりょくさ》をくつがえし勝利《しょうり》。

1905年《ねん》にロシアで革命《かくめい》（第一次《だいいちじ》）が起《お》きたことも日本《にほん》に有利《ゆうり》に働《はたら》いた。

1905年《ねん》5月末《がつまつ》の日本海海戦《にほんかいかいせん》では、東郷平八郎《とうごうへいはちろう》の連合艦隊《れんごうかんたい》が当時最強《とうじさいきょう》とされたロシアのバルチック艦隊《かんたい》を迎《むか》え撃《う》ち完勝《かんしょう》する。このときのバルチック艦隊《かんたい》は、補給《ほきゅう》が充分《じゅうぶん》にできず、またスエズ運河《うんが》を通《とお》れずに地球半周《ちきゅうはんしゅう》もの過《か》酷《こく》な長旅《ながたび》をさせられた不利《ふり》な状況《じょうきょう》だったが、これは同盟国《どうめいこく》イギリスの妨害工《ぼうがいこう》作《さく》のたまものだった。ただ、この時点《じてん》で日本《にほん》にはすでに余力《よりょく》がなく、小村寿《こむらじゅ》太郎外相《たろうがいしょう》を代表《だいひょう》としてアメリカを仲介《ちゅうかい》にポーツマス条約《じょうやく》を結《むす》び、戦争《せんそう》は終結《しゅうけつ》することとなる。

　ポーツマス条約《じょうやく》で日本《にほん》は朝鮮半島《ちょうせんはんとう》に対《たい》する事実上《じじつじょう》の支配権《しはいけん》を認《みと》められ、また同年《どうねん》12月《がつ》に清国《しんこく》と結《むす》んだ条約《じょうやく》で中国《ちゅうごく》北東部《ほくとうぶ》の満州《まんしゅう》の利権《りけん》を手《て》に入《い》れた。ここに、第二次世界大戦《だいにじせかいたいせん》のアジア情勢《じょうせい》の原型《げんけい》が形《かたち》づくられることになる。

	日本軍	ロシア軍
出兵数《しゅっぺいすう》	約《やく》108万人《まんにん》	約《やく》129万人《まんにん》
軍艦数《ぐんかんすう》	106隻《せき》	63隻《せき》（太平洋艦隊《たいへいようかんたい》）

File. 293

軍

【やまもと　いそろく】山本五十六

おもしろエピソード

◎有名《ゆうめい》なリーダー論《ろん》「やってみせ、言《い》って聞《き》かせてさせてみせ、ほめてやらねば人《ひと》は動《うご》かじ」で知《し》られる

強大《きょうだい》すぎる敵《てき》を相手《あいて》に苦闘《くとう》した名提督《めいていとく》

真珠湾攻撃《しんじゅわんこうげき》を立案《りつあん》し実行《じっこう》した司令長官《しれいちょうかん》

新潟《にいがた》・長岡藩士《ながおかはんし》の家系《かけい》に生《う》まれた大日本帝国海軍連合艦隊司令長官《だいにっぽんていこくかいぐんれんごうかんたいしれいちょうかん》。戦艦《せんかん》での砲撃《ほうげき》こそベストな戦法《せんぽう》とされていた時期《じき》から、航空機《こうくうき》の有効性《ゆうこうせい》に着目《ちゃくもく》し、機体開発《きたいかいはつ》やパイロット育成《いくせい》に力《ちから》を注《そそ》いだ。アメリカとの開戦《かいせん》が迫《せま》ると、ハワイ・真珠湾《しんじゅわん》奇襲攻撃《きしゅうこうげき》のプランを考案《こうあん》し大成功《だいせいこう》。だが、山本《やまもと》はアメリカ留学経験《りゅうがくけいけん》から相手《あいて》の国力《こくりょく》の強《つよ》さを実感《じっかん》しており、戦争《せんそう》は無謀《むぼう》と考《かんが》えていた。案《あん》の定《じょう》、ミッドウェー海戦《かいせん》を機《き》に戦況《せんきょう》は日《に》本不利《ほんふり》になる。1943年《ねん》、山本《やまもと》はソロモン諸島上空《しょとうじょうくう》を軍用機《ぐんようき》で移《い》動中《どうちゅう》、暗号《あんごう》を解読《かいどく》した米軍機《べいぐんき》の待《ま》ち伏《ぶ》せ攻撃《こうげき》を受《う》けて戦死《せんし》。人気《にんき》が高《たか》く、国葬《こくそう》が行《おこな》われた。

生年《せいねん》　1884年《ねん》

※第《だい》55代総理大臣石橋湛山《だいそうりだいじんいしばしたんざん》が誕生《たんじょう》

没年《ぼつねん》　1943年《ねん》

※スターリングラード攻防戦終《こうぼうせんお》わる

享年《きょうねん》　59歳《さい》

ここがポイント！

太平洋戦争《たいへいようせんそう》で
連合艦隊《れんごうかんたい》を率《ひき》い、
数々《かずかず》の海戦《かいせん》に挑《いど》む

File. 294

軍

山口多聞【やまぐち　たもん】

おもしろエピソード

◎かなりの大飯喰《おおめしぐ》らい。3人前《にんまえ》を食《た》べたことも
◎愛妻家《あいさいか》で、戦地《せんち》から多数《たすう》の手紙《てがみ》を妻《つま》に送《おく》った

判断力《はんだんりょく》、指揮力《しきりょく》、闘志揃《とうしそろ》った空母艦隊司令官《くうぼかんたいしれいかん》

優秀《ゆうしゅう》だがそれ以上《いじょう》に勇猛《ゆうもう》な司令官《しれいかん》だった

東京《とうきょう》生《う》まれの海軍軍人《かいぐんぐんじん》。少年時代《しょうねんじだい》から成績優秀《せいせきゆうしゅう》で、潜水艦隊参謀《せんすいかんたいさんぼう》から戦艦《せんかん》「伊勢《いせ》」の艦長《かんちょう》などを経《へ》て1940年《ねん》には空母《くうぼ》を中心《ちゅうしん》とする第二航空戦隊《だいにこうくうせんたい》の司令官《しれいかん》に就任《しゅうにん》。厳《きび》しすぎる訓練《くんれん》から「人殺《ひとごろ》し多聞丸《たもんまる》」と恐《おそ》れられたが、ここで鍛《きた》えられた凄腕《すごうで》のパイロットたちが太平洋《たいへいよう》戦争序盤《せんそうじょばん》の勝利《しょうり》を支《ささ》えた。

主戦力《しゅせんりょく》である空母《くうぼ》を一度《いちど》に3隻《せき》も失《うしな》ったミッドウェー海戦《かいせん》では、ただ1隻残《せきのこ》った空母《くうぼ》「飛龍《ひりゅう》」から爆撃機《ばくげきき》を飛《と》ばして戦《たたか》い続《つづ》け、米空母《べいくうぼ》「ヨークタウン」を大破《たいは》させる。しかしその日《ひ》の夕刻《ゆうこく》、反撃《はんげき》を受《う》け「飛龍《ひりゅう》」は大破炎上《たいはえんじょう》。多聞《たもん》は脱出《だっしゅつ》を拒《こば》み、沈《しず》む「飛龍《ひりゅう》」と運命《うんめい》をともにした。

生年《せいねん》 1892年《ねん》
※チャイコフスキー『くるみ割《わ》り人形《にんぎょう》』初演《しょえん》

没年《ぼつねん》 1942年《ねん》
※第《だい》87～89代総理大臣《だいそうりだいじん》小泉純一郎《こいずみじゅんいちろう》が誕生《たんじょう》

享年《きょうねん》 50歳《さい》

ここがポイント！

日本《にほん》が大敗《たいはい》を喫《きっ》した
ミッドウェー海戦《かいせん》で
一矢報《いっしむく》いる

File. 295

軍

【とうじょう ひでき】

東条英機

おもしろエピソード
◎軍《ぐん》のモラルには気《き》を配《くば》り、厳《きび》しく律《りっ》した
◎庶民《しょみん》の暮《く》らしを監視《かんし》するためゴミ箱《ばこ》をチェックして回《まわ》る

生年《せいねん》 1884年《ねん》
※華族令制定《かぞくれいせいてい》

没年《ぼつねん》 1948年《ねん》
※ガンジー暗殺《あんさつ》される

享年《きょうねん》 64歳《さい》

ここがポイント！
和平《わへい》を期待《きたい》されるも
対米開戦《たいべいかいせん》を決断《けつだん》

太平洋戦争《たいへいようせんそう》への道《みち》を選《えら》んだ軍人指導者《ぐんじんしどうしゃ》

国《くに》と天皇《てんのう》への忠誠《ちゅうせい》が招《まね》いた代償《だいしょう》とは……

第《だい》40代内閣総理大臣《だいないかくそうりだいじん》にして、大日本帝国陸軍軍人《だいにっぽんていこくりくぐんぐんじん》。日本《にほん》が生《い》き残《のこ》るには満州《まんしゅう》（中国東北部《ちゅうごくとうほくぶ》）・蒙古《もうこ》を手《て》に入《い》れるべきという考《かんが》えをもち、日中戦争《にっちゅうせんそう》が始《はじ》まると関東軍参謀長《かんとうぐんさんぼうちょう》として中国大陸《ちゅうごくたいりく》に軍《ぐん》を展開《てんかい》。1940年《ねん》から第《だい》2・3次近衛文麿内閣《じこのえふみまろないかく》の陸軍大臣《りくぐんだいじん》となるが、戦争方針《せんそうほうしん》で首相《しゅしょう》と対立《たいりつ》し、近衛辞任後《このえじにんご》の首相《しゅしょう》（陸相兼務《りくしょうけんむ》）になる。天皇《てんのう》を非常《ひじょう》に尊敬《そんけい》しており、昭和天皇《しょうわてんのう》が対米開戦《たいべいかいせん》を望《のぞ》まないことを受《う》けて、交渉《こうしょう》の道《みち》を探《さぐ》っていた。しかし軍内《ぐんない》の強硬派《きょうこうは》はもはや押《お》さえきれず、さらにアメリカから非常《ひじょう》に厳《きび》しい要求《ようきゅう》を含《ふく》む「ハル・ノート」が提示《ていじ》され、開戦《かいせん》もやむなしと決意《けつい》する。

その後《ご》は総力戦体制《そうりょくせんたいせい》のため国民《こくみん》を厳《きび》しく統制《とうせい》。最初《さいしょ》こそ勝《か》ち戦《いくさ》が続《つづ》いたが、国力《こくりょく》の差《さ》や戦略《せんりゃく》の失敗《しっぱい》で劣勢《れっせい》に追《お》い込《こ》まれ、1944年《ねん》のマリアナ沖海戦《おきかいせん》で大敗《たいはい》すると東条《とうじょう》の影響力《えいきょうりょく》も低下《ていか》。同年《どうねん》に総理大臣《そうりだいじん》を辞職《じしょく》する。敗戦直後《はいせんちょくご》は、戦争犯罪《せんそうはんざい》での告発《こくはつ》を前《まえ》に拳銃自殺《けんじゅうじさつ》を図《はか》るものの失敗《しっぱい》。東京裁判《とうきょうさいばん》において絞首刑《こうしゅけい》に処《しょ》せられた。

ゆかりの地《ち》

巣鴨《すがも》プリズン

●東京《とうきょう》・東池袋《ひがしいけぶくろ》にあった戦争犯罪容疑者《せんそうはんざいようぎしゃ》の拘置所《こうちしょ》。東条《とうじょう》の処刑《しょけい》も行《おこな》われた。

近現代《きんげんだい》の科学者《かがくしゃ》・技術者《ぎじゅつしゃ》

日本《にほん》を背負《せお》って立《た》ったエリートたちの軌跡《きせき》

◀零式艦上戦闘機《れいしきかんじょうせんとうき》

File. 296

北里柴三郎

【きたざと しばさぶろう】

File. 297

堀越二郎

【ほりこし じろう】

西欧《せいおう》の技術《ぎじゅつ》を吸収《きゅうしゅう》し、「追《お》いつき追《お》い越《こ》せ」のスローガンで歩《あゆ》んできた近代日本《きんだいにほん》。いつしか日本《にほん》の技術者《ぎじゅつしゃ》たちの努力《どりょく》は実《みの》り、なかには西欧《せいおう》の先《さき》を行《い》った分野《ぶんや》もあった。早《はや》くに世界《せかい》に比肩《ひけん》する成果《せいか》を上《あ》げた科学《かがく》の分野《ぶんや》は、細菌学《さいきんがく》だろう。医学《いがく》といえばドイツが最先端《さいせんたん》だったが、明《めい》治中期《じちゅうき》になるとドイツで研鑽《けんさん》を積《つ》んだ日本《にほん》の医学者《いがくしゃ》たちが日本《にほん》に帰《かえ》り、活躍《かつやく》をみせる。世界《せかい》で初《はじ》めて破《は》傷風《しょうふう》に対《たい》する血清療法《けっせいりょうほう》を発見《はっけん》した**北里《きたざと》柴三郎《しばさぶろう》**や、赤痢菌《せきりきん》を発見《はっけん》した志賀潔《しがきよし》などが代表的《だいひょうてき》だ。

また、いつの時代《じだい》も最先端《さいせんたん》の科学技術《かがくぎじゅつ》が使《つか》われるのは兵器《へいき》の分野《ぶんや》だ。二《ふた》つの世界大戦《せかいたいせん》が起《お》きた1900年代前半《ねんだいぜんはん》は、最新《さいしん》の兵器《へいき》がつねに開《かい》発《はっ》され、日本《にほん》の技術《ぎじゅつ》レベルも急速《きゅうそく》に高《たか》まった。三菱零式艦上戦闘機《みつびしれいしきかんじょうせんとうき》、いわゆる「零戦《ぜろせん》」は当時《とうじ》の戦闘機《せんとうき》としては常識《じょうしき》はずれな航続距離《こうぞくきょり》や格《かく》

▲一式戦闘機《いっしきせんとうき》・隼《はやぶさ》

File. 298
糸川英夫
【いとかわ ひでお】

闘戦能力《とうせんのうりょく》を実現《じつげん》するために、ギリギリまで機体《きたい》を軽《かる》くする型破《かたやぶ》りな設計《せっけい》で応《こた》えた。このオリジナリティの塊《かたまり》のような航空機《こうくうき》を造《つく》った設計者《せっけいしゃ》の名《な》は**堀越二郎**《ほりこしじろう》といい、近年《きんねん》ではアニメ映画《えいが》でも有名《ゆうめい》になっている。

世界《せかい》に名高《なだか》い大和型戦艦《やまとがたせんかん》の設計《せっけい》を主導《しゅどう》したのは平賀譲《ひらがゆずる》。2番艦《ばんかん》の「武蔵《むさし》」は、並《なみ》の戦艦《せんかん》なら数回《すうかい》は沈《しず》んでいるであろう量《りょう》の魚雷《ぎょらい》と爆弾《ばくだん》を受《う》けても耐《た》えるという、戦艦史上最強《せんかんしじょうさいきょう》にふさわしい逸話《いつわ》をもつ（最後《さいご》は沈《しず》んでしまったが）。「ゆずる」という名前《なまえ》に反《はん》して頑固《がんこ》なため「平賀《ひらが》ゆずらず」ともよばれた、鬼才《きさい》の人《ひと》であった。

また、海軍《かいぐん》の零戦《ぜろせん》に対《たい》し陸軍《りくぐん》には一式戦闘機《いっしきせんとうき》「隼《はやぶさ》」という名機《めいき》が存在《そんざい》したが、その設計《せっけい》にかかわったのは**糸川英夫**《いとかわひでお》。糸川《いとかわ》は戦後《せんご》はロケット開発《かいはつ》に携《たずさ》わり、その宇宙産業《うちゅうさんぎょう》への貢献《こうけん》から、探査機《たんさき》「はやぶさ」（偶然《ぐうぜん》にも、糸川《いとかわ》が開発《かいはつ》した戦闘機《せんとうき》と同名《どうめい》だ）の目的地《もくてきち》、小惑星《しょうわくせい》イトカワの名前《なまえ》のもとにもなっている。

File. 299
湯川秀樹
【ゆかわ ひでき】

純粋《じゅんすい》な学問《がくもん》としての科学者《かがくしゃ》としては、物質《ぶっしつ》をつくっている小《ち》さい粒《つぶ》（素粒子《そりゅうし》）を研究《けんきゅう》して、中間子《ちゅうかんし》の存在《そんざい》を提唱《ていしょう》し、日本初《にほんはつ》のノーベル賞《しょう》（物理学賞《ぶつりがくしょう》）を受賞《じゅしょう》した**湯川秀樹**《ゆかわひでき》が挙《あ》げられる。受賞《じゅしょう》は1949年《ねん》のことだったが、このニュースは敗戦《はいせん》に打《う》ちひしがれ自信《じしん》を喪失《そうしつ》していた日本《にほん》に心強《こころづよ》いニュースとなった。

File. 300

西園寺公望【さいおんじ きんもち】

「桂園時代《けいえんじだい》」を築《きず》き元老政治《げんろうせいじ》を行《おこな》う

生年《せいねん》 1849年《ねん》
没年《ぼつねん》 1940年《ねん》
享年《きょうねん》 91歳《さい》

政

公家出身《くげしゅっしん》の政治家《せいじか》。伊藤博文《いとうひろぶみ》の腹心《ふくしん》として活躍《かつやく》し、1906年《ねん》には第《だい》12代内閣総理大臣《だいないかくそうりだいじん》となる。明治末《めいじまつ》～大正初期《たいしょうしょき》は桂太郎《かつらたろう》と交《こう》互《ご》に総理《そうり》の座《ざ》に就《つ》き、「桂園時代《けいえんじだい》」とよばれた。その後《ご》も総理《そうり》を事実《じじつ》上《じょう》決《き》める元老《げんろう》として影響力《えいきょうりょく》をもつ。昭和《しょうわ》に入《はい》り軍《ぐん》が力《ちから》をつけると、国際協調《こくさいきょうちょう》の維持《いじ》に努《つと》めたが、軍《ぐん》の暴走《ぼうそう》を止《と》められなかった。

File. 301

大隈重信【おおくま しげのぶ】

テロにもめげずに2度《ど》、総理大臣《そうりだいじん》に

生年《せいねん》 1838年《ねん》
没年《ぼつねん》 1922年《ねん》
享年《きょうねん》 84歳《さい》

政

佐賀藩士《さがはんし》の家系《かけい》。明治維新後《めいじいしんご》は富岡製糸場《とみおかせいしじょう》の設立《せつりつ》にかかわる。外《がい》務大臣時代《むだいじんじだい》は不平等条約改正《ふびょうどうじょうやくかいせい》に尽《じん》力《りょく》したが、改案《かいあん》の内容《ないよう》に不服《ふふく》な強《きょう》硬勢力《こうせいりょく》のテロにあい右足《みぎあし》を失《うしな》う大《おお》怪我《けが》を負《お》った。しかし屈《くっ》することなく、1898年《ねん》には第《だい》8代《だい》、さらに16年後《ねんご》には第《だい》17代内閣総理大《だいないかくそうりだい》臣《じん》となった。また早稲《わせ》田大学《だだいがく》の前《ぜん》身《しん》、東京専《とうきょうせん》門学校《もんがっこう》を設《せつ》立《りつ》した。

File. 302

原敬【はら たかし】

初《はじ》めて政党《せいとう》を基盤《きばん》とした現代的政治《げんだいてきせいじ》で出《で》た首相《しゅしょう》

生年《せいねん》 1856年《ねん》
没年《ぼつねん》 1921年《ねん》
享年《きょうねん》 65歳《さい》

政

盛岡藩出身《もりおかはんしゅっしん》。新聞記者《しんぶんきしゃ》から外務《がいむ》省《しょう》の役人《やくにん》を経《へ》て政界入《せいかいい》りする。日《に》本初《ほんはつ》の政党《せいとう》といえる立憲政友会《りっけんせいゆうかい》に入《はい》り、西園寺公望《さいおんじきんもち》の跡《あと》を継《つ》ぎ総裁《そうさい》に就任《しゅうにん》する。1918年《ねん》には首《しゅ》相《しょう》となったが、これが日本初《にほんはつ》の本《ほん》格的《かくてき》な政党内閣《せいとうないかく》だ。爵位《しゃくい》を断《ことわ》り続《つづ》け「平民宰相《へいみんさいしょう》」とよばれたが、政《せい》党利益《とうりえき》を優《ゆう》先《せん》するあまり反発《はんぱつ》を買《か》い、東京駅《とうきょうえき》で暗殺《あんさつ》される。

File. 303

高橋是清【たかはし これきよ】

戦費不足《せんぴぶそく》や恐慌《きょうこう》にも立《た》ち向《む》かった金庫番《きんこばん》

生年《せいねん》 1854年《ねん》
没年《ぼつねん》 1936年《ねん》
享年《きょうねん》 82歳《さい》

政

第《だい》20代《だい》内閣総理大臣《ないかくそうりだいじん》となるが、半年《はんとし》で退任《たいにん》。むしろ高橋《たかはし》の功績《こうせき》は、財政担当《ざいせいたんとう》として抜《ぬ》きん出《で》ている。日本銀行副総裁《にほんぎんこうふくそうさい》として、当時《とうじ》の国《こっ》家予算《かよさん》の60倍《ばい》にもなる日露戦争戦《にちろせんそうせん》費《ぴ》の調達《ちょうたつ》に尽力《じんりょく》し、その後《ご》の昭和《しょうわ》金融恐慌《きんゆうきょうこう》や世界恐慌《せかいきょうこう》でも大蔵大臣《おおくらだいじん》として難局《なんきょく》に対処《たいしょ》した。だが青年《せいねん》将校《しょうこう》によるクーデター「二《に》・二《に》六《ろく》事件《じけん》」で暗《あん》殺《さつ》されてしまう。

File. 304

犬養毅【いぬかい つよし】

「五《ご》・一五事件《いちごじけん》」に倒《たお》れた議会重視《ぎかいじゅうし》の総理《そうり》

生年《せいねん》 1855年《ねん》
没年《ぼつねん》 1932年《ねん》
享年《きょうねん》 77歳《さい》

政

岡山藩士《おかやまはんし》の次男《じなん》。新聞記者《しんぶんきしゃ》から政治《せいじ》の道《みち》を志《こころざ》す。弁論《べんろん》が得意《とくい》で、藩閥政治《はんばつせいじ》を行《おこな》う桂太郎内閣《かつらたろうないかく》を議会《ぎかい》制民主主義《せいみんしゅしゅぎ》を重視《じゅうし》する立場《たちば》から批《ひ》判《はん》し、尾崎行雄《おざきゆきお》とともに憲政《けんせい》の神《かみ》様《さま》とよばれた。1931年《ねん》には第《だい》29代内閣総理大臣《だいないかくそうりだいじん》に就任《しゅうにん》。「五《ご》・一五事件《いちごじけん》」で暗殺《あんさつ》されるが、その際《さい》も落《お》ち着《つ》き「話《はな》せばわかる」と諭《さと》そうとした穏健《おんけん》な性《せい》格《かく》。

File. 305

濱口雄幸【はまぐち おさち】

軍縮《ぐんしゅく》と財政《ざいせい》に信念《しんねん》をかけた元祖《がんそ》ライオン宰相《さいしょう》

生年《せいねん》 1870年《ねん》
没年《ぼつねん》 1931年《ねん》
享年《きょうねん》 61歳《さい》

政

土佐《とさ》の郷士《ごうし》の家系《かけい》。大蔵官僚《おおくらかんりょう》を経《へ》て1929年《ねん》に第《だい》27代内閣《だいないかく》総理大臣《そうりだいじん》に就任《しゅうにん》。「ライオン宰相《さいしょう》」といえば近年《きんねん》では小泉純一郎《こいずみじゅんいちろう》元首《もとしゅ》相《しょう》だが、濱口《はまぐち》も風貌《ふうぼう》からライオン宰相《さいしょう》とよばれた。根回《ねまわ》し嫌《ぎら》いの濱《はま》口《ぐち》の性格《せいかく》は軍縮方針《ぐんしゅくほうしん》や不況対策《ふきょうたいさく》の失敗《しっぱい》と重《かさ》なって敵《てき》をつくり、東京《とうきょう》駅《えき》でテロにあい、このときの傷《きず》がもとで翌年《よくとし》に亡《な》くなった。

第二次世界大戦《だいにじせかいたいせん》（WW 2）枢軸国《すうじくこく》

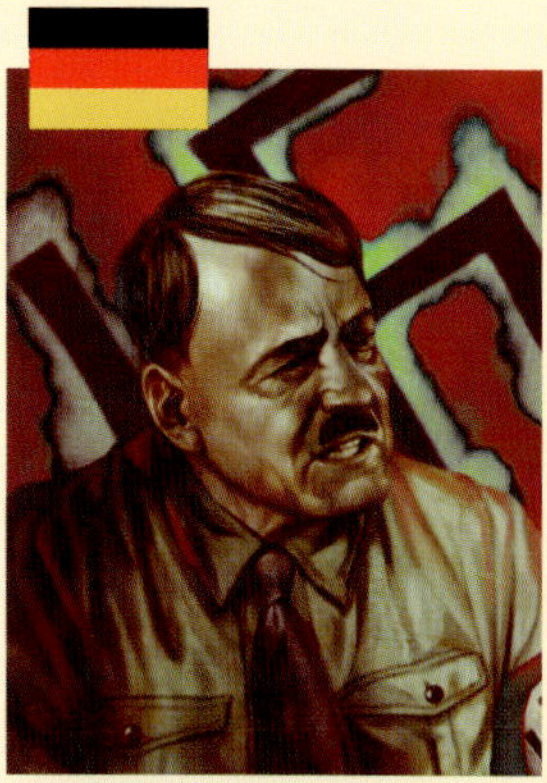

File. 306

アドルフ・ヒトラー

File. 307

ベニート・ムッソリーニ

WW2 VS

File. 308

ヨシフ・スターリン

近現代《きんげんだい》の指導者《しどうしゃ》たち

第二次世界大戦《だいにじせかいたいせん》と冷戦激動《れいせんげきどう》の時代《じだい》の舵取《かじと》り役《やく》

20世紀《せいき》は「戦争《せんそう》の世紀《せいき》」といわれる。前半期《ぜんはんき》の二《ふた》つの世界大戦《せかいたいせん》は、経済規模《けいざいきぼ》と科学技術《かがくぎじゅつ》の発達《はったつ》により人類史《じんるいし》に例《れい》をみない大規模《だいきぼ》なものとなり、また後半期《こうはんき》にも東西冷戦《とうざいれいせん》があった。このページの6人《にん》はいずれも近代列強《きんだいれっきょう》の指導者《しどうしゃ》だ。トップ就任《しゅうにん》が古《ふる》い順《じゅん》に並《なら》べると**スターリン**（ソヴィエト連邦《れんぽう》）、**ムッソリーニ**（イタリア）、**ヒトラー**（ドイツ）、**チャーチル**（イギリス）、**トルーマン**（アメリカ）、**アイゼンハワー**（アメリカ）となる。

ファシズム（全体主義《ぜんたいしゅぎ》）国家《こっか》といえばヒトラーの率《ひき》いたナチス・ドイツがまず思《おも》い起《お》こされるが、じつは「枢軸国《すうじくこく》」として第二次《だいにじ》世界大戦《せかいたいせん》をともに戦《たたか》ったムッソリーニが、先《さき》にイタリアをファシスト党《とう》の一党独裁《いっとうどくさい》でまとめた「先輩《せんぱい》」にあたる。ただ民衆《みんしゅう》を煽《あお》るカリスマ性《せい》、ユダヤ人虐殺《じんぎゃくさつ》などの苛烈《かれつ》な政策《せいさく》、またドイツ軍《ぐん》の戦《せん》

File. 311

ドワイト・アイゼンハワー

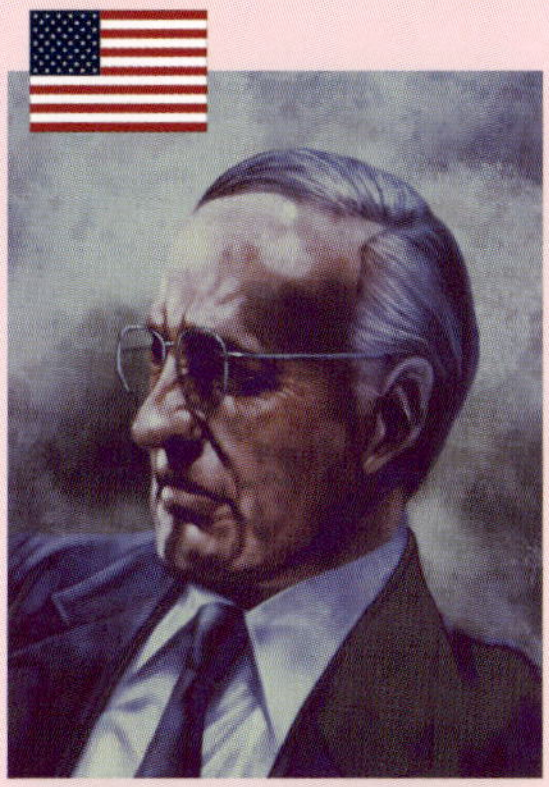

File. 310

ハリー・トルーマン

File. 309

ウィンストン・チャーチル

果《か》もあって、ヒトラーの印象《いんしょう》がより強烈《きょうれつ》になるのだろう。

チャーチルは、彼以前《かれいぜん》のイギリス首相《しゅしょう》がみなドイツと事《こと》を構《かま》えるのに消極的《しょうきょくてき》だったところに、敢然《かんぜん》と戦《たたか》う姿勢《しせい》を見《み》せ、欧州情勢《おうしゅうじょうせい》を動《うご》かした。終戦後《しゅうせんご》は、ソ連《れん》の共産主義《きょうさんしゅぎ》に強《つよ》く反対《はんたい》し「鉄《てつ》のカーテン」演説《えんぜつ》をする。以前《いぜん》は侮蔑的《ぶべつてき》な意味《いみ》だったVサインをVictory＝勝利《しょうり》の象徴《しょうちょう》として演説《えんぜつ》でよく使《つか》ったという。トルーマンは、急死《きゅうし》したローズヴェルトを継《つ》いで第二次世界大戦末期《だいにじせかいたいせんまっき》から戦後《せんご》のアメリカ大統領《だいとうりょう》となった。終戦後《しゅうせんご》、「封《ふう》じ込《こ》め政策《せいさく》」で、明確《めいかく》にソ連《れん》を中心《ちゅうしん》とする共産主義《きょうさんしゅぎ》との対決《たいけつ》を宣言《せんげん》（トルーマン・ドクトリン）。冷戦構造《れいせんこうぞう》が明確《めいかく》となる。その次《つぎ》の大統領《だいとうりょう》アイゼンハワーは連合国軍最高司令官《れんごうこくぐんさいこうしれいかん》の軍歴《ぐんれき》をもつが、政策《せいさく》は穏健寄《おんけんよ》りだった。

ソ連《れん》のスターリンは、米英《べいえい》の自由《じゆう》な資本主義《しほんしゅぎ》とは異《こと》なる、国《くに》の計画経済《けいかくけいざい》にもとづいた共産主義《きょうさんしゅぎ》を指導《しどう》。集団農業《しゅうだんのうぎょう》や急速《きゅうそく》な工業化《こうぎょうか》などを進《すす》め、第二次世界大戦《だいにじせかいたいせん》では2000万人《まんにん》という犠牲者《ぎせいしゃ》を出《だ》しつつも戦勝国《せんしょうこく》となった。一方《いっぽう》、自分《じぶん》に反対《はんたい》する人物《じんぶつ》を「粛清《しゅくせい》」で次々《つぎつぎ》と排除《はいじょ》、処刑《しょけい》。独裁《どくさい》や恐怖政治《きょうふせいじ》ではヒトラー以上《いじょう》かもしれない。トップの座《ざ》に就《つ》いていたのは約《やく》30年間《ねんかん》と、6人《にん》のなかでは最長《さいちょう》だ。

第《だい》二《に》次《じ》世《せ》界《かい》大《たい》戦《せん》

世《せ》界《かい》を巻《ま》き込《こ》んだ人類史上最大《じんるいしじょうさいだい》の戦争《せんそう》

列強《れっきょう》が自国経済《じこくけいざい》を優先《ゆうせん》し植民地《しょくみんち》を広《ひろ》げた結果《けっか》……

第二次世界大戦《だいにじせかいたいせん》は、１９３９〜１９４５年《ねん》に起《お》きた。日本《にほん》、ドイツ、イタリアら枢軸国《すうじくこく》と、イギリス、アメリカ、フランス、ソヴィエト連邦《れんぽう》（ソ連《れん》）などの連合国《れんごうこく》の戦《たたか》いは、８０００万人《まんにん》ともいわれる犠牲者《ぎせいしゃ》を出《だ》した。

西欧列強《せいおうれっきょう》が植民地経営《しょくみんちけいえい》に熱《ねつ》をあげる１９２９年《ねん》、世界恐慌《せかいきょうこう》が起《お》きる。列強《れっきょう》は自国《じこく》の植民地《しょくみんち》とだけ取《と》り引《ひ》きし、他国《たこく》の商品《しょうひん》を関税《かんぜい》などで排除《はいじょ》する「ブロック経済圏《けいざいけん》」を築《きず》き、富《とみ》を囲《かこ》い込《こ》もうとした。イギリスやフランスなどはこれでよかった。だが「持《も》たざる国《くに》」の日本《にほん》やイタリア、先《さき》の第一次世界大戦《だいいちじせかいたいせん》で負《ま》けていたドイツは植民地《しょくみんち》を求《もと》めて、ドイツは東欧方面《とうおうほうめん》、イタリアはアフリカ、日本《にほん》は中国大陸《ちゅうごくたいりく》や東南《とうなん》アジアに膨張政策《ぼうちょうせいさく》をとる。これに危《き》

【ヨーロッパ戦線《せんせん》（1939年《ねん》〜1945年《ねん》）】

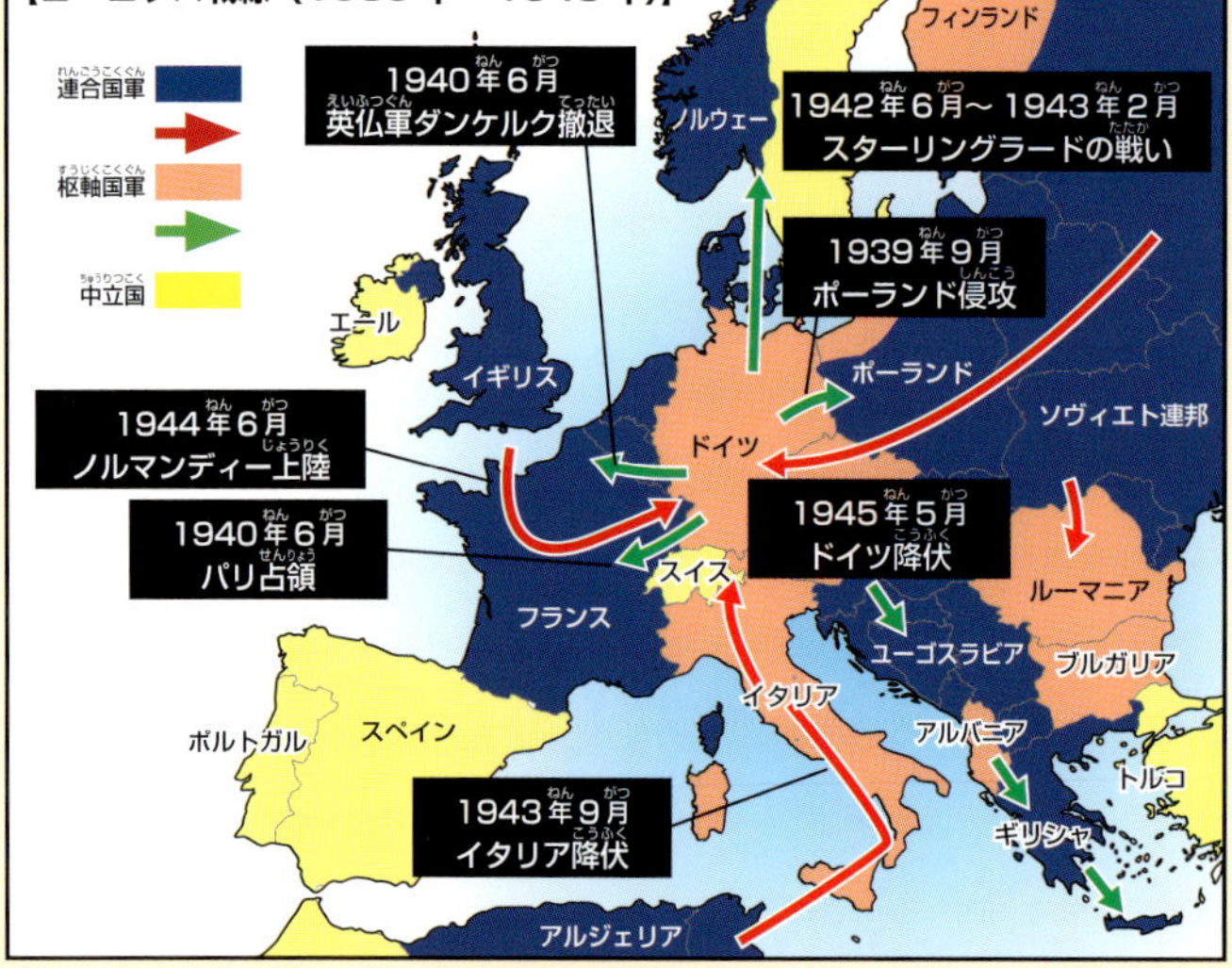

機感《きかん》を募《つの》らせたイギリス・フランス、少《すこ》し遅《おく》れてソ連《れん》・アメリカからの国々《くにぐに》と衝突《しょうとつ》したのだ。日本《にほん》とアメリカが戦《たたか》ったのも、ハワイ、フィリピンなど太平洋《たいへいよう》をわたって進出《しんしゅつ》し、中国《ちゅうごく》での利権《りけん》を狙《ねら》うアメリカと、日本《にほん》の利害《りがい》が衝突《しょうとつ》したためだ。つまり、そもそもの原因《げんいん》は経済問題《けいざいもんだい》で、日独伊《にちどくい》のファシズム（全体主義《ぜんたいしゅぎ》）を含《ふく》む政治的主張《せいじてきしゅちょう》は、後《あと》からついてきたともいえる。

ドイツは1939年《ねん》のポーランド侵攻《しんこう》を皮切《かわき》りに、1年弱《ねんじゃく》でフランスを降伏《こうふく》させるなど優位《ゆうい》な戦《たたか》いを進《すす》めた。1940年《ねん》の日独伊三国同盟《にちどくいさんごくどうめい》を機《き》に、イタリアも参戦《さんせん》するが、こちらは戦果《せんか》が乏《とぼ》しく3年後《ねんご》には降伏《こうふく》する。またドイツも、大損害《だいそんがい》を受《う》けてなお戦《たたか》い続《つづ》けるソ連《れん》に苦《くる》しめられ、1943年《ねん》のスターリングラードの戦《たたか》いに負《ま》けると形勢《けいせい》を逆転《ぎゃくてん》されていった。そして1944年《ねん》、アメリカ、イギリスを中心《ちゅうしん》とする連合国軍《れんごうこくぐん》が、ノルマンディー上陸作戦《じょうりくさくせん》を成功《せいこう》させる。17万人超《まんにんちょう》（最終的《さいしゅうてき》に200万人《まんにん》）の兵力《へいりょく》がフランスに上陸《じょうりく》し、東西《とうざい》から挟《はさ》み撃《う》ちされたドイツは敗北《はいぼく》した。

日本《にほん》は1941年《ねん》12月《がつ》の真珠湾攻撃《しんじゅわんこうげき》でアメリカとの戦端《せんたん》を開《ひら》くと、しばらくは優位《ゆうい》に立《た》った。だが翌年《よくとし》のミッドウェー海戦《かいせん》の大敗《たいはい》から、太平洋《たいへいよう》の拠点《きょてん》を次々失《つぎつぎうしな》い、沖縄《おきなわ》にまで上陸《じょうりく》される。最後《さいご》はアメリカに2発《はつ》の原子爆弾《げんしばくだん》を落《お》とされて敗戦《はいせん》、第二次世界大戦《だいにじせかいたいせん》は終《お》わる。しかしほぼ同時《どうじ》に、アメリカなど資本主義国《しほんしゅぎこく》とソ連以下共産主義国《れんいかきょうさんしゅぎこく》との冷戦《れいせん》が幕《まく》を開《あ》けていた。

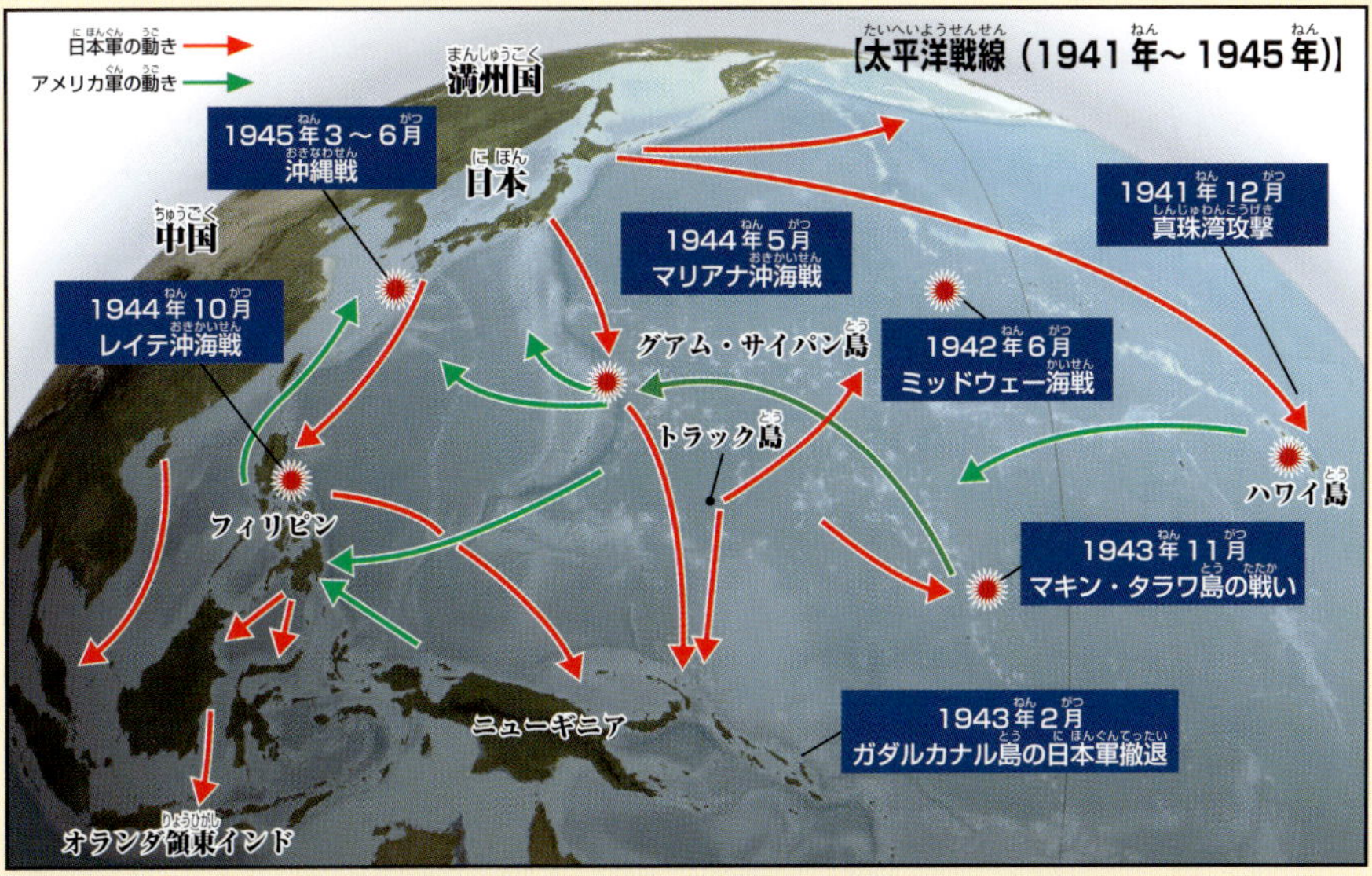

File. 312

軍

ダグラス・マッカーサー

おもしろエピソード

◎太平洋戦争《たいへいようせんそう》ではフィリピン方面司令官《ほうめんしれいかん》。日本《にほん》に攻《せ》められフィリピンを離《はな》れる際《さい》の言葉《ことば》「I shall return」は有名《ゆうめい》

生年《せいねん》 1880年《ねん》
※エジソン、白熱電球《はくねつでんきゅう》の特許《とっきょ》をとる

没年《ぼつねん》 1964年《ねん》
※東京《とうきょう》オリンピック

享年《えいねん》 84歳《さい》

ここがポイント！

占領直後《せんりょうちょくご》の日本《にほん》を強権《きょうけん》で指導《しどう》した

パイプにサングラスのGHQ《ジーエイチキュー》最高司令官《さいこうしれいかん》

戦後日本《せんごにほん》の民主化《みんしゅか》を強力《きょうりょく》に推《お》し進《すす》める

アメリカ陸軍軍人《りくぐんぐんじん》。第一次世界大戦《だいいちじせかいたいせん》に参加《さんか》し、太平洋戦争中《たいへいようせんそうちゅう》にアメリカ陸軍元帥《りくぐんげんすい》に昇進《しょうしん》、戦後《せんご》はGHQ《ジーエイチキュー》（連合国総司令部《れんごうこくそうしれいぶ》）の最高司令官《さいこうしれいかん》として、占領下《せんりょうか》の日本《にほん》を指導《しどう》した。軍国主義《ぐんこくしゅぎ》を排《はい》し、教育《きょういく》の自由化《じゆうか》や女性解放《じょせいかいほう》、経済《けいざい》の民主化《みんしゅか》など5大改革《だいかいかく》を唱《とな》え、財閥解体《ざいばつかいたい》や農地《のうち》を小作人《こさくにん》に分《わ》ける農地改革《のうちかいかく》を行《おこな》った。マスコミ戦略《せんりゃく》も功《こう》を奏《そう》し、戦中《せんちゅう》の息苦《いきぐる》しさを一掃《いっそう》し生活《せいかつ》を向上《こうじょう》させる指導者《しどうしゃ》として日本国民《にほんこくみん》の人気《にんき》は高《たか》かった。GHQ《ジーエイチキュー》の政策《せいさく》は冷戦体制下《れいせんたいせいか》で日本《にほん》にソヴィエト共産主義《きょうさんしゅぎ》の影響《えいきょう》が及《およ》ばないようにするためでもあった。のちに朝鮮戦争《ちょうせんせんそう》も指揮《しき》したがうまくゆかず、退役《たいえき》した。

File. 313

政

吉田茂【よしだ しげる】

おもしろエピソード

◎葉巻《はまき》が好《す》きで「和製《わせい》チャーチル」といわれた

◎国会《こっかい》で「バカヤロー！」と失言《しつげん》したことも

アメリカとの関係《かんけい》を軸《じく》に日本《にほん》の復興《ふっこう》を目《め》ざす

尊大《そんだい》でワンマンだが手腕《しゅわん》は確《たし》かな総理《そうり》

父《ちち》は土佐《とさ》（高知県《こうちけん》）の自由民権運動家《じゆうみんけんうんどうか》。第二次世界大戦後《だいにじせかいたいせんご》、戦勝国《せんしょうこく》と関係《かんけい》を結《むす》び直《なお》し復興《ふっこう》を遂《と》げねばならない重要《じゅうよう》な時期《じき》に日本《にほん》の舵取《かじと》りをし、サンフランシスコ講和条約《こうわじょうやく》や、今《いま》も続《つづ》く日米安全保障条約《にちべいあんぜんほしょうじょうやく》を結《むす》ぶ。アメリカとはあくまで対等《たいとう》な関係《かんけい》を望《のぞ》み（「戦争《せんそう》に負《ま》けて外交《がいこう》に勝《か》った歴史《れきし》はある」とよく言《い》った）、首相《しゅしょう》になる前《まえ》の外相時代《がいしょうじだい》にはGHQ《ジーエイチキュー》にも意見《いけん》したため、アメリカ側《がわ》の心証《しんしょう》は必《かなら》ずしもよくなかったようだ。第《だい》45、48～51代《だい》と計《けい》5期分《きぶん》も首相《しゅしょう》を務《つと》めた実力者《じつりょくしゃ》であり、対米関係《たいべいかんけい》をはじめとして戦後日本《せんごにほん》の枠組《わくぐ》みをつくった人物《じんぶつ》だといえる。

生年《せいねん》 1878年《ねん》
※大久保利通《おおくぼとしみち》が暗殺《あんさつ》される

没年《ぼつねん》 1967年《ねん》
※四日市《よっかいち》ぜんそくの訴訟《そしょう》起《お》こる

享年《きょうねん》 89歳《さい》

ここがポイント！

戦後《せんご》の日本《にほん》が再出発《さいしゅっぱつ》する基礎《きそ》をつくった総理《そうり》

旧国名《きゅうこくめい》と現在《げんざい》の都道府県《とどうふけん》

※ 旧国名《きゅうこくめい》と現在《げんざい》の都道府県《とどうふけん》は完全《かんぜん》には一致《いっち》しません。

五畿七道《ごきしちどう》	旧国名《きゅうこくめい》	都道府県《とどうふけん》
南海道《なんかいどう》	伊予《いよ》	愛媛県《えひめけん》
	讃岐《さぬき》	香川県《かがわけん》
畿内《きない》（五畿《ごき》）	大和《やまと》	奈良県《ならけん》
	山城《やましろ》	京都府《きょうとふ》
	河内《かわち》	大阪府《おおさかふ》
	和泉《いずみ》	
	摂津《せっつ》	
山陰道《さんいんどう》	但馬《たじま》	兵庫県《ひょうごけん》
	丹波《たんば》	
	丹後《たんご》	京都府《きょうとふ》
	因幡《いなば》	鳥取県《とっとりけん》
	伯耆《ほうき》	
	隠岐《おき》	島根県《しまねけん》
	出雲《いずも》	
	石見《いわみ》	

五畿七道《ごきしちどう》	旧国名《きゅうこくめい》	都道府県《とどうふけん》
山陽道《さんようどう》	播磨《はりま》	兵庫県《ひょうごけん》
	美作《みまさか》	岡山県《おかやまけん》
	備前《びぜん》	
	備中《びっちゅう》	
	備後《びんご》	広島県《ひろしまけん》
	安芸《あき》	
	周防《すおう》	山口県《やまぐちけん》
西海道《さいかいどう》	長門《ながと》	
	筑前《ちくぜん》	福岡県《ふくおかけん》
	筑後《ちくご》	
	豊前《ぶぜん》	
	豊後《ぶんご》	大分県《おおいたけん》
	肥前《ひぜん》	佐賀県《さがけん》
	壱岐《いき》	長崎県《ながさきけん》
	対馬《つしま》	
	肥後《ひご》	熊本県《くまもとけん》
	日向《ひゅうが》	宮崎県《みやざきけん》
	大隅《おおすみ》	鹿児島県《かごしまけん》
	薩摩《さつま》	

五畿七道《ごきしちどう》	旧国名《きゅうこくめい》		都道府県《とどうふけん》
東山道《とうさんどう》	陸奥《むつ》	陸奥《むつ》	青森県《あおもりけん》
		陸中《りくちゅう》	岩手県《いわてけん》
		陸前《りくぜん》	宮城県《みやぎけん》
		磐城《いわき》	福島県《ふくしまけん》
		岩代《いわしろ》	
	出羽《でわ》	羽後《うご》	秋田県《あきたけん》
		羽前《うぜん》	山形県《やまがたけん》
	下野《しもつけ》		栃木県《とちぎけん》
	上野《こうずけ》		群馬県《ぐんまけん》
	信濃《しなの》		長野県《ながのけん》
	飛騨《ひだ》		岐阜県《ぎふけん》
	美濃《みの》		
	近江《おうみ》		滋賀県《しがけん》
北陸道《ほくりくどう》	越後《えちご》		新潟県《にいがたけん》
	佐渡《さど》		
	越中《えっちゅう》		富山県《とやまけん》
	能登《のと》		石川県《いしかわけん》
	加賀《かが》		
	越前《えちぜん》		福井県《ふくいけん》
	若狭《わかさ》		
東海道《とうかいどう》	安房《あわ》		千葉県《ちばけん》
	上総《かずさ》		
	下総《しもうさ》		
	常陸《ひたち》		茨城県《いばらきけん》

五畿七道《ごきしちどう》	旧国名《きゅうこくめい》	都道府県《とどうふけん》
東海道《とうかいどう》	武蔵《むさし》	埼玉県《さいたまけん》
		東京都《とうきょうと》
	相模《さがみ》	神奈川県《かながわけん》
	伊豆《いず》	(伊豆諸島《いずしょとう》) 静岡県《しずおかけん》
	駿河《するが》	
	遠江《とおとうみ》	
	甲斐《かい》	山梨県《やまなしけん》
	三河《みかわ》	愛知県《あいちけん》
	尾張《おわり》	
	志摩《しま》	三重県《みえけん》
	伊勢《いせ》	
	伊賀《いが》	
南海道《なんかいどう》	紀伊《きい》	
		和歌山県《わかやまけん》
	淡路《あわじ》	兵庫県《ひょうごけん》
	阿波《あわ》	徳島県《とくしまけん》
	土佐《とさ》	高知県《こうちけん》

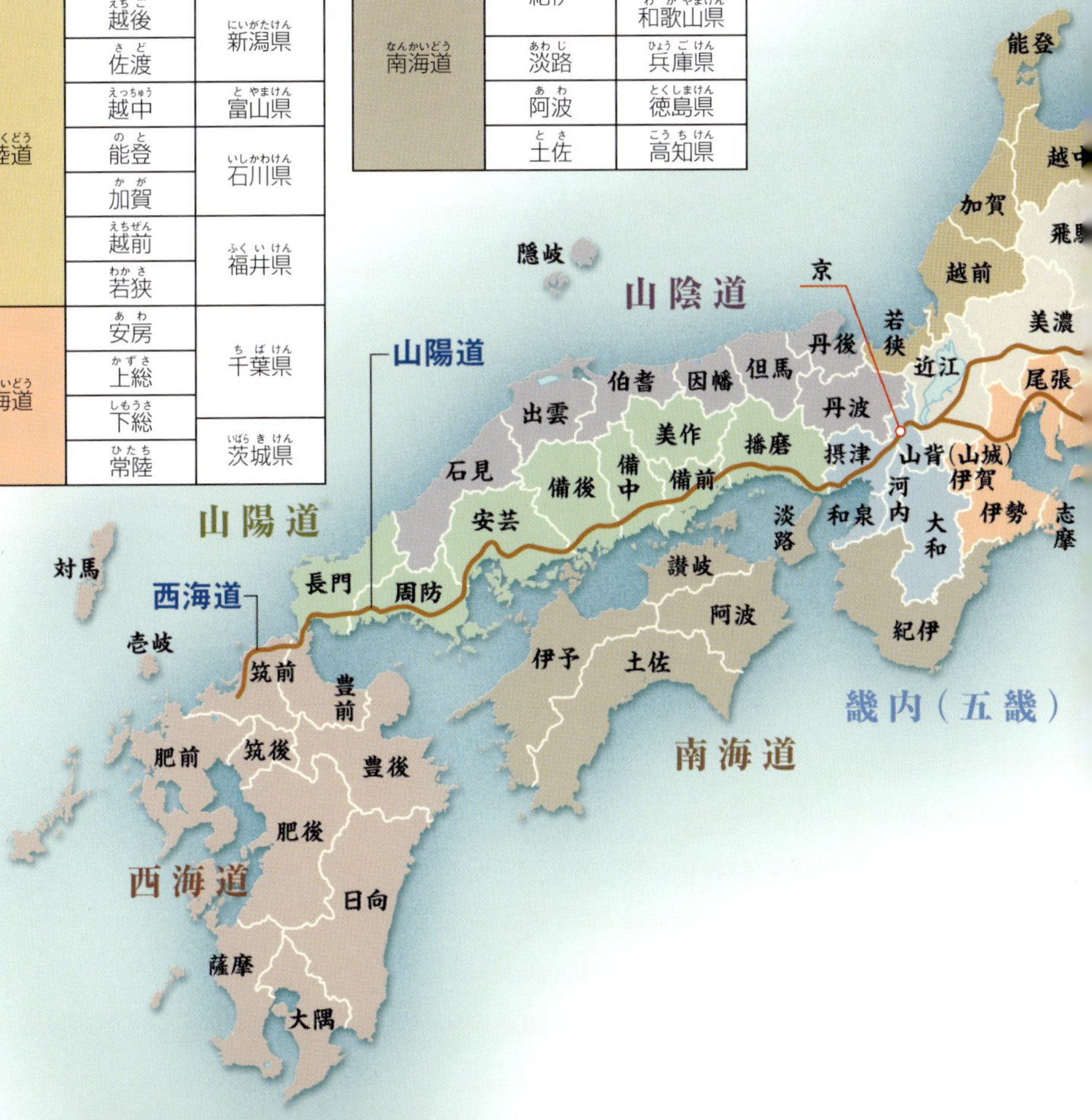

章《しょう》	年号《ねんごう》	できごと
江戸時代《えどじだい》	1603年《ねん》	徳川家康《とくがわいえやす》が征夷大将軍《せいいたいしょうぐん》となり、江戸幕府《えどばくふ》を開《ひら》く
	1615年《ねん》	大坂夏《おおさかなつ》の陣《じん》。**豊臣秀頼**《とよとみひでより》が自害《じがい》し、豊臣氏《とよとみし》が滅亡《めつぼう》する
	1637年《ねん》	島原《しまばら》の乱《らん》が起《お》こる。幕府《ばくふ》のキリスト教《きょう》取《と》り締《し》まりが徹底《てってい》されるようになる
	1641年《ねん》	第《だい》3代将軍《だいしょうぐん》**徳川家光**《とくがわいえみつ》により鎖国体制《さこくたいせい》が完成《かんせい》する
	1682年《ねん》	戯作者《げさくしゃ》の**井原西鶴**《いはらさいかく》の浮世草子《うきよぞうし》『好色一代男《こうしょくいちだいおとこ》』が刊行《かんこう》
	1702年《ねん》	**大石内蔵助**《おおいしくらのすけ》が率《ひき》いる赤穂浪士《あこうろうし》の主君仇討《しゅくんあだう》ち事件《じけん》が起《お》きる
	1716年《ねん》	**徳川吉宗**《とくがわよしむね》が第《だい》8代将軍《だいしょうぐん》となり、享保《きょうほう》の改革《かいかく》を始《はじ》める
	1774年《ねん》	**杉田玄白**《すぎたげんぱく》らが『解体新書《かいたいしんしょ》』を刊行《かんこう》する
	1787年《ねん》	老中《ろうじゅう》の**松平定信**《まつだいらさだのぶ》が寛政《かんせい》の改革《かいかく》を行《おこな》い、倹約令《けんやくれい》を出《だ》す
	1831年《ねん》	このころ**葛飾北斎**《かつしかほくさい》が「富嶽三十六景《ふがくさんじゅうろっけい》」を描《えが》く
幕末維新期《ばくまついしんき》	1853年《ねん》	**マシュー・ペリー**が浦賀《うらが》に来航《らいこう》。翌年《よくとし》、日米和親条約《にちべいわしんじょうやく》が結《むす》ばれる
	1855年《ねん》	長崎《ながさき》に海軍伝習所《かいぐんでんしゅうじょ》がつくられる。**勝海舟**《かつかいしゅう》らが学《まな》ぶ
	1858年《ねん》	安政《あんせい》の大獄《たいごく》が起《お》こる。大老《たいろう》の**井伊直弼**《いいなおすけ》が幕府《ばくふ》に反対《はんたい》する勢力《せいりょく》を弾圧《だんあつ》
	1863年《ねん》	薩英戦争《さつえいせんそう》。鹿児島湾《かごしまわん》で薩摩藩《さつまはん》がイギリス艦隊《かんたい》と戦《たたか》う
	1864年《ねん》	池田屋事件《いけだやじけん》。新撰組《しんせんぐみ》が京都市中《きょうとしちゅう》に潜伏《せんぷく》した尊王攘夷派《そんのうじょういは》を襲《おそ》う
	1866年《ねん》	**坂本龍馬**《さかもとりょうま》の仲立《なかだ》ちにより、倒幕《とうばく》を目《め》ざす薩摩藩《さつまはん》と長州藩《ちょうしゅうはん》が連合《れんごう》（薩長同盟《さっちょうどうめい》）
	1867年《ねん》	第《だい》15代将軍《だいしょうぐん》**徳川慶喜**《とくがわよしのぶ》が大政奉還《たいせいほうかん》を行《おこな》う
	1868年《ねん》	戊辰戦争《ぼしんせんそう》が起《お》こる。新政府軍《しんせいふぐん》と旧幕府勢力《きゅうばくふせいりょく》が武力衝突《ぶりょくしょうとつ》。江戸城無血開城《えどじょうむけつかいじょう》
近現代《きんげんだい》	1870年《ねん》	土佐藩士《とさはんし》が海運会社《かいうんがいしゃ》「九十九商会《つくもしょうかい》」を設立《せつりつ》。**岩崎弥太郎**《いわさきやたろう》の三菱商会《みつびししょうかい》の前身《ぜんしん》
	1877年《ねん》	西南戦争《せいなんせんそう》。**西郷隆盛**《さいごうたかもり》のもとに集《あつ》まった反乱士族《はんらんしぞく》と新政府軍《しんせいふぐん》が戦《たたか》う
	1889年《ねん》	**伊藤博文**《いとうひろぶみ》が中心《ちゅうしん》になって起草《きそう》した大日本帝国憲法《だいにっぽんていこくけんぽう》が発布《はっぷ》される
	1894年《ねん》	日清戦争《にっしんせんそう》。日本《にほん》の勝利《しょうり》に終《お》わる
	1904年《ねん》	日露戦争《にちろせんそう》。日本《にほん》とロシアが満州《まんしゅう》（中国東北部《ちゅうごくとうほくぶ》）と朝鮮《ちょうせん》の権益《けんえき》をめぐり争《あらそ》う
	1910年《ねん》	日本《にほん》が韓国《かんこく》を併合《へいごう》。朝鮮《ちょうせん》と改称《かいしょう》し朝鮮総督府《ちょうせんそうとくふ》がおかれる
	1914年《ねん》	ヨーロッパを中心《ちゅうしん》に第一次世界大戦《だいいちじせかいたいせん》が始《はじ》まる（～1919年《ねん》）
	1923年《ねん》	関東大震災《かんとうだいしんさい》が発生《はっせい》。以後《いご》の東京復興《とうきょうふっこう》にあたっては**後藤新平**《ごとうしんぺい》が尽力《じんりょく》
	1929年《ねん》	世界恐慌《せかいきょうこう》。ニューヨークで株価《かぶか》が暴落《ぼうらく》、日本《にほん》でも大不況《だいふきょう》が始《はじ》まる
	1931年《ねん》	満州事変《まんしゅうじへん》が起《お》こる。翌年《よくとし》、陸軍《りくぐん》が中国東北部《ちゅうごくとうほくぶ》を制圧《せいあつ》し、満州国建国《まんしゅうこくけんこく》が宣言《せんげん》される
	1932年《ねん》	五《ご》・一五事件《いちごじけん》。**犬養毅**《いぬかいつよし》首相《しゅしょう》が海軍青年将校《かいぐんせいねんしょうこう》らに暗殺《あんさつ》される
	1936年《ねん》	二《に》・二六事件《にろくじけん》。陸軍青年将校《りくぐんせいねんしょうこう》によるクーデター事件《じけん》。軍国主義化《ぐんこくしゅぎか》が進《すす》む
	1937年《ねん》	日中戦争《にっちゅうせんそう》が始《はじ》まる（～1945年《ねん》）
	1939年《ねん》	ドイツのポーランド侵攻《しんこう》をきっかけに第二次世界大戦《だいにじせかいたいせん》が始《はじ》まる
	1941年《ねん》	太平洋戦争《たいへいようせんそう》が始《はじ》まる。日本軍《にほんぐん》による真珠湾攻撃《しんじゅわんこうげき》を皮切《かわき》りとして日米《にちべい》が開戦《かいせん》
	1945年《ねん》	広島《ひろしま》、長崎《ながさき》へアメリカが原爆《げんばく》を投下《とうか》。日本《にほん》が無条件降伏《むじょうけんこうふく》
	1946年《ねん》	日本国憲法《にほんこくけんぽう》が発布《はっぷ》される
	1951年《ねん》	**吉田茂**《よしだしげる》首相《しゅしょう》がサンフランシスコ講和条約調印《こうわじょうやくちょういん》。連合軍《れんごうぐん》の日本占領《にほんせんりょう》が終《お》わる

日本史年表《にほんしねんぴょう》

章《しょう》	年号《ねんごう》	できごと
神話時代《しんわじだい》	239年《ねん》	邪馬台国《やまたいこく》の女王《じょうおう》**卑弥呼《ひみこ》**、中国《ちゅうごく》の魏《ぎ》に使者《ししゃ》を送《おく》り「親魏倭王《しんぎわおう》」の称号《しょうごう》を受《う》ける
	4世紀《せいき》	このころ、近畿《きんき》に大王《おおきみ》を中心《ちゅうしん》としたヤマト政権《せいけん》が成立《せいりつ》する
	538年《ねん》	朝鮮半島《ちょうせんはんとう》の百済《くだら》の王《おう》が仏像《ぶつぞう》と教典《きょうてん》を日本《にほん》に贈《おく》り、仏教《ぶっきょう》が伝来《でんらい》する
飛鳥《あすか》・奈良時代《ならじだい》	603年《ねん》	**聖徳太子《しょうとくたいし》**、**推古天皇《すいこてんのう》**の摂政《せっしょう》として冠位十二階《かんいじゅうにかい》を制定《せいてい》
	607年《ねん》	**小野妹子《おののいもこ》**らが第《だい》1回遣隋使《かいけんずいし》として派遣《はけん》される
	645年《ねん》	乙巳《いっし》の変《へん》。**中大兄皇子《なかのおおえのみこ》**（**天智天皇《てんじてんのう》**）、**中臣《なかとみの》**（**藤原《ふじわら》**）**鎌足《かまたり》**らが大化《たいか》の改新《かいしん》を始《はじ》める
	710年《ねん》	都《みやこ》が飛鳥《あすか》から奈良《なら》の平城京《へいじょうきょう》に移《うつ》される
	752年《ねん》	**聖武天皇《しょうむてんのう》**が造立《ぞうりゅう》を命《めい》じた東大寺《とうだいじ》の大仏《だいぶつ》が完成《かんせい》する
平安時代《へいあんじだい》	794年《ねん》	**桓武天皇《かんむてんのう》**が平安京《へいあんきょう》に遷都《せんと》する（今《いま》の京都市内《きょうとしない》の原型《げんけい》がつくられる）
	797年《ねん》	**坂上田村麻呂《さかのうえのたむらまろ》**、征夷大将軍《せいいたいしょうぐん》に任《にん》じられる。東北地方《とうほくちほう》の蝦夷《えみし》を平定《へいてい》
	1010年《ねん》	このころ、**紫式部《むらさきしきぶ》**『源氏物語《げんじものがたり》』の大部分《だいぶぶん》が完成《かんせい》したとされる
	1016年《ねん》	**藤原道長《ふじわらのみちなが》**が摂政《せっしょう》になる。藤原氏《ふじわらし》が全盛期《ぜんせいき》を迎《むか》える
	1086年《ねん》	**白河上皇《しらかわじょうこう》**により院政《いんせい》が始《はじ》まる
	1159年《ねん》	平治《へいじ》の乱《らん》。源氏《げんじ》と平氏《へいし》が争《あらそ》い、勝利《しょうり》した平氏《へいし》の権力《けんりょく》が強《つよ》まる
	1167年《ねん》	**平 清盛《たいらのきよもり》**が武士《ぶし》として初《はじ》めて太政大臣《だじょうだいじん》となる
	1185年《ねん》	壇《だん》の浦《うら》の戦《たたか》い。**源 義経《みなもとのよしつね》**が活躍《かつやく》し源氏《げんじ》が平氏《へいし》を滅《ほろ》ぼす
鎌倉時代《かまくらじだい》	1192年《ねん》	**源 頼朝《みなもとのよりとも》**が征夷大将軍《せいいたいしょうぐん》に任命《にんめい》される
	1202年《ねん》	**栄西《えいさい》**が建仁寺《けんにんじ》を創建《そうけん》。このころから武士《ぶし》や庶民《しょみん》に向《む》けた新《あたら》しい仏教《ぶっきょう》が広《ひろ》まる
	1219年《ねん》	源 頼朝《みなもとのよりとも》の直系子孫《ちょっけいしそん》が絶《た》え、**北条政子《ほうじょうまさこ》**が幕府《ばくふ》の中心《ちゅうしん》となる
	1221年《ねん》	承久《じょうきゅう》の乱《らん》。後鳥羽上皇《ごとばじょうこう》が鎌倉幕府《かまくらばくふ》に対《たい》して挙兵《きょへい》するも敗《やぶ》れる
	1274年《ねん》	文永《ぶんえい》の役《えき》。元《げん》（モンゴル）軍《ぐん》が襲来《しゅうらい》。**北条時宗《ほうじょうときむね》**のもと幕府軍《ばくふぐん》が撃退《げきたい》する
室町時代《むろまちじだい》	1333年《ねん》	**後醍醐天皇《ごだいごてんのう》**、鎌倉幕府《かまくらばくふ》を倒《たお》し「建武《けんむ》の新政《しんせい》」を始《はじ》める
	1336年《ねん》	後醍醐天皇《ごだいごてんのう》、**足利尊氏《あしかがたかうじ》**との対立《たいりつ》により吉野《よしの》へ逃《のが》れる。南北朝時代《なんぼくちょうじだい》が始《はじ》まる
	1392年《ねん》	室町幕府第《むろまちばくふだい》3代将軍《だいしょうぐん》・**足利義満《あしかがよしみつ》**が南北朝《なんぼくちょう》を合一《ごういつ》させる
	1397年《ねん》	足利義満《あしかがよしみつ》、金閣《きんかく》を含《ふく》む北山山荘《きたやまさんそう》の造営《ぞうえい》を始《はじ》める
	1400年《ねん》	このころ、能楽者《のうがくしゃ》の**世阿弥《ぜあみ》**が『風姿花伝《ふうしかでん》』を著《あらわ》す
	1467年《ねん》	応仁《おうにん》の乱《らん》が始《はじ》まる（～1477年《ねん》）。**細川勝元《ほそかわかつもと》**の東軍《とうぐん》と**山名持豊《やまなもちとよ》**の西軍《せいぐん》が京《きょう》で衝突《しょうとつ》
戦国時代《せんごくじだい》	1491年《ねん》	**北条早雲《ほうじょうそううん》**、室町幕府将軍《むろまちばくふしょうぐん》の命令《めいれい》により伊豆《いず》を平定《へいてい》。支配下《しはいか》におく
	1543年《ねん》	ポルトガル人《じん》が種子島《たねがしま》に来《き》て、日本《にほん》に鉄砲《てっぽう》が伝《つた》わる
	1549年《ねん》	**三好長慶《みよしながよし》**が将軍《しょうぐん》**足利義輝《あしかがよしてる》**と細川晴元《ほそかわはるもと》を京都《きょうと》から追《お》い出《だ》し、近畿《きんき》を支配下《しはいか》におく
	1553年《ねん》	川中島《かわなかじま》の戦《たたか》い（1回目《かいめ》）。**武田信玄《たけだしんげん》**と**上杉謙信《うえすぎけんしん》**が戦《たたか》う
	1560年《ねん》	桶狭間《おけはざま》の戦《たたか》い。**織田信長《おだのぶなが》**が有力大名《ゆうりょくだいみょう》の今川義元《いまがわよしもと》に勝利《しょうり》する
	1573年《ねん》	織田信長《おだのぶなが》、第《だい》15代将軍《だいしょうぐん》の**足利義昭《あしかがよしあき》**を京都《きょうと》から追放《ついほう》。室町幕府《むろまちばくふ》が滅《ほろ》びる
	1582年《ねん》	**明智光秀《あけちみつひで》**が本能寺《ほんのうじ》の変《へん》を起《お》こすも、山崎《やまざき》の戦《たたか》いで**豊臣秀吉《とよとみひでよし》**に討《う》たれる
	1590年《ねん》	豊臣秀吉《とよとみひでよし》が奥州《おうしゅう》を平定《へいてい》し、天下《てんか》を統一《とういつ》する
	1600年《ねん》	関ヶ原《せきがはら》の戦《たたか》い。**徳川家康《とくがわいえやす》**の東軍《とうぐん》が**石田三成《いしだみつなり》**率《ひき》いる西軍《せいぐん》を破《やぶ》る

土方歳三　ひじかたとしぞう……253,275,276
日野富子　ひのとみこ……125,134,135,137,138
卑弥呼　ひみこ……32,38
平賀源内　ひらがげんない……231
平塚らいてう　ひらつからいちょう……287
【ふ】福沢諭吉　ふくざわゆきち……250,284
福島正則　ふくしままさのり……174,180,181,188,194,198
藤原忠清　ふじわらのただきよ……111
藤原秀衡　ふじわらのひでひら……104,109
藤原不比等　ふじわらのふひと……57,68,71
藤原道長　ふじわらのみちなが……57,86
藤原頼通　ふじわらのよりみち……87,118
フランシスコ・ザビエル　ふらんしすこ・ざびえる……189
【へ】ベニート・ムッソリーニ　べにーと・むっそりーに……306
弁慶　べんけい……106,112
【ほ】北条早雲　ほうじょうそううん……135,152
北条時宗　ほうじょうときむね……103,115,116,121
北条政子　ほうじょうまさこ……103,114,122
法然　ほうねん……118
ホオリ　ほおり……6,21,22,24,25
保科正之　ほしなまさゆき……211,212
細川勝元　ほそかわかつもと……135,136,137,138
細川忠興　ほそかわただおき……194
ホデリ　ほでり……6,21,22,24
堀越二郎　ほりこしじろう……302
【ま】前島密　まえじまひそか……262
前田玄以　まえだげんい……185
前田利家　まえだとしいえ……168,176,182
正岡子規　まさおかしき……230,285,289
マシュー・ペリー　ましゅー・ぺりー……236,240,241,242,246,247,258
増田長盛　ましたながもり……184
松尾芭蕉　まつおばしょう……224
松平容保　まつだいらかたもり……242,272,274
松平定信　まつだいらさだのぶ……213,221,223,230
松平慶永　まつだいらよしなが……242,245
松永久秀　まつながひさひで……144,156,164
【み】源為朝　みなもとのためとも……96
源範頼　みなもとののりより……100
源義家　みなもとのよしいえ……93,103
源義経　みなもとのよしつね……93,95,98,100,102,104,106,108,109,110,112
源義朝　みなもとのよしとも……92,96,102,104
源義仲　みなもとのよしなか……100,103,104,108,110
源義平　みなもとのよしひら……96,103
源頼朝　みなもとのよりとも……92,93,97,98,100,102,104,108,109,110,114,122
源頼政　みなもとのよりまさ……100,111
宮本武蔵　みやもとむさし……214,215
三好長慶　みよしながよし……144,145,150,164
【む】無学祖元　むがくそげん……121
夢窓疎石　むそうそせき……142
陸奥宗光　むつむねみつ……280,282
紫式部　むらさきしきぶ……89
【め】明治天皇　めいじてんのう……27,278,279,280,294
【も】毛利輝元　もうりてるもと……174,178,179,183,194
毛利元就　もうりもとなり……151,166,169,183
以仁王　もちひとおう……94,98,100,102,111
森鴎外　もりおうがい……288
森長可　もりながよし……163
森蘭丸　もりらんまる……163
【や】山内一豊　やまうちかずとよ……194
山内豊信　やまうちとよしげ……245
山口多聞　やまぐちたもん……299
山背大兄王　やましろのおおえのおう……52,53
ヤマトタケル　やまとたける……30,36,37
山名持豊　やまなもちとよ……135,136,137,138
山上憶良　やまのうえのおくら……75
山部赤人　やまべのあかひと……76
山本五十六　やまもといそろく……298
【ゆ】雄略天皇　ゆうりゃくてんのう……26,34
湯川秀樹　ゆかわひでき……303
【よ】与謝野晶子　よさのあきこ……286
吉田兼好　よしだけんこう……120
吉田茂　よしだしげる……311
吉田松陰　よしだしょういん……246,247,256,268
ヨシフ・スターリン　よしふ・すたーりん……306
淀殿　よどどの……199,205,208
【り】履中天皇　りちゅうてんのう……36,37
【る】ルイス・フロイス　るいす・ふろいす……189
【れ】蓮如　れんにょ……142
【わ】ワタツミ　わたつみ……7,25

千利休　せんのりきゅう……186,188
世阿弥　ぜあみ……132,136,140,146
【そ】宗祇　そうぎ……140
蘇我石川麻呂　そがのいしかわまろ……52,54,62
蘇我稲目　そがのいなめ……42,52
蘇我入鹿　そがのいるか……46,52,54,56,58,60,62
蘇我馬子　そがのうまこ……42,46,48,52,53,54,58
蘇我蝦夷　そがのえみし……47,52,53,54,56,58,60,62
【た】平清盛　たいらのきよもり……92,94,96,98,100,102,188
平知盛　たいらのとももり……95,96,98,100
平宗盛　たいらのむねもり……95,98,100,102
タウンゼント・ハリス　たうんぜんと・はりす……243
高杉晋作　たかすぎしんさく……247,256,268
高橋是清　たかはしこれきよ……305
高向玄理　たかむこのくろまろ……47,51
滝沢馬琴　たきざわばきん……230,292
武田信玄　たけだしんげん……150,154,156,200
竹中半兵衛　たけなかはんべえ……178,179
タケミカヅチ　たけみかづち……17,18,20,21,28
タケミナカタ　たけみなかた……7,17,20
タヂカラオ　たぢからお……16
田沼意次　たぬまおきつぐ……220,221
俵屋宗達　たわらやそうたつ……188
ダグラス・マッカーサー　だぐらす・まっかーさー……310
伊達政宗　だてまさむね……190
【ち】近松門左衛門　ちかまつもんざえもん……216,224
長宗我部元親　ちょうそかべもとちか……151,168
【つ】津田梅子　つだうめこ……287
【て】天智天皇（中大兄皇子）　てんじてんのう……27,48,52,54,56,58,60,62,64,66,67,68
天武天皇（大海人皇子）　てんむてんのう……27,40,57,64,66,67,68
【と】東郷平八郎　とうごうへいはちろう……295,297
東条英機　とうじょうひでき……300
トーマス・グラバー　とーます・ぐらばー……263
徳川家定　とくがわいえさだ……213,228,236,237,238,242,244
徳川家光　とくがわいえみつ……190,210,212,226,227
徳川家茂　とくがわいえもち……213,228,229,237,238,239,242,244,276
徳川家康　とくがわいえやす……154,162,174,181,182,183,184,185,190,192,194,196,197,204,205,206,208,210,212,218,226,234,248
徳川斉昭　とくがわなりあき……242,244
徳川秀忠　とくがわひでただ……184,204,205,208,210,211,212,226
徳川慶喜　とくがわよしのぶ……213,228,229,237,238,242,244,248,258,264,270,274
徳川吉宗　とくがわよしむね……212,216,218,220,221
土佐光信　とさみつのぶ……142
鳥羽天皇　とばてんのう……90,91,92,96
トヨタマビメ　とよたまびめ……7,24,25
豊臣秀次　とよとみひでつぐ……187
豊臣秀吉　とよとみひでよし……148,150,160,162,163,168,170,172,174,176,178,180,182,184,185,186,187,188,190,192,194,196,197,198,199,202,205
豊臣秀頼　とよとみひでより……176,181,183,185,187,197,199,205,206,208
道鏡　どうきょう……72,73
道元　どうげん……102,118
ドワイト・アイゼンハワー　どわいと・あいぜんはわー……307
【な】中岡慎太郎　なかおかしんたろう……264
中臣鎌足　なかとみのかまたり……52,54,56,60,62,68
永倉新八　ながくらしんぱち……276
那須与一　なすのよいち……110
長束正家　なつかまさいえ……185
夏目漱石　なつめそうせき……285
【に】新島襄　にいじまじょう……287
新島八重　にいじまやえ……287
日蓮　にちれん……118
新田義貞　にったよしさだ……124,126,130
新渡戸稲造　にとべいなぞう……289
ニニギ　ににぎ……7,16,17,20,22,24,28
二宮尊徳　にのみやそんとく……223
丹羽長秀　にわながひで……161,185
仁徳天皇　にんとくてんのう……27,36,37
【ぬ】額田王　ぬかたのおおきみ……67
【の】濃姫（帰蝶）　のうひめ（きちょう）……198
乃木希典　のぎまれすけ……294,295,297
野口英世　のぐちひでよ……289
【は】橋本左内　はしもとさない……243
長谷川等伯　はせがわとうはく……188
濱口雄幸　はまぐちおさち……305
原敬　はらたかし……304
ハリー・トルーマン　はりー・とるーまん……307
反正天皇　はんぜいてんのう……36
【ひ】稗田阿礼　ひえだのあれ……40
樋口一葉　ひぐちいちよう……286
菱川師宣　ひしかわもろのぶ……225

織田信忠 おだのぶただ…… 162,185
織田信長 おだのぶなが…… 144,145,150,154,156,158,162,164,165,170,172,176,178,182,184,186,188,189,192,195,198,201,202,226
おね おね…… 180,184,197,198
小野妹子 おののいもこ…… 47,50,51
小野小町 おののこまち…… 50,88
お美代の方 おみよのかた…… 228
オモイカネ おもいかね…… 16
【か】 快慶 かいけい…… 120
春日局 かすがのつぼね…… 226
和宮 かずのみや…… 229,237,238,239,270
勝海舟 かつかいしゅう…… 238,240,250,258,275,284
葛飾北斎 かつしかほくさい…… 231
桂太郎 かつらたろう…… 292,295,304,305
加藤清正 かとうきよまさ…… 174,181,198
加藤嘉明 かとうよしあき…… 194
狩野永徳 かのうえいとく…… 188,192
狩野正信 かのうまさのぶ…… 134,142
鴨長明 かものちょうめい…… 121
観阿弥 かんあみ…… 132,140
桓武天皇 かんむてんのう…… 79,80,81,95
【き】 北里柴三郎 きたざとしばさぶろう…… 302
木戸孝允 きどたかよし…… 254,268,270,279,280,292
紀貫之 きのつらゆき…… 88
吉備真備 きびのまきび…… 74,75
【く】 空海 くうかい…… 80,83,84
楠木正成 くすのきまさしげ…… 124,126,128,130
クマソタケル くまそたける…… 36
黒田官兵衛 くろだかんべえ…… 178,179,210
【け】 桂昌院 けいしょういん…… 227
玄昉 げんぼう…… 74,75
【こ】 小泉八雲 こいずみやくも…… 290
孝謙天皇 こうけんてんのう…… 57,71,72,73,74
光明皇后 こうみょうこうごう…… 57,68,71,72,75
児玉源太郎 こだまげんたろう…… 296
コトシロヌシ ことしろぬし…… 20
小西行長 こにしゆきなが…… 181,202
コノハナサクヤヒメ このはなさくやひめ…… 7,21,22
小早川秀秋 こばやかわひであき…… 170,174,195,197,198,226
小林一茶 こばやしいっさ…… 230
近藤勇 こんどういさみ…… 252,253,276
後白河天皇 ごしらかわてんのう…… 91,92,94,96,100,102,104,108,111
後醍醐天皇 ごだいごてんのう…… 124,126,128,129,130,142
五代友厚 ごだいともあつ…… 263
後藤新平 ごとうしんぺい…… 293
【さ】 西園寺公望 さいおんじきんもち…… 292,304
西行 さいぎょう…… 121
西郷隆盛 さいごうたかもり…… 244,250,254,266,268,275
最澄 さいちょう…… 80,83
境部摩理勢 さかいべのまりせ…… 53
坂上田村麻呂 さかのうえのたむらまろ…… 81
坂本龍馬 さかもとりょうま…… 237,245,250,258,263,264,280
佐々木小次郎 ささきこじろう…… 214,215
佐々木高綱 ささきたかつな…… 110
佐々木導誉 ささきどうよ…… 129
真田幸村 さなだゆきむら…… 206,208
サルタヒコ さるたひこ…… 17,20
【し】 柴田勝家 しばたかついえ…… 145,160,161,172,176,199
渋沢栄一 しぶさわえいいち…… 262
島左近 しまさこん…… 195,196
島津斉彬 しまづなりあきら…… 151,237,242,244,245,255
島津義弘 しまづよしひろ…… 161,197
聖徳太子 しょうとくたいし…… 27,42,43,46,48,50,53,58,60,79
聖武天皇 しょうむてんのう…… 57,68,70,71,72,75,76,118
白河天皇 しらかわてんのう…… 87,90,91,93,94,96
親鸞 しんらん…… 118,143
実成院 じつじょういん…… 229
持統天皇 じとうてんのう…… 40,60,66,67,71
ジョサイア・コンドル じょさいあ・こんどる…… 291
神功皇后 じんぐうこうごう…… 26,32
神武天皇 じんむてんのう…… 6,25,26,28,40
【す】 推古天皇 すいこてんのう…… 27,40,42,46,48,52,53,58,79
陶晴賢 すえはるたか…… 150,166,169
菅原孝標女 すがわらのたかすえのむすめ…… 88
菅原道真 すがわらのみちざね…… 82,88
杉田玄白 すぎたげんぱく…… 231
スサノオ すさのお…… 7,12,14,16,17,18,21,25
崇徳天皇 すとくてんのう…… 90,91,92,94,96
【せ】 清少納言 せいしょうなごん…… 89
雪舟 せっしゅう…… 140

索《さく》 引《いん》

	人名《じんめい》	よみがな	掲載《けいさい》ページ
【あ】	アーネスト・フェノロサ	あーねすと・ふぇのろさ	288,291
	明智光秀	あけちみつひで	158,162,163,170,172,176,201
	浅井長政	あざいながまさ	151,158,165,179,199,226
	朝倉義景	あさくらよしかげ	150,165,170
	浅野長政	あさのながまさ	184,194
	足利尊氏	あしかがたかうじ	103,124,126,128,129,130,131,142
	足利直義	あしかがただよし	124,125,130
	足利義昭	あしかがよしあき	125,154,158,164,165,170,172,183,187
	足利義輝	あしかがよしてる	125,144,164,188
	足利義尚	あしかがよしひさ	125,134,135,136,137,138
	足利義政	あしかがよしまさ	125,134,135,137,138,141,143
	足利義満	あしかがよしみつ	124,125,129,131,132,138,140,143,148
	篤姫	あつひめ	151,229,236,237,239,244
	アドルフ・ヒトラー	あどるふ・ひとらー	306
	阿倍仲麻呂	あべのなかまろ	74
	阿部正弘	あべまさひろ	240
	アマテラス	あまてらす	7,12,14,16,17,21,22,25,28
	アメノウズメ	あめのうずめ	17,20
	アメノオシホミミ	あめのおしほみみ	7,21,22
	アメノワカヒコ	あめのわかひこ	16
	新井白石	あらいはくせき	216
	安康天皇	あんこうてんのう	37
【い】	井伊直弼	いいなおすけ	242,244,246
	池田輝政	いけだてるまさ	194
	池坊専慶	いけのぼうせんけい	142
	イザナギ	いざなぎ	6,8,10,12,14,17,21,25
	イザナミ	いざなみ	6,8,10,14,21,25
	石田三成	いしだみつなり	174,180,181,184,185,192,194,196,197
	和泉式部	いずみしきぶ	89
	イズモタケル	いずもたける	37
	出雲阿国	いずものおくに	189
	板垣退助	いたがきたいすけ	289
	市川団十郎	いちかわだんじゅうろう	225
	市川房枝	いちかわふさえ	287
	一条美賀子	いちじょうみかこ	229
	一休宗純	いっきゅうそうじゅん	142
	一遍	いっぺん	118,126
	伊藤博文	いとうひろぶみ	247,278,279,280,282
	糸川英夫	いとかわひでお	303
	犬養毅	いぬかいつよし	305
	井原西鶴	いはらさいかく	224
	岩倉具視	いわくらともみ	270
	岩崎弥太郎	いわさきやたろう	260
	イワナガヒメ	いわながひめ	21,22
【う】	ウィリアム・クラーク	うぃりあむ・くらーく	290
	ウィンストン・チャーチル	うぃんすとん・ちゃーちる	307
	上杉景勝	うえすぎかげかつ	179,182,190
	上杉謙信	うえすぎけんしん	144,151,154,156,182,188,200
	宇喜多秀家	うきたひでいえ	182,192,195
	歌橋	うたはし	228
	内村鑑三	うちむらかんぞう	289
	運慶	うんけい	120
【え】	栄西	えいさい	118
	絵島	えじま	227
	榎本武揚	えのもとたけあき	272,275
【お】	お市	おいち	160,165,199
	大石内蔵助	おおいしくらのすけ	217
	オオクニヌシ	おおくにぬし	7,14,16,17,18,20,22
	大久保利通	おおくぼとしみち	244,255,266,268,270,279,311
	大隈重信	おおくましげのぶ	304
	オオゲツヒメ	おおげつひめ	17
	大塩平八郎	おおしおへいはちろう	222,248
	大田南畝	おおたなんぽ	230
	大谷吉継	おおたによしつぐ	195,196,197
	大津皇子	おおつのみこ	67
	大友宗麟	おおともそうりん	151,156,189,202
	大伴旅人	おおとものたびと	75,76
	大友皇子	おおとものみこ	64,66
	大伴家持	おおとものやかもち	76
	太安万侶	おおのやすまろ	40
	大村益次郎	おおむらますじろう	274
	大山巌	おおやまいわお	296
	岡倉天心	おかくらてんしん	288
	尾形光琳	おがたこうりん	188,225
	沖田総司	おきたそうじ	276
	お江	おごう	154,226
	織田信雄	おだのぶかつ	162,192

●人物イラスト：諏訪原寛幸
●故事成語イラスト：やすゆきゆたか
● CG：後藤克典、成瀬京司
●画像資料提供：大田原市教育委員会、北野天満宮、宮内庁、耕三寺美術館、国立国会図書館、菱川師宣記念館、フォトライブラリー、福岡市、山口観光コンベンション協会

●執筆：河合宏之、河原よしえ、星★馨介
●編集：株式会社　小学館クリエイティブ
（伊藤康裕、小野弘明）
●編集協力：有限会社　オフィス J.B
●本文デザイン：長崎　力

■主要参考文献（順不同）：『詳説日本史Ⓑ』（山川出版社）、『日本史人物辞典』（山川出版社）、『日本史Ⓑ用語集』（山川出版社）、『日本史リブレット』シリーズ（山川出版社）、「人をあるく」シリーズ（吉川弘文館）、『国史大辞典』（吉川弘文館）、『新編日本史図表』（第一学習社）、『決定版　図説　戦国女性と暮らし』（学研）、『決定版　図説　日露戦争　兵器・全戦闘集』（学研）、『戦国武将・合戦事典』（吉川弘文館）、梅渓昇『お雇い外国人 明治日本の脇役たち』（講談社）、小沢富夫『戦国武将の遺言状』（文藝春秋社）、小和田哲男『戦国武将の実力』（中央公論新社）、小和田哲男監修『地図で読み解く　戦国合戦の真実』（小学館）、小和田哲男編著『戦国の女性たち』（河出書房新社）、河合敦『なぜ、あの名将は敗れたのか』（洋泉社）、亀井宏『ドキュメント太平洋戦争全史』（講談社）、越沢明『後藤新平　大震災と帝都復興』（ちくま書房）、塩田潮『日本の内閣総理大臣事典』（辰巳出版）、竹村広太郎『日本史の謎は「地形」で解ける』（PHP 研究所）、二木謙一・須藤茂樹『戦国武将の肖像画』（新人物往来社）

図解大事典　日本の歴史人物

編　者　新星出版社編集部
発行者　富　永　靖　弘
印刷所　株式会社新藤慶昌堂

発行所　東京都台東区 台東2丁目24　株式会社　新星出版社
〒110-0016　☎03(3831)0743

ISBN978-4-405-10807-3